淮安市清河年鉴

2014 YEARBOOK OF HUAIAN QINGHE

淮 安 市 清 河 区 人 民 政 府 主办
淮安市清河区地方志编纂委员会 编纂

方志出版社
Publishing House of Local Records

图书在版编目（CIP）数据

淮安市清河年鉴. 2014 / 淮安市清河区地方志编纂委员会编. —北京：方志出版社，2014.12
ISBN 978-7-5144-1515-5

Ⅰ.①淮… Ⅱ.①清… Ⅲ.①区（城市）—淮安市—2014—年鉴 Ⅳ.①Z525.33

中国版本图书馆CIP数据核字（2015）第011374号

淮安市清河年鉴（2014）

编　　者：淮安市清河区地方志编纂委员会
责任编辑：李　静
出 版 人：冀祥德
出 版 者：方志出版社
地址　北京市朝阳区潘家园东里9号（国家方志馆4层）
邮编　100021
网址　http：//www.fzph.org
发　　行：方志出版社发行中心
电话（010）67110500
经　　销：各地新华书店
印　　刷：江苏农垦机关印刷厂有限公司
开　　本：889×1194　1/16
印　　张：17
字　　数：546千字
版　　次：2014年12月第1版　2014年12月第1次印刷
印　　数：001—800册
ISBN 978-7-5144-1515-5/K·1241　定价：260.00元

商贸名区

文化名区

生态名区

首善城区

2013年10月29日，省委书记罗志军（中）在市委书记姚晓东（左4）、区委书记王海平（右2）陪同下视察清河区社管中心

2013年6月7日，省长李学勇（左5）在市委书记姚晓东（右3）、市长曲福田（左3）、区委书记王海平（左2）、区长张冲林（左4）陪同下视察淮安澳洋顺昌光电技术有限公司

2013年4月17日，市委书记姚晓东（左3）在区委书记王海平（左1）陪同下视察清河社区卫生工作

2013年6月13日，市长曲福田（中）在区委书记王海平（右3）陪同下检查清河区安全生产工作

2013年11月4日，市政协主席王维凯（右5）在区委书记王海平（右3）陪同下视察清河区计划生育工作

2013年12月2日，区委书记王海平（左4）陪同国家信防局领导视察水渡口街道社管工作

2013年9月18日，区委书记王海平（右1）、区长张冲林（左2）陪同市领导调研清河区旧城改造工作

2013年6月27日，区委书记王海平（左5）、区长张冲林（右5）陪同市领导检查清河区教育工作

2013年，清河区建治30周年。

1983年，江苏省行政体制改革，始设清河区。30年来，历届区领导班子团结带领全区干群，解放思想，开拓创新，使全区综合实力显著增强，城乡面貌显著改观，人民生活显著改善，产业结构显著优化，在全市率先全面建成小康社会，谱写了清河发展史上的新篇章。

30年的不断探索和奋斗，清河区各项事业取得突飞猛进的发展，逐步形成了长三角北部地区乃至全国有影响的商贸名区，文化名区，生态名区，首善城区四张特色城市名片。

建区30周年，是清河发展史上的一个重要里程碑，更是一个续写辉煌的新起点。既往的成就是加快发展的基础，宏伟的目标是继续奋斗的方向。

清河的明天一定会更加美好！

市委书记姚晓东致辞

历任区领导代表、王庆元讲话

区委书记王海平介绍清河区30年发展概况

区委副书记、区长张冲林主持会议

区委书记王海平陪同老同志观看清河30年巨变实景沙盘

区委书记王海平陪同历任领导参观《清河30年画展》

历任清河区委、区政府主要领导与现任区四套班子领导人合影

清河区社管工作走在全省前列

社管大厦

市民服务中心

社会事业大厦

清河区已成为苏北商贸，商务中心。

万达广场

金鹰国际

淮海广场一角

中央国际新亚广场

2013年1月10日，区八届人大二次会议在长荣大剧院隆重召开

2014年1月8日，区政协隆重召开八届二次会议

2013年1月30日，区委、区政府在多功能厅召开社会管理服务工作会议

2013年2月5日，区委、区政府在长荣大剧院召开目标签状大会

2013年3月21日，区委召开创建省人口协调发展先进区创建工作推进会

2013年4月19日，区政府在多功能厅召开国土资源创建工作会议

2013年5月15日，区委、区政府召开"万名代表回选区见选民"活动动员大会

2013年9月23日，区委在多功能厅召开居（村）委员会换届选举工作会议

2013年1月21日，清河区赴山东临沂考察团与当地领导人合影

2013年3月20日，区委书记王海平（右3）陪同河南省鹤壁市党政代表团考察清河区经济与社会工作

2013年5月14日，新疆农七师代表参观清河区社管大厦

2013年6月26日，区委书记王海平（右2）陪同上海陆家嘴集团考察清河区经济与社会工作

2013年7月6日，海峡两岸企业代表团考察清河区经济与社会工作

2013年8月10日，香港客商代表考察清河区

《淮安市清河年鉴(2014)》编纂委员会

名誉主任:王海平
主　　任:张冲林
副 主 任:王建军　孙　勤　高寿江
委　　员:卢正苏　赵春虎　朱茂利　张长青　颜志龙　吴守明
王海凤　陈金奇　林　海　陈中鸿　王亚民　漆海涛
汪家云　王建明　乔　斌　王德明　吕绍波　陈立新
金建浩　叶　楠　葛　亮　张　华　尤　东　冯向东
吴　勇　孙振东　孙志刚　王鹏飞　施玉明　卢　军
汪和生　崔士柏　丁华山　刘凤良　刘桂珍　严巧珍
段　波　侍作兵　耿蓓蓓　周晓明　孙向阳　杨一平
施寿成　章树林　朱庆玲　王爱民　吴宏杰　徐永怀
赵树歆　沈　军　刘　伟　王　峰　刘玉梅　方爱国
祁文林　何　喆　耿爱忠　吴　蓉
主　　编:章树林
审　　稿:张长青　吴守明　陈金琦　漆海涛
编　　辑:解鸿建　杨义春　韩　耀　郝宇民　李相如　肖　君
编　　务:张顺勇　郑方圆　丁桂丰
摄　　影:肖　君　高　原
责任校对:解鸿建

清河区地方志编纂委员会办公室

地　址:淮安市北京北路 103 号清河区人民政府办公楼 301、303 室
电　话:(0517)83643723　　传　真:(0517)83643723
邮　编:223001　　电子邮件:qingheqzb@126.com

编辑说明

一、《清河年鉴》创刊于2008年。根据市辖区志书应冠有所在城市名称的要求，自2012卷起更名为《淮安市清河年鉴》。

二、《淮安市清河年鉴》是淮安市清河区人民政府主办，淮安市清河区地方志办公室负责编纂的地方综合性、资料性年度区情工具书，逐年出版，国内外公开发行。该书旨在记载清河区自然、政治、经济、文化、社会等方面的年度发展与变化情况，为社会各界了解清河、关注清河、建设清河提供基本信息资料。

三、《淮安市清河年鉴》2014卷为清河年鉴第七卷，它记载了2013年1月1日至2013年12月31日清河区各项事业发展的基本情况及重要事件。卷中部分内容和活动性图片时限略有延伸。

四、《淮安市清河年鉴》2014卷继续采用栏目、分目、副分目、条目四个结构层次组成框架主体。各层次使用不同字号和题头标识，条目名统一用黑体字加"【】"表示。为求图文并茂，《淮安市清河年鉴》2014卷仍设置彩页专版和部分随文黑白照片。

五、《淮安市清河年鉴》2014卷设特载、专文、区情概览、大事记、经济建设与发展、城市建设·环境保护、综合管理与监督、财政·税收、机关团体、政法、人武·人防·双拥、教育·科技、文化·体育·卫生、社会生活、街道办事处、人物、统计资料17个栏目。

六、《淮安市清河年鉴》2014卷中所涉统计数据均以区统计局公布的数据为准（区统计局未作统计的则使用相关部门提供的数据），量和单位的使用执行国家标准。为保持"特载""专文"中的文件原貌，其中所涉及的数据、量与单位等未作变动。

七、《淮安市清河年鉴》2014卷编写过程中，得到了区各街道办事处、区直各部门的紧密配合及社会各界人士的大力支持，在此谨致谢忱。

编辑水平有限，年度资料疏漏与欠妥之处，恳请有关方面和读者谅解。

编　者

2014年10月

目 录

特 载

专 文

区情概览

大 事 记

经济建设与发展

城市建设·环境保护

综合管理与监督

财政・税收

机关团体

政　法

人武·人防·双拥

教育·科技

文化·体育·卫生

社会生活

街　道

人　物

统计资料

附　录

特载

清河区政府召开建区30周年纪念会议

2013年，清河建区届满30年。9月28日，为纪念清河区建区30周年，清河区委、区政府在新区举行“回眸30年、展望新征程”加快清河科学跨越发展座谈会。区委副书记、区长张冲林主持会议，区委书记王海平汇报清河区经济社会发展情况，市委书记姚晓东出席会议并致贺词，鼓励清河区委、区政府着力做好城市功能、经济转型、民生事业、精神面貌四个“升级版”，在推动淮安实现新起点上新跨越中承担更重任务、作出更大贡献。市领导王正喜和王庆元、肖本明、戚寿余、陈洪玉等历任清河区四套班子主要领导及区四套班子现任领导成员出席会议。与会人员共同回顾了清河建区三十年经济、社会等各方面的发展历程，展望清河催人奋进的美好未来。座谈会前，在清河工作过的老领导视察了区重点项目建设和城市发展变化相关情况。

座谈会一角

清河区38个社区党总支升格为党委

为全面推行社区“一委一居一中心”新型社区服务管理体制，2013年1月中共清河区委将全区38个社区党总支全部升格为社区党委。

社会管理工作创新路

2013年6月25日，《新华日报》以《淮安清河一项创新入围“中国十大社会管理创新奖”——“网格长”，将和谐延伸到最末端》为题，翔实报道了清河区“通过划小网格、放大服务，创新社会服务管理模式，强化基层管理工作，将稳定和谐牢筑在‘最末端’”深化社会管理创新工作的做法和成果。

转型升级“主城突围”

8月16日，《新华日报》以《“三高”发展推动清河主城突围》为题，报道清河区虽面临区域面积狭小、发展空间有限等制约因素，但通过转型升级，走高端高效高质发展之路，在有限的空间内推动“主城突围”，在31.4平方公里土地上创造了百亿地区生产总值。

成功举办《亲情中华——世界华侨华人摄影展》

2013年10月18日，由中国侨联发起，中国华侨摄影学会、中国华侨国际文化交流促进会、江苏省侨联、淮安市人民政府共同主办，清河区人民政府承办的《亲情中华——世界华侨华人摄影展》在淮安国际摄影馆开幕。中国侨联副主席、中国华侨国际文化交流促进会会长乔卫，省侨联主席史宇与市委书记姚晓东及市人大常委会、市政协负责人共同启动摄影展。中国侨联文化交流部副部长杜海东，文化部老艺术家摄影协会会长庄德敏，来自新加坡、阿联酋、阿根廷、意大利等国家、地区的海内外嘉宾出席开幕式。

嘉宾在开幕式上

《政府买文化　民间团队唱主角》

12月12日，《新华日报》A2版刊登文章《政府买文化民间团队唱主角》，报道清河区由政府购买公共文化服务，使民间文艺团队焕发生机，政府职能从办文化向管文化转变的有效尝试。

社区广场文艺汇演

专文

深入学习贯彻党的十八大精神 全力加快建设繁荣幸福新清河

——在区委七届三次全体(扩大)会议上的讲话

区委书记　王海平

（2012年12月30日）

这次区委全体(扩大)会议的主要任务是,深入贯彻落实党的十八大精神和中央、省、市有关会议要求,回顾总结2012年工作情况,研究部署2013年及今后一个时期工作任务,动员全区各级党组织、广大党员和干部群众,进一步解放思想,抢抓机遇,创新实干,全力推动经济社会率先领先发展,加快建设繁荣幸福新清河。

一、积极应对严峻复杂的宏观经济环境,全区经济社会发展继续保持较快的势头

2012年,是清河发展困难较多、压力较大的一年,也是全区上下团结拼搏、克难求进的一年。一年来,全区上下坚持以科学发展观为统领,认真贯彻落实中央和省、市决策部署,全力以赴加快项目建设,坚定不移推进转型升级,协调推进社会事业发展,经济社会呈现良好的发展态势。

——*综合实力得到新增强*。预计实现地区生产总值突破100亿元,人均GDP达到11万元,分别增长26.7%、23.9%;实现公共财政预算收入26亿元,增长18%,增幅高出全市平均增幅 6 个百分点;实施亿元以上项目90个,完成规模以上固定资产投资87亿元,增长27.9%;利用外资实际到账2.17亿美元,提前半年完成市下达目标任务;社会消费品零售总额突破100亿元,增长21.5%;规模以上工业企业开票销售收入突破30亿元,增长21.6%,增幅位居全市前列。

——*转型发展实现新突破*。现代商贸品牌加速集聚。淮海中心商业区、水渡口中央商务区集聚辐射功能进一步增强,中央新亚再创全国单体店圣诞节单日销售超亿元新纪录,万达嘉华大酒店建成营业,家乐福超市、永辉超市即将建成,知名商贸品牌集聚度不断提升。现代服务业加速发展。"四园一区"加快实施,淮安工业设计园、世界之窗创意产业园入驻率超过50%,动漫科技园一期主体建成,原创动漫《风影少年》荣获省"五个一工程"奖[1]。都市型工业加速提升。总投资10亿元的澳洋顺昌LED项目、旺旺高速牛奶生产线建成投产,旺旺食品年入库税收突破1.4亿元,顺泰控股成功在香港上市,金象传动获批省级技术中心,清江制药获得省优秀新产品金奖。

——*城市建设显现新面貌*。城市品位进一步提升。古淮河文化生态景区创成国家级水利风景区、省人居环境范例奖,淮安运动乐园、小马奔腾电影城等一批文化旅游项目建成运营,新区特色更加彰显;"百幢百米高档商业商务楼宇建设计划"[2]加速推进,雨润中央新天地、苏宁电器广场等一批重大项目顺利实施,丰惠财富广场、嘉和国际广场等一批商业楼宇拔地而起,旧城改造步伐不断加快。城市环境进一步优化。全面落实城市综合长效管理机制,积极开展"四清四理"[3]综合整治,全力打造淮安最干净城区;高标准完成水渡口大道、大同路市容景观提升工程,新增城市绿化面积7.6万平方米,生态区创建深入推进,沈阳路等7个社区获批省级绿色社区。城市空间进一步拓展。盐河生态科技城建设全面启动,城市控制性规划修订、城市景观设计基本完成,临河路等基础设施加快推进,将成为清河区新的经济增长极。

——*和谐构建迈出新步伐*。民生保障水平持续提高。扎实推进居民收入"五年倍增计划"[4],城镇居民人均可支配收入预计达27500元,增长16.8%。扎实推进创业型城区[5]创建工作,城镇登记失业率控制在2.06%以内,扶持大学生创业工作被中央电视台连续报道。全力推动社会保障提标扩面,持续提高城市低保标准,积极实施"580慈善救助计划"[6],各类群体得到较好保障。公共服务水平持续提高。白鹭湖等三所学校新(扩)建工程基本完成,成功创成全国义务教育发展基本均衡区。钵池山社区卫生服务中心获得全国示范中心称号,淮西社区卫生服务中心被命名为中国社区卫生协会培训基地,国家卫生部、省卫生厅领导多次来清河区视察,并给予充分肯定。成功举办首届淮安市家庭人口文化节,荣获"全省人口计生窗口服务示范单位"称号。建成8个超500平方米的社区文化活动中心,百场演出进社区、百场电影进社区活动深受群众好评,"15分钟公共文化服务圈"逐步形成。民政、残疾人、人口计生、食品安全等多项民生工作获得国家和省级荣誉。社会管理水平持续提高。网格化社会管理服务创新工作荣获"中国社会管理十大创新奖",并在全省会议上推广。"四项排查"[7]工作有效开展,实现进京上访"零登记",圆满完成十八大等重要活动、敏感时期维稳任务。平安创建稳步推进,建成了多层次、全覆盖的城区技防体系。民主法治水平持续提高。区委坚持和健全民主集中制,支持人大、政协履行职责,区人大、政协组织和广大代表、委员认真履职、积极作为,为经济社会发展作出了重要贡献。工会、共青团、妇联、残联、红十字会等人民群体桥梁纽带作用进一步增强，民族、宗教、对台、人武、双拥、关工委、老促会等取得新的成绩。成功创成省土地执法模范区。

——党建工作得到新提高。组织活力不断激发。顺利完成新一届区人大、政府、政协换届工作，领导班子年龄、知识、能力结构得到进一步优化；深入开展“创先争优”、“五德”主题教育活动[8]，涌现出姜贵才、董坚等一批基层优秀干部典型。干部素质不断提升。组织领导干部赴发达国家和地区、高校学习培训，邀请知名专家学者到清河举办发展论坛，进一步拓展领导干部的眼界和视野。坚持在项目建设一线选拔任用干部，凭实绩用干部的导向更加鲜明。拓宽选人用人视野，面向全省公开选拔一批优秀年轻干部。党风廉政建设不断加强。深入开展“三进三解三促”活动[9]，进一步改进机关工作作风，密切党群、干群关系。建立党员领导干部诫勉谈话和函询制度、拟提拔领导干部财产公示制度，率先建立党风廉政建设巡查机制，继续发挥“阳光纪检”平台作用，在全区营造出风清气正的发展环境。

在宏观经济环境复杂多变、经济下行压力普遍较大的情况下，经济社会发展能取得这样的成效，实属来之不易。这是市委、市政府正确领导的结果，是全区上下团结奋斗的结果。

在肯定成绩的同时，区委也清醒地看到，清河经济社会发展还存在一些问题：经济结构不尽合理，产业层次有待进一步提升；企业创新主体地位不够突出，自主创新能力亟待进一步增强；民生事业发展水平与群众期待还有差距，社会管理创新成效需要进一步提升；人才队伍的质量、数量还不能适应发展的需求，对专业人才的引进和培养力度有待进一步加大；少数党员干部进取心、事业心不强，工作能力有待进一步提高。这些问题都有待于我们在今后工作中切实加以解决。

二、深入学习贯彻党的十八大精神，进一步凝聚加快建设繁荣幸福新清河的新共识

党的十八大，是在我国进入全面建成小康社会决定性阶段召开的一次十分重要的会议，对于团结全党全国各族人民，全面建成小康社会、加快推进社会主义现代化、实现中华民族伟大复兴，具有重大而深远的意义。学习贯彻落实好十八大精神，是当前及今后一段时期全区上下的头等大事。全区各级党组织要按照中央和省市区委部署，强化领导，精心组织，持续掀起学习宣传贯彻活动的热潮。要深刻领会把握十八大的精神实质和丰富内涵，紧密结合清河的区情实际、党员干部的思想实际、亟须解决的重大问题，努力谋划好未来的发展思路和工作重点。

（一）坚持把“1+4”奋斗目标作为建设繁荣幸福新清河的重要追求。十八大报告提出，鼓励有条件的地方在现代化建设中继续走在前列，为全国改革发展作出更大贡献。“十一五”，清河区在淮安率先全面建成了小康社会，人均GDP、人均可用财力等均量指标超过苏中水平。进入“十二五”，区委、区政府明确了“坚持率先领先发展，建设繁荣幸福清河”的新定位，提出了“到2015年在江北率先基本实现现代化，把清河建设成长三角北部地区乃至全国有影响的商贸名区、文化名区、生态名区、首善城区”的“1+ 4 ”奋斗目标。这一目标既涵盖了经济、政治、文化、社会、生态文明建设的各个方面，又把握了“五大建设”相互联系、相互促进的关系，完全符合党的十八大精神，完全符合清河区情实际。今后几年，要围绕这一目标，全力推进各项工作。从目前情况看，实现这样的目标，最为重要的就是要全力提升清河区综合经济实力，确保到2015年，地区生产总值比2010年翻一番；最为紧迫的就是要全力提高城镇居民人均收入，确保到2015年达4.4万元。

（二）坚持把加快转型发展作为建设繁荣幸福新清河的战略路径。十八大报告强调，“要加快形成新的经济发展方式，把推动发展的立足点转到提高质量和效益上来”。清河地处主城区，土地资源十分有限，可以说是寸土寸金。要在有限的空间内实现更多的产出，必须加快转变经济发展方式，走高端高效品质发展之路。要将产业发展向微笑曲线两端延伸，大力发展高附加值、高科技含量、高税收贡献的战略性新兴产业，大力发展研发、设计、创意、总部等现代服务业，走高端发展之路；要坚持节约集约利用土地，更加注重投入产出比，更加注重税收贡献率，努力实现“黄金地段出黄金”，走高效发展之路；要坚持经典规划、精致建设、精细管理，坚持大家规划、名家设计、富家开发，进一步提升中心城区建设品位，走品质发展之路。实现这样的目标，必须坚持靠重大项目拉动，通过大力引进和实施一批大项目、好项目，促进产业转型升级、城市转型发展，以项目建设的大突破带动发展质效的大提升；靠科技创新驱动，通过构建完善的科技创新服务体系，加快形成企业主导、市场运作、产学研资合作的创新模式，促进经济结构的战略性调整和产业的优化升级；靠人才资源推动，通过大力实施人才强区战略，加快引进和培养高素质的党政人才、高层次的创新创业人才和具有中高职称的公共服务人才，以人才结构的提升引领经济结构的调整。

（三）坚持把加快改善民生作为建设繁荣幸福新清河的根本目的。习近平总书记强调，满足人民群众对美好生活的向往，就是我们的奋斗目标。民生幸福是衡量现代化实现程度的重要标志。我们要始终秉持“改善民生是最大的政绩，深得民心是最大的荣誉”的理念，努力为群众办实事、办好事，不断提高清河人的幸福指数。要千方百计增加居民收入。坚持就业惠民、创业富民、社保安民、帮扶助民，进一步拓宽群众增收渠道，不断提高群众收入水平。要千方百计完善社会保障体系。按照社会保障水平领先苏北的要求，深入实施全民养老工程，扎实推进基本养老、医疗等社会保险提标扩面，充分发挥各类慈善公益组织作用，加快构建社会保险、社会救助、社会福利相衔接、相补充的多层次社会保障体系。要千方百计提升公共服务水平。按照为辖区群众提供“五个最好服务”[10]的要求，协调发展社会事业，努力让清河孩子都能在家门口上到好的学校，让清河人都能有一份合适的工作，都能享受到优质的社区医疗卫生服务、享受到一流的公共文化服务，让清河老人都能安享晚年生活。

（四）坚持把深化改革、扩大开放作为建设繁荣幸福新清河的强大动力。未来几年既是经济发展的重要机遇期，也是社会矛盾的凸显期。化解各种社会矛盾,必须善于运用改革的办法来解决。要更大力度推进思想解放,坚持发展是硬道理,凡有利于发展的事就要不遗余力地干,全力破解经济社会发展中的难题;要更大力度推进体制机制创新,把最大限度地调动各级组织(包括经济组织)和各级干部积极性作为深化体制机制改革的重要目标,坚决破除不适应、不符合科学发展观的制度瓶颈,促进发展活力竞相迸发、发展合力加速形成;要更大力度推进对外开放,坚持招商选资、招才引智不动摇,更广范围、更大力度聚集各类发展资源,形成推动清河可持续发展的不竭动力。

三、更大力度抓好2013年各项工作,始终保持率先领先发展的强劲态势

2013年,是深入贯彻落实党的十八大精神的开局之年,也是清河区向率先基本实现现代化迈进的重要一年。科学分析、准确研判当前形势,对于做好2013年工作意义重大。一方面,我们面临着"四大挑战":一是宏观形势错综复杂,经济发展仍然具有较多的不确定性,保持经济快速增长的难度进一步加大;二是区域竞争更趋激烈,不进则退、慢进也是退,在新一轮发展中落伍掉队的危险进一步增加;三是清河发展仍然要靠增加投入、扩张规模来实现,发展空间资源不足、集约发展程度不高的矛盾进一步凸显;四是清河传统产业占比较大、产业层次不高,在转型中促发展的压力进一步增大。另一方面,清河也迎来了"四大机遇":一是国家大力实施推进城镇化、扩大内需战略,有利于清河充分发挥服务业发展比较优势,加快推进产业转型升级;二是省委省政府大力支持淮安苏北重要中心城市建设,有利于清河不断放大政策效应,加快集聚更多的优质发展资源;三是淮安与徐州联合举办省十八届运动会,中心城市改造提升力度不断加大,有利于协调推进新老城区建设;四是与淮阴区合作共建盐河生态科技城,城市发展空间进一步拓展,有利于清河承载更多新兴产业项目,进而实现更好更快发展。区委、区政府既要正视困难和挑战,又要看到有利机遇和积极因素,既要增强危机感和紧迫感,又要坚定信心和决心,迎难而上、开拓奋进,全力推动清河经济社会发展再上一个新台阶。

2013年全区经济社会发展的主要预期目标是:实现地区生产总值132亿元,增长22%,人均GDP13.5万元,增长22.5%;公共财政预算收入31.6亿元,增长20%;完成规模以上固定资产投资109亿元,增长25%;社会消费品零售总额121亿元,增长20%;城镇居民人均可支配收入31980元,增长16.2%。

围绕上述目标,2013年总体工作思路是:以党的十八大精神为统揽,以"稳中求进、好中求快"为总基调,以"量质并举、质效同升"为总要求,深入实施商贸强区、总部引领、旅游带动、项目支撑、创新驱动"五大战略",不断开创清河率先领先发展的新局面。

(一)在中心城区建设上寻求更大突破,进一步提升城市的集聚力和辐射力。要积极策应苏北重要中心城市建设,不断完善城市功能、优化城市形象、提升城市品位,加快把清河打造成"美丽淮安"最亮丽的窗口。一要全面提升城市功能。加大"两大核心商圈"建设力度,推动雨润中央新天地、茂业时代广场等19个重大商贸项目加快实施,苏宁电器广场主体建成,淮安新天地、汇丰CBD中央广场建成营业,新世界广场、新亚北侧地块完成拆迁,台湾百脑汇等尽快入驻,不断提升城市商业商务功能。全力加快淮安金融中心建设,确保2013年5月底前完成房屋征收工作,8月份全面开工建设。加大新区建设推进力度,确保精品灯具城、七星岛园林式大酒店全面建成,百姓大舞台、华尔街商贸广场等加快实施,长岛一墅、金辉城等尽快交付,公共服务配套和便民服务网点加快完善,促进新老城区融合发展,形成生态相连、组团相间的城市形态。二要全力加快旧城改造步伐。加快推进房屋征收工作,推动驾校东侧、防疫站北侧等13个地块全面启动并完成征收工作,人民剧场、新天地花苑等尽快完成扫尾,为项目顺利实施提供条件。加强旧城改造项目的总体策划和规划设计工作,努力提升旧城改造的质量和效益。加快推进安置房建设,确保枫丹白露、清泓花苑二、三期上半年建成交付,兴华花园年内竣工交付。三要全力推进城市环境提升。以打造淮安最干净城区为目标,放大数字城管平台作用,不断提升城市长效管理精细化、科学化水平。加大市容景观提升力度,实行"见缝插绿、破硬还绿、拆墙透绿",不断提高城市绿化覆盖率。探索建立科学合理、规范有序的物业管理运行机制,加大安置小区、困难企业生活大院的管理力度,全面提升群众对物管服务的满意度,让城市更加文明有序、靓丽和谐。

(二)在经济转型发展上寻求更大突破,进一步提升经济发展的质量和效益。加快经济转型发展,是提升区域经济竞争力的现实需要。一要加快发展现代服务业。重点发展工业设计、文化创意、动漫游戏、总部经济等业态,推动工业设计园二期加快建设,世界之窗创意产业园、动漫科技园完成招商,积极引进设计瑰谷等知名企业,开工建设三浦灵狐大动漫经济共同体项目,不断提高清河现代服务业集聚度。要对辖区范围内商务楼宇进行拉网式排查,并有针对性地做好招商工作。2013年,各街道要确保培植年纳税500万元以上楼宇一幢。二要加快发展战略性新兴产业。按照"新兴产业集聚区、低碳生态示范区、绿色建筑先导区"的定位,全力推进盐河生态科技城建设,确保2013年上半年完成临河路、长江东路等基础设施建设,年内引进并实施亿元以上工业项目不少于5个。加快医药健康产业园规划、建设与招商步伐,力争清华诚志新材料、新医药项目成功落户,清江药业小容量注射剂生产线年内建成投产,高科技镭射防伪膜及新型薄膜生产线一季度开工建设。三要加快发展特色旅游业。深入挖掘特色旅游资源,推动中国爱情小镇、西游记主题公园上半年开工建设,乔波滑雪馆尽快落户。精心策划举办好冰雪狂欢节、白鹭湖婚博会、郎静山国际摄影大赛等活动,大力发展购物观光游、休闲度假游、文化体验游、商务会展游等特色旅游经济,吸引更多游客到清河旅游消费。

(三)在重大项目建设上寻求更大突破,进一步提升区域发展的后劲和实力。项目是支撑区域发展的"台柱子",是拉动经济增长的“发动机”。要坚持一切围绕项目转，一切围绕项目干，全力招引大项目、服务大项目、推进大项目，为区域发展增添更大后劲。一要大力招引重大项目。强化招商活动组织，全区面上每季度举办一次专题招商说明会，各专职招商人员每月外出驻点招商十天以上。要提高招商实效，充分发挥产业发展高级顾问的作用，加强与国有大型企业、上市公司、科技型企业、高校科研院所的对接，大力引进科技含量高、税收贡献大、企业形象好的大项目。要加大对招商责任部门招商过程、招商绩效督查考核力度，确保2013年全区利用外资实际到账2.5亿美元，各招商责任部门引进2个亿元以上工业或三产服务业项目。二要分类推进重大项目。对2013年计划实施的92个重点项目，要逐一明确序时进度计划，并根据规模大小，实行分类推进。对投资超50亿元的淮安金融中心、新世界广场、雨润中央新天地、盐河生态科技城、西游记主题公园等重特大项目或产业项目，各个项目建立一个指挥部，由区委区政府主要领导牵头帮办服务；对投资超亿元的工业、服务业等重大项目，由区四套班子领导领办服务；其他列入考核的项目，由所属街道办事处或管委会帮办服务。年底根据工作绩效，严格奖惩兑现。对亿元加分项目未能通过年底考核验收的，区四套班子领办领导、帮办部门要作原因说明。三要着力扶持骨干企业。制定完善扶持激励政策，推动旺旺食品、顺泰包装、清江制药等进一步增资扩股，金象传动、麦德森等加快上市步伐，扶持金象传动、清江制药建成国家级企业技术中心。与此同时，要切实加大对面广量大的中小企业扶持力度，积极帮助解决融资、用工、市场开拓等方面的难题，促进中小企业在促进就业、改善民生、保障社会和谐等方面的重要作用。

（四）在加强社会建设上寻求更大突破，进一步提升人民群众幸福感和满意度。要大力加强以改善和保障民生为重点的社会建设，不断提高人民群众生活水平。一要更大力度提升民生保障水平。充分发挥区、街道、社区三级就业服务平台作用，加大就业技能培训和岗位开发力度，多渠道促进就业；健全完善创业扶持政策，打造更多创业孵化基地[11]，鼓励引导更多群众投身创业，以创业带动就业，确保年内达到创业型城区创建标准。加大社会保障提标扩面工作力度，推动“土地换社保”人员转入城镇职工养老保险，实现城乡保障一体化；进一步发挥慈善总会、红十字会、光促会、社会志愿者等组织积极作用，加大对低保边缘户、失独家庭、重度一级残疾人、精神病人、重点优抚对象等弱势群体的保障和救助力度，确保特殊群体得到有效保障。二要更大力度提升公共服务水平。围绕争创省义务教育优质均衡发展区、省学前教育改革发展示范区，大力提升学校发展内涵和教师队伍建设水平，全面提高教育教学质量。健全基层医疗卫生优质服务网络体系，加大台资、民资等特色专科医院引进力度，发挥全国首家全民健康宣教基地作用，不断提升全民的健康素质。扎实做好省人口协调发展先进区创建中期评估迎检工作，全面推进人口和家庭公共服务体系建设，精心举办人口文化艺术节。围绕全国文明城市创建，积极开展“文明清河·百行千业推模范”、“幸福清河·社区大讲堂”等活动，不断提升市民文明素质、城市文明程度；围绕省级公共文化服务体系示范区创建，推动14个社区文化活动中心全面建成免费开放，清河图书馆创成国家一级图书馆，构建“十五分钟公共文化服务圈”。加快推进护理型养老医院建设，创成3个省级示范居家养老服务站，不断提升居家养老服务水平。完善食品药品监管工作机制，切实保障广大群众的食品药品安全。扎实做好人武、人防工作，确保实现省双拥模范区“三连冠”。三要更大力度推进社会管理创新。积极推行“一委一居一中心”[12]的社区管理服务新模式，推动网格化管理与“四项排查”、社区党建、“数字城管”等有机融合，全面提升网格化管理实效，真正做到有问题及时发现、有矛盾及时化解、有需求及时服务。要健全完善领导干部信访接待日、首接负责制制度，不断提升“阳光清河”运行水平，充分发挥“六大维权中心”[13]作用，进一步畅通群众信访渠道，不断提高矛盾调处化解能力。严格落实安全生产监管职责，强化安全生产隐患排查和整改，坚决杜绝重特大安全事故发生。深入推进平安清河建设，健全完善立体化社会治安防控体系，防范和惩治各类违法犯罪活动，保障人民群众生命财产安全。四要更大力度加强民主法制建设。按照区委总揽全局、协调各方的原则，积极支持人大、政协依法履行职责、行使职能，全面提高依法民主监督和参政议政能力水平；加强与各民主党派、工商联、无党派人士合作共事，充分发挥工会、共青团、妇联、残联、红十字会等群团组织作用；加快推进服务型政府建设，切实提高政府服务力、公信力和执行力。深入推进党务公开、政务公开、居务公开，组织好居委会、村委会换届选举工作。扎实推进依法行政，支持审判机关、检察机关依法独立行使审判权、检察权，深入开展民主法治示范单位创建活动，进一步提升法治建设整体水平。

（五）在改革创新上寻求更大突破，进一步提升区域发展的活力和动力。要从有利于充分调动基层一线，调动干部职工积极性、创造性入手，思考我们的管理体制、工作机制改革工作，加快构建更具活力、更具创造力的体制机制。一要深入推进区、街财政管理体制改革。按照“划定收入范围、核定收入基数、规定年度增幅、增收全部自留”的总体要求，积极听取方方面面意见，尽快出台改革办法，以此充分调动街办招商引资、培植税源、协税护税的积极性，促进街道经济和各项事业健康快速发展。二要深入推进绩效考评制度改革。要进一步改进目标管理，将年度目标任务细化分解到各部门单位，落实到相关领导、相关责任人，坚持将考评结果与年度评先评优、奖金分配挂钩，坚决打破“干多干少一个样、干好干坏一个样”的现象；健全完善教师、医生等专业技术岗位绩效工资考核办法，根据多劳多得、效率优先的原则，将工资收入与岗位职责、工作业绩、实际贡献直接挂钩，让干得好、贡献大的人得到更多实惠。三要深入推进各项工作创新。对那些推进速度慢、老打不开局面的工作，要善于创新思路、创新办法，创新举措，努力寻求突破。2013年，区委区政府将专门设立工作创新奖，对各单位各部门创新工作进行表彰奖励。

四、全面提高党的建设科学化水平，为建设繁荣幸福新清河提供坚强保障

建设繁荣幸福新清河，核心在党，关键在人。要紧紧抓住加强党的执政能力建设、先进性和纯洁性建设这条主线，坚持党要管党、从严治党，深入推进党建工作创新工程，为建设繁荣幸福新清河提供坚强组织保证和政治保障。

(一)加强思想作风建设，不断提振党员干部的精气神。清河要保持率先领先发展，既要巧干，更要苦干。没有"拼命三郎"精神，没有攻坚克难勇气，就不可能干成大事、创成大业。因此，我们要不断加强干部的思想政治建设，不断提升干部的精气神，引导干部把干事创业作为最大的追求，把真抓实干作为最大的品牌，把干成事作为最大的工作标准。要以纪念建区30周年为契机，引导广大党员干部为建设繁荣幸福新清河再立新功、再创大业。要按照中央和省、市委要求，扎实推进机关作风建设，切实改进文风会风和干部工作作风，大兴雷厉风行、真抓实干之风，加大各项工作的督查考核力度，全面提升干部的执行力。深入开展以为民务实清廉为主要内容的群众路线教育实践活动，扎实推进"三进三解三促"活动，推动党员干部深入企业、深入基层、深入群众，实实在在解民忧、化民怨、助民困，不断融洽党群干群关系。

(二)加强干部队伍建设，不断激发干事创业的战斗力。政治路线确定以后，干部就是决定因素。要扎实推进学习型党组织、学习型领导班子建设，进一步加大对各级干部轮训力度，精心组织清河发展论坛，组织领导干部、青年干部、社区干部赴发达地区考察学习、赴知名高校学习培训，不断开阔领导干部的眼界和视野；精心举办招商引资、旧城改造、项目建设、税源经济、社会管理等实务培训班，切实增强各级干部的动手操作能力。更加注重街道领导班子建设，注重选拔一批优秀年轻干部充实到街道领导班子，进一步优化班子结构。继续加大在项目建设一线选拔任用干部力度，把干部的主要精力更多地引导到项目建设上来。结合清河实际，落实好干部年休假制度，让干部身心健康得到更好的保护和休养。充分发挥离退休老同志、"退二线"干部重要作用，加大女干部培养力度，选拔年轻干部到基层一线实践锻炼，注重调动各级各类干部的积极性、创造性。

(三)加强基层组织建设，不断增强党组织的凝聚力。党的基层组织是党全部工作和战斗力的基础。积极推进党建工作创新工程，着力打造一批全市、全省有影响的基层党建工作示范点。落实和完善党代表任期制，2013年所有街道成立党代表工作室，充分发挥党代表的重要作用。全面推行"三亮三比三评"[14]活动，充分发挥窗口服务单位党员示范引领作用。加快推进社区党建网格和社会管理服务网格的"双网融合"，引导社区党员积极走进社会管理网格，参与社会管理、矛盾化解、治安巡逻和公益服务，不断提升服务型基层党组织建设水平。深入实施社区党组织书记"123素质提升工程"[15]，对工作实绩突出、符合干部任用条件的要优先充实到街道领导班子。按照"四个100%"[16]要求，切实加强非公有制经济组织、新社会组织党建工作，着力提升党组织建设的覆盖面。坚持以党建带工会、共青团、妇联等群团组织建设，健全基层组织体系，不断夯实基层组织建设基础。

(四)加强反腐倡廉建设，不断提升党员干部的自控力。反腐倡廉必须常抓不懈，拒腐防变必须警钟长鸣。要认真落实党风廉政建设责任制，加快具有清河特色的惩防体系建设，努力提升干部的廉洁度、政府的清廉度和群众的满意度。要加强反腐倡廉教育和廉政文化建设，深入推进"五德"教育常态化，引导党员干部自觉筑牢廉洁从政的思想防线。要强化制度建设，加强权力运行制约和监督，探索建立科级单位及其主要领导清廉清政指数评估机制，强化对房屋征收、政府采购、工程建设、项目招投标等重点领域、重点环节的监督和管理，实现以制度管人、以制度管权、以制度管事。要强化案件查办，坚决纠正损害群众利益的不正之风，严肃查处各类违法违纪行为，始终保持惩治腐败的高压态势。全区各级干部特别是领导干部要算好政治账、经济账、亲情账，坚决守住做人底线、做事底线、廉政底线，做一个组织放心、群众满意的干部。扎实工作，为推进全区率先领先发展、加快在江北率先基本实现现代化而努力奋斗！

名词解释：(本辑其他专文及条目中出现的下列名词不另重复加注)

[1] 省"五个一工程"奖：省委宣传部每年评选上一年度各市和部分省直部门等单位组织生产、推荐申报的一部好的戏剧作品，一部"五个一工程"奖好的电视剧(片)作品，一部好的电影作品，一部好的图书(限社会科学方面)，一部好的理论文章(限社会科学方面)。

[2] 百幢百米高档商业商务楼宇建设计划：到"十二五"期末，在全区范围内建成100幢100米以上商务楼宇，进一步做优总部经济、楼宇经济发展载体。

[3] 四清四理：清除城市"牛皮癣"，综合治理市容市貌；清除卫生死角，综合治理环境卫生；清除违规占道等行为，综合治理市容秩序；清理整顿擅自摆摊设点(含水果摊)、市场外溢等现象，综合治理生活噪声。

[4] 居民收入五年倍增计划：到2015年城镇居民人均可支配收入在2010年基础上翻一番。

[5] 创业型城区：以创业带动就业的城区，即通过建立组织领导体系、政策体系、创业培训体系、创业服务体系、工作考核体系等五个体系，使参与创业活动的人数占城镇劳动者比例的20%。

[6] 580慈善救助计划：由区慈善总会组织实施的"580"(我帮您)慈善救助计划，主要救助对象为具有清河区户籍、且在本区内居住，因病、因残、因灾等造成生活特别困难的群体，救助方式为定期一次性援助，救助工作按照"属地管理"原则，由各街道办事处组织实施。

[7] 四项排查：排查突出信访问题、排查有风险预警的项目、排查安全事故隐患、排查基层基础工作的薄弱环节。

[8] "五德"主题教育活动：2012年，淮安市委在全市领导干部中开展了"学习伟人周恩来，践行'五德'作表率"拒腐防

变教育活动,引导各级领导干部坚定理想信念,作坚守政治品德的表率;加强党性修养,作谨守思想道德的表率;坚持执政为民,作恪守为政官德的表率;陶冶道德情操,作遵守社会公德的表率;正确对待亲友,作家庭美德的表率。

[9] "三进三解三促"活动:2011年6月份开始,区委区政府在全区范围内开展的党员干部"进家庭,了解民情民意、促干群关系融洽;进社区,化解社会矛盾、促基层和谐稳定;进企业,破解发展难题、促经济健康运营"活动。

[10] 五个最好服务:为老百姓提供全市最好的教育服务、最好的社区医疗卫生服务、最好的就业服务、最好的养老服务、最好的公共服务。

[11] 创业孵化基地:为初始创业者提供共享服务空间、经营场地、政策指导、资金申请、技术鉴定、咨询策划、项目顾问、人才培训等多类创业的服务场所。

[12] 一委一居一中心:社区党(支)委、社区居委会、社会管理服务中心实行职责分工明确、相互协调配合的社区管理服务模式。

[13] 六大维权中心:职工维权中心、农民工维权中心、企业维权中心、妇女儿童维权中心、残疾人维权中心、老年人维权中心。

产学研用:指生产、学习、科学研究、实践运用的系统合作。

[14] 三亮三比三评:亮身份、亮承诺、亮标准,比技能、比业绩、比作风,自评、群众评、领导评。

[15] "123"素质提升工程:每年组织一次集中理论培训,每两年组织一次外出考察学习,三年内社区党组织书记基本达到本科学历水平

[16] 四个100%:有条件建立党组织的地方要100%建立党组织,建起的党组织要100%开展党组织活动,党组织要100%建设党组织活动阵地,党员干部做群众工作要实现100%覆盖。

淮安市清河区人大常委会工作报告(摘要)

——在淮安市清河区第八届人民代表大会第二次会议上

区人大常委会党组副书记、副主任　安毅之

(2013年1月11日)

2012年主要工作回顾

2012年,是区八届人大常委会开局之年,也是全区上下认真贯彻落实区委七届二次全体(扩大)会议精神,推动全区经济社会率先领先发展的重要一年。一年来,区人大常委会在区委的坚强领导下,紧紧围绕区委确定的"1+4"奋斗目标,认真履行宪法和法律赋予的职责,为推动全区经济、政治、文化、社会和生态文明建设作出了积极的贡献。

一、突出服务大局主题,助推清河率先领先发展

常委会紧紧围绕区委决策部署和"十二五"规划,针对关系全区发展的全局性、长远性和根本性的重大事项,充分发挥职能作用,保障和促进经济社会率先领先发展。

(一)促进经济健康运行。区人大主任会议对"四园一区"等项目建设进行专项视察,了解建设情况及存在的困难和问题,建议区政府把握宏观形势、研判经济走势、加强项目服务和管理,促进区政府完善工业设计、文化创意等生产型服务业产业体系。针对外资招商项目用地储备少、部分项目实施进度慢等问题,区人大主任会议对区政府外资招商工作进行视察,提出了重视载体建设、注重招商选资、加强项目服务等对策和建议,促进了外资项目建设。此外,常委会还围绕园区发展、项目建设、科技创新等工作,先后3次组织代表开展视察调研,提出建议30余条。区政府及相关部门结合工作实际,积极采纳代表建议,促进了全区经济健康运行。

(二)加强计划和财政监督。常委会把促进经济结构调整、转变发展方式作为对政府工作监督的重点,对区财政、审计、国税、发改等部门进行调研,提出加强税收征管、提高财税质量等20多条建议。在此基础上,听取和审议了2012年上半年全区计划和财政预算执行情况报告、2011年度财政预算执行和其他财政收支情况的审计报告,审查批准2011年政府财政决算,围绕财政运行中收支矛盾、刚性增收压力等问题,建议区政府扶持发展稳固税源、加强零散税和非税收入征管、提高财政资金使用效益,促进财政运行工作制度化和规范化。

(三)支持盐河生态科技城建设。2012年8月份,常委会视察并听取和审议了关于盐河生态科技城建设情况的报告,肯

定了园区建设取得的成效，针对光伏产业普遍下滑的走势，建议区政府进一步优化产业定位，提高土地利用率和投资回报率。区政府按照区委"新兴产业集聚区、生态低碳先导区、绿色生活示范区"的定位，邀请专家论证，并坚持生态建设，突出科技产业引领，高标准建设盐河生态科技城，努力打造清河发展新增长极。

二、加强法律监督工作，推进全区民主法治建设

常委会把推进民主法治建设作为一项重要任务，加强和改进法律监督工作，促进"一府两院"依法行政、公正司法。

(一)强化司法监督工作。针对"两院"工作中遇到的新情况、新问题，常委会听取和审议了区法院行政审判工作报告和区检察院刑事检察工作报告，建议"两院"进一步规范执法行为、提高司法公信力。区法院认真落实常委会审议意见，对政府申请征收补偿决定强制执行案件实行裁执分离，保障全区拆迁扫尾工作有效推进；区检察院以"114"帮教工程(打造"一个基地"、建立"一个中心"、实施"四个机制")促进社会管理创新，取得了良好的社会效果。为推进全区法制宣传教育第六个五年规划全面实施，常委会组织代表对全区"六五"普法工作进行视察，对构建全社会共同参与的"大普法"格局提出了积极的建议和要求。

(二)组织执法监督工作。去年8月份，常委会对《娱乐场所管理条例》实施情况进行视察，实地视察了极速时代动漫城、卢米埃影城等娱乐场所，组织代表明察暗访。在此基础上，听取和审议了区政府关于《娱乐场所管理条例》实施情况的报告，并提出意见和建议，促进全区文化娱乐场所规范有序经营。此外，常委会还听取和审议了《土地管理法》实施情况的报告，建议区政府加强土地政策法规宣传、加大土地执法力度、做好闲置土地调查工作，促进全区土地节约集约利用，推动"土地执法模范区"创建活动深入开展。

(三)做好人事任免工作。常委会坚持党管干部与依法行使任免权有机统一，换届后，及时任命了26名新一届区政府组成人员，为地方国家机关的有效运行提供了组织保障。对拟任命人员进行任前法律知识考试，实行拟任命人员任前表态发言、常委无记名投票表决等制度，增强被任命人员的法律意识和责任意识。常委会还把工作监督和任命人员监督有机结合，在对区教育局、区住建局工作评议中，召开座谈会2次，发放调查问卷105份，个别访谈36人，列出整改意见7条，促进被评议单位进一步提高科学行政、依法行政的能力和水平，取得了较好的效果。

(四)加强备案审查工作。常委会把规范性文件备案审查作为加强监督工作、增强监督实效的一项重要举措，明确规范性文件的报备范围、程序和要求，严格按照规定的程序和要求，及时接收、登记、报备。换届以来，共收到区政府报送的涉及施教区划分、规范资金管理、大学生就业创业、实施品牌战略等规范性文件4件，均予以备案。

三、坚持以人为本理念，发挥人大服务民生职能

常委会把保障和改善民生摆在更加突出的位置，着力推动解决人民群众最关心、最直接、最现实的利益问题。

(一)高度关注民生热点。关注教育工作，主任会议对白鹭湖学校、清江浦中学、清河实验中学等项目建设进行视察，针对资金短缺、工期紧张等困难和问题，提出对策和建议。关注拆迁安置工作，常委会实地视察清泓花苑二、三期和新区安置房五期，听取和审议了区政府关于安置房建设情况的报告，推进安置房高质高效建设。关注食品安全工作，对北京路中学、新区实验学校等学校食堂卫生情况进行督查，要求区政府重视师生健康和饮食安全。关注社区文化建设，组织区人大代表实地查看清隆家园、富强等社区文化活动中心建设及运行情况，听取区文广新局和7个街道关于社区文化活动中心建设情况的汇报，针对发展不平衡、资金缺口较大等问题，提出建议和要求。此外，常委会还高度关注城市管理、旧城改造、消防、科技、环保等民生热点问题，促进全区民生工作上新台阶。

(二)促进创业型城区创建。常委会高度关注创业型城区创建工作，开展调研和跟踪研究，听取和审议了区政府关于创业型城区创建工作情况的报告，提出加快出台相关配套政策、广泛宣传创业典型等建议，全力支持区创业型城区创建工作。目前，全区已形成区里有创业园、街道有创业街、社区有创业点的创业格局，创业带动就业成效明显。

四、突出代表主体地位，保障代表依法履行职责

常委会把发挥代表作用作为增强监督实效，提高人大工作水平的前提和基础，努力提高服务保障水平，为代表开展活动、履行职责创造良好条件。

(一)注重代表建议办理工作。区八届人大一次会议上，代表共提出建议、批评和意见152件，涉及财政经济、城建城管、劳动人事、社会事业等方面。常委会完善代表建议办理工作流程，听取区政府关于代表建议办理工作情况的汇报。区政府和各承办单位高度重视，主要领导直接过问，严格按照"三见面"的要求，认真及时办理。截止2012年8月份，代表所提建议已全部办结，满意率、基本满意率达100%。其中，关于解决社区办公活动用房等建议，办理成效尤为显著，受到代表和群众的好评。

(二)开展闭会期间代表活动。常委会运用集中培训、实地调研、外出考察等多种形式，着力提升代表履职能力。组织驻区市人大代表视察开发区重大经济项目和清河区经济和社会事业重点项目，组织区人大代表旁听区法院庭审、观摩区检察院公诉考核庭。围绕全区重点工作和民生大事，常委会组织8个代表组开展了32次视察活动。在《清河之窗》开设专栏，开展"代表风采系列报道"活动，刊登一批代表先进事迹，激发了代表履职的热情。

(三)加强街道人大工委建设。健全常委会联系街道人大工委制度，组织街道人大工委开展"代表接待选民"活动，每月

10日安排代表接待选民，共有105位代表接待选民265人次。活动中，代表们听民声、察民情、解民困，捐资助困、助医、助学，充分发挥了促进经济社会发展和民主法治建设的作用。

五、切实加强自身建设，提升人大履行职责效能（略）

换届以后，常委会把打好基础开好局作为一件大事来抓，积极加强自身建设，不断提升人大工作水平。

（一）建设学习型机关，促进成果转化。（略）

（二）建设亲民型机关，促进作风转变。（略）

（三）建设创新型机关，促进效能提升。（略）

（四）建设廉洁型机关，促进廉政建设。（略）

2013年主要工作任务

2013年，是深入贯彻落实党的十八大精神的第一年，也是清河向率先基本实现现代化迈进的重要一年。区委七届三次全体（扩大）会议明确了今后一个时期全区发展的指导思想、奋斗目标、主要任务和重要举措，描绘了建设繁荣幸福新清河的宏伟蓝图。区人大常委会的总体工作思路是：全面贯彻党的十八大精神，紧紧围绕区委七届三次全体（扩大）会议提出的目标任务，依法行使宪法和法律赋予的职权，努力实现监督实效有新提升，服务民生有新改善，代表工作有新进展，自身建设有新突破，为推进全区率先领先发展，加快在江北率先基本实现现代化作出新的更大的贡献。为实现上述目标，着重抓好“四个强化”，实现“四个提升”：

一、强化大局意识，提升推进科学发展效能

围绕全区“1+4”奋斗目标，根据区委“五大战略”部署，积极履行人大职能。

*关注率先领先发展进程。*紧紧围绕清河赶超跨越、率先领先发展目标任务，重点围绕城市转型发展、产业转型升级等方面开展调查研究，高度关注集约型经济发展，开展战略性新兴产业和特色旅游业调查研究，促进区域经济竞争力提升。突出抓好计划和预算决算全口径审查和监督，加大对主要缺口指标的监督支持力度，加快率先领先发展进程。

*大力推进重大项目建设。*积极主动参与项目建设，听取和审议关于重大项目招商工作情况的报告，促进政府抢抓发展机遇，大力引进科技含量高、税收贡献大、企业形象好的大项目，为率先领先发展增添后劲。坚持参与、领办一批重点项目，对投资超50亿元的淮安金融中心、雨润中央新天地、盐河生态科技城等重特大项目或产业项目，以及投资超亿元的工业、服务业等重大项目，加大监督支持力度，定期组织代表视察项目现场，促进项目建设。

*高度重视社会稳定工作。*推动“两院”和公安机关认真贯彻“严打”方针，为建设繁荣幸福新清河提供良好的法治环境。积极参与安全生产监管体系建设，对《安全生产法》、《食品安全法》、《劳动合同法》等法律法规贯彻实施情况进行执法检查，组织代表明察暗访。高度关注《消防法》贯彻实施，督促有关部门依法做好安全生产工作，促进社会和谐稳定。

二、强化理念创新，提升人大监督工作效能

牢固树立监督观念，坚持敢于监督、善于监督，增强监督工作针对性、实效性。

*突出监督工作重点。*把贯彻落实区委重大决策部署作为监督工作的重中之重，推动全区经济社会健康协调发展。围绕代表提出的意见和建议以及群众关心的问题，把创业就业、社会保障、教育发展、食品安全等民生问题作为监督重点，运用听取和审议专项工作报告、开展执法检查和专项工作评议等多种形式，促进政府机关依法行政、司法机关公正司法。

*创新监督工作方式。*认真借鉴外地经验，结合清河实际，积极探索增强监督实效的新路子。坚持重大事项提前介入，实行由事后监督转向事前、事中监督，增强监督工作的主动性。坚持和完善对“一府两院”工作报告评议制度，促进“一府两院”依法履行职责。

*增强监督工作实效。*提高常委会调研和会议的质量，运用听取和审议专项工作报告、执法检查、视察调研等多种形式，加强对常委会决议、决定和审议意见贯彻落实情况的监督检查。对人民群众反映强烈和人大代表普遍关注的问题，运用“代表约见政府组成人员”、“专题询问”、“代表接待选民”等方式，增强监督实效。

三、强化服务功能，提升促进社会和谐效能

充分发挥人大职能作用，凝聚社会力量，增强服务经济和社会发展的整体合力。

更加注重民生热点问题。围绕群众关心的热点和难点问题，确立审议议题和监督重点，督促和支持政府进一步繁荣社会事业。积极关注弱势群体，通过视察、调研、行使重大事项决定权等形式和渠道，促进解决低保边缘户、失独家庭、重度残疾人等弱势群众的实际困难，提升人民群众的满意度。

更加注重发挥代表作用。完善代表培训制度，不断提高代表履职能力。加大代表建议和议案办理力度，组织代表听取办理情况，提高办理质量。丰富闭会期间代表活动，开展代表“为清河发展提一条建议、为清河人民办一件实事、为困难群众解决一个难题”活动，评选“优秀代表”、“优秀代表小组”和“优秀代表建议”，努力使代表工作充满生机和活力。

更加注重与群众的联系。健全完善常委会组成人员联系代表、代表联系选民制度，进一步密切与人民群众的联系。坚持求真务实作风，把调查研究工作与改善和保障民生、改进机关作风结合起来，认真倾听群众呼声，维护群众利益。加大人大工作的宣传力度，提升人民群众对人大工作的参与度。

四、强化自身建设，提升依法履行职责效能（略）

积极适应新形势、新任务的要求，在自身建设上求突破，全面提升常委会履职效能。（略）

在加强学习、提高素质上求突破。（略）

在真抓实干、改进作风上求突破。（略）

（该专文中有关名词解释请看前文）

政府工作报告

——在淮安市清河区第八届人民代表大会第二次会议上

区长 张冲林

（2013年1月10日）

2012年工作回顾

2012年是本届政府开局之年，也是积极应对各种困难挑战、取得经济社会发展新成效的一年。一年来，在市委、市政府和区委的正确领导下，在区人大、区政协的监督支持下，区政府紧紧依靠和团结全区广大干群，凝心聚力，攻坚克难，开拓进取，较好地完成了区八届人大一次会议确定的各项目标任务，顺利通过全面小康达标验收，率先基本现代化迈出了坚实步伐。

（一）经济实力进一步提升。坚持以重大项目建设为主抓手，认真落实稳增长各项政策措施，全力促进经济持续健康发展。主要指标稳中有进，实现地区生产总值108亿元、人均GDP11万元，分别增长26.7%、23.9%；财政总收入33.8亿元、公共财政预算收入26亿元，分别增长8.6%、18%；全社会消费品零售总额101亿元，增长21%；实施亿元以上项目90个，完成规模以上固定资产投资87亿元，增长27.9%；注册外资实际到账2.17亿美元。对照基本现代化指标体系，清河区实际需要监测统计的44项指标中已有15项达标。

（二）产业结构进一步优化。服务业主导地位更加突出。实现服务业增加值占GDP、入库税收占税收收入比重分别达到79.6%、81.2%。“两大核心商圈”加快建设，中央新亚、金鹰国际等运营良好，万达嘉华酒店、丰惠财富广场等建成启用，雨润中央新天地、苏宁电器广场等进展顺利，新世界广场、淮海地下步行街等成功签约。“四园一区”建设有序推进，楚天极目动漫科技产业园一期主体建成，淮安工业设计园、世界之窗创意产业园企业入驻率超过50%，金融集聚区顺利启动房屋征收。总部楼宇经济初见成效，新增注册资本5.48亿元。工业经济支撑有力。列统工业完成增加值12.7亿元、开票销售34.3亿元，分别增长20%、21.6%，其中开票销售增幅位居全市前列。旺旺食品年入库税收突破1.4亿元，成为清河区首家销售超10亿元企业。顺泰控股在港成功上市，实现清河区上市企业和淮安在港上市企业“零突破”。LED外延片、旺旺高速牛奶生产线等项目建成投产，金格润科技、镭射防伪膜及新型薄膜生产线等项目成功落户。高新技术产业加速发展。全社会研发投入占GDP比重达1.5%，新增市级以上高新技术企业6户，高新技术产业产值占规模工业产值比重达43%，位居全市第一。引进创新创业领军人才6名，聘请产业发展高级顾问10名，陈文新院士工作站成功落户，清河软件园创成省级科技产业园，金象传动获批省级技术中心，大中型企业和高新技术企业研发机构在全市率先实现全覆盖。

（三）城市建设进一步推进。两城建设步伐加快。新区新一轮修建性详规有序实施，淮河老街、淮安运动乐园等项目建成运营，古淮河文化生态景区创成全国低碳旅游示范区、国家级水利风景区。盐河生态科技城建设全面启动，控制性规划修订、景观设计基本完成，基础设施建设、产业招商有序推进。城区环境持续改善。旧城改造稳步实施，供销学校、越河小区等12个扫尾地块全部拆净，水渡口2、3号地、雨润变电站等新项目启动征收，清荷家园、清泓花苑一期等安置房交付使用，分配安置房4300套、41万平方米。生态区创建扎实开展，新增绿化面积7.6万平方米，城市绿化覆盖率达41.8%。城管水平不断提升。清河路、大治路等景观提升工程顺利完成，打造“精品示范生活院”2个，道路机械化清扫率达到57%，城市长效综合管理在全市考评中继续领先，清河城管荣获全市唯一的省住建系统队伍规范化建设先进集体，“全国城管学淮安、淮安城管看清河”品牌初步创成。

（四）民生事业进一步改善。“十大惠民工程”稳步实施，全年民生支出13.83亿元，占公共财政总支出的73%。社会保障不断完善。创业就业统筹推进，创业型城区建设扎实开展，扶持大学生创业工作被中央电视台深度报道，新增创业2139户，新增就业 13432 人，城镇登记失业率 2.06%，城镇居民人均可支配收入 27500 元。保障体系不断健全，社会保险覆盖率达 97.7%，在全市名列前茅。建立重点优抚对象短期疗养制度，第七次调增“土地换社保”人员基本生活保障标准，“580”慈善救助计划[1]深入实施，救助困难群众 850 人次、资金 177 万元。为孤老购买养老服务实现全覆盖，居家养老服务水平全市领先。社会事业协调发展。白鹭湖等三所学校基本建成，全国义务教育发展基本均衡区顺利通过省级复核。国家基本药物制度全面实施，创成省慢性病综合防控示范区、餐饮服务食品安全示范区，钵池山社区卫生服务中心荣获全国示范中心称号，淮西社区卫生服务中心被命名为中国社区卫生协会培训基地。省公共文化服务体系示范区创建有序推进，建成 8 个社区文化活动中心，第七届社区文化艺术节、百场演出进社区、百场电影进社区和区第五届运动会成功举行，获得省第六届全民健身运动会优秀赛区表彰。区婚姻登记处、家庭人口文化生态园分别创成全国 3A 级婚姻登记机关、省人口文化示范基地。工农兵、河堤路、沈阳路社区分别荣获全国综合减灾示范社区、全国科普示范社区、全国残疾人文化进社区试点单位称号。社会管理扎实有效。“一委一居一中心”[2]社区管理体制改革有序实施，区社会管理中心投入使用，网格化社会管理服务模式初步建立，荣获“2012 中国十大社会管理创新奖”。深入推进“阳光清河”、“平安清河”和“法治清河”建设，扎实开展“三进三解三促”[3]、“四项排查”[4]活动，强化重点区域安全监管，突发事件应对能力不断提高。

（五）自身建设进一步加强。坚持依法行政，自觉接受人大法律监督、政协民主监督，大力支持人大、政协工作视察和专题调研活动，累计办理代表建议 152 件、委员提案 109 件，办结率 100%，满意率和基本满意率 100%。制定《建立政府法律顾问制度实施意见》，健全重大决策听证、重大事项集体决策、重要事项公示等制度，行政权力全部实现网上公开。扎实做好信访稳定、房屋征收等难点工作，努力化解小区物管、教育收费等热点问题，敢于啃硬骨头、敢于涉险滩的工作作风得到进一步体现。全面推行服务承诺制、首问负责制和限时办结制，进一步增强机关工作人员的责任意识和服务意识，政府行政效能和服务质量不断提高。强化行政监察和审计监督，加强政府投资项目、行政执法等重点领域监管，注重从源头上预防和治理腐败。

积极支持工会、共青团、妇联、关工委、老促会、老科协、老年体协开展工作，区志档案、政府法制、台侨事务、民族宗教、国防动员、人防双拥、机关事务管理等工作均取得了新的成绩。

回顾一年来的工作，奋斗的历程充满艰辛，取得的成绩难能可贵，发展的体会尤为深刻。一是必须注重在加强形势研判中掌控发展主动权。面对宏观趋紧、经济下行、外需不振等严峻形势，我们预判早、出手快、措施实，出台了实施品牌战略、优化企业服务、扶持实体经济、鼓励技术创新等系列文件，开展了银企保对接会、工业项目投产达效竞赛年等一系列活动，进一步推动生产要素、政策资源、公共服务向优质企业集中、向实体经济倾斜、向核心区域集聚，有力地促进了经济持续健康发展。二是必须注重在推动项目建设中增强发展支撑力。我们始终坚持项目为纲，把项目建设作为扩大投入、拉动增长的着力点，注重将项目优势转化为发展优势，精心组织科学发展动员大会、拆迁扫尾攻坚月、外资招商百日竞赛等活动，采取“ABCD”分级滚动管理、重点项目领导挂钩制度等行之有效的推进措施，逐步形成了项目滚动发展、梯队推进的良性循环效应。三是必须注重在破解瓶颈制约中增创发展新优势。针对发展空间不足、高端人才紧缺、融资环境趋紧等发展难题，我们不断深化对中心城区发展规律的认识，制定发展总部经济、引进培养领军型创新创业人才、鼓励企业上市等政策意见，通过利用区域合作争取发展空间、开展国土“双创”[5]活动、推动二期企业债券发行、建设金融集聚区等有效手段，进一步拓展了内涵式发展空间，有效提升了中心城区的承载力、高端资源的集聚力、功能服务的辐射力。四是必须注重在增进民生福祉中凝聚发展向心力。我们牢固树立“发展为民”理念，通过持续加大民生投入、推动居民收入“五年倍增计划”[6]、实施“十大惠民工程”等有力举措，在创业就业、社会保障等方面出台一系列惠民利民政策，解决了一批事关群众切身利益的民生问题，激发了群众参与清河建设的主动性和积极性，为区域经济社会发展营造了和谐共进的良好环境。

在肯定成绩的同时，区政府也清醒地看到发展中还存在一些困难和挑战，主要表现为：受客观经济环境影响，经济增长速度有所放缓，部分企业运营出现困难，保持较低通胀率、失业率的压力依然较大；新兴产业发展刚刚起步，传统产业比重偏高，转型升级步伐需要继续加快；房屋征收难度加大，部分房地产项目进展不快，中心城市建设还需进一步提速；民生保障水平有待提高，社会管理创新面临一些新情况新挑战，维护社会和谐稳定的任务依然艰巨。对此，我们将高度重视，认真研究，采取更加有力的措施予以解决。

2013 年总体思路和目标任务

2013 年是贯彻落实中共十八大精神的开局之年，也是清河区在江北率先基本实现现代化的关键之年。做好全年工作，既要努力克服宏观形势错综复杂、国内经济发展趋缓、资源环境约束加剧等因素影响，也要积极抢抓长三角一体化发展、江苏沿海开发、省委省政府加快淮安苏北重要中心城市建设等政策机遇，不断争创政策“红利”，汇聚发展“正能量”，奋力开创清河经济社会发展新局面。

2013 年政府工作的总体思路是：全面贯彻落实党的十八大精神，紧紧围绕区委七届三次全会提出的目标任务，以“量质并举、质效同升”为总要求，以高端发展、高效发展、品质发展为基本定位，以“五大战略”为主要抓手，致力于推动经济稳健增长，致力于保障和改善民生，致力于转变政府工作作风，全面推进基本现代化建设，努力把清河建设成为长三角北部地区乃至全国有影响的商贸名区、文化名区、生态名区、首善城区。

综合分析2013年发展形势和各方面因素，建议全区经济社会发展预期目标为：公共财政预算收入增长15%，全社会消费品零售总额增长16.8%，列统工业增加值增长20%，规模以上固定资产投资增长19.5%，城镇居民人均可支配收入增长15%，城镇登记失业率控制在2.1%以内，城市绿化覆盖率超过42.1%，单位GDP能耗、主要污染物排放量达到省定标准，空气质量达到国家二级标准，环境质量综合指数达85分以上。

这些指标是听取多方意见、慎重权衡确定的。一是适应形势的发展需要。在制定这些指标时，我们充分考虑到2013年形势的复杂性和挑战的严峻性，不盲目攀比，不片面求快，切实把工作重心放到加快转型升级、提高经济增长质效、走高端高效品质发展之路上来。二是切合清河的发展实际。在制定这些指标时，充分把握清河发展的阶段性特征，本着自加压力、进位争先的要求，科学合理地安排了必要的增速，虽有一定的压力，但经过努力是能够实现的。三是体现科学发展的基本要求。在制定这些指标时，充分兼顾经济增长与全面发展的关系，在促进经济平稳增长的同时，更加注重生活环境的改善、社会事业的进步和群众幸福指数的提升，适当提高了民生指标增速，适度强化了生态指标约束，体现了全面、协调、可持续发展的要求。

在2013年的工作中，区政府将更加注重生产生活生态互动并进，突出把握好以下几个方面：

（一）着力培育产业高地。重点围绕“产业发展集群化、产城融合一体化、城市功能高端化”的思路，深入实施“商贸强区、总部引领、旅游带动、项目支撑、创新驱动”五大战略，加快发展以新能源、新材料、新医药为代表的新兴产业和以生产性服务业为主导的现代服务业，全力推进“两大核心商圈”、“四园一区”和光电产业园、健康医药产业园等载体建设，不断招引高端项目，集聚高端资源，发展高端产业，提供高端服务，着力提升产业竞争力、功能辐射力和区域吸引力，努力走出一条由外延式扩张向内涵式增长转变的发展之路。

（二）着力构建幸福城区。秉持“改善民生是最大的政绩，深得民心是最大的荣誉”理念，认真落实居民收入倍增计划，加快完善社会保障体系，全面推动社会事业协调发展，不断创新社会管理服务机制，促进社会行为更加文明、人际关系更加和谐，逐步形成社会秩序井然、公平正义彰显、群众安居乐业的社会状态，努力让清河群众过上有尊严、高品质的生活。

（三）着力打造生态家园。扎实推进生态文明建设，充分依托“两河绕城、四湖镶嵌”的资源优势，着力彰显“水绕城、城傍水”的特色风貌，加快建设一批生态绿地，合理布局精品游园、绿化景观和生态廊道，努力为居民营造舒适惬意的绿色空间。加快发展低碳产业、循环经济、绿色制造，积极推行清洁生产，坚持不懈抓好节能减排，全力打造宜业宜居的生态名区。

2013年主要工作安排

围绕上述总体思路和目标任务，我们将重点抓好以下六个方面工作：

一、重招商、快建设、优服务，促进经济平稳增长

充分发挥重大项目的支撑带动作用，进一步扩大有效投入，扶持发展实体经济，全力推动经济持续健康发展。

（一）一着不让推进招商选资。突出招商重点，把握国内外产业转移新规律和台资集聚新动向，借鉴苏南现代化示范区建设新经验，围绕清河产业链延伸需要，本着“缺什么招什么”的原则，深入长三角、珠三角和港台等经济发达地区，每季度举办一次投资说明会，主攻现代服务业、先进制造业和新兴产业，大力引进一批科技含量高、税收贡献大、企业形象好的大项目、好项目。提升招商实效，精心编制项目，有效整合资源，强化专项、专题、专业招商，推行网络、组团、委托招商，确保引进亿元以上重大项目28个，注册外资实际到账2.5亿美元。强化招商考核，出台招商引资考核奖惩办法，进一步明确各专业招商部门目标任务，全年引进亿元以上新兴产业项目5个，总部企业5家，新增公司制企业注册资本金30亿元。

（二）全力以赴加快项目建设。继续开展“项目建设投产达效竞赛年”活动，围绕列入计划的96个重点项目，倒排进度，挂图作战，强力推进，确保淮安龙游城、力宝广场等项目全面开工，爱家装饰广场、中宏置业广场等项目竣工交付。坚持集团指挥、组团作战，拿出主要精力、集中优势兵力，推动雨润中央新天地、新世界广场等重特大项目快建设、快达效。突出抓好盐河生态科技城建设，按照五年创成“全国生态低碳示范区”的目标定位，进一步提升规划设计水平，加快基础设施建设进度，确保上半年完成临河路、长江东路等建设，年内引进并实施亿元以上工业项目不少于5个。

（三）千方百计服务企业发展。加大政策扶持力度。认真落实“营改增”和“淮九条”政策，充分把握促进实体经济发展的重要契机，研究出台更加有利于实体经济发展的政策措施，切实减轻企业税负，降低经营成本，使企业轻装前行、快速发展。加大协调服务力度。不断强化企业服务体系建设，健全完善区领导挂钩联系企业制度，高度关注重点骨干企业、高成长性中小企业发展，及时帮助解决生产经营中遇到的各类困难和问题，努力为企业成长壮大营造更优越的发展环境。加大要素保障力度。继续开展国土“双创”活动，全年争取用地奖励指标300亩以上。积极搭建银企保合作平台，鼓励金融机构加大信贷投放力度，全年担保贷款突破20亿元。大力实施“百名产业专家引进工程”、“千名优秀人才集聚工程”，全年引进创新创业领军人才5名，硕士、副高以上高层次人才100名。

二、调结构、促转型、提质效，增强产业综合实力

以提高经济发展质效为中心，加快转型升级步伐，优化产业结构，着力构建更具竞争力、切合区情实际的现代产业体系。

（一）推动服务业提档升级。积极发展文化创意产业，加快“四园一区”建设，提高楚天极目动漫科技产业园、世界之窗创意产业园招商成功率，推动工业设计园二期、七星岛总部经济会所等加快建设，三浦灵狐大动漫共同体等尽快启动，设计瑰谷等早日落户。大力发展总部楼宇经济，深入实施“百幢百米高档高务楼宇建设计划”，不断提高曙光国际大厦、丰惠财富广场等商务楼宇的企业入驻率，加速集聚一批区域总部、分支机构、结算中心。着力发展特色旅游业，加快古淮河文化生态景区创建国家5A级景区步伐，推动西游记乐园、中国爱情小镇等早日建成，争取乔波冰雪世界等早日落户，精心举办冰雪狂欢节、白鹭湖婚博会等活动，加大旅游营销和市场开拓力度，着力打造“华东地区知名旅游目的地”，力争全年来清河旅游突破80万人次。

（二）推动工业经济提质增效。积极运用现代高新技术，改造提升食品加工、纺织服装、机械制造等传统产业，努力在拉长链条、壮大规模、提升效益等方面取得新突破。大力实施“领军企业培育工程”[7]，鼓励旺旺食品、清江药业等企业增资扩股，推动恒业机械、苏益电器等企业做大做强，年内列统企业开票销售突破40亿元。深入实施“企业上市助推工程”[8]，充分放大顺泰控股成功上市效应，进一步加大重点企业上市扶持力度，推动金象传动早日报会审批，麦德森制药尽快进入股改。

（三）推动新兴产业提量扩容。做大产业规模，鼓励利安科技、安洁医疗等企业加大新产品研发和新市场开拓力度，推动清华诚志、南大光电、太阳能电站等项目尽快落户，金格润科技、镭射防伪膜及新型薄膜生产线等项目加快建设，清江药业小容量注射剂生产线年内建成投产，全年新兴产业产值占规模工业产值比重达30%。增强产业后劲，引导企业进一步加大创新投入力度，与国内外知名院校、科研机构建立联合研发平台，年内全区科技研发投入占GDP比重超过1.6%，实施产学研合作项目30项，创成省级工程技术研究中心1个，列统企业技术研发机构建有率达80%以上。建好产业园区，围绕新能源、新材料、新医药等新兴产业发展定位，加快光电产业园、医药健康产业园等特色园区建设，努力为新企业、新项目落户提供载体支撑。

三、提功能、优环境、强管理，推进中心城市建设

强化建管并举，注重协调推进，不断改善城市面貌，提升城市功能，彰显城市特色，加快建设美丽城区。

（一）优化城市功能布局。进一步提升商贸服务功能，顺应城市居民消费能力提高和消费需求升级的新形势，推动中央新亚、金鹰国际等骨干商贸企业创新经营模式、丰富经营业态，嘉和国际广场、淮安新天地等重大商贸项目年内竣工运营，新世界广场、台湾百脑汇等知名商贸品牌尽快落户，不断增强“两大核心商圈”的辐射带动效应。进一步完善金融服务功能，重推金融集聚区建设，确保5月底前完成房屋征收任务，8月底前开工建设，着力打造苏北区域性金融服务中心。进一步优化生活服务功能，加快南京路、合肥路等新区主次干道建设进度，推进建设路、中经路等老城区后街背巷改造维修工程，抓好新区公交枢纽站、富丽花园消防站点建设，优化停车场、便利店、平价直销店等各类便民设施布局，切实增强市民的舒适感、宜居度。

（二）改善城市居住环境。以更大的力度推进旧城改造。按照“连片开发、板块推进、市场运作”的要求，积极引进有实力、有经验、有资源的企业参与开发，有序实施电信大楼北侧、区卫生防疫站北侧等地块的改造，加快巨一首府、天润翠□等住宅小区建设进度，推动清河城市广场、福仕达广场等尽快交付，进一步改善辖区群众居住条件。以更大的决心推动征收安置。坚持“依法、阳光、惠民、和谐”征收原则，加大新天地花苑、康居花园二期等地块扫尾力度，启动驾校东侧、华能小区西北角等地块房屋征收。进一步加大资金调度、施工组织、质量监管力度，确保枫丹白露、清泓花苑二、三期上半年交付，兴华花园年内基本竣工，让被征收群众早日搬进新居。以更大的成效建设美丽清河。启动实施古淮河水岸景观提升和丰收河水环境治理工程，实施石塔湖、里运河贯通和四门闸改造工程，协调推进周恩来童年读书处环境整治、赛珍珠故居修缮项目，完成万达金街、大闸口美食街等市容景观提升，市级以上绿色社区、绿色学校创建率分别达到80%、50%。

（三）提高城市管理水平。围绕“淮安最美城区”目标定位，认真落实“五定”[9]工作责任制，强化对城市出入口、城郊结合部、后街背巷的综合治理，加大清扫保洁力度，努力消除城管盲区和卫生死角。深入推进“零违建区”创建，严格落实属地管理责任，坚决执行“零补偿”规定，切实提升防违治违工作水平。加大城管投入力度，改造提升垃圾中转站6座，机械化清扫率达65%以上。树立“和谐城管”理念，不断强化城管队伍规范化建设，城市长效管理水平继续保持全市领先。

四、促增收、强保障、办实事，提升群众幸福指数

继续实施“十大惠民工程”，切实办好民生实事，努力让发展成果惠及全区广大群众。

（一）持续增加居民收入。围绕居民收入“五年倍增计划”，积极探索工资性、经营性、财产性收入等多元化增收机制，努力实现居民收入增长与经济发展同步，年内城镇居民人均可支配收入达31625元。认真开展省级充分就业示范社区创建，积极搭建就业平台，扎实做好下岗职工、大学生、流动人口等特殊群体的就业再就业工作，全力促进充分就业，确保全年新增就业8000人，安置下岗失业人员就业再就业3000人。认真落实创业扶持政策，全年创业培训300人，新增创业2000户，力争创成省级创业型城区。

（二）健全完善社保体系。加快构建以社会保险、社会救助、社会福利为基础，以基本养老、基本医疗、最低生活保障为重点的社会保障体系，逐步推进养老保险、医疗保险城乡一体化，尽快推动“土地换社保”人员转入城镇职工养老保险。深入推进“580”慈善救助计划，切实加大低保户、失独家庭、残疾人等特殊群体帮扶力度，不断健全物价上涨与困难家庭临时补贴联动机制，全力保障困难群众基本生活。进一步提高尊老金标准，加快推进护理型养老院建设，积极争创省级示范性居家养老服务站，努力为生活困难和难以自理的老人提供家政、康复护理等多方面服务。认真做好住房保障工作，严格落实廉租房租赁补贴、实物配租制度，逐步解决困难群众“住有所居”问题。大力倡导“尊重劳动、尊重劳动者、尊重劳动价值”风尚，继续完善困难职工医疗救助制度，适度调增部分低收入群体工资。

（三）统筹发展社会事业。围绕群众教育、文化、卫生等方面需求，进一步优化公共服务布局，全力打造“15分钟公共服务圈”。坚持教育优先发展，争创省义务教育优质均衡发展区、省学前教育改革发展示范区。巩固扩大基本药物制度实施成果，不断完善社区卫生服务体系，加大特色专科医院引进力度，切实提升社区卫生服务的内涵质效，全力做好省社区卫生服务先进区复核评估迎检工作。完善食品药品安全监管机制，争创国家餐饮服务食品安全示范区。全面推动人口和家庭公共服务体系建设，确保通过省“十二五”人口协调发展先进区创建中期评估验收。扎实开展省级公共文化服务体系示范区和国家一级图书馆创建，加快14个社区文化活动中心建设，精心举办社区文化艺术节、百场演出进社区、百场电影进社区等活动，不断丰富群众精神文化生活。扎实开展双拥创建，确保实现省双拥模范区“三连冠”，认真做好国防动员、台侨事务、妇女儿童、民族宗教等各项工作。

五、强基础、保稳定、促和谐，提高社会服务水平

以社会管理服务创新为重点，充分发挥财税在促发展、惠民生、保稳定等方面的基础性作用，进一步完善服务功能，提升服务水平，努力营造和谐稳定的社会环境。

（一）不断夯实财税根基。增强街道经济实力。按照“划定收入范围、核定收入基数、规定年度增幅、增收全部自留”的总体要求，制定区街财税体制改革实施方案，合理下达财税任务，积极拓宽收入渠道，科学规范支出管理，进一步调动街道发展经济、培植财源的积极性和主动性。提升财税征管水平。加快纳税评估体系建设，进一步强化重点行业、重点企业纳税情况的评估管理，促进税收持续稳定增长。深入推进个体及零散税社会化征管工作，健全完善税收征管联动机制，加大易流失税源和项目建设环节税收监管力度，确保应收尽收。提高投融资水平。按照“市场化、专业化”要求，进一步提升城市资产、新区投资等国有资产公司运营水平，全力推动二期企业债券一季度成功发行，扎实做好三期企业债券发行申报工作，积极招引民资银行、证券基金等来清河区设立分支机构，不断探索新型融资方式，多元化、多渠道筹集建设资金。

（二）不断深化服务创新。推进社会管理创新，逐步将社区警务、法律服务、消防安监等职能融入网格化管理，进一步扩大服务范围，提升管理实效，切实做到有问题及时发现、有矛盾及时化解、有需求及时服务。推进社区服务创新，深入实施“一委一居一中心”社区管理体制改革，认真组织好第五届居委会换届选举工作，逐步增加办公经费，改善办公条件，进一步提升社区为民服务的能力。按照“有所为有所不为”的原则，不断改进政府主导社区公共服务方式，通过购买服务、评比表彰、组织交流等方式，积极培育居民自治组织，有序引导公益性团体健康发展，加快推动社区自治，逐步实现居民自我教育、自我组织、自我管理、自我服务，不断凝聚全社会参与和谐构建的强大合力。推进物业管理创新，进一步强化“花钱买服务”的消费意识和契约意识，逐步转变居民长期以来在行政性、福利性管理模式下形成的无偿服务观念，不断减少物业管理矛盾和纠纷。扎实做好安置小区、老旧小区物业管理工作，大力推行“零利润”管理服务，积极探索“业主主导、社区参与”的自助式物管模式。切实加强物管企业监管，健全完善物业管理信息系统，扎实开展星级企业评比活动，不断提高物业管理服务水平。

（三）不断维护和谐稳定。深入推进“阳光清河”[10]建设，充分发挥“六大维权中心”[11]作用，健全完善重大项目建设、重大政策制定等社会稳定风险评估机制，深入推进矛盾纠纷排查预警机制和大调解体系建设，不断畅通和规范群众诉求表达、权益维护渠道，着力引导群众依法、理性表达利益诉求，努力从源头上预防和减少矛盾纠纷。扎实做好安全生产工作，强化基层安监队伍建设，加大安全生产投入力度，严格落实企业安全主体责任，切实加强商场市场、高层建筑、人员密集场所等重点领域监管，确保安全生产形势总体稳定。切实保障公共安全，深化“平安清河”建设，加大各类违法犯罪行为打击力度，进一步提升群众公共安全感和治安满意度。深入推进“六五”普法，大力开展“民主法治村（居）”创建，扎实做好社区矫正和安置帮教网格化管理工作，积极争创省法治区和省级示范法律援助中心。加强流动人口、特殊人群动态管理，完善虚拟社会管控，强化网络舆情应对引导。不断完善应急救援体系，加强应急预案演练和队伍建设，切实提高防空防灾一体化建设水平和突发事件应对处置能力。

六、抓落实、提效能、树形象，塑创政府工作新风

牢固树立“作风就是生产力、效能就是竞争力”的理念，时刻保持干事有激情、做事高标准、遇事敢负责、处难能坚韧的作风，着力建设负责有为、群众满意的政府。

（一）大兴求真务实之风。认真贯彻落实中央和省市关于改进工作作风的若干规定，积极改会风、转文风。探索建立政府系统会议备案管理制度，严格控制会议数量、规格和规模，可开可不开的会议坚决不开，非开不可的会议严格限定时间。切实精简政府文件，力戒空话套话，可发可不发的文件坚决不发，可长可短的文件坚决从短。深入开展“三进三解三促”活动，区政府班子成员每月到基层调研时间不少于5天，及时了解群众所思所想、所需所盼，真正做到情况在一线掌握、问题在一线解决、工作在一线推进。

（二）大兴雷厉风行之风。大力倡导“马上办”工作作风，在政府机关中积极推行超时默认制度，对基层和企业的有关请示和汇报，做到有件必收、凡请必批、限时回复；对群众和客商提请的事项，坚持首问负责、限时办结、急事快办。强化执行意识，对确定的重要决策、重大事项，政府全体人员要坚决做到说了算、定了干、干必成。自觉接受人大法律监督、政协民主监督，及时办理人大代表议案和政协委员提案，切实加大视察意见和建议的跟踪督办力度，真正做到件件有落实，事事有回音。

（三）大兴清正廉洁之风。不断完善政府系统干部作风建设评价体系和勤廉指数评议体系，全力加快“廉洁清河”建设。坚持依法行政、秉公用权，切实加强房屋征收、工程建设、教育收费、医疗卫生等重点领域和关键环节的行政监察和审计监督，严肃查处以权谋私等违法乱纪行为。成立财政投资评审中心，引入专家评审或第三方评审机制，切实提高财政资金使用效益。全面推行节约型机关建设，大力弘扬勤俭节约之风，坚决反对铺张浪费，从严控制一般开支，压缩“三公”[12]支出，有效降低行政成本，切实把有限的资金用在加快发展上，用在保障民生上。

新的形势催人奋进，新的事业任重道远。区政府在市委、市政府和区委的正确领导下，在区人大、区政协的鼎力支持下，万众一心谋发展，凝心聚力抓落实，奋发有为求突破，为全面推动率先领先发展、建设繁荣幸福新清河而努力奋斗！

（本文有关名词请参考首篇专文注释）

中国人民政治协商会议淮安市清河区第八届委员会常务委员会工作报告（摘要）

——在区政协八届二次会议上

区政协主席　梁学文

（2013年1月9日）

换届以来工作回顾

换届以来，在中共清河区委的领导下，区政协常委会按照区政协八届一次会议的整体部署，充分发挥协调关系、汇聚力量、建言献策、服务大局的重要作用，求真务实，创先争优，各项工作取得了新业绩，为推动率先领先发展作出了积极贡献。

一、服务发展大局，积极献智出力

坚持把促进率先领先发展作为履职的第一要务，紧紧围绕区委区政府重大决策和工作部署，建有据之言、献务实之策。

一是围绕重大项目建设视察。区政协组成三个视察组，由主席、副主席分别带队，对纳入市目标考核的亿元以上项目进行视察。视察组深入项目工地了解进展情况，并与有关责任方现场交流，共同分析项目建设过程中遇到的困难和问题，讨论解决办法，助推项目建设。

二是围绕“四园一区”建设视察。主席会议赴工业设计园、创意产业园、动漫产业园、总部经济园、金融集聚区项目现场实地视察，提出招引项目既要重视速度更要重视质量和效益等建议，促进有关部门和招商服务单位按照区委区政府对园区产业的定位，开展招商，优化服务，加快形成产业集聚效应。

三是围绕促进部门工作视察。主席会议确定财政增收、社会管理创新等8个主题，对相关部门进行视察。视察过程中，充分肯定部门成绩，深入分析新形势新要求，诚恳提出意见建议，使有关工作得到重视和提升，有关问题得到关注和解决。

四是围绕重要发展课题调研。政协常委会就加快新区人气集聚问题，组织人员走访社区、学校、市场、餐饮、房地产、工厂、旅游等14个单位，召开了6次座谈会，了解情况，共商加快新区人气集聚的良策，并将征集到的意见建议反映到有关领导和部门。部分党派、工作组和委员就盐河生态科技城建设、总部经济招商和培植、汽车产业发展、中小微企业服务、旅游品牌打造等开展调研，提出许多好的建议，引起区委区政府及相关部门的重视，一些建议已经得到很好落实和推动。

二、心系民情民愿，坚持履职为民

坚持“以人为本”理念，把实现和维护广大人民群众的根本利益作为各项工作的出发点和落脚点，积极发挥自身优势和作用，反映民意、维护民权。

一是开展居民小区物管专题调研。区政协组成专题调研组，深入街道、社区和居民小区，广泛听取街道、社区、居民和物管一线同志意见，赴沭阳学习观摩，通过网络与南京玄武区和营口西市区学习交流，形成《加强居民小区物管工作的调研报告》，针对目前清河区居民小区物业管理工作中存在的老小区基础设施投入"欠账"多、业主依法管理小区意识淡薄、物管企业服务不到位、街道和社区负担重等问题提出了解决的对策和建议。

二是着力抓好民生类提案办理。八届一次会议期间，委员提交民生类提案42件，占提案总数的35%，内容涉及劳动保障、教育文化、食品安全、环境保护、弱势群体救助等方面。区政协提案委协调政府办等相关部门，强化工作责任，严格办理制度，加强督办落实，提案办结率、反馈率和满意率均达100%。一些群众关注的热点、难点问题，得到了有效解决。

三是关心帮助弱势群体。政协委员倾情为群众办实事、好事，为社区困难群众提供义诊送药、教育培训和法律咨询等服务，踊跃参加扶贫帮困、捐资助学等慈善活动，2012年共捐款捐物近30万元。其中，经济一组组织委员为清河中学的20名困难学生各捐助2000元。社科组协调驻区部队开展助学助残活动，共资助101名困难学生5.8万元。卢伟委员向社区居家养老工程捐款1万元，朱泰峰、冯伟哲、李晓红、时洪生等22名委员向光彩事业捐款10.8万元。

三、推动工作创新，提升履职实效

一是改进调研形式和方法。政协在确定2012年调研课题时，主动向区委、区政府分管领导、主管部门发送征求调研课题函，请他们给政协出题目，得到积极回应。在调研过程中，我们邀请相关职能部门参与，加强沟通，形成共识，以利于调研成果能及时得到转化和运用。注重提高调研工作的质量和水平。10月份，政协常委会召开调研工作会议，专题听取常委会调研组、专委会、各党派及委员工作组调研工作汇报，并对调研的内容进行研讨。

二是发挥专委会基础作用。针对专委会人手少、活力不足的问题，我们从配齐配强专委会班子入手，挑选一批责任心强、工作热情高、乐于奉献的委员，充实到专委会班子中，同时为专委会下任务、压担子。首次推动专委会开展调研，形成《对清河区学前教育的调查与思考》、《促进清河区企业创新发展的思考》、《对清河区居家养老服务工作的建议》等调研报告。

三是提高委员履职组织化程度。根据委员不同的界别代表性和不同的专业、技术知识，组织他们一道参加政协主席会议视察、调研、专题座谈访谈等活动，扩大委员参加活动的覆盖面，基层委员参与率超过50%。注重发挥委员工作组的带动作用，专门出台有关文件，加强委员工作组的规范化管理，使委员工作组活动既达到一定数量，也具有较高质量。农业农村组组织委员调研房屋征收工作和街道经济发展，文教组组织委员调研教育均衡化发展，医卫组组织委员参加健康教育讲座，民宗侨台组组织委员开展宗教和少数民族的相关调研，这些都极大地活跃了政协工作。

四、加强自身建设，提供坚实保证（略）

坚持把加强自身建设作为履职的重要基础，加强理论学习，完善工作机制，改进工作作风，努力推进"三化"建设，保障了政协工作的有序开展。

一是学习十八大精神，抓好专题培训。（略）

二是完善工作机制，落实制度保障。（略）

三是改进工作作风，提高机关效能。（略）

2013年工作安排

2013年，区政协工作的总体要求是：在中共清河区委的领导下，深入贯彻落实中共十八大和区委七届三次全会精神，围绕"1+4"奋斗目标，以服务中心、创新工作、促进和谐为重点，务实有效地履行政治协商、民主监督、参政议政职能，为建设繁荣幸福清河作出新的更大贡献。

一、以十八大精神为统领，在思想认识上有新提高

中共十八大报告关于健全社会主义协商民主制度的重大战略部署，为人民政协更好地履行职能、发挥作用提供了重要的历史机遇，搭建了广阔的舞台。要大力开展主题鲜明、形式多样的学习贯彻活动，组织广大政协委员和政协机关工作人员，通过党组会议、主席会议、常委会议、座谈会、报告会、专委会和委员工作组学习会等多种形式，深入学习、深刻领会十八大精神。要大力弘扬理论联系实际的学风，紧密结合清河发展的实际，不断提高人民政协履行职能的实效。通过学习，切实把思想和行动统一到区委的决策部署上来，把智慧和力量凝聚到率先领先发展上来，努力在认识上有新提高，能力上有新提升，工作上有新进展。

二、以促进发展为要务，在服务大局上有新作为

一要找准服务大局的切入点。围绕区委、区政府中心工作，组织和动员政协机关全体人员和广大政协委员，积极主动地参与招商引资、项目建设、房屋征收等重点工作，为清河发展多做贡献。全力做好挂钩重点项目的帮办服务，确保项目顺利实施。

二要增强专题调研的针对性。各民主党派、区政协各专委会、各委员工作组要发挥联系广泛、人才荟萃、智力密集的优势，按照"少而精，深而实"的思路，重点围绕"两大核心商圈"建设，开展加快现代商贸业发展方面的专题调研，围绕"四园一区"、"三大特色产业园区"建设，开展加快现代服务业、先进制造业和战略性新兴产业发展等方面的专题调研，为加快转变经济发展方式、走高端高效品质发展之路，建言献策。

三要引导和支持委员创新创业。通过举办委员培训班、外出考察学习、走访委员企业、组织委员交流、举办银企对接和法律咨询活动等多种形式，引导和支持经济界委员解放思想，创新创业，力所能及地为委员企业维权和发展排忧解难，助推委员企业加快发展。

三、以工作创新为动力，在履职实效上有新提升

一要探索视察工作的新方式。由过去以主席会议视察为主向以专委会组织委员视察为主转变；由过去对有关部门一次视察为主向对有关工作跟踪视察为主转变，加大督办和评议力度，提高委员视察的参与率和视察工作的成效。

二要探索提案工作的新方法。改进督办方法，探索主席会议成员和专委会领办、督办重点提案制度，进一步扩大重点提案督办的覆盖面。改进评议方法，改变过去由提案人对提案办理情况单独评议的方式，组织部分政协委员对重点提案和提案承办重点单位的提案办理工作进行民主评议，形成对提案办理工作的科学评价，提高提案的办理质量。改进提案选题方法，一方面通过与政府部门、街道社区及界别群众协商选题；另一方面通过网络征集选题，最大限度的提高提案的针对性。

三要探索民主协商的新途径。区政协将选择一些群众关注的热点难点问题进行调研，并邀请政府相关部门、部分政协委员和群众代表召开民主协商会，为政府部门搭建倾听呼声、接受监督、促进工作的平台。

四要探索专委会工作的新机制。以专委会为基础，完善各项工作制度与管理制度，使专委会更好地承担起组织者的责任。建立专委会与党政对口部门联系等制度，推进专委会工作制度化、规范化和程序化建设。

四、以服务民生为使命，在促进和谐上有新进展

一要建立联系社区制度。每个专委会和委员工作组联系一个社区，经常组织委员深入社区，了解民忧，释疑解惑，化解矛盾，促进和谐。要发挥广大委员的优势和特长，开展形式多样的送科技、送文化、送医送药到社区等活动。完善委员联系群众制度，引导委员关注弱势群体和困难群众，开展扶贫济困活动，使政协组织和政协委员真正成为党和政府向广大群众传递温暖的重要渠道和骨干力量。

二要及时收集和反映社情民意。把群众的关注点作为工作的着力点，把群众的意愿作为建言献策的基本依据，积极为群众搭建反映意见的平台，畅通信息渠道，拓展信息来源。着力促进社情民意转化，及时准确地向区委、区政府和有关部门反映社会各界和人民群众最关心、最现实、最直接的问题，提出建议，并关注问题的解决，建立起群众与党委、政府之间的联络站、连心桥。

三要围绕民生热点开展视察和评议。围绕生态建设、居民收入、就医就学、交通和居住条件改善、社会公平正义、安全生产和食品药品安全等重大民生问题开展调查研究，提出对策建议。加强民主监督，组织委员对生态创建、安置房建设、医疗卫生设施建设、就业创业等开展专项视察，对城市管理、食品药品安全特别是学校食堂食品卫生等开展跟踪视察和评议。

五、以完善制度为抓手，在自身建设上有新举措（略）

一要切实加强政协机关作风建设。（略）

二要丰富和创新界别活动形式。（略）

三要增强委员履职的活力。（略）

四要不断加强宣传工作。（略）

淮安市清河区2012年国民经济和社会发展计划执行情况及2013年国民经济和社会发展计划草案的报告

——在淮安市清河区第八届人民代表大会第二次会议上

区发展和改革委员会主任　孙振东

（2013年1月10日）

2012年国民经济和社会发展计划执行情况

2012年，在区委的正确领导下，在区人大、区政协的监督和支持下，全区上下紧紧围绕区八届人大一次会议确定的主要任务，以科学发展观统揽全局，积极应对复杂多变的宏观经济形势，坚定信心，埋头苦干，狠抓落实，较好地完成了区八届人大一次会议确定的各项任务，顺利地通过了全面小康达标验收，经济社会呈现良好的发展态势。

——实现地区生产总值108亿元，完成年计划的108%，同比增长26.7%；

——人均GDP11万元，完成年计划的110%，同比增长23.9%；

——财政总收入33.8亿元，完成年计划的100.9%，同比增长8.6%，其中：公共财政预算收入26亿元，完成年计划的100%，同比增长18%；

——规模以上固定资产投资87亿元，同比增长27.9%；

——注册外资实际到账2.17亿美元，外贸进出口总额完成2.5亿美元，均完成或超额完成目标任务；

——城镇居民人均可支配收入27500元，完成年计划的100%，同比增长16.8%；

——全社会消费品零售总额101亿元，完成年计划的102.5%，同比增长21%。

2012年，全区经济和社会发展呈现如下特点：

一、产业结构不断优化，经济实力进一步增强

*一是服务业主导地位更加明显。*全年实现服务业增加值86亿元，同比增长27.8%；服务业增加值占GDP比重为79.6%，比去年提高了0.7个百分点，其中现代服务业增加值占GDP比重达到41.5%。总部楼宇经济发展初见成效，新增注册资本5.48亿元。万达嘉华酒店、淮安运动乐园、动漫科技产业园等项目建成运营；雨润中央新天地、苏宁电器广场、国际金融中心等项目顺利推进；中央新亚、金鹰国际、淮安万达等龙头商贸企业运营良好，营业总额突破40亿元，继续保持引领全市消费的主流。

*二是工业经济支撑有力。*全年规模以上工业完成增加值12.7亿元，同比增长20%；工业开票销售完成34.3亿元，同比增长21.6%，增幅位居全市前列；工业企业实现利税7.4亿元，同比增长32.1%；新开工亿元以上项目5个，新竣工项目3个，新增列统企业3户，新增销售超亿元企业2户。LED外延片芯片、远航机械等亿元以上项目建成投产，金象传动、清江制药等骨干企业产销两旺，旺旺食品开票销售突破10亿元，入库税收突破1.4亿元，成为全市食品行业的领军企业；顺泰控股在港成功上市，实现了清河区上市企业和淮安在港上市"零"的突破。

*三是科技创新能力进一步增强。*全社会研发投入占GDP比重达1.5%，高新技术企业产值占规模工业产值比重达43%；新培育省高新技术企业3家、市高新技术企业3家，新创成市级以上企业工程技术研究中心14个，新获批省级科技项目4个、市级科技项目20个，新签约产学研合作项目24个，引进创新创业领军人才6名，聘请产业发展高级顾问10名，在全市率先实现大中型企业和高新技术企业建有研发机构全覆盖。陈文新院士工作站成功落户，清河软件园创成省级科技产业园，淮安工业设计园整体改造如期完工，已入驻企业21户，年实现销售7000多万元，入库税收400余万元，科技创新潜力明显增强。

二、重点项目扎实推进，发展后劲进一步提升

*一是招商选资力度加大。*新引进汽车生活广场、永辉超市等3000万元以上内资项目28个，合同引资额107.3亿元，实际到位资金51.2亿元，超额完成年度计划；新批连德工光电、英盛万实业等外资项目33个，协议利用外资3.1亿美元，实际到账2.17亿美元，其中台资项目12个，协议利用台资10632万美元，台资到账8034万美元，外向型经济工作取得了明显的成效。

*二是重点项目推进力度加大。*实施重点项目108个，总投资667.9亿元，其中：苏宁电器广场、茂业时代广场等10亿元以上项目21个，总投资404亿元；淮安新天地、爱家装饰广场等5至10亿元项目24个，总投资146.9亿元。对排定的108个重点项目继续实施"ABCD"分级滚动管理以及"四办"、"五个一"等推进措施，全年共有LED外延片芯片、旺旺碎碎冰生产线、恒业机械、美的家纺、清河科创园、世界之窗创意产业园等14个项目竣工运营，有力地带动了全区经济社会又好又快发展。

*三是要素保障成效明显。*整合包装向上争取项目70个，争取国家、省、市各类扶持资金7500多万元，开展银企保对接活动2场，为企业筹集融资担保贷款20多亿元，新区二期10亿元债券已通过国家发改委审核，有望在年底前发行成功，质押、信托、租赁等各类融资渠道更加通畅，有效地缓解了项目建设的资金压力。省级土地执法模范区成功创建，全国国土资源节约集约利用示范区创建扎实开展，争取用地指标500余亩，一定程度上缓解了重大项目的用地需求，土地节约集约利用水平得到进一步地提高。

三、城市建设有序实施，配套功能进一步完善

*一是中心城区建设有了新成效。*富强种子市场、供销学校等12个地块完成扫尾工作，水渡口2、3号地、运河(雨润)变电站等11个新开征项目全面启动；清荷家苑、清泓花苑一期、越河小区、和达雅苑、大河新城5个安置房项目竣工交付，共提供安置房源4300套、41万平方米，2800多户拆迁户已喜迁新居；清泓花苑二三期、枫丹白露安置小区主体已竣工，正抓紧进行配套施工，兴华花园安置小区建设进展顺利，为旧改项目实施提供了有力地支撑。清河路、大治路等景观提升工程顺利完成，道路机械化清扫率达57%，城市长效综合管理在全市名列前茅，清河城管荣获全市唯一的省住建系统队伍规范化建设先进集体。

二是新区品质有了新提升。都市型工业发展势头强劲，新区规模工业完成销售42.2亿元，完成财税收入9亿元，主导产业支撑作用明显。项目建设强势突破，中国爱情小镇、西游记乐园、宝龙广场等亿元以上商贸旅游项目成功签约，淮河老街、七星生态商务岛6号岛、淮安运动乐园等项目全面对外开放，丰球白鹭湖庄园二期、金辉城、融侨华府别墅区等高端房地产项目开盘销售。生态文化特色日益彰显，摄影馆、淮扬菜博物馆等文化项目社会效益、经济效益逐步显现，受众面不断扩大。省委南北挂钩工作会议、省政府苏北工作会议、第十一届中国淮扬菜美食文化国际旅游节、七星岛之夜、郎静山摄影艺术节等系列活动成功举办，新区综合实力和美誉度同步提升，内生动力不断增强。

三是新城建设有了新突破。按照"新兴产业集聚区、生态低碳示范区、绿色建筑先导区"的总定位，盐河生态科技城总体规划方案已经确定，控制性详规、城市景观设计基本完成，安置方案和安置房项目成功获批，拆迁安置工作开始启动，临河路等基础设施开始施工，产业招商工作扎实开展，新城建设呈现欣欣向荣的景象。

四、社会建设全面发展，民生事业进一步改善

一是社会保障全面提升。新增就业13500人，同比增长47%，完成年计划的169%；安置下岗失业人员就业再就业5030人，其中帮扶"4050"、"双失双下"等困难群体再就业750人，分别完成年计划的173%和251%；城镇登记失业率为2.06%，连续三年保持全市最低水平。社会救助水平稳步提升，全年发放最低生活保障金1721.7万元，全面推行医疗救助新模式，搭建医疗救助同步结算平台，发放医疗救助金260多万元。城乡劳动者职业技能培训3556人，创业培训1312人，新开发编制创业项目118个，发放小额贷款200多万元。中央电视台新闻综合频道《新闻直播间》、《朝闻天下》和《新闻30分》栏目均对清河区创业型城区建设工作进行了长达8分13秒的专题报道，创全市在央视播出单条新闻时间最长记录。

二是社会事业协调发展。学校布点更加合理，教育水平稳步提高。清河实验学校、清江浦中学、白鹭湖学校一期工程全面竣工，全国义务教育发展基本均衡区成功创成，江苏省义务教育优质均衡改革发展示范区和江苏省学前教育改革发展示范区创建扎实推进。卫生事业硕果累累，创建品牌全市领先。钵池山社区卫生服务中心创成全国示范社区卫生服务中心、淮西社区卫生服务中心创成全国社区卫生协会培训基地、市中社区卫生服务中心创成省级示范社区卫生服务中心，同时省级慢性病综合防控示范区、省级餐饮服务食品安全示范区也相继创成。公共文化服务能力、服务水平不断提高。开展"幸福清河"社区文化艺术节、"书香清河"市民阅读节等各类文化宣传活动百余场，建成8个超500平方米的社区文化活动中心，万人拥有公共文化设施面积达5500余平方米，居于全市之首，"15分钟公共文化服务圈"逐步形成。残疾人事业再上新台阶，残疾人"人人享有康复服务目标"顺利实现，创成全国残疾人进社区试点单位1个。城市人口和家庭公共服务体系创新发展，流动人口计划生育基本公共服务均等化水平显著提高。

三是社会管理不断创新。网格化社会管理服务成效明显，全区共划分265个网格，形成了一支5200人的网格队伍。按照排查全覆盖、管理无缝隙、服务全方位的要求，全年共排查化解各类问题24672件，其中各类矛盾纠纷9679件，消除治安安全隐患6077件，解决各类民生问题8916件。区、街道、社区三级社会管理服务中心建设更加巩固。流动人口管理服务机制全面建立，实现了"以房管人、分类服务"的工作目标。网格化社会管理服务模式荣获"中国十大社会管理创新"奖，并在全省推广。四项排查深入开展，平安法治清河建设同步推进，法治城市创建任务全面落实，荣获省法治县区先进单位称号。食品药品安全、应急管理等工作扎实推进，人武、双拥、统战、工会、工商联、妇联、共青团等作用充分发挥，社会更加和谐安定。

2013年国民经济和社会发展计划安排

2013年是深入贯彻落实党的十八大精神、全面推进"十二五"规划和在江北率先基本实现现代化的重要一年。科学安排好2013年各项指标，对继续保持经济社会持续增长、深入推进转型跨越、争做江北率先基本实现现代化排头兵具有重要的意义。在充分考虑国内外宏观经济形势、"营改增"税制改革以及房地产市场等多方因素的基础上，结合全市指标安排、全区"十二五"规划和基本现代化目标，提出2013年主要指标预期目标是：

——地区生产总值132亿元，增长22%(现价)；人均GDP13.5万元，增长22.5%；

——财政收入36.5亿元，增长8%，其中：公共财政预算收入30亿元，增长15%；

——规模以上固定资产投资104亿元，增长19.5%；

——注册外资实际到账2.5亿美元，外贸进出口总额2.75亿美元；

——城镇居民人均可支配收入31625元，增长15%；

——全社会消费品零售总额118亿元，增长16.8%。

为实现上述目标，2013年着重抓好以下几个方面工作：

一、坚持稳中求进，着力推动经济平稳较快增长

一是加强宏观政策研究。以深入贯彻落实党的十八大精神为契机，认真研究国家"城镇化"进程和产业结构调整带来的新机遇，坚持走高端发展、高效发展、品质发展道路，多方集聚发展要素，加快中心城市发展。认真研究"营改增"财税政策的新变化、新举措，及时制定应对的新思路、新办法，以更为灵活的方式为集聚区级财力争取更多的途径，为吸引大企业、大项目、大品牌进入清河争取更多的政策，为壮大区属企业、拓展中小企业发展空间争取更多的扶持。认真研究加快苏北重要中心城市建设、苏北全面小康建设和加快实体经济健康发展的"淮九条",用足用活相关政策,主动对接,积极争取,力争年内向上争取项目80个以上、争取资金超亿元,争取土地指标不低于300亩。

二是大力推进服务业提档升级。加快提升服务业发展质效,实现服务业增加值同比增长22.7%,服务业增加值占GDP比重达80%,其中现代服务业增加值占GDP比重达到41.5%。进一步推动"两大核心商圈"项目建设,确保力宝广场、江苏银行大厦等项目上半年开工建设,雨润中央新天地、淮安新天地、苏宁电器广场、茂业时代广场等重点项目加快推进,汇丰CBD中央广场、丰惠财富广场、爱家装饰广场等项目全面营业,进一步巩固核心商圈的主体地位。积极发展新兴服务业,千方百计引进设计瑰谷等知名企业,提高世界之窗创意产业园、动漫科技产业园项目招商入住率,促进三浦灵狐动漫总部大厦尽快动工;推动工业设计园二期加快建设,进一步放大工业设计园的示范带动效应,力争园区销售收入突破1亿元,利税突破800万元。创新发展信托投资、风投创投、金融租赁等金融产品和专营机构,力争新引进股份制商业银行1家,小额贷款公司3家,不断提升金融及其相关产业的集聚水平。

三是精心培育壮大工业企业。重抓特色产业体系构建,邀请国内外知名专家科学规划新能源产业园、医药健康产业园和光电产业园,严把项目准入关,提高项目用地亩均资金投入率和税收产出率。狠抓工业总量上规模,强力推进工业重大项目建设,确保实施亿元以上重大工业项目5个,新增列统工业企业2户,工业增加值增长20%,工业开票销售收入突破40亿元。实抓骨干企业做大做强,确保旺旺食品年开票销售突破15亿元,放大顺泰控股上市效应,促进金格润科技、镭射防伪膜及新型薄膜生产线建成投产,培育百隆实业、清江制药等年开票销售上亿元的企业8家以上。强抓企业自主创新,加大装备制造、生物医药、彩印包装、食品加工等产业的升级改造,引导骨干企业与清华大学、南京大学、中国医科大学等高校院所合作,新增省级工程技术研究中心1个,省级高新技术企业2户,不断推进科技成果转化,增强企业市场竞争力。

二、突出重点重抓,着力提升区域发展后劲和实力

一是重抓招商选资。要围绕产业定位,紧盯国内外知名大企业、大集团的投资动向,想方设法吸引其到清河考察投资。充分发挥商会、行业组织和产业发展高级顾问的作用,借助各种高层次、高规格、专业化的高端平台,坚持每季度举办一次专题招商说明会,各专职招商人员每月外出驻点招商10天以上,大力引进一批符合清河产业发展趋势和产业层次的战略性新兴产业项目,全年新增亿元以上项目28个,新增新兴产业项目5个、总部企业5个,新增公司制企业注册资本30亿元。继续扩大利用外资总量,创新外资招商方式,不断提升高端服务业利用外资比重,确保全年完成利用外资实际到账2.5亿美元。

二是重抓项目建设。围绕编制的96个重点项目,科学制定项目节点目标,做到竣工一批、建设一批、启动一批、储备一批,形成重点项目循序渐进和滚动发展的良性机制。继续保持强推重抓的强劲势态,对金融集聚区、新世界广场等投资超50亿元的重特大项目,每个项目建立一个指挥部,由区委区政府主要领导牵头帮办服务;对华尔街商贸广场、淮海地下步行街等投资超亿元的重大项目,由区四套班子领导领办服务,督促跟进。进一步改革推进重点项目建设考核办法,严格考核奖惩,全力推进各个项目达序时、超进度。

三是重抓要素集聚。抓牢资金要素集聚,采取切实措施,引导和支持民间资本以独资、合作、参股等方式参与公用事业和基础设施投资;提高项目策划水平,全力争取国家、省工业技术改造、战略性新兴产业等领域扶持资金;积极协调金融信贷支持,充分利用银企保合作平台,确保年内担保贷款突破20亿元。抓好资本要素集聚,深入实施"企业上市助推工程",加大重点企业上市扶持力度,推动金象传动年内报会审批,麦德森制药尽快进入股改,冲浪科技、中酒集团规范运作,做好上市前期准备工作;积极探索产业债券、租赁融资等新的资本运作模式,想方设法筹措项目建设资金。抓实智力要素集聚,大力实施"百名产业专家引进工程"、"千名优秀人才集聚工程",全年引进创新创业领军人才5名,硕士、副高以上高层次人才100名。

三、提升建设品位,着力增强中心城市集聚力和辐射力

一是做优中心城区。全面提升城市功能,进一步丰富淮海中心商业区和水渡口中央商务区的商业、商务功能,确保淮安新天地、汇丰CBD中央广场等项目竣工营业,台湾百脑汇等知名商贸品牌尽快落户,不断增强"两大核心商圈"的集聚辐射能力。全力加快旧城改造步伐,进一步创新房屋征收(拆迁)工作方法,加快康居花园二期、圩北路西侧等14个地块扫尾工作步伐,启动电信大楼北侧、防疫站北侧、农科院、市检察院东侧等地块房屋征收程序,淮海西路200号地(装饰城一期)、利苑路烟厂大学生公寓、苹果国际二期等地块全面开征;清泓花苑二三期、枫丹白露小区共3478套安置房建成交付,兴华花园安置小区基本建成。全力推进城市环境提升,加大城市管理资金投入,改造垃圾中转站6座,机械化清扫率65%以上;加大市容景观提升力度,深入推进"零违建区"创建,不断提升城市长效管理精细化、科学化水平,让城市更加文明有序、靓丽和谐。

二是做强两城项目。牢固树立"大项目立区、大项目兴区"的理念发展新区。依托动漫科技园、光电产业园等现代服务业载体,大力引进土地占用少、投资规模大、市场前景好的优质项目。加快乔波滑雪馆尽快落户,尽快推动中国爱情小镇、西游记乐园项目开工建设,翰香美地、碧水豪庭等项目主体封顶,七星岛园林式大酒店项目竣工交付,七星岛总部经济会所、淮安植物园建成运营。大力培育旺旺食品、百隆色纺、金象减速机、清江医药等带动性强的龙头企业,鼓励企业增资扩股,确保把旺旺食品建成集团内部产值最高的生产总厂，不断提高新区单位土地投入产出效率。严格按照“生态立城、产业兴城、和谐建城”的理念建设新城。突出低碳、生态、绿色、科技概念，完成滨河生态公园、安置小区等重点项目规划和城市景观设计，进一步提升园区规划水平。水系改造工程开始启动，长江东路全面施工、临河路上半年建成通车，基础设施建设有序开展；征地拆迁全部完成，安置小区全面施工；加大“新能源、新材料、新医药”等新兴产业项目的招商力度，促进清江制药工业园、麦德森新厂区等传统项目升级入驻，扩大规模，发挥骨干企业带动作用，加快新兴产业集聚步伐。

四、注重民生改善，着力推进社会事业协调发展

*一是进一步提高就业创业水平。*坚持以创建创业型城区为核心，深入开展创业型城区创建活动，广泛新建创业基地。在出台的《创业型城区建设实施意见》和《清河区进一步鼓励大学生就业创业工作意见》基础上，继续出台《大学生创业见习基地管理办法》，创新创业优惠扶持政策，鼓励和扶持创业者做大做强，力争年底创建成省级创业型城区。广泛开展失业人员和企业职工技能培训，不断提高学员的创业意识和创业水平；围绕创业自愿，多渠道提供项目开发、小额贷款、税费减免、创业孵化、市场营销等方面服务，全年实现新增创业2000户、新增就业8000人。大力实施居民收入“五年倍增计划”，积极探索工资性、经营性、财产性收入等多元化增收机制，促进居民收入增长与经济发展同步、生活幸福感与社会满意度同升，确保年内城镇居民人均可支配收入达31625元。

*二是进一步完善社会保障功能。*坚持宣传引导、行政推动，不断提高非公有制经济组织从业人员、个体工商户、农民工和灵活就业人员的参保率，加快构建以社会保险、社会救助、社会福利为基础，以基本养老、基本医疗、最低生活保障为重点的社会保障体系，逐步推进养老保险、医疗保险城乡一体化，确保全区社会养老保险参保率达到96%以上。完善医疗救助同步结算平台建设，加大医疗救助力度，扩大医疗救助的覆盖面。继续实施“580”（我帮您）慈善救助计划，加大对特困家庭、失独家庭、困难残疾人、低保边缘户等特殊群体的救助力度，切实保障困难群众的基本生活。严格落实廉租房租赁补贴、实物配租制度，逐步解决困难群众“住有所居”问题。

*三是进一步统筹发展社会事业。*坚持教育优先，不断优化教育资源配置，充分发挥清河开明中学、师院附小等优质学校的辐射带动作用，提升白鹭湖学校、清江浦中学、清河实验学校办学水平；进一步加快薄弱学校改造进程，推进教育均衡化发展，年内建成全国义务教育发展优质均衡区、省学前教育改革发展示范区。巩固扩大基本药物制度实施成果，不断完善社区卫生服务体系，加大特色专科医院引进力度，切实提升社区卫生服务的内涵质效，全力做好省社区卫生服务先进区复核评估迎检工作。不断巩固省级食品、药品、餐饮安全示范区创建成果，强化餐饮、保健、化妆品监管工作，积极争创国家级食品、药品安全示范区。全面建立基层公共文化服务指标体系和绩效考核办法，深入落实公共文化服务设施免费开放制度，着力优化15分钟公共文化服务圈，全力争创省级公共文化服务体系示范区。深化人口计生综合改革，不断推动人口信息化建设，全力做好省“十二五”人口协调发展先进区创建中期评估工作。

*四是进一步深化社会管理和服务创新。*大力推进社会管理创新，积极推行“一委一居一中心”的社区管理服务新模式，推动网格化管理与“四项排查”、社区党建、“数字城管”等有机融合，全面提升网格化管理实效，确保实现可防性治安案件数和信访量“双下降”。全力推进安全生产监管创新，强化安全生产隐患排查，坚决杜绝重特大安全事故发生。着力推进社区服务创新，认真组织第五届居委会换届选举工作，大力拓展社区服务项目，进一步提升社区为民服务能力。积极推进物业管理创新，大力推行“零利润”管理服务，积极探索“业主主导、社区参与”的自助模式，不断提高物业管理服务水平，持续提升人民群众满意度和幸福感。

淮安市清河区2012年财政预算执行情况和2013年财政收支预算（草案）的报告

——在淮安市清河区第八届人民代表大会第二次会议上

区财政局局长　杨　彬

（2013年1月10日）

一、2012年预算执行情况

2012年，在区委的正确领导和区人大、区政协的监督支持下，区财税部门积极应对经济增速放缓和结构性减税等不利因素的影响，紧紧围绕清河率先领先发展战略，全力组织收入，优化支出结构，推进财政改革，强化财政监管，财政预算执行情况总体较好，有力促进了全区经济社会各项事业和谐发展。

（一）2012年预算收支情况。2012年全区财政收入（不含土地出让金）实现33.8亿元，完成调整预算的100.9%，比上年增收2.7亿元，增长8.6%。其中公共财政预算收入完成26亿元，完成调整预算的100%，比上年增收4亿元，增长18%；基金收入2.3亿元。完成公共财政预算支出18.9亿元，增支1.6亿元，增长9.2%，其中，区本级公共财政预算支出17.3亿元，完成调整预算的100%，增支1.8亿元，增长11.6%；完成基金支出2.1亿元。（详见附表一、二、三）

（二）财政收支平衡情况。2012年全区公共财政预算收入26亿元，返还补助收入0.4亿元，专项补助收入1.4亿元，上年结转0.9亿元，地方总财力为28.7亿元。公共财政预算支出18.9亿元（其中，区本级公共财政预算支出17.3亿元），上解中央、省、市支出9.2亿元，结转下年支出0.6亿元，地方财政总支出28.7亿元。实现财政收支平衡。

上述预算执行数在决算编制汇总后还会有所调整。

各位代表，2012年在面临各种困难的情况下，全区经济仍然保持了持续增长，财政收入登上了新的台阶，公共财政预算收入总量位列全市第二，在全省排名比上年进6位，收入质量不断提高，税收占比达73%。这些成绩实属来之不易，这是区委正确领导的结果，是区人大、区政协关心指导的结果，是全区干部职工苦干实干和广大纳税人积极贡献的结果，也是财税系统干部辛勤劳动的结果。在此，我谨代表全区财税干部职工，向一直以来关心、支持财政工作的各位领导、人大代表、政协委员和社会各界人士表示衷心的感谢！向广大纳税人致以崇高的敬意！

二、2012年财政工作情况

2012年，财税工作按照“收入保增长、支出抓重点、管理上水平”的思路，以率先领先的工作作风，层层推进各项措施落实。

*一是以培育阶梯税源为抓手，想方设法稳增长。*财政部门充分发挥自身优势，把有限的财政资金安排到收入增长点上，积极落实国家、省、市出台的“营改增”等各项财税减免优惠政策，帮助企业向上申报争取转型升级、国际市场开拓等财政专项资金4300万元，兑现中小企业财政补贴973万元，有力增强了有潜力企业的盈利纳税能力。积极引进新型金融服务机构，加强对接沟通工作，采用信托、融资租赁、贷款等多种方式筹集资金，提升财政政策实效。足额安排招商引资专项经费，促进开展总部招商、楼宇招商，积极培育“两大核心商圈”和“四园一区”总部经济税源，突破清河发展空间的瓶颈制约。不断增加对旅游业的财政投入，设立旅游发展专项基金，累计投入资金2342万元，支持旅游整体形象宣传、旅游节庆活动、景区公共配套设施建设、旅游产品促销工作，加速扩大品牌影响力。安排创业扶持资金和小额担保贷款保证金，为入驻创业基地的创业者提供初次创业补贴、营业房租金补贴、社会保险补贴、岗位补贴、创业成功奖励等五项创业补贴，为大学生就业创业提供融资担保和全额贴息扶持。支持加快建设在建项目，强化跟踪服务，配合有关部门积极向上申报项目，争取金融贷款贴息补助等资金617万元，提高对全区经济发展的支撑力。

*二是以组织收入为核心，千方百计促增收。*总体上看，清河区财政收入继续保持稳定增长。清河新区成为主要的经济增长点。重点项目完成税收3.1亿元，增长5.3%。财政部门进一步完善考核办法，加大收入奖惩考核力度，规范各单位护税行为，明确各单位辖区内税源保护培植责任，禁止区内税源无序流动。加强收入分析预测，研究重点企业、重点税种的征收入库情况，加大对拆迁补偿企业的税收查补力度，测算补交税额及时入库。打造清河区税源监控协作平台，强化税源监控分析力度，充分利用协税、护税网络采集建安项目信息，确保建安项目税源不流失。加大社会化征管力度，整合税收征管资源，依托现有税源管理网络及信息化管理平台，进一步简化管理流程，构建规范、简便、高效的个体税源社会化管理工作机制，提升管理效能，营造个体税收社会化征管的良好氛围。狠抓项目建安税入库，密切跟踪重点项目付款情况，对施工进度与付款开票明显不匹配的工程项目上门催缴。狠抓房产税征收，加强对沿街门面房房产税征收情况督查，对照任务开展“百日竞赛”确保将房产税征收入库。进一步加大非税收入的组织力度，重点是加快土地出让金的回笼，确保财政收入平稳增长，2013年实现非税收入7亿元，增长11.3%。

*三是以构建和谐社会为根本，突出重点保民生。*坚持将新增财力全部投入改善民生需求、提升城区服务功能、打造清河特色品牌活动等方面。多方筹措资金，确保民生资金安排及时到位，民生政策得到落实，财政全年用于教育、文化、卫生、科技方面的支出达到6.5亿元，增长16%，累计拨付政府十大民生工程资金1.7亿元，拨付就业促进、城乡低保、医保、养老保险、社会救助等资金2.9亿元。全面调增兑现了事业人员绩效工资和参照管理人员阳光工资，提高其他各类人员的待遇水平和企业退休人员养老金待遇。2013年第七次调增“土地换社保”人员保障标准，加快白鹭湖等三所学校和安置房建设，民生水平持续提高。投入2700万元，支持社区文化活动中心、社会管理服务中心、阳光清河网络平台、市中社区卫生服务中心等服务平台建设改造，增强了为民服务能力。继续配套公共文化设施及商业特色项目，支持夕阳红法治文化广场、淮河老街等项目建设和百场演出进社区、百场电影进社区、婚庆旅游节、淮扬菜美食文化节等系列重大活动，支持城建城管打造亮点，扮靓改善群众的生活环境，具有文化特色的硬件设施和具有人文特色的软环境建设提高了清河的美誉度和群众的幸福感。

*四是以构建效益财政为目标，改革创新强管理。*稳步推进预算绩效管理，对教育系统白鹭湖学校、清江浦中学、实验学校等在建项目方案进行事前评审，通过评审，进一步完善了项目实施方案，核减了不必要支出。在全市率先出台了清河区预

算单位公务卡强制结算目录，强化对公务支出中资金使用的动态监控，充分发挥公务卡制度优势，进一步加强和规范公务支出管理，协调有关方面完善公务卡受理环境，提高代理银行服务水平，为公务卡的使用创造良好的外部条件，各部门各单位形成了主动用卡、自觉用卡的良好氛围。目前，全区纳入财政集中支付的单位均已实行公务卡刷卡制度，全年刷卡消费6108笔，共5635万元，比上年同期增长72%。推出小型工程明标明投软件系统，进一步规范小型建设工程承发包行为，有效防范政府采购过程中一些违规违法行为，工程质量得到明显提高。建立"财政部门－主管部门－预算单位"和"区政府－区国资办－国有企业"三级国有资产管理体制，对全区行政事业单位公务用车进行专项治理，共清理一般公务用车140辆，逐车建立档案，同时对超标违规车辆进行公开拍卖，所得款项全部纳入财政专户管理。

三、2013年财政预算草案

2013年是全面深入贯彻落实党的十八大精神的开局之年，是实施"十二五"规划承前启后的关键一年。我们将以党的十八大精神为指引，围绕"到2015年在江北率先基本实现现代化"的既定目标，按照区委的部署要求，充分发挥财政职能，推动经济社会又好又快发展；全力组织收入，增强财政实力；调优支出结构，提高保障能力；着力改善民生，增进人民福祉；深化财政改革，推进科学理财，为清河发展提供坚强有力的财政保障。

根据上述总体要求以及清河经济社会发展预期情况，2013年预算主要指标安排如下：

（一）收入预算。2013年全区财政收入预算为36.5亿元，增长8%，其中：公共财政预算收入29.8亿元，增长15%。

（二）支出预算。按照现行财政体制计算，2013年全区当年地方可用财力为18.3亿元，遵循"收支平衡"的原则，2013年全区安排公共财政预算支出18.3亿元。（详见附表四）

四、齐心协力，不断开创财政工作新局面

为全面完成全年预算任务，2013年要着重做好以下工作：

（一）努力在财源培植上求突破，促进经济持续再发展。一是迅速落实应对当前经济形势的各项财政政策，积极梳理编排项目，向上争取各类专项补助资金，形成有效投入，切实把财政资源转化成经济发展的推动力。二是加大技改、新产品贴息、服务业引导、项目扶持资金投入，引导有市场、有潜力企业开展设备更新、技术创新和产品升级，加快部分优质企业上市步伐，增强企业开拓市场和筹集资金能力。三是加大中小企业服务体系建设投入，有效发挥就业和担保贷款作用，帮助企业缓解生产经营中出现的资金、招工困难。四是创新思维，从融资主体、项目、担保入手，提高与各金融机构的对接效应，鼓励各金融机构加大对清河区的资金投入，发挥财政投融资的"撬动"作用，为培植新的经济增长点提供资金保障。五是支持以淮海中心商业区、水渡口中央商务区为重点的现代服务业，顺泰控股、金象传动等都市工业发展，支持以提升技术创新能力和公共服务平台、基础设施建设为重点，促进成长型具有清河特色的"四园一区"、盐河生态科技城等产业园区做强做大，支持以引进总部经济、楼宇经济、科技经济为导向的财源培植项目，增强现代化中心城区的活力，建立起与清河区位优势、特色资源优势相适应的经济结构和产业结构，实现财政可持续发展。

（二）努力在收入征管上下功夫，促进总量质量再改善。一是创新区、街分级财政体制，统一国地财部门和街道管委会的收入考核口径，建立街道支出与收入挂钩机制，充分发挥各部门在税收征管中的作用，调动组织收入的积极性。二是抓好日常税收征收工作，进一步优化税收环境，增强企业依法纳税意识，继续分税种、分行业排查、分析税源，搞清应征、已征情况，摸清底数，有的放矢地组织收入，做到大小税源一起抓。重点加强对年纳税额在20万元以上企业和区重点项目、市城市建设重点项目、房地产企业的跟踪监控，坚持每月分析纳税进度，及时发现异常情况，确保税收不流失。三是强化辖区内一次性税收的跟踪监控，对欠税的企业依法采取措施，压缩陈欠税，杜绝新欠税。加大对房地产企业及相关施工单位建安税、城镇土地使用税、土地增值税的跟踪调查，及时为税务部门提供信息，防止申报纳税不实和税源流失的现象发生。四是强化非税收入管理，坚持日常稽查，依法征收，做到"以查促管"，促进票据规范化、精细化管理，真正做到以票管收。规范土地出让金收支管理，严格按规定计提各项费用，对欠缴土地出让收入的情况进行梳理，跟踪催缴，确保应收尽收。

（三）努力在公共服务上抓落实，促进群众满意再提升。一是认真贯彻落实党的"十八大"会议节俭会风和中央厉行节约的八项要求，坚持"量入为出，量力而行"的原则，强化预算刚性约束，在科学合理安排区委、区政府确定的重点工作和民生支出所需经费外，各部门公用经费和其他工作性经费原则上"零增长"，严格预算支出管理，执行公务用车编制管理规定和配备使用标准等规定，努力降低机关运行成本。二是继续加大社会建设和公共服务投入力度，不断提高社会保障和社会事业发展水平，扎实推进基本养老、医疗等社会保险提标扩面，切实解决困难群众的就业、生活等问题，支持全面推行网格化社会管理和服务创新，支持建立健全群众利益协调诉求表达、矛盾调处、权益保障、应急处置机制，不断提高社会管理和服务科学化水平。按照区委为全区群众提供"五个最好服务"的要求，切实加大保障落实力度。三是加快落实居民收入倍增计划，落实省、市制定的最低工资标准，不断提高城市居民最低生活保障标准，科学合理安排预算支出，积极筹措资金大力支持保障旧城改造和安置房建设，全面提升群众的幸福感满意度，努力将清河建设成为名副其实的首善之区。

（四）努力在管理改革上做文章，促进效益效率再优化。一是做好政府投资项目评审工作。建立健全财政投资评审中心机构，出台评审办法，制定完善相关评审制度，明确评审范围、程序和要求，加强财政性投入项目规范化管理，努力形成投资评审长效机制。二是稳步实施预算绩效管理。对预算单位编制的较大项目整合细化，实行绩效管理，提高预算执行率，引入专家评审机制,落实项目支出责任,防止片面追求高标准造成的铺张浪费,切实提高使用效益。选取一定数量的民生、社会事业类及重点工程的项目进行绩效预算管理试点,并逐步推开。三是推行财政"三统一"管理。实行"账户统一管理,资金统一调度,财务统一核算",完善资金结算流程、会计核算程序和内部控制制度,积极探索社会保障资金、城市建设资金等专项资金通过国库集中支付方式直接支付到个人和单位,推进财政拨款信息化管理。四是继续推进资产管理的精细化。试点办公设备条形码管理,进一步完善资产配置、国有资产信息平台建设、资产使用和分类处置等一整套国有资产管理制度,突出资产预算管理,前置资产绩效审核,进一步加大国有资产权证办理力度,将资产变活。五是加强政府采购电子化进程。努力建成电子化招投标体系,以规范和防范公共资源交易中的暗箱操作、规避监管等问题为出发点,以电子化招投标体系建设和工程服务咨询机构库建设为抓手,强化监督检查,推进工程建设项目电子化招投标全覆盖。

淮安市清河区人民法院工作报告(摘要)

——在淮安市清河区第八届人民代表大会第二次会议上

区人民法院院长　卢正苏

(2013年1月11日)

2012年,清河区法院在区委的正确领导下,在区人大和市中院的监督、支持、指导下,牢固树立"三个至上"指导思想,紧紧围绕"为大局服务、为人民司法"工作主题,充分发挥审判职能,扎实做好各项工作,为全区的经济发展、社会稳定和民主法治建设作出了积极贡献。全年共新收案件10459件,结案10504件,同比分别增长5.4%和5.0%。

一、全力维护社会稳定

充分发挥审判职能,依法严惩刑事犯罪,有效化解涉诉纠纷,有力地维护了社会和谐稳定。

(一)依法惩治刑事犯罪。坚持严打方针不动摇,依法严惩严重刑事犯罪。共新收刑事案件542件786人,审结544件788人,同比分别增长8.4%和8.3%。切实贯彻刑法基本原则和宽严相济的刑事政策,生效判决中,依法对严重刑事犯罪被告人判处5年上有期徒刑76人,10年以上有期徒刑34人;判处缓刑、管制、免刑283人。审结贪污、贿赂、渎职犯罪案件10件10人,其中科级以上8人;妥善审理19名被告人涉黑、非法吸收公众存款等大要刑事案件,有力维护了社会稳定。

(二)积极参与综合治理。加强少年审判工作,扎实推进青少年维权,强化对未成年人的全面司法保护。全年共举办青少年法制讲座13场,进社区、学校开展法制宣传教育28次、法律咨询39次,3名法制副校长深入学校讲课9场;积极参与平安、法治清河创建,组织平安、法治指导员深入挂钩社区指导工作87人次;积极参与社区矫正工作,建立回访帮教制度,促进罪犯改造教育。共建立帮教档案76件,回访81人,发出司法建议12件。

(三)强化涉诉信访工作。深入开展重点涉诉信访化解"百案会战",实行领导包案、一案一策、督促考核等制度,实现十八大期间进京"零登记"、"零非访";扎实开展重点涉诉信访案件集中处理工作,全年共处理重点信访95件,息访88件,化解率达92.6%;抓好涉诉信访源头治理,加强矛盾纠纷排查化解工作,努力把矛盾化解在萌芽状态,共排查信访苗头案件14件14人;扎实开展信访救助,积极协调区政府相关部门、街道实施信访救助,共同解决信访老户15人,支付信访救助资金29.4万元。

二、始终坚持能动司法

始终坚持能动司法,积极构建司法应对工作机制,为服务大局献计献策,提供有效司法保障。

(一)能动服务区委中心工作。积极服务区委中心。出台《为经济发展转型升级提供坚强有力司法保障的意见》、《申请人民法院强制执行国有土地房屋征收补偿决定案件调研报告》等意见、报告11份,其中8份意见、报告受到区委主要领导批示或被区委、区政府转发。出台《院领导挂钩联系全区重点项目实施方案》,认真开展"两联一挂"和"三进三解三促"活动,院领导挂钩全区12家重点项目,在40余家企业设立联系点,全院干警共深入辖区7个街道、42个社区、49家企业、21家重点项目开展走访调研135次,提供法律服务167次;精心审理、快审快结涉及市区重点项目案件。

(二)创新"网格化"诉讼服务网络。积极探索与区网格化社会管理对接的新路径,在选任社区法官、设立街道诉讼服务站、社区诉讼服务点的基础上,与区委政法委联合发文,在区社会管理服务中心平台上,构建法院诉讼服务中心、街道诉讼服务站、社区诉讼服务点"三位一体"的网格化诉讼服务体系,建立网格诉讼服务QQ群。法官除在法院诉讼服务中心提供诉讼服务外,定期到街道、社区诉讼服务点开展"审务超市"、"庭审社区行"和"十百千"法律宣讲活动,将诉讼服务送到群众的"家门口"。全年社区法官联合司法协理员、人民调解员、诉讼服务联络员深入街道、社区指导民调227次,化解矛盾纠纷

347起，深入社区开庭16场，接受居民法律咨询1529人次，提供诉讼服务1312人次。区委转发了我院《全力推进“网格化诉讼服务”促进社会管理创新的实施意见》，号召全区各部门学习借鉴。

（三）构建多元化纠纷解决机制。加强诉讼调解工作。牢固树立“调解优先、调判结合、案结事了”的调解新理念，把调解作为结案的首选方式。在审结的民事案件中调解5169件、撤诉1458件，民事案件调解撤诉率达76%，同比上升4.4个百分点。加强诉调对接工作。加强与行业组织对接，设立“诉前调解工作室”，选任5名人民调解员驻庭调解，“诉前调解工作室”调结案件387件，调解成功率达78.3%；在公安交警部门设立道路交通事故巡回法庭，巡回法庭审理交通事故损害赔偿案件274件，调撤率达86.6%；在工会组织成立“劳动争议调解中心”，调解中心调解劳动争议案件83件，调解成功率达54.7%。

三、切实维护群众利益

把维护人民群众利益作为法院工作的根本出发点，努力满足人民群众对司法工作的新要求、新期待。

（一）妥善审理民生案件。全年共审结各类民事案件8695件，同比上升7.9%，解决标的1.5亿元。抓好事关民生利益的农民工讨薪案件审判工作，共审结农民工讨薪案件2549件，为农民工讨薪3587万元，同比上升13.1%；抓好经济环境变化引发的劳动争议案件审判工作，依法保障劳动者合法权益。共审结案劳动争议案件2349件，同比上升78.7%；抓好涉及社会保障纠纷案件审判工作，加强对老人、妇女、儿童、残疾人等社会弱势群体的司法保护。共审结涉及教育、医疗、住房等案件3287件，同比上升18.6%；抓好大要涉及民生案件审判工作，妥善处理金马广场、易初莲花房屋租赁、清河嘉园业主索要延迟办理房产证违约金等有重大影响的案件，有力维护了社会和谐稳定。

（二）精心审理商事案件。突出对经济领域的司法保护，认真审理商事案件，促进全区经济转型发展。全年共受理941件，审结936件。高度重视金融类案件审理，着力防范企图通过诉讼逃债、消债等规避法律的行为，有效化解金融风险。审结借款、保险、票据等金融类案件354件，同比上升17.7%；高度重视小微型企业因资金链断裂引发的涉诉案件，在切实保障当事人合法权益的同时，帮助困难企业渡过难关、发展生产；着力规范公司类案件的审理，确立由专门的审判庭专业化审理的工作思路，审结公司类案件38件，有力保障了市场经济的健康、协调发展。

（三）着力化解行政争议。抓好行政案件审判工作，促进依法行政，妥善化解“官民”矛盾。在审结的96件行政案件中，维持具体行政行为的41件，撤销或变更具体行政行为的4件，判决履行法定职责、确认具体行政行为违法或无效的4件，通过协调结案的43件。在区委、政府的支持下，大力推进行政机关负责人出庭应诉工作，区属行政机关负责人出庭应诉率达100%。加强与行政机关的良性互动，共深入12家行政机关，举办交流会、法制培训13场。坚持协调优先、慎用强制执行措施的原则，共协调化解房屋拆迁纠纷24件。

（四）加强和改进执行工作。新收各类执行案件1033件，执结1128件，执结率和执行标的到位率均位居全市基层法院前列。创新执行方法，加强与公安、建设、工商、金融等单位的协作配合，采取悬赏执行、曝光执行、凌晨行动、限制出境等方法，形成全社会共同治理“执行难”的合力；加大执行力度，采取查封、冻结、划拨、搜查等强制执行措施389次、拘留被执行人43人，通过强制措施兑现执行标的2600余万元；强化执行积案清理，按照中央、省委政法委的部署，纳入清理范围的执行案件全部清理完毕；加强执行救助，对因被执行人确无可供执行财产导致家庭生活困难的申请人实施司法救助，共救助16人15.3万元。

四、大力促进司法公正

坚持维护社会公平正义的生命线，完善诉讼机制，推进规范化建设，促进司法公正，取得了新的进展。

（一）强化审判管理工作。强化管理职责，充分发挥庭长在审判管理工作中的主导作用与监督职能；继续组织开展“三比三看”办案竞赛专项活动，评选办案能手、调解高手、执行强手；加大对法定正常审限内结案率、发改率、服判息诉率等指标的考核力度，提升审判质效。2012年，我院案件调解率同比上升14.4个百分点，结案均衡度同比上升12.3百分点；执结率、执行标的到位率分别同比上升6.7和7.2个百分点；行政案件撤诉率同比上升16.1个百分点；一线法官人均结案375.14件，同比上升16.8个百分点。全院审判质效指标实现8升3降，取得了审判质量、司法效果的均衡发展。

（二）提升司法公开水平。进一步扩大司法公开的范围和深度，开通12368案件信息声讯查询系统，初步完成远程开庭系统、网上监察监控系统、网上法院“三个系统”建设，实现了同步录音录象、同步证据展示、同步显示庭审记录“三同步”；在设立法院互联网网站、集中展示法院工作动态、创新举措、成绩荣誉的基础上，又开通网上信访、庭审直播等功能，更加方便当事人诉讼；积极推进裁判文书上网，全年裁判文书上网506件，普及法律知识、便于社会监督；继续做好每月10日“法院开放日”活动，共接待来院参观人员778人次。深入推进司法民主，保障人民陪审员依法履行职责。新选任了47名人民陪审员，陪审员参与审理、听证案件2062件，陪审率达99.95%。

（三）深化司法规范化建设。坚持精细化司法管理，更加强化管理的针对性、规范性、细节性，规范司法行为、提升司法公信力。认真落实市中院“十项规范”要求，开展上下班指纹签到、工作作风专项整治等活动，在考勤、着装、接待言行、有序办公等方面狠下功夫；扎实推进庭审评查、裁判文书评查“两评查”活动，全面规范庭审行为和裁判文书制作；规范定案把关机制，认真落实省高院《关于审判案件定案工作的规定》，进一步强化案件定案把关审核，规范定案流程，提升案件质量；着力加强司法安全工作，强化安检和干警值班制度，确保法院安保工作全天候、无漏洞。

五、着力加强队伍建设（略）

六、不断优化司法环境

切实增强工作主动性，进一步提高依靠区委领导，接受人大、政协监督的实效，司法环境得到不断优化。

（一）紧紧依靠区委领导。始终把坚持区委领导作为法院工作保持正确政治方向的根本所在，经常、主动向区委汇报法院工作。在区委、区政府的关心支持下，法院经费和物质保障水平得到了新的改善，领导班子结构得到了优化，干警职级待遇得到了有效落实。领导班子新配备了2名同志，11位同志正科、副科职级待遇得到解决。

（二）主动接受人大监督。加强与人大代表、政协委员联络工作，积极争取支持和监督。主动邀请代表、委员视察法院工作、旁听案件庭审，聘任代表、委员担任人民陪审员、廉政监督员、特邀调解员。全年主动邀请全国、省、市、区人大代表视察法院工作56人次，旁听庭审63人次；先后向区人大常委会、政协主席会议专题汇报了行政审判、少年审判工作，虚心听取意见和建议，确保审判权依法正确行使。

（三）营造良好舆论氛围。认真开展“十百千”法律宣讲和司法公开宣传月活动，先后组织40名法官进企业、机关、学校和社区，宣讲《合同法》、《劳动合同法》、《未成年人保护法》等法律法规，接受群众法律咨询1.9万人次；在《人民法院报》、《江苏法制报》、《淮安日报》等主流媒体刊登法制宣传文章588篇，最高人民法院主办的人民法院报、中国法院网还专题报道我院诉讼服务中心建设、驻社区法官、庭审三同步等做法，取得良好效果。

2013年，是人民法院深入贯彻党的十八大精神、实现法院工作跨越发展的关键之年。全院工作的指导思想是：高举中国特色社会主义伟大旗帜，深入学习贯彻党的十八大精神，以科学发展观统领法院工作全局，始终坚持“为大局服务、为人民司法”工作主题，充分发挥审判职能，不断深化司法改革，全面推进法治建设和司法公信力建设，努力提高守护社会平安、维护公平正义的能力，为全区改革、发展、稳定的大局提供有力的司法保障。

一是坚持能动司法，在促进经济社会发展上有新作为。积极顺应人民群众对社会平安的新期待，严厉打击刑事犯罪，为经济发展提供安全稳定的社会环境；依法妥善审理全区经济转型升级中发生的各类纠纷，全力服务中心城区和重点项目建设，扎实推进商贸强区、总部引领、旅游带动、项目支撑、创新驱动“五大战略”；妥善处理环境保护、资源开发等矛盾纠纷，为群众创造良好生态环境；深入开展联系企业、联系社区、挂钩重点项目“两联一挂”活动，全力服务小微企业发展。

二是弘扬法治精神，在参与社会管理创新上有新作为。法治是社会管理创新的基本前提和重要基础。妥善处理好当前社会管理中出现的矛盾纠纷，依法支持和监督行政机关依法行政；进一步推进与街道、社区、企业的和谐共建活动，促进基层社会管理的完善；大力弘扬法治精神，充分发挥司法的教育、评价、指引、示范功能，充分发挥案件裁判、司法宣传、司法建议等职能作用，保障、引导、推动社会管理创新沿着法治轨道前行。

三是坚持保障民生，在司法便民惠民上有新作为。积极适应人民群众对社会公平正义的新期待，狠抓涉诉信访工作，切实解决群众反映强烈的司法不公问题，切实维护司法公正；妥善审理涉及教育、医疗、住房、劳动保障等与百姓切身利益密切相关的纠纷，着力提高司法效率；进一步加大执行力度，维护胜诉群众合法权益，扎实解决执行难题；完善网格化诉讼服务、巡回审判、司法救助、诉前调解、判后答疑等措施，让群众深刻地感受到社会主义司法的温暖；进一步加大司法救助力度，让有理有据的当事人既打得赢官司、也打得起官司。

四是坚持党建引领，在提升司法公信力上有新作为。积极回应人民群众对政法队伍的新期待，以党建带队建，以队建促审判。抓好党性教育，教育引导全院干，自觉践行政法干警核心价值观；加强司法能力建设，切实提升法官把握大局、化解矛盾、民意沟通、群众工作、应对突发事件、为会公平正义、拒腐防变等各方面的能力；进一步加强司法公信建设，切实规范司法行为，全力推进司法公开，让司法权在阳光下运行，从而有效提升人民法院的司法权威和司法公信力；深入推进法院文化建设和文明创建工作，争创全国文明单位。

五是深化司法改革，在自觉接受监督上有新作为。全力推进司法改革，继续在优化职权配置、深化司法公开、扩大司法民主、确保司法公正等方面探索新思路、采取新举措；进一步强化接受监督意识，加强与人大代表联络工作，虚心听取代表意见和建议；自觉接受政协民主监督、检察机关法律监督，广泛听取社会各界和人民群众的反映；着力提升新媒体时代社会沟通能力，及时回应社会关切，提高法院工作的社会认同度。

相关用语说明

两联一挂：是指清河区法院近年来开展的以“联系企业、联系社区，挂钩重点项目”为主要形式的司法服务活动。

“网格化”诉讼服务：积极对接区网格化社会管理体系，在区社会管理服务中心平台上，构建法院诉讼服务中心、街道诉讼服务站、社区诉讼服务点“三位一体”的网格化诉讼服务体系，区法院挂钩法官定期在街道诉讼服务站、社区服务点值班，并公布电话号码，及时为群众提供法律咨询和诉讼服务。

多元化纠纷解决机制：是指在一个社会中，多种多样的纠纷解决方式（包括诉讼、仲裁、人民调解、行政调解、协商等）相互协调，优势互补，形成合力，共同解决社会矛盾纠纷的机制。

“三比三看”办案竞赛：清河区法院组织“比能力、看办案数量质量；比水平、看办案效果；比贡献、看创先争优的成果与业绩考评位次”办案竞赛活动。

青年干警“导师”制：为加快青年干警成长，为新进法院的每名青年干警选任一位资深法官为其导师，由导师对青年干警实行“一对一”传帮带、结对指导，全面提升青年干警素质。

法院开放日：为进一步满足人民群众对司法的知情权、参与权和监督权，每个月的10号确定为“法院开放日”，开放日当天，公众走进法院零距离接触法官、了解法院，感受司法公开与公正。

淮安市清河区人民检察院工作报告(摘要)

——在淮安市清河区第八届人民代表大会第二次会议上

区人民检察院检察长　赵春虎

(2013年1月9日)

2012年工作回顾

区八届人大一次会议以来，清河检察院在区委和市检察院的正确领导下，在区人大及其常委会的有力监督下，坚持以科学发展观为统领，紧紧围绕区委中心工作，大力推进社会管理创新，认真履行各项检察职能，强化法律监督、强化自身监督、强化队伍建设，为推进率先领先发展，建设繁荣幸福清河作出了积极的贡献。

一、积极履行检察职能，服务经济社会发展

坚持把检察工作放到全区工作大局中来谋划和推进，制定服务清河区率先领先发展的意见，突出工作重点，狠抓措施落实，充分发挥检察机关服务经济发展、保障社会建设职能作用。

(一)着力促进率先领先发展进程。积极参与房屋征收工作，开展预防职务犯罪讲座，提供法律咨询、政策宣传，参与矛盾化解，保障旧城改造和重点项目建设。加大对破坏市场经济秩序犯罪的打击力度，共办理合同诈骗、非法经营、传销等案件227件。积极开展打击侵犯知识产权专项行动，移送市院起诉销售假冒注册商标商品犯罪案件13件23人。严厉打击影响公安安全、企业生产安全的犯罪，对淮安汇通市场山鹰鞋城重大失火案提前介入，引导取证，并快捕快诉，社会反响良好。在执法办案中，注意正确把握法律和政策界限，注意方式方法和分寸节奏，慎重使用强制措施，最大限度地避免给企业正常生产经营带来影响，服务和促进企业健康发展。

(二)积极参与加强和创新社会管理。坚持以监督促管理，推进社会管理法治化。结合办案，深入开展社会风险排查研判，注重发现在校生犯罪、信用卡诈骗犯罪等背后的社会管理问题，提出检察建议，推动了相关专项整治工作的开展和管理制度的完善。加强对流动人口、特殊人群的服务管理，针对青少年身心特点，创新“114”未成年人刑事检察专业化工作机制，采取未成年人案件专人办理、设立关爱帮教基地、举办法制讲座等多种形式，做好未成年人教育、感化、挽救工作。有关经验被省检察院转发，市政法委、区委主要给予批示肯定，江苏电视台予以专题报道；加强社区矫正监督，督促做好对“五种人”的帮教管理，有效防止了脱管漏管和再犯罪现象的发生，检察日报进行了报道。

(三)主动做好保障民生工作。以保障和改善民生为重点，开展打击危害食品药品安全犯罪专项工作，共办理生产销售假药案15件21人。严肃查处危害民生民利职务犯罪，积极开展“三进三解三促”、“检企面对面”、“检察民生服务日”等活动，深入企业、社区和困难群众家中，帮助解决实际困难。完善延伸法律监督触角工作机制，依托10个检察工作站(室)、1个检察窗口，广泛开展法制宣传，就地解决群众诉求，使检察工作更加贴近群众。

二、依法打击犯罪、化解社会矛盾，全力维护和谐稳定

认真贯彻区委关于平安清河建设的各项部署，全力做好检察环节维护社会和谐稳定工作。

(一)依法打击各类刑事犯罪。认真履行批捕、起诉职责，共受理提请批准逮捕刑事案件402件551人，批准逮捕311件395人；受理移送审查起诉刑事案件986件1447人，提起公诉536件778人，案件批捕率和有罪判决率均达100%。严厉打击影响社会稳定的严重刑事犯罪，参与“打黑除恶”、“严打百日会战”等专项斗争，对重大案件提前介入、快捕快诉，批准逮捕“两抢一盗”等多发性侵财犯罪112件132人，起诉故意杀人、强奸、绑架等严重暴力犯罪12件22人，有力地震慑了刑事犯罪。

(二)全面贯彻宽严相济刑事政策。对主观恶性较小、犯罪情节轻微的偶犯、初犯、过失犯，以及未成年人、老年人犯等按照中央关于办理刑事案件"两减少两扩大"的司法政策,依法减少判刑、扩大非罪处理;非判刑不可的,依法建议减少监禁刑、扩大适用非监禁刑,依法宽缓处理。2013年以来,共对没有逮捕必要的106人决定不批准逮捕,对24人决定不起诉,最大限度地减少社会对立面,促进了社会和谐。

(三)着力预防和化解社会矛盾。坚持把化解矛盾纠纷贯穿执法办案始终,建立社会风险研判机制、涉检网络舆情监测等制度,深入开展"四项排查"活动,对可能引发的对抗情绪的案件,主动做好解疑释惑、释法说理工作。深化检调对接机制,促成轻微刑事案件和解11件,涉检信访案件化解25件,民行申诉案件息诉18件。设立专项救助基金,对5名特困刑事被害人进行救助。在全省检察机关率先建成"双屏"接访软件系统,推行阳光接访,实行检察长接待日、下访巡访、联合接访,坚持领导包案制,受理涉检信访50件,均及时处理或转办,保持赴省进京"零上访"。

三、深入查办和积极预防职务犯罪,推进反腐倡廉建设

坚决贯彻中央和省、市、区委关于反腐败工作的部署,加强查办和预防职务犯罪,充分发挥检察机关在惩治和预防腐败中的职能作用。

(一)严肃查办贪污贿赂犯罪案件。积极适应反贪污贿赂工作的新形势新要求,加快侦查信息化、装备现代化建设,不断提高查处大案要案、解决发生在群众身边的腐败问题的能力。共立案查处贪污贿赂案件9件13人,均为大案,其中贪污案件1件5人,贿赂案件7件7人,挪用公款案件1件1人,查处科级干部7人。注重查办社会关注的热点行业、部门发生的职务犯罪案件。规范执法办案行为,在全市县(区)检察院率先建成了规范的自侦办案工作区,严格落实职务犯罪案件讯问全程同步录音录像制度,努力实现办案数量、质量、效率、安全相统一。

(二)加强反渎职侵权工作。按照市委常委会审议惩治和预防渎职侵权违法犯罪工作的要求,加强与执纪执法部门的沟通联系,建立了渎职犯罪线索移送等制度;作为全市反渎职侵权办案唯一试点单位,积极探索推进反渎侦查专业化建设,进一步加大反渎职侵权工作力度,得到省市检察院的充分肯定。共立案侦查渎职侵权案件6件7人,均为大案。坚持"系统查、查系统",在"药品加价销售"等领域开展专项行动,有效地促进有关单位依法履行监管职责,净化了政务环境。

(三)深入开展职务犯罪预防。在全市县区率先建成面积最大、功能最全、设施最为现代化的廉政教育基地,组织召开了廉政教育基地揭牌仪式和召开全区预防职务犯罪工作会议,共计组织全区30余个单位部门20余批次2000余人参加警示教育活动。结合办案开展个案预防,个案预防率保持100%。推动职务犯罪预防人民防线工作,开展以消防安全为重点的预防渎职犯罪活动,与8个单位签订预防职务犯罪共检协议。开展行贿档案查询工作,提供查询1000余次。加强预防调查,年度预防职务犯罪报告被区委主要领导批示肯定。

四、强化诉讼活动法律监督,着力维护司法公正

强化对诉讼活动的法律监督,是维护国家法制尊严、实现公平正义的重要保障。一年来,我们针对群众反映的执法不严、司法不公等问题,完善监督机制,强化监督措施,增强监督实效,努力维护司法公正。

(一)加强侦查活动监督。全面开展刑事立案、侦查活动监督,共监督侦查机关立案30人,纠正不当立案30人,依法追捕32人、追诉42人。认真开展另案处理专项检查活动,防止有罪不纠、以罚代刑、久拖不决等问题的发生,促进了公正廉洁执法。把维护公平正义与维护司法权威结合起来,对诉讼中的一般违法行为,建议有关部门启动内部纠错机制。

(二)加强刑事审判监督。按照指控犯罪和诉讼监督"两手抓、两手硬、两手协调"的要求,抓好刑事审判监督。加强抗诉工作,由事后监督逐步向过程监督、动态监督、全程监督转变。共提请抗诉5件5人,均被市院采纳。全面开展量刑建议工作,规范量刑建议审批,加强对量刑建议采纳回访,共对536件案件提出量刑建议,法院采纳率100%,促进了量刑规范化。以全市简易程序案件出庭试点单位为契机,实行集中提起公诉,派员出庭制度,增强监督实效。

(三)加强民事行政审判监督。坚持依法监督、居中监督、有限监督、事后监督等原则,通过审查不服已生效民事行政裁判申诉案件,共提出抗诉14件,被市院采纳6件;发出再审建议4件,督促起诉、支持起诉35件、息诉和解22件,执行监督10件、虚假诉讼监督4件、移送职务犯罪线索2件,初步形成了以抗诉为中心的多元化民事行政检察监督格局。

五、切实加强自身建设,不断提升法律监督能力

坚持以公正廉政执法为核心,强化对干警的教育、监督和管理,不断提升队伍的政治素质、业务素质和执法能力。

(一)自觉接受人大、政协和社会各界监督。认真接受市人大常委会来我院视察调研,先后4次向区人大常委会专题报告检察工作,认真落实评审意见和决议。加强与人大代表、政协委员的联系,开展"开门纳谏"活动,主动邀请代表、委员视察工作、评议庭审,听取批评、意见和建议,认真整改落实。严格落实人民监督员制度,15件拟撤案、不起诉等"七种情形''案件全部进入人民监督员监督程序。大力深化"检务公开",充分运用滚动显示屏,方便群众查询执法办案情况;开展"检察开放月"活动,向来院群众通报检察工作情况,真诚接受社会各界监督。

(二)狠抓执法规范化建设和检察管理。组织开展"执法规范管理年"活动,健全各项执法办案制度,完善内部监督管理平台和案件监督管理平台系统,实行对执法办案全程管理、动态监督。认真执行干警执法档案、不批捕、不起诉等案件专项检查和扣押、冻结、处理涉案款物检查,执法过错责任追究等制度,确保执法办案活动的严格规范。开展纪律作风集中教育整顿等活动,加强纪检监察工作,在全市率先设立检务督察中心,加大对执法行为、检风检纪的检务督察力度,切实改进工作作风。

（三）全面提升干警队伍的素质能力。（略）

2013年主要工作

2013年是全面深入贯彻落实中共十八大精神的开局之年，是实施清河区“十二五”规划承前启后的关键一年，做好2013年的检察工作，具有十分重要的意义。2013年，我院的总体工作思路是：认真贯彻落实中共十八大精神，以邓小平理论和“三个代表”重要思想和科学发展观为指导，紧紧围绕服务经济发展大局，按照“加快发展，彰显特色，整体推进，争创一流”的工作思路，以开展“能力作风建设年”活动为抓手，大力加强队伍建设，积极履行检察职能，全面参与社会管理创新，为推进清河发展实现更大跨越，争做江北基本实现现代化排头兵提供更加有力的司法保障。着重抓好以下几个方面：

（一）深入贯彻落实中共十八大精神，服务经济社会科学发展。把认真学习、深刻领会、全面贯彻党的十八大精神，紧紧围绕全区“十二五”发展目标和重大决策部署，依法打击危害重点项目建设，积极参与整顿规范市场经济秩序，加大对知识产权的保护力度，妥善处理涉及企业的案件，为清河经济社会率先领先发展营造诚信有序的市场环境、和谐稳定的社会环境、廉洁高效的政务环境、公平正义的法治环境。

（二）充分发挥检察职能，积极参与加强和创新社会管理。充分发挥打击、预防、监督、教育、保护等职能作用，认真落实《关于充分发挥检察职能参与加强和创新社会管理的意见》，主动融入党委领导、政府负责、社会协同、公众参与的社会管理格局，不断提高维护社会和谐稳定的能力和水平，促进社会管理法治化、规范化建设。

（三）以狠抓执法办案为中心，全面加强和改进法律监督工作。高度重视、主动适应刑事诉讼法、民事诉讼法修改对检察工作提出的新要求，引导干警牢固树立“五个意识”、自觉坚持“六个并重”；在完善工作机制、提高办案水平上下工夫，切实抓好执法规范化建设。严厉打击各类刑事犯罪，加大诉讼监督力度，强化职务犯罪侦查和预防，认真化解检察环节矛盾纠纷。

（四）加强检察队伍建设，提升公正廉洁执法水平。着力加强领导班子建设，提高班子成员宏观决策、统筹发展能力。持之以恒地推进队伍专业化建设，完善教育培训、规范管理等机制，加强检察文化建设，加快人才培养。坚持从严治检，加强党风廉政建设，强化内部监督制约，以铁的纪律保证公正廉洁执法。

（五）自觉接受人大监督，保证检察权依法正确行使。坚持把检察工作置于人大及其常委会的监督之下，加强接受人大监督工作的制度化建设。认真贯彻落实《监督法》，主动向人大及其常委会报告工作，认真落实人大及其常委会的决议表决。加强和改进与人大代表、政协委员的联络工作，不断增强接受监督的自觉性。

相关用语解析

刑事诉讼法律监督：人民检察院实施法律监督的重要内容，分为立案监督、侦查监督、审判监督、刑事判决、裁定监督、执行监督等五个方面。

民事行政审判监督：人民检察院通过办理民事、行政抗诉案件，对人民法院的民事审判、民事执行活动和行政诉讼进行法律监督，维护国家利益和社会公共利益，维护司法公正和司法权威。

社区矫正对象“五种人”：指被判处缓刑、管制、监外执行、被裁定假释、被剥夺政治权利等五种特定犯罪人员。

刑事被害人救助：对因犯罪行为侵害而遭受重大损失的被害人，在没有获得赔偿或者赔偿不足时，由国家规定通过一定程序，给予其适当经济救济的法律制度。

五个意识、六个并重：中央政法委就贯彻落实修改后刑诉法要求，要强化人权意识、程序意识、证据意识、时效意识、监督意识，始终坚持惩治犯罪与保障人权并重、始终坚持程序公正与实体公正并重、始终坚持全面客观收集审查证据与坚决依法排除非法证据并重、始终坚持司法公正与司法效率并重、始终坚持强化法律监督与强化自身监督并重、始终坚持严格公正廉洁执法与理性平和文明规范执法并重。

“114”未成年人刑事检察专业化：清河检察院2013年推出的参与社会管理创新的特色亮点项目，即打造一个未成年人关爱帮教基地；建立一个未成年人维权活动中心；实施未成年人犯罪专业化办案机制、未成年人案件跟踪帮教机制、预防未成年人犯罪常态机制、未成年被害人及涉罪人员未成年子女救助机制。

区情概览

◇概况
◇经济与社会发展
◇组织机构及领导名录

概　　述

1983年3月，江苏省实行市管县体制，撤销淮阴地区行政公署，设立淮阴市(2001年2月起，更名为淮安市)，原地辖清江市行政区域以里运河为界南北分治。里运河北历史上曾是清河县的一部分，故名清河。新设立的清河区位于苏北平原中部，东与淮安区接壤，南与清浦区毗连，西、北隔古黄河(亦称古淮河)与淮阴区相望。现行政管辖区呈东西长，南北窄形状，属温带季风气候，全年雨量充沛，四季分明。

清河区是历史文化名城淮安市的主城区，中共淮安市委、淮安市人民政府的所在地。区境内风景名胜有国家AAAA级景区——淮安市博物馆、古淮河文化生态景区；国家级湿地公园——古淮河公园；集学术性、知识性、趣味性、参与性于一体，目前国内最大的主题性菜系文化博物馆——中国淮扬菜文化博物馆；全球唯一一个综合应用声、光、影像等高科技手段对古典名著《西游记》进行全面溯源和演绎的中国西游记博览馆；以人类城市化进程为主题，集展示、研究、宣传、教育、交流、收藏为一体的专题性城市文化博物馆——中国城市化史馆；始建于宋代，后因战乱水灾损毁，2008年恢复重建的古淮楼；全国重点文物保护单位清江大闸、清江古清真寺；江苏省文物保护单位周恩来童年读书处以及御码头、娃娃井、仁慈医院旧址、济安水龙局、青龙庵、古钟楼、赛珍珠故居、程莘农故居、三范故居等市属文物保护单位。历代名人有宋代著名诗人"苏门四学士"之一的张耒，抗金名将韩世忠；明清时期水利专家陈瑄、潘季驯、靳辅、陈璜、郭大昌，著名女弹词作家、书法家邱心如，著名学者、《续纂清河县志》总纂范冕，创办绳武高等小学堂和江北中学堂的著名教育家张符元。近代有以"淮阴三范"著称的范希曾、范尉曾、范绍曾三兄弟，剧作家陈白尘，著名针灸专家、中国中医研究院教授、博士生导师、中国工程院首批院士、中央文史馆馆员、国家攀登计划"经络的研究"项目首席科学家程莘农等。

至2013年年底，清河区境地理面积32.28平方公里，下设7个街道办事处，40个社区委员会（其中村居合一的有12个）。常住人口33.2万人，较上年增加0.4万人，年末区境户籍总人口为242728人，比上年增长2.05%，其中男性121895人，占总人数的50.22%，女性120833人，占总人数的49.78%，总人口性别比由2012年的102.04下降到2013年的100.88(以女性为100，男性与女性的比例)。全年出生人口2749人，出生率为11.44‰；死亡人口713人，死亡率为2.97‰；自然增长人口2036人，人口自然增长率为8.47‰。(以上数据均不含淮安市经济技术开发区行政管理范围)。

2013年，清河区被中央综治委表彰为全国平安建设先进区，区图书馆获批国家一级馆，顺利创成省残疾人"人人享有康复服务"工作先进区，淮海东路成为省级示范特色商业街，工业设计园成为苏北唯一省级工业设计示范园，13个500平方米的社区文化活动中心建成开放。

经济与社会发展

【经济与社会发展】 2013年清河区坚持狠抓项目、强攻投入，实现综合实力和发展后劲"双增强"地区生产总值达122.98亿元，按可比价格计算，同比增长12.4%。其中：第二产业实现增加值23.58亿元，同比增长12.2%；第三产业实现增加值99.40亿元，同比增长12.4%。三次产业结构比例进一步优化为0：19.2：80.8。其中，第三产业增加值占地区生产总值比重比上年提高0.6个百分点。人均地区生产总值122612元，接近苏南水平。民营经济实现增加99.00亿元，占地区生产总值的80.5%。

2013年，清河区累计完成全社会固定资产投资106.02亿元，比上年增长22.2%，全年列入城镇固定资产投资的项目32个。其中15个工业项目、17个服务业项目。

2013年，实现财政总收入41.86亿元，增长15.8%，其中公共财政预算收入30.87亿元，增长19.2%，社保基金收入3.0亿元，增长51%，政府性基金收入1.69亿元(含土地出让金收入8834万元)，下降41.0%，上划中央四税6.31亿元，增长12.4%。

全年实现财政总支出24.27亿元，增长3.1%；其中公共财政预算支出19.59亿元，增长3.3%；基金支出4.68亿元(含土地出让金支出)，增长2.3%。

【文化、卫生和体育】 2013年，清河图书馆创成国家一级公共图书馆，社区文化艺术节、全民阅读节、法治文化艺术节等系列文化惠民活动成功举办。清河跳水队在江苏省青少年跳水锦标赛上取得团体总分第一、金牌第二的佳绩。至2013年年底，全区共有文化站7个，图书馆2个，文化馆、艺术馆各1个。广播电视覆盖率100%，有线电视接入率95%，万人拥有公共文化设施面积5685平方米。

2013年年末全区拥有区属卫生医疗机构99个，其中疾病预防控制中心1个，妇幼保健所1个。卫生机构床位数285个，卫生工作人员814人，卫生技术人员781人，其中：执业医师、执业助理医师348人，注册护理师、护士383人，卫生防疫人员63人。产妇住院分娩比例100%，5岁以下儿童死亡率1.93‰，婴儿死亡率1.93‰。

【环境、与社会保障】 2013年，全区实现工业源化学需氧量减排261.03吨，工业源氨氮减排31.12吨，分别削减5.4%，4.2%；全区二氧化硫、氨氮排放总量分别减排347吨、36吨，分别削减2.10%、2.08%。

2013年，全区参加城镇基本养老保险4.7万人，共发放养老保险金11554万元；参加失业保险2.155万人，发放失业金1058.62万元；参加城镇基本医疗保险14.3769万人，其中职工医保 28483 人，居民医保 59410 人，学生医保 55876 人,发放保险金 6506 万元,其中职工 2326 万元,居民 3565 万元,学生 615 万元;年末登记失业人员 1701 人,登记失业率 2.07%。享受低保人数 7303 人，发放保障金 1721.7 万元,城市最低生活保障实行应保尽保,累计发放城乡低保金 1911.2705 万元。全区救助困难家庭 272 人次,累计发放救助金 16.72 万元；救助城乡无固定收入重残 601 人,累计发放救助金 267.121 万元;医疗救助 3488 人,救助金额约 233.4 万元;发放慈善救助 1000 余人,157.8 万元。

截至 2013 年年底,全区共有民办养老机构 4 家,新增床位 70 张,总计机构养老床位 336 张,每千名老人拥有机构养老床位数达 14.6 张。积极发展居家养老,已建城市居家养老服务站 18 家，覆盖率达 47.4%。累计发放尊老金 466.27 万元;累计开展各类老年人文体活动上千场次。

2013 年，清河区城镇居民家庭人均总收入为 31238 元,比上年增长 8.5%,其中人均可支配收入为 29820 元,比上年增加 3220 元，增长 12.1%；城镇居民人均消费支出 18987 元,比上年增加 2247 元,增长 13.4%。

组织机构及领导名录

（2014 年 1 月 1 日—12 月 31 日）

中共淮安市清河区委

书　记　王海平
副书记　张冲林　吴锦虎　朱维佳
常　委　蔡绍忠　顾晓芳(女)　刘可壮(12 月止)
　　　　王建军　李海波　俞新昌
　　　　刘　峰(9 月止)　漆　宾　马乃骏(9 月任)

淮安市清河区人大常委会

主　任　王海平
副主任　安毅之　孙开明　徐乃明　孙　勤(女)

淮安市清河区人民政府

区　长　张冲林
副区长　刘可壮(12 月止)　王建军　张　平(9 月止)
　　　　高　山　邓爱华(女)　祁素娟(女)
　　　　李仁明(12 月任)

政协清河区委员会

主　席　梁学文
副主席　王应标(不驻会)　陆　宾(不驻会)
　　　　李仁明(不驻会,12 月止)
　　　　孙亚昌(12 月止)　薛　睿(女)

区纪委、法院、检察院

中共淮安市清河区纪律检查委员会

书　记　蔡绍忠
副书记　陈金奇　陈中鸿
常　委　金炜宇(11 月止)　潘恩兵
　　　　吴承主(11 月任)
办公室主任　吴承主(10 月任)
信访室主任　殷丽丽(女,6 月任)
执法监察室主任　吴承主(10 月止)
案件审理室主任　周长浩
廉政室主任　周正波

第一纪检监察工作室

主　任　陈中鸿(3 月止)　潘恩兵(3 月任)

第二纪检监察工作室

主　任　金炜宇(10 月止)

“阳光清河”办公室

主　任　金炜宇(10 月止)

淮安市清河区人民法院

院　长　卢正苏
党组书记　卢正苏
党组副书记　吴淮平(3 月止)
副院长　吴淮平(3 月止)　王惠芹(女,7 月止)
　　　　高　嵩　黄　波(3 月任)
　　　　金　琴(女,3 月任)　董　坚(女,3 月任)
政治处主任　黄　波

淮安市清河区人民检察院

检察长　赵春虎
党组书记　赵春虎
党组副书记　罗　明(6 月任)
副检察长　赵　屹(女)　刘凤文　张　茁
　　　　　罗　明(6 月任)
政治处主任　郭维汉

区委工作部门及直属单位

区委办公室

主　任　张庭勇(6 月止)　吴守明(10 月任)
副主任　陈　坚　王　锋(3 月止)
　　　　张怀兵　何延超　郭　锐(3 月任)

区委机要局

局　长　吴守明

区委保密局

局　长　吴守明

区委台湾工作办公室(区政府台湾事务办公室)

主　任　尤　东
副主任　查海燕(女)　钱春敏(女,6 月任)

区信息中心

主　任　姚　岚

区信访局
局　长　张怀兵
副局长　高新梅(女)　乔良霞(女)　彭名跃(3月任)
区人民来访接待中心
主　任　高新梅(女,3月止)　虞　洋(3月任)
副主任　丁　勇　孙　尧
区档案馆(局)
馆长(局长)　朱庆玲(女,3月任)
副馆长(副局长)　朱庆玲(女,3月止)
区委组织部
部　长　顾晓芳(女,9月止)　马乃骏(9月任)
副部长　高寿江(3月止)　王亚民　漆海涛
王　锋(3月任)
部务委员　陈立新(女)　汪家云
区委组织员办公室
主　任　高寿江(3月止)
副主任　王尚平
区委党史办公室
主　任　漆海涛
区委企业工委
副书记　漆海涛
区督查室
主　任　高寿江(3月止)　王　锋(3月任)
副主任　周　刚　王　锋(3月止)
区重点项目督查考核办公室
主　任　陈忠林
区党员服务中心
主　任　王尚平(9月止)
区委老干部局
局　长　陈立新(女)
副局长　居鸿丽(女)
区老干部活动中心(挂区老少活动中心、市少儿图书馆、市老少活动中心牌子)
书　记　乐　梅(女)
副主任　乐　梅(女)
区委宣传部
部　长　漆　宾
副部长　王建明　王加金(7月止)　张立志
金炜宇(10月任)
区精神文明建设指导委员会办公室
主　任　王建明
区委对外宣传领导小组办公室
主　任　吕　云(1月任)
区新闻中心
主　任　史以娟
区委统一战线工作部
部　长　孙亚昌(12月止)
副部长　赵宏扬　乔　斌(10月任)
区民族宗教事务局
局　长　乔　斌
副局长　王树清
区委政法委员会
书　记　李海波
副书记　吕绍波　杨　靖　王朝晖
依法治区办
副主任　杜　林
区综治办
主　任　吕绍波
副主任　唐海涛
区机构编制委员会办公室
主　任　冯向东
副主任　刘　燕
区级机关工作委员会
书　记　汪家云
副书记　张　勇
区委党校
校　长　王海平
常务副校长　王德明
副校长　黄　丽(女)
区行政学校
校　长　王德明

区人大办事机构

办公室
主　任　蔡佩玉(女)
副主任　费正如　张　波(3月任)
内务司法(民族侨台)工作委员会
主　任　郑　腾
财政经济工作委员会
主　任　张顺高
城建环保工作委员会
主　任　陈　勇
教科文卫工作委员会
主　任　康海兰(女)
人事代表联络工作委员会
主　任　费正如

区政府工作部门及相关机构

区政府办公室
主　任　李仁明(3月止)　高寿江(3月任)
党组书记　高寿江(3月任)
副主任　黄金龙　王海凤　叶　楠
区法制办
主　任　黄金龙
副主任　王婉丽(3月任)
区政府外事侨务办公室
主　任　李仁明(3月止)　高寿江(3月任)

副主任　戈志强(3月止)

区机关事务中心

主　任　徐寿阳

副主任　刘　平　周双喜

区发展和改革委员会(挂物价局牌子)

主　任　孙振东

党组副书记　孙振东

副主任　段学智　张国祥　孙晓英(6月止)
　　　　汪　盛(1月任)　戈志强(3月任)

区物价局

局　长　孙振东(3月止)　段学智(3月任)

区经济和信息化委员会(挂区中小企业局牌子)

主　任　孙志刚

党委书记　孙志刚

副主任　曾　桦(女)　孙　龙　焦银峰(1月任)

区招商服务中心

主　任　孙建元

副主任　张德新

区科学技术局(挂区知识产权局牌子)

局　长　纪礼军

党组书记　钱永红

副局长　钱永红　郭新治(1月任)

区教育局(挂体育局牌子)

局　长　施建邦(7月止)　施玉明(7月任)

党委书记　冯士杰(6月止)
　　　　　施建邦(7月任,10月免)
　　　　　王加金(10月任)

党委副书记　施建邦(7月止)　施玉明(7月任)

副局长　施玉明(7月止)　傅根生　王加金(7月任)
　　　　戚桂荣(7月任)

区监察局

局　长　陈金奇

副局长　许昌盛

区民政局

局　长　卢　军

党组书记　刘顺华

副局长　兰建平　陈志化(女)

区司法局

局　长　汪和生

党组书记　王　伟(女)

副局长　王　伟(女)　高　伟(女)

区财政局

局　长　杨　彬(女)

党组书记　刘苏民(3月止)

党组副书记　杨　彬(女)

副局长　张　铮　朱春生　黄锡权

区财政支付中心

主　任　王海红(女)

区国有资产监督管理中心

主　任　孙寿荣(女)

区人力资源和社会保障局

局　长　王亚民

党组书记　黄庆升(3月止)

党组副书记　王亚民

副局长　李洪成　周玉美(女)　夏晓峰
　　　　郑志华(女,3月任)

区劳动就业管理中心

主　任　郑马云(女)

区社会劳动保险基金管理中心

主　任　冯　冰(女)

区人才市场管理办公室

主　任　葛中华

区住房和城乡建设局(挂区交通运输局牌子)

局　长　崔士柏

党委书记　韩静宇

党委副书记　陈育新

副局长　高东升　杨小兵　王　涛　朱延峰
　　　　欧　璐(女,1月任)
　　　　张馨允(女,11月任)

区交通运输局

局　长　崔士柏

区房屋征收办

主　任　张进东

区城市管理局(挂区城市管理行政执法局牌子)

局　长　丁华山

党组书记　丁立新

党组副书记　丁华山

副局长　陈伟宏　贾正亮　石学安

区城市管理行政执法大队

大队长　马万翠(女)

教导员　郑九明

副大队长　郑九明

区环卫事业管理处

主　任　杨连军

书　记　孙国庆(女)

区农业委员会(挂区水利局牌子)

主　任　刘凤良

党组书记　刘凤良

副主任　卜　平　范占英

区文化广电新闻出版局(挂区版权局、区旅游局牌子)

局　长　刘桂珍(女)

党组书记　王澎飞

副局长　朱永斌(3月止)　孙久健　李成连

区图书馆

馆　长　石鹏中(3月止)　李成连(3月任)

区卫生局

局　长　严巧珍(女)

党组书记　严巧珍(女)
副局长　杨绚丽(女)

区食品药品监督管理局
局　长　段　波
党组书记　赵爱兰(女)
副局长　赵爱兰(女)　张晓来(1月任)
张恒波(3月任)

区人口和计划生育委员会
主　任　刘玉梅(女)
党组书记　刘　晓
副主任　包季春(女)　胡林军

区审计局
局　长　侍作兵
党组书记　侍作兵
副局长　许昌盛　蒋志华　丁红雨

区环境保护局
局　长　耿蓓蓓(女)
党组副书记　耿蓓蓓(女)
副局长　高鸿飞　张大伟　周金生

区环境监察局
局　长　王国强

区统计局
局　长　周晓明
党组副书记　周晓明
副局长　周　玲(女)　袁利利(女)

区经济调查队
队　长　张　娟(女)

区安全生产监督管理局
局　长　孙向阳
党组书记　孙向阳
副局长　张国庆

区商务局
局　长　杨一平
党组书记　杨一平
副局长　杨　睿　周　勇　季淑红(女,3月任)

区汇通市场管理委员会办公室
主　任　王国文
副主任　张晓明　何　喆(3月止)　惠　翔(3月任)

新区管理委员会
书　记　李仁明(6月任)
副书记　刘　伟
主　任　陆　宾
副主任　刘　伟　李桂芹　姜　跃(3月止)
孟凡亮(3月任)

淮安中国城市化史馆
馆　长　刘　伟

区双拥领导小组办公室
主　任　张　华
副主任　韩学勤(女)

区市民服务中心
主　任　姚　岚(女)
副主任　姜彬彬

区人民防空办公室

区城市管理委员会办公室
主　任　曹进前
副主任　刘建林　杨冰田

流通资产管理有限公司
总经理　乔　斌
党委书记　乔　斌
副总经理　耿海平　何海成

区供销合作总社
主　任　乔　斌

城市资产经营有限公司
董事长　徐　健
总经理　姚中东
副总经理　张劲松

担保公司
董事长　黄锡权
总经理　黄锡权

新区投资发展有限公司
董事长　陆　宾
总经理　岳　巍
副总经理　王雅倩(女)

淮安市盐河生态科技城管理委员会
主　任　卢　军(3月止)　钱　龙(3月任)
党工委书记　钱　龙(6月任)
副主任　陈　坚(6月止)　周金生　沈　晔
王海波(3月任)

区政协办事机构

办公室
主　任　林　海
副主任　卢振山

学习宣传委员会
主　任　卢振山

提案工作委员会
主　任　赵培华

经济科技委员会
主　任　刘幼农(3月止)

港澳台侨委员会
主　任　叶爱民

社会法制委员会
主　任　江　波

社会团体

区总工会
主　席　张长青(女)

党组书记　张长青(女)
副主席　姚秀春(女)

共青团清河区委员会
书　记　李义翠(女,3月止)　叶　楠(6月任)
副书记　王程远(女)

区妇女联合会
主　席　金建浩(女)
副主席　刘小云(女)

区工商业联合会
主　席　薛　睿(女)
党组书记　赵宏扬
副主席　周爱芹(女)

区残疾人联合会
理事长　黄怀友
副理事长　葛　亮　杨　军

区文学艺术界联合会
主　席　金炜宇(10月任)

区哲学社会科学界联合会
主　席　张立志

正科级学校

教师进修学校
校　长　褚静辉(3月止)　葛俊刚(3月任)
书　记　褚静辉(3月止)　葛俊刚(3月任)

市第三中学
校　长　丁健平(7月止)　张明芳(7月任)
书　记　丁健平
副校长　夏明山(7月止)　孟令飞(7月止)　张祥军
朱静晖(女,7月止)　赵金海(7月任)
叶　成(7月任)　顾　斌(7月任)

市第六中学
校　长　张明芳(女)
书　记　丁健平(7月任)
副校长　赵金海　叶　成　顾　斌　张祥军(7月任)

清河区实验中学
校　长　葛俊刚(7月止)　王　萍(女,7月任)
书　记　葛俊刚(7月止)　王　萍(女,7月任)
副校长　曹　锐(7月止)　张新华
朱静晖(女,7月任)

北京路中学
校　长　施玉明
书　记　施玉明
副书记　李贵旸
副校长　李贵旸　王　萍(女,7月止)
张正喜(7月止)　仇恒俊(7月止)
于秀权(7月止)　张　元(7月任)
孟令飞(7月任)

清河中学
常务副校长　颜廷发(7月任)
副校长　张正喜(7月任)　仇恒俊(7月任)
于秀权(7月任)

街道办事处

水渡口街道
书　记　谈竹珂
副书记　吴　勇　赵　伟(6月任)
纪工委书记　胡　莹(女,3月止)
汪　洁(女,3月任)
组宣统委员　胡　莹(女,3月止)
汪　洁(女,3月任)
人武部部长　徐志山
人大工委主任　周安西
办事处主任　吴　勇
副主任　徐志山　惠　翔(3月止)　张林玲(女)
胡　莹(女,3月任)

柳树湾街道
书　记　汪　冲
副书记　郭　军　施浩芝
纪工委书记　朱鸿明
政法委书记　施浩芝
组宣统委员　朱鸿明
人武部部长　周　斌
人大工委主任　沈志斌
办事处主任　郭　军
副主任　丁祖勇　何海成　周　斌
赵洪正(1月任)
马　瑾(3月任)

淮海街道
书　记　汪　萌(女)
副书记　叶　坤　方爱国
纪工委书记　姜　书
政法委书记　叶　坤
组宣统委员　姜　书
人武部部长　柏凤亚
人大工委主任　凌智捷
办事处主任　方爱国
副主任　柏凤亚　王建国　王海峰　赵振杰

长东街道
书　记　夏海明
副书记　吴　蓉(女)　陈　阳
纪工委书记　张荣俊
政法委书记　陈　阳
组宣统委员　牧晓丹(3月任)
人武部部长　朱　健(6月任)
人大工委主任　尹殿勋
办事处主任　吴　蓉(女)
副主任　王　权(6月止)　张荣俊　朱　健(1月任)

长西街道

书　记　张增元
副书记　钱　龙(3月止)　何　喆(3月任)
　　　　胡梦泽(3月任)
纪工委书记　朱　勇
政法委书记　胡梦泽(3月任)
组宣统委员　朱　勇
人武部长　胡梦泽
人大工委主任　张建华(女)
办事处主任　钱　龙(3月止)　何　喆(3月任)
副主任　秦　炎　胡梦泽(3月止)　朱　影(女)
　　　　陈　俊　刘家将(3月任)

府前街道

书　记　张红梅(女)
副书记　施寿成　耿爱忠
纪工委书记　季　浩
政法委书记　施寿成
组宣统委员　季　浩
人武部部长　侯志猛
人大工委主任　张士淮(3月止)
办事处主任　耿爱忠
副主任　侯志猛　殷　戈　李延清(3月任)

白鹭湖街道

书　记　金中保
副书记　祁文林　张腾中
纪工委书记　黄美娟(女)
政法委书记　张腾中
组宣统委员　黄美娟(女)
人武部部长　翟洪渠
人大工委主任　华中安
办事处主任　祁文林
副主任　付　浩(3月止)　翟洪渠　姜锦美(女)
　　　　孙　虎(3月任)　宋彩娟(女,6月任)

大事记

2013年

1月

2日　区长张冲林主持召开区政府八届三次常务会议,研究讨论政府工作报告(征求意见稿)、2013年十大惠民工程、2013年招商引资考核奖惩办法等议题。区领导刘可壮、王建军、孙勤、张平、高山、邓爱华、祁素娟、孙亚昌、陆宾、李仁明出席会议。

4日　区委成立盐河生态科技城党工委。

5日　区委书记王海平对“网格服务进万家,献计献策促民生”活动作出批示。

▲　省安监局党组副书记、副局长赵利复一行在副市长仲柯、区长张冲林等陪同下到清河区调研。

7日　区委、区政府举办2013年台商联谊会,区委书记王海平、区委副书记朱维佳和来自旺旺食品、神旺大酒店、公爵花园酒店、嘉龙饮食、莎利文、布朗尼等台资企业的20位台商企业家欢聚一堂,共叙友情,共谋发展。

▲　省公共文化服务体系示范区创建专家组调研指导清河区创建工作，专家组先后参观考察了富强社区文化活动中心、区少儿图书馆、白鹭湖街道文化活动中心、区文化馆、长荣大剧院、中国西游记文化博览馆、区图书馆(区摄影图书馆)、中国城市化史馆(郎静山国际摄影艺术馆、清河文展中心)等文化场馆。

▲　盐城市代表团考察水渡口街道人口家庭公共服务中心建设。

8日　区八届人大常委会召开第7次会议，讨论通过有关人事任免。

9日　清河区出台《2013年度招商引资考核奖励办法》。

9—10日　政协清河区第八届委员会第二次会议召开。会议听取和学习讨论区委书记王海平讲话;听取和审议政协清河区第八届委员会常务委员会工作报告、提案工作情况报告;大会议政发言;列席清河区人大八届二次会议，听取并协商讨论《区政府工作报告》和其他有关报告;表彰先进集体和先进个人；审议通过政协清河区八届二次全委会议决议。区委书记、区人大常委会主任王海平,区政协主席梁学文等区领导出席开幕式。

10日　清河区集中开工3个总投资超13亿元的工业项目。市领导肖本明,区领导王海平、张冲林等参加开工活动并现场走访澳洋顺昌光电技术有限公司、江苏正大清江制药有限公司、江苏省金象传动设备股份有限公司。

10-11日　区八届人大二次会议召开。会议听取和审议清河区人民政府工作报告;审查和批准清河区2012年国民经济、社会发展计划执行情况及2013年国民经济、社会发展计划(草案)的报告;审查和批准清河区2012年财政预算执行情况和2013年财政预算(草案)的报告;听取和审议清河区人大常委会工作报告、清河区人民法院工作报告、清河区人民检察院工作报告。区委书记、区人大常委会主任王海平主持开幕式。

12日　区委召开纪念区关工委成立20周年暨关心下一代工作表彰大会。市关工委主任刘学东，区委书记王海平,区政协主席梁学文,区委常委、组织部部长顾晓芳,区人大常委会副主任(调研员)安毅之,区关工委主任朱涛出席会议,区委副书记朱维佳主持会议。

▲　清河区完成2012年度江苏省“土地执法模范区”创建工作,获得省国土资源厅300亩土地利用指标奖励。

13日　区政府召开加盟连锁类创业项目推介会。

13—17日　区长张冲林率队赴台参加“淮安·台湾交流合作推进周”活动,活动期间拜会和参访了台北内湖科技园区发展协会,亿光电子、光茵科技、精星科技、世晶科技、辰峰光电、三得电子等光电企业。

14日　区委召开老干部情况通报会，区委书记王海平向老干部通报全区经济社会发展情况，对做好2013年的老干部工作作出部署。区委常委、组织部部长顾晓芳主持会议。

▲　省纪委常委朱俊友在市领导史国君、倪兴余,区领导王海平、李海波等陪同下视察清河区网格化社会管理工作。

▲　全市农家书店工程在白鹭湖街道清隆家园社区启动。

15日　市科学发展目标考评组到清河区检查指导工作,区委书记王海平在汇报会上致辞,区领导朱维佳、蔡绍忠、刘可壮、王建军、高山、祁素娟、李仁明等出席汇报会。

▲　区政府召开新区婚庆产业创业基地研讨会，区人社局、民政局、白鹭湖街道和丰球集团的有关领导以及新格调、勿忘我两家婚庆企业代表参加研讨会。

16日　区委召开公开选拔科级领导干部任前集体谈话会,8名即将上任的公选干部作表态发言，并与区委书记王海平面对面交流。区委常委、组织部部长顾晓芳主持会议。

▲　全市法院诉讼服务网格化及司法协理员推进会在清河区法院召开。

18日　区长张冲林主持召开全区安置房建设工作推进会,区委常委、副区长王建军,区安置房建设指挥部各成员单位主要负责人出席会议。

▲　苏州市信访局一行在水渡口街道参观交流信访工作。区委常委、纪委书记蔡绍忠陪同参观。

20日　根据区委《关于调整社区党组织设置的通知》要求,全面推行社区“一委一居一中心”新型社区服务管理体制,全区38个社区党总支全部升格为社区党委。

20—21日　区委书记王海平率区党政代表团赴山东省临沂市罗庄区考察交流。区领导梁学文、王建军、安毅之等随团参加活动。

22日　省委巡视组视察清河区工作。区领导王海平、顾晓芳陪同视察。

▲　区纪委向区人大、政协通报2012年纪检监察工作情况,区委常委、纪委书记蔡绍忠作工作汇报。

▲　淮安市首家社区闲置物品互助中心在沈阳路社区揭牌。区领导顾晓芳、安毅之、高山、薛睿等参加揭牌仪式。

23日　区环卫处副主任、党支部书记孙国庆当选第十二届全国人大代表。

▲ 淮安市首家“社会工作服务社”和“社区阳光心理咨询中心”在上海路社区成立。

▲ 省发改委专家在新区考察环保项目，新区管委会党工委副书记李仁明、新区管委会主任陆宾陪同考察。

25日 区委举办军地迎春座谈会。区委副书记朱维佳、区人大副主任安毅之、区政协副主席孙亚昌及区人武部、驻区部队有关领导参加座谈会。

会议前后，区领导朱维佳、俞新昌、孙勤、祁素娟等先后走访慰问了驻区某部、干休所、清河消防大队等部队官兵。

▲ 省法院少年案件调研座谈会在清河法院召开。

27日 区委举行党员冬训暨经济建设实务知识培训班。区委书记王海平作党员冬训“书记开讲”第一课；区领导王建军、邓爱华、陆宾分别作旧城改造与房屋征收、招商引资、项目建设与管理实务等主题讲座。

28日 区政府召开全区建设领域工程款及民工工资清欠工作推进会。

▲ 区政府召开西游记主题公园建设工作推进会。

30日 区委、区政府召开网格化社会管理服务工作会议，区委书记王海平出席会议并讲话，区长张冲林主持会议，区领导梁学文、朱维佳、王建军、李海波、安毅之、祁素娟出席会议。

31日 区委召开常委（扩大）会议，传达学习省“两会”及中纪委、省纪委全会精神；听取全省组织部长会议暨人才工作座谈会、全省政法工作会议、省市宣传思想文化工作会议、全市安全生产工作会议精神汇报；学习中央、省、市关于作风建设的相关规定，讨论区委关于作风建设的相关规定；听取全区春节前走访慰问活动方案汇报；听取2012年度目标兑现大会暨2013年度目标签状大会方案汇报，研究讨论《2013年全区科学发展目标考评意见》等文件制订工作。区委书记王海平主持会议并讲话，区四套班子领导及各街道、区直部门负责人等出席会议。

▲ 省长李学勇在省领导刘永忠、毛伟明，市领导曲福田、肖本明，区领导王海平、张冲林等陪同下走访慰问清河区困难群众。

是月 清河区淮海法律服务所左干被司法部表彰为“第四届全国法律援助工作先进个人”。

2月

2日 清河区在红喜会馆举行迎新春职工联欢会。区领导王海平、梁学文、顾晓芳、安毅之、高山和来自全区各个街道、区直单位和企业的干部职工参加联欢。区委书记王海平代表区四套班子领导向全区干部职工致以新春问候。

5日 区委、区政府召开2012年度目标兑现暨2013年度目标签状大会。会议总结过去一年工作成绩与经验，动员全区上下进一步解放思想，开拓进取，真抓实干，确保全面完成全年各项目标任务，努力为推动清河率先领先发展再作新贡献。区委书记王海平讲话，区长张冲林主持会议，区委常委、常务副区长刘可壮通报2012年度全区目标完成情况，新区管委会和各街道递交2013年度目标责任状。会议表彰了2012年度先进集体和先进个人。

▲ 区委、区政府在长荣大剧院举行2013年新春团拜会文艺演出。区委书记王海平、区长张冲林等区四套班子领导与各界代表一起观看了演出。

6日 省人大常委会副主任、市委书记刘永忠和市长曲福田在区领导王海平、张冲林、祁素娟等陪同下视察清河区安全生产工作。

▲ 区委书记王海平、区长张冲林等区领导赴淮安军分区慰问部队官兵，畅叙军地情谊，共谋发展大计。

▲ 区委书记王海平走访慰问老干部，致老同志节日问候和关怀，祝愿他们身体健康生活美满。

▲ 区委召开社区党建工作会议。

7日 省人大常委会副主任、市委书记刘永忠，市长曲福田在市委常委、政法委书记史国君，区委书记王海平，区长张冲林等陪同下视察区法院工作。

19日 区委组织集中收听收看全省机关作风建设电视电话会议。会后，区委书记王海平就清河区机关作风建设和当前工作提出要求。

22日 区政府举办税源经济工作培训班，区委常委、常务副区长刘可壮作工作部署。

▲ 区政府召开教育工作会议。

23日 区委召开机关作风建设暨反腐倡廉工作会议，贯彻落实中央省市关于改进作风、密切联系群众的各项规定，深入推进机关作风建设。区委书记王海平讲话，区长张冲林主持会议，区四套班子领导出席会议。区委副书记朱维佳宣读区委关于表彰十佳勤廉干部的决定；区委常委、纪委书记蔡绍忠作党风廉政建设工作报告。

▲ 2013年度第一期“清河发展论坛”在长荣大剧院举行。区四套班子领导和全区800余名党员干部出席论坛，中央党校经济学部主任、博士生导师赵振华作题为“中国经济现状与2013年经济工作的主要任务”的专题报告。

▲ 清河区开展“学习雷锋好榜样”万名志愿者集中行动。全区20多家单位参加该项活动。

27日 区八届人大常委会召开第8次会议。会议讨论通过区人大常委会2013年工作要点及议题安排。

27—28日 区纪委召开纪检监察干部业务培训暨纪检监察工作会议，市委党校及市纪委专家到会授课。

28日 市人大常委会领导到清河区调研优质教育均衡发展工作。

▲ 区政府召开安全生产暨消防工作会议，区长张冲林到会并讲话。

是月 清河区法院董坚被最高人民法院授予“全国优秀法官”称号。

3月

2日 清河区在沈阳路社区举办“与爱同行”巾帼志愿

者关注空巢老人集中行动启动仪式。

▲ 全市首个社区志愿者服务站在富强社区揭牌。

5日 清河区举行"残疾人幸福生活推进计划"—电视机、收音机捐赠仪式。

6日 清河区召开纪念"三八"国际劳动妇女节103周年大会,市妇联、中共清河区委领导出席会议并讲话。会间进行了"践行'五德教育'、争创文明廉洁家庭"签名活动。

▲ 全国人大代表孙国庆做客中国工人网。

6—9日 区委书记王海平率队赴广东招商,先后考察了白云山制药、海岸集团、中国旅游设计院、中国丝绸文化产业创意园等企业;举办清河区深圳招商引资恳谈会,宣传推介清河投资环境,诚邀客商到清河投资兴业。

7日 广东省梅州市政法委领导在市、区政法委领导陪同下到清河区视察指导社会管理创新工作。

▲ 山东省乐陵市考察团一行考察清河区城市管理工作。

11日 清河区举行学习雷锋精神报告会,特邀雷锋生前战友、新中国成立以来感动南京人物、全国雷锋事迹报告团成员、溧水县关工委副主任赵明才作报告。区关工委相关成员单位领导,各街道、社区(村)关工委负责人,全区各中小学相关领导,北京路中学师生1200多人参加报告会。

13日 泰兴市委常委、政法委书记田之本参观区社会管理服务中心。

14日 东南大学继续教育学院党委书记陆海考察中共清河区委党校,并就东南大学继续教育学院与清河党校联合办学事项举行了座谈。

▲ 解放军总政治部贾世江、解放军报编辑部董祥在省军区、市军分区和区领导陪同下视察清河区军人家属安置工作。

18日 清河区召开网络实务、文化示范区创建培训班暨宣传思想文化工作会议。

20日 经过市红十字会和市教育局专家组验收,繁荣小学、老坝口小学、北京路中学、清河实验中学、清河教师进修学校获得市红十字示范学校称号。

▲ 河南省鹤壁市淇滨区党政代表团到清河区考察。区委书记王海平介绍了清河区经济社会发展情况,区领导朱维佳、王建军等陪同考察。

21日 区委、区政府召开人口和计划生育工作暨"十二五"省人口协调发展先进区创建工作推进会。区委副书记朱维佳主持会议并讲话,副区长高山作工作报告,区人大副主任孙勤、区政协副主席孙亚昌参加会议。

▲ 市人大常委会副主任陆长苏在区人大常委会副主任安毅之等陪同下,调研清河区境交通拥堵问题。

▲ 无锡市惠山区政法委一行参观清河区社管中心。

25日 市委书记姚晓东在市委常委、秘书长肖本明,区委书记王海平,区长张冲林等陪同下调研清河区经济社会发展情况。

▲ 卫生部健康教育特聘专家、首都医科大学附属北京天坛医院主任医师刘玄重应邀为清河区"让生命之树常青——生活方式与身心健康"全民健康大讲堂授课。

26日 在市第34期市民讲坛暨清河区"社区大讲堂"现场,全国人大代表孙国庆为河堤路社区群众传达全国两会精神和她参加全国两会时的感受。

28日 中央综治办徐龙刚副巡视员在市委常委、政法委书记史国君,区委常委、政法委书记李海波,副区长祁素娟等陪同下调研清河区社会管理创新工作,在新落成的社管大厦察看了清河区网格化社会管理创新工作成果,并听取工作汇报。

29日 省军区工作组在市委常委、军分区政委刘伟陪同下检查指导清河区人民武装部工作。

31日 清河区摄影家协会在郎静山摄影艺术馆成立。

是月 清河区被省新闻出版局表彰为"全省创建书香之县(市、区)先进单位";公安清河分局被省公安厅表彰为"全省公安档案工作成绩突出集体";区残联被省残联评为全省残疾人组织建设"强基育人"工程先进集体;区财政局杨彬被省委组织部、省人社厅、省公务员局表彰为"公务员职业道德模范"。

4月

3日 河南省洛阳市信访考察团考察水渡口街道信访工作。

7日 区政府组织集中收看全省分类推进事业单位改革工作电视电话会议。

▲ 副市长唐道伦在区委常委、副区长王建军陪同下调研大同路建设情况。

8日 省信访局副局长秦凯华实地察看区信访接待中心及社管中心,听取区委、区政府信访工作汇报,并对做好信访工作提出具体要求。区领导王海平、张冲林、蔡绍忠、李海波、祁素娟等陪同调研。

9日 区政府出台《关于鼓励和促进科技创新创业的意见》。

10日 区委召开常委扩大会议,贯彻落实市县(区)跨越发展目标落实推进会精神,听取《清河区2013年度跨越发展目标考评意见》《清河区2013年度服务业工作考核办法》《关于进一步明确总部(楼宇)经济工作任务的通知》等文件起草情况汇报。区委书记王海平主持会议并讲话,区四套班子领导等出席会议。

▲ "阳光清河"中老年摄影作品展在区文化馆开幕。

11日 清河区书法与美术家协会成立,清河中国画院院长石鹏中当选为主席,聘请金长海同志为名誉主席。

▲ 新疆建设兵团农七师人口计生委考察清河区人口计生工作,市人口计生委主任蔡莉、副区长高山陪同考察。

▲ 浙江省舟山市信访考察团调研水渡口街道阳光信访工作,区委常委、纪委书记蔡绍忠陪同考察。

12日 淮安景区联票试行启动仪式在古淮河文化生态景区举行。

13日 2013年第2期清河发展论坛在长荣大剧院举行。财政部科研所研究员、经济学博士张鹏作全国"两会"精神解读报告。

15日　区领导王海平、张平、祁素娟陪同专家组考察国家级古淮河湿地公园创建工作。

▲　区人武部召开民兵整组点验大会。市委常委、军分区政委刘伟出席大会并讲话，区委常委、人武部长俞新昌主持会议。

16—17日　区长张冲林率队赴上海开展小分队招商。会见了乐天集团中国区总经理徐在允，实地考察了乐天(上海)食品有限公司，并与乐天玛特公司就物流项目有关问题深入交换意见。其间，张冲林还会见了上海立天唐人投资集团有限公司客商。

17日　市委书记姚晓东在区委书记王海平、副区长高山等陪同下调研位于爱民路的市中卫生服务中心。

19日　区政府召开国土资源暨"双创"工作推进会，区长张冲林出席会议并讲话，区委常委、副区长王建军主持会议。

▲　省住建厅党组书记俞军在市领导史国君，区领导王海平、张冲林、王建军、李海波等陪同下调研清河区社会管理和服务创新工作。

▲　云南省曲靖市信访考察团调研水渡口街道信访工作，区委常委、纪委书记蔡绍忠陪同调研。

21日　市长曲福田在区委书记王海平陪同下调研水渡口广场金融集聚区项目建设情况。

▲　副市长赵洪权在区长张冲林陪同下视察清河区重点项目建设情况。

21—24日　区政协主席梁学文带领企业界委员赴南京、金华等地考察学习。考察组参观了南京东八区创意产业园、金华国家级经济开发区孵化基地及南京智道元创业投资资本管理有限公司等多家企业，听取了经验介绍。

22日　区委书记王海平赴常州考察调研环球动漫嬉戏谷和中华恐龙园项目。

23日　南通市崇川区人大代表团在区人大常委会副主任安毅之、孙开明陪同下考察调研清河区物业管理工作。

24日　区八届人大常委会第9次会议召开。会议听取和审议通过区政府关于《劳动合同法》和《环境保护法》贯彻落实情况的报告。

▲　由区委、区政府主办，区委宣传部、区委政法委、区文广新局承办的2013年"幸福清河"社区文化艺术节、"书香清河"市民阅读节、清河区第二届法治文化艺术节在市委东大院文化广场开幕。

▲　区委、区政府召开双拥工作领导小组成员单位(扩大)会议，区委副书记朱维佳、副区长祁素娟、区人武部政委张文兵，各街道分管领导，区各双拥工作领导小组成员单位负责人，各村(居)主任，区属各中小学负责人，驻区部队有关领导等出席会议。

▲　全市法院刑事诉讼法实施情况专题调研会在区法院召开。

26日　区政府召开创建国家慢性病综合防控示范区推进会。

27日　区委召开"五一"表彰暨"争当主力军，添彩清河梦"建功立业竞赛活动动员大会。表彰为清河科学跨越发展作出突出贡献的先进集体和先进个人，动员全区广大职工积极投身"争当主力军，添彩清河梦"建功立业竞赛活动，为建设繁荣幸福新清河再立新功。区委书记王海平到会并讲话，区领导四套班子有关领导出席会议。

28日　清河区举行机关干部向雅安地震灾区献爱心活动，区领导王海平、张冲林、梁学文、朱维佳、蔡绍忠、顾晓芳、刘可壮、王建军、漆宾等到现场捐款。区慈善总会接收社会各界捐款14万多元。

▲　清河区召开红十字会第三次代表大会，市红十字会会长李慧秋致辞，会议选举新一任区红十字会会长，对红十字工作先进集体、先进个人及优秀红十字志愿者进行了表彰。

是月　清河区环卫处淮海广场清扫班被全国总工会评为"全国五一巾帼标兵岗"；区纪委被省纪委表彰为"全省纪检监察信访举报工作先进单位"；区总工会职工维权中心被省总工会评为"江苏省工人先锋号"；朱一峰获得"江苏省五一劳动奖章"，余康平获得"江苏省五一劳动荣誉奖章"。区法院工会、北京路中学工会被评为"江苏省模范职工之家"；上海路社区被省妇联命名为"江苏省示范妇女儿童之家"；沈阳路社区被省科协命名为"江苏省科普示范社区"；公安清河分局刑警大队禁毒中队被省禁毒委表彰为"全省禁毒工作先进集体"；淮海东路特色商业街被省商务厅命名为"江苏省示范特色商业街"。

5月

5日　"青春创业圆梦清河"青年创业政策推介会暨淮安市青春创业培育中心揭牌仪式在淮安市大学生科技创业园举行。区委书记王海平出席会议并致辞；区委常委、组织部长顾晓芳，副区长高山，团市委书记沈晓红等出席会议。

▲　区领导王海平、张冲林、高山带队参加市第七届万人自行车环市行活动。

7日　清河区举行红十字博爱助困、助孤、助学物资发放仪式。

7—13日　区委书记王海平一行参加由淮安市和台湾工业总会共同举办的"台湾·淮安周"活动。先后拜访了蓝天集团、奥维科技、万仕达科技、台安生物科技、国鼎生物科技、万翔科技、台北内湖科技园区、旺旺集团等企业，向企业宣传推介清河的投资环境，与多家台湾知名企业达成合作意向。

8日　宿迁市委政法委领导在市、区政法委领导陪同下视察清河区社会管理创新工作。

10日　"幸福梦和美家"家庭文化主题活动暨第七届车站社区邻里节在市民健身广场开幕。区政协主席梁学文、区人大副主任安毅之等参加启动仪式，区委副书记朱维佳致辞。

13日　区政府召开"十二五"妇女儿童发展规划监测评估推进会。

14日　新疆生产建设兵团农七师领导考察清河区社会管理创新工作。

15日　区人大召开"万名代表回选区见选民"活动动员会，区委书记、区人大常委会主任王海平讲话，市人大常委会副秘书长王广西作辅导报告，区人大常委会副主任安毅之、孙开明、徐乃明等出席会议。

▲　国家发改委经贸司领导在副市长陈涛、区长张冲林陪同下到百隆色纺企业调研。

16日　区委常委、纪委书记蔡绍忠作客省纪委"清风扬帆"网，与网友畅聊清河反腐倡廉建设情况，重点介绍了清河区领导干部"五德"教育、阳光清河、社区党风廉政建设、科技化反腐以及党风廉政建设巡查等方面的经验和做法。

17日　市人大常委会领导视察清河区人大代表向选民述职活动。区委书记、区人大常委会主任王海平，区人大常委会副主任安毅之陪同视察。

20日　区政协委员视察评议清河区城市长效管理工作。委员们实地观摩了夕阳红文化广场、开元路、新亚国际门前非机动车免费停放点和上海路小吃城，听取工作汇报。

▲　2013年行政执法服务月集中宣传活动在金鹰国际门前广场举行。省法制办主任于爱荣，副市长倪兴余，区长张冲林和来自全区25个部门的工作人员参加宣传活动。

21日　区纪委召开"阳光清河"工作推进会，并举行网络监督员聘任仪式。

▲　区政府召开生态环保建设工作会议。

22日　区政协主席会议专题调研长西街道总部经济发展情况。

▲　区委召开党建带团建工作推进会暨"青年党员进社区，志愿服务美清河"活动启动仪式。

▲　省人口计生委领导在市、区计生部门工作人员陪同下，调研清河区城市人口和家庭公共服务体系建设。

▲　省诗词协会领导在副区长高山、区诗词协会会长金长海陪同下调研繁荣小学诗教工作。

23日　区委、区政府召开重点地块招商推介会，区委书记王海平致辞，区长张冲林主持会议，70多位客商参加了推介会。

24日　清河区民间文艺协会成立，于建群当选区第一届民间文艺协会主席，特聘漆宾为名誉主席。

▲　清河区举办"爱在新清河、情系残疾人"文艺演出，全区近400名残疾人及残疾人工作者观看了演出。

▲　省验收组对区图书馆创建国家一级馆工作进行评估验收，副区长张平，市、区文广新局领导陪同检查。

26日　清河区首届企业管理者实务培训班在浙江大学管理学院举办。来自区房地产、餐饮、商贸等30余家企业的40名主要负责人参加为期6天的培训。

27日　中国双拥杂志社领导在区委副书记朱维佳陪同下调研清河区双拥工作。

29日　省政协副主席洪慧民在区领导王海平、高山等陪同下调研清河区社区卫生服务中心建设工作，听取区政府关于社区卫生服务发展情况汇报。

30日　省广电总台"谱写中国梦的江苏篇章——梦想巴士"走进清河。分别在清河文化广场、清新花苑社区和淮安工业设计园进行现场拍摄，30多位老师、失地农民、大学生、社区干部分别在镜头前叙说自己心中的梦想。

31日　区纪委、监察局组织会员卡清退零持有承诺活动，全体工作人员在"会员卡零持有承诺书"上签名。

▲　南京市栖霞区纪委领导在区委常委、纪委书记蔡绍忠陪同下考察"阳光清河"工作。

是月　清河区被中央综治委表彰为"2009—2012年度全国平安建设先进区"，王海平、张冲林、李海波、吕绍波获中央综治委、中央组织部嘉奖；清河新区文化创意产业集聚区、淮安淮通物流集聚区被省发改委授予"省级现代服务业集聚区"称号；淮安旺旺食品有限公司被省食品工业协会表彰为"省食品行业诚信管理体系建设示范企业"；长东街道团工委被团省委评为2012年度"江苏省五四红旗团委"，北京路中学刘姣被评为"江苏省优秀共青团员"；北新村社区被省残联确定为首批省级"残疾人文化进社区建设达标单位"。

6月

1日　江苏金象传动设备股份有限公司承建的"江苏省蜗杆传动减速机工程技术研究中心"通过省科技厅考核验收。

3日　新疆农七师信访局工作人员在区委常委、纪委书记蔡绍忠，副区长祁素娟陪同下考察清河区阳光信访工作。

4日　山东省聊城市纪委考察团在区委常委、纪委书记蔡绍忠陪同下先后考察了淮安旺旺食品有限公司、淮安澳洋顺昌光电技术有限公司、淮扬菜博物馆及古淮河公园等地。

▲　省民防局领导在区领导刘可壮、俞新昌陪同下调研清河区民防工作。

5日　区委、区政府召开党政联席会议，传达全省苏中发展工作会议精神，通报2012年度区级党政领导班子及成员年度考核结果，并部署当前工作。区委书记王海平主持会议并讲话，区党政领导班子成员及区人大、区政协有关领导参加会议。

▲　区政府组织相关工作人员集中收视收听全国食品药品安全和监管体制改革电视电话会。

6日　省台办领导在区委书记王海平陪同下视察淮安旺旺食品有限公司。

▲　省老龄办考察验收沈阳路社区"敬老文明号"创建工作。

7日　省长李学勇在市领导姚晓东、曲福田、练月琴、王正喜、肖本明、陈涛，区领导王海平、张冲林、邓爱华等陪同下视察调研淮安澳洋顺昌光电技术有限公司生产运营情况。

▲　团中央关爱农民工子女志愿服务行动项目专家卢德平调研健康路社区"希望来吧"。

▲　区政府组织相关人员集中收听收看全国安全生产工作电视电话会，会后，区长张冲林就清河区安全生产工作

提出具体要求。

▲ 湖南省民防系统工作人员到清河区调研民防信息化建设工作。

8日 富强社区第三届端午文化节暨人大代表送文化进选区活动在桃花坞景区举行。区领导与现场观众互动交流。

▲ 连云港市政协领导考察清河区环卫工作，区委常委、副区长王建军陪同考察。

9日 市人大常委会副主任陈洪玉率省人大代表淮安组调研清河区项目工地管理工作，区长张冲林主持会议并向代表们汇报区政府强化项目管理的做法。

13日 市长曲福田在区领导王海平、张冲林、李海波、祁素娟等陪同下检查清河区安全生产工作。

13—14日 区委书记王海平率队赴上海拜访立天唐人集团和华测检测技术有限公司领导人，并与立天唐人集团签订意向性协议。

14日 省卫生厅副厅长汪华在副区长高山陪同下视察钵池山社区卫生服务中心。

15日 清河开明中学“我的中国梦”主题团日活动在央视新闻联播播出。

16日 2013首届古淮河国际音乐节—-寻找淮安好声音飙歌赛在万达广场拉开帷幕。

18日 市委常委、政法委书记张亚青在区领导王海平、张冲林、梁学文、朱维佳、王建军、李海波、安毅之、祁素娟、李仁明等陪同下到清河区调研。

19日 九三学社清河区委员会成立大会召开，会议选举产生区第一届委员会委员及主任委员、副主任委员以及下属四个支社的主任委员。区领导朱维佳、孙亚昌、陆宾、薛睿参加会议。

▲ 省评审组到清河区开展创建全国示范社区卫生服务中心现场评审工作。

20日 由清河区各机关、街道的50余名青年干部参加的区青年干部培训班在东南大学举行。

▲ 全市信访系统干部在区委常委、纪委书记蔡绍忠，副区长祁素娟陪同下观摩清河区信访基层基础建设。

▲ 中国人口报记者刘戈宇在省、市人口计生委领导陪同下到清河区采风。

▲ 北京银泰置地(集团)有限公司马擎宇一行在区委常委、宣传部部长漆宾，区政协副主席李仁明陪同下考察清河区。

▲ 北京市门头沟区政协“暑期读书班”在副区长高山陪同下，考察指导清河区社区建设。

20—23日 区委书记王海平率队赴深圳、杭州招商引资。与深圳圳喜之郎集团签订了意向性协议；杭州绿川投资有限公司企业负责人洽谈在水一方地块合作事宜。

22日 新华社国内部终审发稿人徐兆荣到清河区作《学习时评写作的体会》的专题讲座，150名宣传骨干聆听了讲座。

▲ 《江苏新时空》播出《谱写中国梦江苏篇章·追梦江苏》环省行：走进清河。

23日 由区委宣传部、区文广新局主办的“2013年快乐清河·百场演出进社区”在淮西社区举办。

24日 清河区申报的“古淮河文化生态景区绿化景观提升工程”获省级旅游专项引导资金补助70万元。

24—25日 省考评组考评清河区全国慢性病综合防控示范区创建工作。

25日 《新华日报》以《淮安清河一项创新入围“中国十大社会管理创新奖”——“网格长”，将和谐延伸到最末端》为题，在头版头条位置报道清河区深化社会管理创新工作，“通过划小网格、放大服务，创新社会服务管理模式，强化基层管理工作，将稳定和谐牢筑在‘最末端’”。

26日 区八届人大常委会召开第10次会议，听取和审议通过区政府《关于2012年财政决算情况的报告》《关于2012年财政预算执行和其他财政收支情况的审计工作报告》和区法院《关于诉讼服务工作的报告》，批准区政府2012年财政决算，并对三个专项工作报告的满意度实行表决。会议还听取了区政府关于贯彻落实《区八届人大常委会第9次会议审议意见》的报告。会议通过了有关人事任免。区政府、区政协、区法院、区检察院、区财政局、区审计局领导以及各街道人大工委主任和部分区人大代表列席会议。

▲ 市纪委督查清河区上半年落实全市反腐倡廉“十项行动”、党风廉政建设责任制和惩防体系建设重点项目进展情况，区委常委、纪委书记蔡绍忠作工作汇报。

27日 市委常委、常务副市长王正喜在区领导王海平、张冲林、顾晓芳陪同下，到白鹭湖学校、锦绣奥特莱斯商业广场项目、社会管理服务中心等地调研清河区经济社会发展情况。

是月 清河区被全国普法办表彰为“全国法治区创建活动先进单位”；江苏省金象传动设备股份有限公司被省经信委等部门联合表彰为2012年度江苏省“用户满意服务”创建活动先进集体；清河区品味农产品平价直销店被省物价局授予“江苏省示范平价商店”称号；公安清河分局法制大队被省公安厅表彰为“全省公安机关执法规范化建设成绩突出集体”，法制大队民警李伟伟被表彰为“全省公安机关执法规范化建设成绩突出个人”；桃花坞公园被省旅游局、新华报业传媒集团评为江苏省“2013年春季最具潜力赏花胜境”。

7月

1日 区委召开领导干部会议，传达学习市委六届三次全会精神。区委书记王海平要求，迅速掀起学习贯彻落实市委六届三次全会精神的热潮，科学谋划未来，全力加快发展，争当全市跨越发展排头兵。区四套班子领导及各街道、区直部门和单位负责人出席会议。

▲ 区委组织集中收看全省党的群众路线教育实践活动动员大会，区四套班子领导及各街道、区直部门和单位负责人在分会场收看。

▲ 市督查组督查清河区上半年城建重点项目实施情

况，区委常委、副区长王建军陪同督查。

3日　市、区领导祝贺清河开明中学2013年中考取得佳绩。市委常委、秘书长肖本明，市人大常委会副主任陆长苏，区委书记王海平及区四套班子领导到清河开明中学慰问祝贺。

▲　《现代快报》总编辑赵磊在市委常委、宣传部部长戚寿余，区领导王海平、漆宾、李仁明等陪同下参观位于清河新区的中国城市化史馆、楚天极目动漫产业园等地，并就与清河区在文化产业等方面合作进行考察调研。

▲　清河区在市体育馆广场举行宣传贯彻《中华人民共和国旅游法》暨第四届“法治在我心中”专场文艺演出活动，区委常委、宣传部长漆宾致辞，区领导安毅之、张平、孙亚昌参加活动。

▲　由区委、区政府主办，区委宣传部、区文广新局承办，7个街道办事处16支民间业余文艺团队参与的“舞比快乐幸福清河”2013年民间舞蹈展演在淮安市民健身广场举行。

5日　清河区举行面向社会组织购买早期心理干预服务项目签约仪式。该项目由市民政局和区政府合作，区民政局承办。

▲　区政府出台《清河区政府投资项目中介服务机构库管理暂行办法》。

6日　深圳瑞福锦投资管理有限公司董事长向左章一行参观旺旺食品工业园、顺泰包装、澳洋顺昌、古淮河生态公园等项目，并就在清河区投资合作进行座谈交流。区长张冲林主持座谈会，区委书记王海平致辞，区领导漆宾、邓爱华、李仁明、薛睿等参加座谈会。座谈会上，签订了清河区和海峡两岸经贸交流俱乐部合作共建光电产业园项目协议，台湾顺达奈米科技有限公司等20余家企业作交流发言。

8日　区委召开常委(扩大)会议，听取区委七届四次全会会议方案、基本实现现代化指标分析说明等情况汇报，讨论区委七届四次全会工作报告。区委书记王海平主持会议并讲话，区四套班子领导、各街道及区直部门负责人出席会议。

▲　全市村党组织换届工作推进会在清河区召开。

8—16日　区纪委在全区科级领导干部中开展网上“五德”评议活动。全区共61家单位参与，被评副科级以上干部356名，参与评议人员1596人。

9—11日　利用淮安(厦门)城建招商推介会契机，区领导张冲林、朱维佳、王建军一行先后赴厦门、深圳，拜访丰泰国际集团总部公司董事长吴亮泰并推介清河区的投资环境。区长张冲林还陪同市长曲福田先后考察了茂业集团总部、东部华侨城、深圳前海管理局等项目。

10日　清河区药品销售行业工会联合会成立暨首届一次会员代表大会召开，区总工会，市总商会医药业商会有关领导及来自全区55家药品销售企业，110家药品销售门店的工会会员代表参加会议。

11日　区卫生部门举办第二期红十字会基层干部培训班暨红十字志愿者骨干培训班，7个街道办事处40个社区的红十字工作者和志愿者参加培训。

▲　位于清河新区的中国爱情小镇项目被宝龙地产(香港)控股有限公司摘牌。

12日　清河区召开夏秋季征兵工作会议。区委常委、常务副区长刘可壮讲话，区委常委、人武部部长俞新昌作征兵工作部署。会上，对2012年区征兵工作先进单位和先进个人进行表彰，相关单位签订2013年征兵工作目标责任状。

▲　新疆农七师卫生监督所一行到清河区交流卫生监督机构建设工作。

13日　清河区举办第二期“职工讲坛”，江苏引航律师事务所主任潘虹讲解“保护劳动者合法权益，构建和谐稳定的劳动关系”等内容。区属单位、企业工会主席、工会委员、部分职工共计120多人参加听课。

16日　区委召开七届四次全体(扩大)会议。贯彻落实中共十八大精神和市委六届三次全会精神，研究确定清河未来几年跨越发展的目标任务，研究部署实现2013年跨越发展目标的具体举措。区委书记王海平代表区委常委会作题为《立足新定位，提升新标杆，奋力争当全市跨越发展排头兵》的报告。区委副书记、区长张冲林作题为《咬定全年目标，奋力赶超跨越，加快建设淮安中心城市功能核心区》的讲话。会议通过了《中共淮安市清河区委七届四次全体(扩大)会议决议》。区四套班子领导，区委委员、候补委员，区纪委委员，区直机关、区直企事业单位、各街道副科级以上党员干部，区人大、区政协各委办负责人，区人大专职委员，公安清河分局、区法院、区检察院领导班子成员，市国税一分局、市地税三分局、国土清河分局、工商清河分局、清河公安消防大队、江苏银行淮安分行清河支行的主要负责人，区直机关下属副科级以上事业单位的主要负责人；区部分重点企业(含在建重点项目)负责人，各村(居)书记、主任等出席会议。

17日　全区纪检监察工作会议召开，会议传达贯彻市纪委领导干部学习会和区委七届四次全会精神，回顾总结上半年工作，部署下半年任务。

18日　清河区集中收视收听周恩来“五德”教育情景式报告会，区领导张冲林、梁学文、朱维佳、蔡绍忠、顾晓芳、李海波、安毅之等在清河分会场收看了报告。

▲　区人大常委会召开街道人大工作交流会，贯彻落实区委七届四次全体(扩大)会议精神，总结交流各街道人大工委上半年工作，研究部署下半年任务。

▲　区政协组织经济界委员银企交流会，特别邀请江苏银行专家就中小企业信贷、投融资方面与委员面对面交流。

19日　由区委宣传部和区委党校联合举办“爱我淮安”市情知识竞赛初赛在区委党校举行，全区各单位74人参加比赛。

23日　省人社厅考核验收淮海街道农民工综合服务中心示范点建设工作。

24日　清河区举行2013苏北计划大学生志愿者欢迎仪式。

▲　“同心助推淮安科学跨越发展行动”农工党清河专

家工作站成立。

25日 清河区召开庆“八一”军地座谈会，区委常委、区人武部部长俞新昌，区人大常委会副主任孙开明，副区长祁素娟，区政协副主席孙亚昌及驻区部队首长参加座谈会。

▲ 区总工会召开二届九次全委(扩大)会议，贯彻落实区委七届四次全会和市总六届六次全委会精神，总结交流上半年全区工会工作，部署下半年工作任务。

▲ 省新闻出版局局长周琪视察区农家(社区)书屋建设管理情况，副市长王红红，市、区文广新局领导陪同视察。

26日 区委召开常委扩大会议，传达省委十二届五次全会精神、全市纪检监察会议精神，听取区纪检监察工作、建区30周年活动方案汇报。区委书记王海平主持会议并讲话，区四套班子领导、各街道和区直有关部门负责人出席会议。

▲ 区委常委会召开议军暨党管武装工作述职会议，传达学习省委新形势下加强民兵工作意见，听取全区人武工作汇报和各街道党工委书记党管武装工作述职报告。区委书记王海平主持会议并讲话，区委常委、各街道党工委书记、区直有关部门负责人出席会议。

▲ 区政府组织收听收看省政府全体会议。会议总结上半年工作，分析当前形势，安排下半年主要工作。区领导张冲林、刘可壮、张平、邓爱华、祁素娟在清河分会场收听收看会议。

▲ 区政府出台《鼓励和扶持广告产业园发展若干意见》。

27日 区委、区政府举办“精英汇·淮安行”浙江客商交流推介会，向企业家宣传推介清河的招商政策、特色产业、资源状况以及投资环境等，并就招商选资、产业对接、企业合作等情况进行交流互动。区委书记王海平为活动致辞，区长张冲林主持会议，区领导漆宾、邓爱华、李仁明及杭州爱立特生态环境科技有限公司、浙江诚合控股有限公司、天堂硅谷股权投资管理集团等30家企业的代表出席会议。

28日 区政协举行2013年第一期“委员论坛”，省委党校章凝教授为全体政协委员、部分非委员企业家作题为《佛教与中国传统文化》的讲座。

30日 “情深谊长”——清河区庆“八一”送文化进军营专场文艺演出在解放军第82医院举行，区领导俞新昌、漆宾、孙开明、张平、孙亚昌及驻区部队官兵、军队离休老干部和全区各街道优抚对象代表等近500人观看了演出。

31日 清河区召开社区(村)党组织换届工作会议，对全区社区(村)党组织换届工作进行动员部署和业务培训。区委常委、组织部长顾晓芳出席会议并讲话。

▲ 区财政拨付资金50余万元，为城区290多名一线环卫工人解决吃早餐难问题。

▲ 省委政法委副书记张新民率各市政法委、综治办人员实地考察了清河区社管大厦、水渡口街道办事处、富强社区、向阳社区，详细了解清河区社会管理创新方面的工作情况。市委常委、政法委书记张亚青，区领导王海平、朱维佳、李海波等陪同调研。

▲ 南京市人口计生系统考察清河区城市人口和家庭公共服务体系建设工作。

是月 清河区被省残工委表彰为江苏省残疾人“人人享有康复服务”工作先进区，

8月

1日 区委召开老干部情况通报会。区委常委、组织部部长顾晓芳主持会议，区委书记王海平向老干部通报区委七届四次全会精神。

2日 区人大常委会领导先后赴夕阳红文化广场，向阳社区、东郊社区、杭州路社区文化活动中心和区图书馆、区文化馆，调研省级公共文化服务体系示范区创建工作。

▲ 省委政法委副书记、省综治办主任张新民在区委书记王海平等陪同下调研指导清河区社区综治工作。

5日 区政府贺信祝贺：淮阴师院附小组建的区跳水队在2013年江苏省青少年跳水锦标赛上，获得5金3银8铜的好成绩，金牌排名全省第二，总分全省第一；在2013年全国少儿跳水比赛中，胡谷安清勇夺女子组一米板冠军。

6日 区政府举办“百名高校专家淮安行——走进清河”座谈会，邀请生物制药、环境保护等领域的国内外知名专家学者参加座谈交流。区委常委、组织部长顾晓芳致欢迎辞，副区长邓爱华主持会议。

▲ 河北省冀州市委常委、常务副市长孟洪义在区委常委、副区长王建军陪同下考察清河区城建城管工作。

▲ 浙江省宁波市鄞州区政法委一行考察清河区社会管理创新工作。

7日 区委召开常委扩大会议，传达市抢抓省扶持苏北政策机遇加快全面小康建设工作会议精神，通报上半年向上争取政策扶持工作情况。区委书记王海平主持会议并讲话，区四套班子领导、各街道及区直部门负责人出席会议。

▲ 区政协召开八届七次常委会议，区委常委、常务副区长刘可壮代表区政府在会上通报全区上半年经济社会发展情况，以及下半年区政府的主要工作安排。

▲ 苏州市人大常委会工作人员在区人大常委会领导安毅之、孙勤陪同下调研清河新区建设。

7—10日 区委书记王海平在香港参加2013淮安(香港)特色产业招商活动，并签约现代金融项目和高科技包装项目，总投资6000万美元。期间，王海平一行还先后拜访了金辉集团、香港傲扬集团、佳莱投资控股有限公司、香港国际经贸协会、华宝亚洲发展有限公司、力宝集团等企业，向企业宣传推介清河的投资环境和发展优势，并与香港傲扬集团签订了江苏淮安商品交易所投资意向性协议，与华宝亚洲发展有限公司达成建立租赁融资机构意向。

8日 市经信委一行到区经信委开展“四位一体”评议政(行)风工作。

10日 香港创意产业及科技创新委员会中国事务主席张建韬在区领导漆宾、李仁明、薛睿陪同下参观考察了清河动漫产业园、清河创意产业园、清河工业设计园等地，为清河区文化创意产业发展建言献策，就加强双方合作进行交流。

13 日　市委常委、纪委书记葛平在区委书记王海平，区委常委、纪委书记蔡绍忠陪同下调研清河区落实“三清”要求，构建“廉洁清河”评估体系工作情况。

▲　淮安军分区参谋长顾云翔在区委常委、区人武部部长俞新昌陪同下调研区人武规范化建设工作。

▲　省法律援助中心领导调研清河区司法行政工作。

▲　省计生药具站一行调研清河区流动人口药具服务工作。

15 日　清河区举办非公有制经济人士理想信念教育实践活动报告会。区政协副主席、区委统战部部长孙亚昌讲话，淮安广济医药连锁有限公司董事长王玉坤作演讲。

▲　市委组织部调研清河区非公企业党建工作。

16 日　清河区启动“青春清河·走听转办”活动。召开了“青春邀约走基层?服务青年听转办”动员部署大会，区各街道、单位、学校团组织负责人 40 余人参加会议。

▲　《新华日报》以《“三高”发展推动清河主城突围》为题，报道清河区虽面临空间狭小等制约因素，但通过转型升级，走高端高效高质发展之路，在有限的空间内推动“主城突围”，在 31.4 平方公里土地上创造了百亿元地区生产总值。

19 日　区委在北京北路社区举行社区党委换届选举现场观摩会。区委组织部、区纪委联合组建社区党委换届选举督导组，对换届选举工作全过程督查指导。

20 日　市委常委、常务副市长王正喜在区长张冲林陪同下，到东郊村察看项目建设、公共服务等情况，并主持召开村民代表座谈会，开展“三进三解三促”活动。

▲　区政府召开第三次经济普查动员会议，区委常委、常务副区长刘可壮出席会议并讲话。

▲　省政法委工作人员在区委常委、政法委书记李海波陪同下，对水渡口街道司法所“省级公正司法示范点”进行复查。

21 日　区政协、区委统战部、区工商联联合开展光彩事业教育行、社区行活动，走访慰问贫困家庭大学生，为沈阳路社区捐助居家养老基金。

23 日　国家卫生和计生委副司长王巧梅一行在省、市人口计生委领导、区委副书记朱维佳陪同下先后到区政府和东郊社区的人口和家庭公共服务中心指导工作。

▲　全市人才工作观摩推进会在清河区召开，区委常委、组织部部长顾晓芳作工作介绍。

27 日　《人民日报》刊登区委书记王海平题为《转作风，须下“真”功夫》的文章。文章中，王海平提出：“走好群众路线，转作风、正学风、改文风，关键要在真转变、真端正、真改进上下功夫，以思想作风建设的成效和能力素质的提升推动工作。”

▲　区八届人大常委会第 11 次会议在区政府二楼多功能厅召开。会议听取和审议通过区政府《关于 2013 年上半年财政预算执行情况的报告》《关于 2013 年上半年国民经济和社会发展计划执行情况的报告》《关于全区重点项目建设情况的报告》和《关于区八届人大二次会议及“万名代表回选区见选民”活动中代表提出的建议办理情况的报告》，并对四个专项工作报告的满意度进行表决。会议听取区法院关于《区八届人大常委会第 10 次会议审议意见贯彻落实情况的报告》。会议通过有关人事任免，补选市人大代表。区人大常委会领导，区政府、区政协，区法院、区检察院，区政府办、区发改委、区财政局有关领导及各街道人大工委主任和部分区人大代表列席会议。

▲　区政府召开创建省级双拥模范区“三连冠”迎检工作会议，区委副书记朱维佳，副区长祁素娟，区人武部、各街道、区各双拥工作领导小组成员单位、各村（居）主任、区属中小学及驻区部队领导出席会议。

28 日　“新华社聚焦新淮安”采访团在区委常委、宣传部长漆宾陪同先后参观、采访旺旺食品工业园、区社管大厦、淮安工业设计园、中国淮扬菜文化博物馆等地。

29 日　市委常委、副市长王正喜在副区长邓爱华陪同下到交通社区进行调研。

▲　无锡市依法治市办一行参观区夕阳红法治文化广场、区级维权中心。

30 日　区委常委、宣传部部长漆宾在《人民日报》撰文:《以“四化”提升宣传思想工作水平》，介绍清河区宣传思想文化工作在互动化、项目化、社会化、特色化四个方面的探索和经验。

▲　清河区“83 文化创意产业园”揭牌仪式在淮安市工业设计园举办。市委常委、宣传部部长戚寿余，区委副书记、区长张冲林为“83 文化创意产业园”揭牌。“83 文化创意产业园”位于淮安市北京北路 83 号，是在淮安工业设计园基础上由清河区政府和淮阴工学院合作共建的省级大学科技园。

▲　区委、区政府发贺信祝贺清河中学 2013 年高考取得新突破：本科以上达线 373 人，实际录取 276 人。

是月　团区委“爱心接力 QQ 群”被省青少年发展基金会、省希望工程办公室评为江苏希望工程二十周年“优秀公益项目”；京北社区七彩小屋被中国青年志愿者协会授牌。

9 月

2 日　区政府出台《鼓励和扶持淮安工业设计园发展若干意见》。

3 日　区委、区政府召开居、村委会换届选举工作动员大会，全面启动第十届村民委员会、第五届居民委员会换届选举工作。区委副书记朱维佳、副区长高山出席会议，区委常委、组织部部长顾晓芳主持会议。

4 日　区长张冲林主持召开区政府八届四次常务会议。会议听取《2013 年—2015 年旧城改造工作规划》、《清河区全民创业淮商崛起行动方案》、《清河区财政投资评审管理暂行办法》及《清河新区土地换社保人员纳入城镇职工基本养老保险体系实施方案》等文件及安全生产等情况的汇报。

▲　南通市妇联一行，在市、区妇联领导陪同下观摩水渡口街道妇女儿童工作。

5 日　清河区完成社区（村）党组织换届工作。

7日　区委常委扩大会议召开。会议传达学习省纪委《关于五起违反中央八项规定和省委十项规定精神典型问题的通报》、全省党委政府秘书长会议、全省法治城市创建工作会议及淮安市市场准入与监管制度改革工作领导小组会议精神，听取区市场准入与监管制度改革、2013—2015年旧城改造规划、加快全民创业淮商崛起行动方案等情况汇报，并对当前重点工作进行部署。区委书记王海平主持会议并讲话，区领导张冲林、梁学文、朱维佳、蔡绍忠、刘可壮、王建军、李海波、俞新昌、漆宾、安毅之等出席会议。各街道党政主要负责人，区直各部门、单位主要负责人参加会议。

▲　清河区组织收看全省领导干部警示教育大会，区四套班子领导在清河分会场收看。会上，区委印发了《关于落实中央八项规定精神坚决刹住中秋国庆期间公款送礼等不正之风的通知》。

▲　省广电总台“万人大走访”活动在清河区E时代广场举行，区委常委、宣传部部长漆宾参加活动。

9日　区长张冲林、副区长高山一行先后到清河中学、清河实验学校，看望优秀教师代表，并通过他们向全区辛勤耕耘在教育战线上的教职员工致以亲切问候和衷心感谢。

▲　区委、区政府召开全民创业暨市场准入与监管制度改革动员大会，区长张冲林讲话，区委常委、纪委书记蔡绍忠传达全市市场准入与监管制度改革会议精神，区四套班子领导梁学文、朱维佳、刘可壮、漆宾、安毅之等出席会议。

10日　2013年第三期“清河发展论坛”在长荣大剧院举行。著名经济学家常修泽教授作题为《中国经济发展转型及现代服务业发展》的报告。全区700余名党员干部聆听了报告。

15日　省民政厅考核组在市、区民政局领导陪同下，考核健康路社区创建全国综合减灾示范社区工作。

17日　“云街”项目签约仪式在清河新区举行。市委书记姚晓东、副市长陈涛、区委书记王海平、区长张冲林、副区长邓爱华等出席签约仪式。“云街”项目由常州买东西网络科技有限公司投资建设，以清河为核心，逐步覆盖淮安全市、辐射苏北全域，通过三年努力，打造一个服务商家和企业超5万家的苏北地区重要电子商务中心。

▲　“光影世界·魅力人生”中国艺术摄影学会作品巡展在淮安国际摄影馆开展。中国艺术摄影学会主席杨元惺、市委书记姚晓东为巡展按下开幕式启动球。区委书记王海平，区委常委、宣传部部长漆宾参加活动。数百位摄影爱好者现场分享这次视觉盛宴。

18日　市长曲福田在市领导王正喜、赵洪权，区领导王海平、张冲林等陪同下调研清河区旧城改造工作，要求清河站在苏北重要中心城市建设和改善民生的高度积极推进旧城改造工作。

▲　激光器阵列芯片模块项目签约仪式在清河新区举行，市委常委、常务副市长王正喜，区委书记王海平，区长张冲林，副区长邓爱华等出席签约仪式。

23日　第八届台商论坛清河分论坛召开，会议积极探讨淮台交流合作的新机遇、新模式、新路径，并就如何推动台岛LED光电、生物医药等特色产业结缘清河、落户清河、集聚清河出谋划策。区委常委、宣传部长漆宾致辞，副区长邓爱华主持会议，区政协副主席、新区管委会主任陆宾出席会议。

▲　省政府督查组在副市长王红红、区长张冲林、副区长高山陪同下检查清河区低保工作。

26日　市委书记姚晓东在区委书记王海平陪同下先后在区市民服务中心、府前街道服务中心、上海路社区服务中心等地调研社区建设情况。调研中，姚晓东走访慰问困难户，主持召开社区干部和居民代表座谈会，现场会办社区建设遇到的问题。

▲　市委常委、常务副市长王正喜在区长张冲林等陪同下，到淮海街道开展“三进三帮”活动，走访慰问困难家庭。

▲　齐齐哈尔市建华区政府考察组在区委副书记朱维佳，区委常委、政法委书记李海波陪同下，参观区社会管理服务中心。

28日　区委、区政府举行“回眸30年、展望新征程”加快清河科学跨越发展座谈会，回顾清河建区三十年辉煌历程，展望清河催人奋进的美好未来。市委书记姚晓东到会并讲话，希望清河着力做好城市功能、经济转型、民生事业、精神面貌四个“升级版”，在推动淮安实现新起点上新跨越中承担更重任务、作出更大贡献。市领导王正喜和王庆元、肖本明、戚寿余、陈洪玉等原区四套班子主要领导，区四套班子现任领导等出席会议。区委书记王海平汇报清河区经济社会发展情况，区委副书记、区长张冲林主持会议。座谈会前，在清河工作过的老领导视察了区重点项目建设和城市发展变化相关情况。

▲　清河区健康大讲堂活动在淮安市体育馆举行，中国健康教育首席专家万承奎教授以“树立健康生活方式预防控制慢性病”为主题开展讲座，近800名居民听取讲座。

29日　全省化学、地理学科研讨会在北京路中学举办。

30日　全区所有公务用车张贴公务车标识，接受社会各界监督，杜绝公车私用行为。

是月　长西派出所社区民警姜贵才在由中宣部文明办主办，中国文明网承办的“我推荐、我评议身边好人”活动中当选“中国好人榜——敬业奉献好人”沈阳路社区被省科协、省财政厅首次列为江苏省“社区科普益民计划”实施奖补对象。

10月

8日　省军区副司令员鞠华到清河区检查指导人武工作。

10日　清河区开展社会保险法集中宣传暨社会保险专项检查。

11日　区政协赴宿迁市宿城区调研老旧小区改造工作。

▲　副市长王红红参观大学生科技创业园，重点走访了园区内的文化设计企业，与园区企业负责人进行深入交流，并与非物质遗产工作室的艺术大师们进行合影。

▲　清河区启动适龄儿童接种情况入户调查工作。

12 日　市人大常委会副主任陈洪玉在市领导刘希平、陆长苏、王红红，区领导安毅之、高山等陪同下，视察市中社区卫生服务中心。

15 日　区长张冲林会见韩国客商——江苏正袖光电有限公司金鲜均董事长一行，副区长邓爱华参加会见。

▲　清河区成立残疾人书画摄影协会，市残联理事长苗开昌、副区长高山出席成立大会。

16 日　市创业扶持政策兑现会在淮安市大学生科技创业园举行。市委常委、常务副市长王正喜，区委常委、常务副区长刘可壮为获得补贴的创业代表颁奖，并为江苏省创业示范基地淮安基地大学生创业园揭牌。

▲　市老年居民活动中心启动仪式在向阳社区举行。

16—22 日　区委书记王海平率队赴北京、大同、南昌等地，先后拜访北京银泰置地(集团)有限公司、大同深特集团、南昌康瑞集团，向企业宣传推介清河投资环境，详细介绍清河在商业商务、金融、服务以及文化旅游等方面的发展优势。

17 日　“台湾企业大陆行”代表团在副市长陈涛、区长张冲林等陪同下，到清河区考察。商务部台港澳司司长陈星、台湾工商建设研究会秘书长黄昭明等人先后参观中国淮扬菜文化博物馆、旺旺食品工业园等项目，并就在清河区投资合作进行深入考察交流。

18 日　省督导组督查指导清河区创建公共文化服务体系示范区工作。先后察看清河区图书馆、文化馆、街道文化站、社区文化活动中心三级公共文化设施建设情况，听取区政府公共文化服务体系示范区创建工作汇报。区委常委、宣传部部长漆宾陪同视察。

▲　由中国侨联发起，中国华侨摄影学会、中国华侨国际文化交流促进会、江苏省侨联、淮安市人民政府共同主办，清河区人民政府承办的《亲情中华——世界华侨华人摄影展》在淮安国际摄影馆开幕，副市长王红红主持开幕式，中国侨联副主席、中国华侨国际文化交流促进会会长乔卫，省侨联主席史宇，市委书记姚晓东，市人大常委会副主任陈洪玉，市政协副主席朱友冬等共同启动摄影展。中国侨联文化交流部副部长杜海东，文化部老艺术家摄影协会会长庄德敏，来自新加坡、阿联酋、阿根廷、意大利等国家和地区的海内外嘉宾出席开幕式。

19 日　区委召开常委(扩大)会议，传达全市经济形势分析会和全国宣传思想工作会议精神，通报全区亿元项目进展情况，研究部署信访稳定工作。区委书记王海平主持会议并讲话。

21—23 日　区长张冲林赴深圳及周边地区开展招商活动，先后考察赛格电子广场、车友物联网、慧聪家电产业新城、LED 封装等项目，与赛格集团、顺丰集团、弘凯光电、美赛达科技、顺泰控股集团等企业负责人分别进行沟通洽谈，并就投资清河区光电产业园、电子商务产业园建设方面进行深入交流。副区长邓爱华及商务、科技等相关部门负责人参加考察。

22—30 日　区委常委、宣传部长漆宾赴外地招商并考察文化产业。漆宾一行在河南实地考察商丘古城、商文化博物馆、开封清明上河园等文化项目并与开封市政府相关人员就园区的打造和运营进行交流和探讨；在杭州先后考察杭州山南国际创意产业园、乐富智汇园、丝联 166 创意产业园，拜会浙江省委宣传部文化产业促进会秘书长刘凡力，推介清河，并参加淮安 2013(杭州)文化产业招商推介会暨项目签约仪式，清河区有淮安漫街、中影曙光国际影城和艾米 1895 影吧三个项目成功签约；在广州先后拜会岭南国际企业集团公司、广州傲士贸易有限公司，并就可能的合作项目进行交流。

23 日　驻区部队开展爱心捐赠活动。驻军 73821 部队、联勤部淮阴干休所、淮安军分区干休所和区人武部领导到清河“与光同行”自闭症儿童康复中心开展爱心捐赠活动。区委常委、人武部部长俞新昌，副区长高山等领导参加捐赠仪式。

24 日　省委老干部局局长顾汉萍在市委常委、组织部部长张彤，区委副书记朱维佳，区委常委、组织部部长马乃骏等陪同下到清河区老少活动中心，向阳社区、上海路社区等，调研老干部工作。

28 日　江苏顺丰电子商务产业园项目正式落户清河。省商务厅副巡视员仲锁林、副市长陈涛、副区长邓爱华、顺丰速运集团副总裁曾治平等出席签约仪式。

▲　清河区成立淮安市首家暖通行业商会。

29 日　省委书记罗志军视察清河区社会管理服务中心。分别与法律援助中心值班律师和矛调中心的人民调解员进行亲切交谈，并查看了法援案件卷宗，听取司法行政管理服务窗口运行情况汇报。区委书记王海平汇报清河区网格化社会管理服务工作的主要做法和成效。

30 日　区八届人大常委会第 12 次会议召开。会议通过有关人事任免，听取和审议通过区政府《关于外资招商工作情况的报告》、区检察院《关于反渎职侵权工作情况的报告》，对区卫生局、区安监局开展工作评议，并对四个专项工作报告的满意度进行表决。会议还听取区政府关于《区八届人大常委会第 11 次会议审议意见贯彻落实情况的报告》。区人大常委会领导，区政府、区政协，区法院、检察院、商务局、卫生局、安监局负责人以及各街道人大工委主任、部分区人大代表列席会议。

▲　扬州市信访局领导在区委常委、纪委书记蔡绍忠陪同下观摩水渡口街道阳光信访工作。

是月　清河区顺利通过科技部 2013 年全国县（市)科技进步考核；沈阳路社区居家养老服务中心被全国老龄办授予第一届全国“敬老文明号”荣誉称号；区法院被省委、省政府表彰为“2010—2012 年度江苏省文明单位标兵”，淮海街道车站社区被表彰为“江苏省文明社区标兵”；区检察院、环保局、监察局、人口计生委、审计局、人武部、公安清河分局、淮海路派出所、闸北派出所、工商清河分局、国土清河分局、江苏省金象传动设备股份有限公司被省文明委命名为“2010—2012 年度江苏省文明单位”；兴社区隆、人民路社区、富强社区、新村社区被命名为“江苏省文明社区”；区民政局婚姻登记处被省民政厅表彰为“全省婚姻登记工作先进单位”。

区审计局编写的《旧城改造拆迁相关费用真实性的计算机审计方法》等4篇文章入选国家审计署2012年计算机审计方法。

11月

1日　清河区人民法院清河新区人民法庭正式挂牌启用。

4日　市政协主席王维凯在区领导王海平、张冲林、梁学文、高山等陪同下视察清河区人口计生工作。

▲　区委常委、宣传部部长漆宾赴成都与成都市委宣传部等部门开展座谈交流，其间还拜会了四川天地精灵熊猫文化发展有限公司、四川易思特科教设备有限公司。

6日　区文化主管部门举办“幸福清河”千场纳凉诵经典优秀节目展演活动。

▲　省卫生厅专家组在副区长高山陪同下调研清河区基层卫生人才队伍建设工作

7日　“百城万校”儿童安全乘梯流动宣传活动走进清河小学。

11日　香港广西商会代表团在副区长邓爱华陪同下到清河区考察。

12日　市委副书记练月琴视察清河区农产品平价商店。

▲　2013年“幸福清河”群众文艺新剧目在清河新区长荣大剧院集中展演。

13日　深圳清泉集团董事长颜文在区委书记王海平陪同下考察清河区旧城改造汽车总站、电信大楼北侧等地块情况。

14日　清河区开展“联合国糖尿病日”宣传义诊活动。

15日　清河区举办第四期清河发展论坛。文化部国家公共文化服务体系建设专家委员会副秘书长、国家公共文化服务体系制度设计研究首席专家戴珩作“完善公共文化服务体系，加快建设文化名区”的专题报告。区四套班子领导参加活动。

▲　区政协主席梁学文、副主席薛睿陪同驻盱眙县市政协委员到清河区开展异地视察活动。

17日　市委组织部电教中心系列片《县区委书记访谈》采访组就清河人如何描绘好中国梦的清河篇章对区委书记王海平进行专访。

21日　副市长赵洪权在区领导王海平、王建军陪同下调研清河区中心城市重点项目建设情况。赵洪权一行先后察看紫晶国际花苑、淮建宿舍、中液生活区地块、茂业时代广场、雨润中央新天地、力宝广场、淮安金融中心、丰收河整治工程、七星岛园林式大酒店等十多个项目，了解项目进展，会办项目难题，商量推进机制，并对每个项目以及当前推进中心城市建设提出具体要求。

27日　国家新闻出版广电总局党组成员宋明昌视察清河区社区书屋建设工作。

29日　省文化厅副厅长王世华在区委书记王海平，区委常委、宣传部部长漆宾陪同下，先后到向阳社区、东郊社区、清隆家园社区，区图书馆、区文化馆等地指导清河区省级公共文化服务体系示范区创建工作。

是月　淮安古淮河国家湿地公园通过国家林业局“国家级湿地公园”评审；区图书馆被文化部评为国家一级图书馆；健康路社区、西安路社区被民政部表彰为“全国综合减灾示范社区”。

12月

2日　中央联席办副主任、国家信访局副局长李皋在省信访局局长沈成，市委常委、政法委书记张亚青，区委常委、纪委书记蔡绍忠，区委常委、政法委书记李海波等陪同下，调研清河区信访工作。李皋一行听取区委书记王海平对清河区信访及社会管理创新工作情况介绍，并先后参观水渡口街道社会管理服务中心、区社会管理大厦等地，对清河区阳光信访的理念、设计思路及成效进行深入了解。

3日　原省政府副秘书长、信访局局长王庆元在区委书记王海平，区政协主席梁学文等陪同下，先后对旺旺食品工业园、LED光电产业园、淮安国际汽车博览城等项目进行实地考察。

10日　区长张冲林调研现代有轨电车清河段线路。张冲林一行实地查看体育馆、交通路、大运河广场、水渡口广场等地，并就有轨电车建设工作提出要求。区委常委、副区长王建军，区住建局、城管办，淮海街道、长东街道等单位主要负责人陪同调研。

▲　全省完善工资集体协商工作会议在清河区召开。区委常委、组织部部长马乃骏致辞，区总工会作交流发言。

12日　省委宣传部副部长杨志纯在富强社区宣讲十八届三中全会精神并回答居民提问。区委常委、宣传部部长漆宾参加宣讲活动。

▲　《新华日报》A2版刊登文章《政府买文化民间团队唱主角》，报道清河区由政府购买公共文化服务，民间文艺团队焕发生机，政府职能从办文化向管文化转变的有效尝试。

13日　省国土厅考核清河区“土地执法模范区”创建工作。区委书记王海平致辞，区长张冲林作创建工作汇报。区领导梁学文、王建军、安毅之、陆宾等出席汇报会。考核组观看创建资料，实地查看江苏华美能源科技有限公司、润东嘉合汽车销售服务有限公司等在建项目建设用地挂牌许可证设立等情况。

17日　清河区召开区属国有企业改革座谈会。区委书记王海平主持会议并讲话，区领导刘可壮、王建军、邓爱华，区流通资产公司、城市资产公司、新区投资公司和住建局、财政局等有关部门负责人出席会议。

18日　2013年第五期“清河发展论坛”举行。中央党校党建教研部教授、博士蔡霞作题为“学习习近平总书记系列重要讲话精神”的专题报告。区四套班子领导、区直机关及各企事业单位党员干部近600人参加学习。

▲　区政府组织省级科技企业家、省“双创计划”入选

者、省“333 工程”培养对象、市“双创计划”入选者、市“533 工程”拔尖人才、“苏北人才引进计划”入选者、“清河区优秀人才”等 80 多名高层次人才免费参加体检。

25 日　清河区免费孕前优生健康检查项目接受市督查评议。20 余名市人大代表、市政协委员、机关干部及媒体记者观摩区计划生育指导站的项目实施点。市人口计生委主任蔡莉、副区长高山陪同视察。

26 日　市委宣讲团到清河区宣讲十八届三中全会精神，区委书记王海平主持会议，区四套班子领导、各街道及区直部门负责人等参加报告会。

28 日　区委、区政府召开党政联席会议，传达贯彻市第六次党代会第三次会议精神，听取全区 2014 年主要经济指标、重点项目、“十大惠民工程”安排情况汇报，研究部署全面深化改革、2014 年工作安排和当前工作。区委书记王海平主持会议并讲话，区四套班子领导出席会议，区直有关部门、街道主要负责人列席会议。

29 日　南京体育学院院长江宇被聘为淮安市跳水队心理健康辅导教师。市体育局领导，副区长高山参加签订仪式。

30 日　区八届人大常委会召开第 13 次会议，表决通过有关人事任免事项，讨论通过区政府关于调整区人代会 2013 年国民经济和社会发展安排部分指标议案的报告、确认补选区人大代表资格有效的报告、关于召开区八届人大三次会议有关事宜，通过区人大工作先进集体、优秀人大代表、先进人大工作者、优秀代表建议名单。区委常委、常务副区长王建军，区政协副主席薛睿，区法院、检察院、发改委负责人及各街道人大工委主任列席会议。

31 日　区委召开常委(扩大)会议。听取区委七届五次会议、区人大八届三次会议、区政协八届三次会议筹备情况汇报，讨论 2014 年度重点项目考核意见、2014 年度招商引资及利用外资考核办法、区委七届五次会议报告(征求意见稿)、区政府工作报告(征求意见稿)。区委书记王海平主持会议并讲话，区四套班子领导、区直各部门、各街道负责人出席会议。

是月　区民政局王凌被省政府表彰为第二届“江苏慈善奖—优秀慈善工作者”；区人武部被省军区表彰为“安全管理工作先进单位”，张文兵被表彰为“学雷锋先进个人”“部所挂钩先进个人”；淮海街道办事处被省妇联授予省“‘三八’红旗集体”称号；江苏安淮律师事务所伍跃华、区环保局耿蓓蓓被授予省“‘三八’红旗手”称号；中国城市化史馆被省科协、省科技厅、省教育厅命名为“江苏省科普教育基地”(示范期为 2013—2017 年)。

利安科技的水溶性聚氨酯灌浆材料(WPU)、正大清江的盐酸氨基葡萄糖片等 7 项产品被省科技厅批准为“江苏省高新技术产品”。

《数说清河 30 年(1983—2013)》画册获得全省“基层统计优秀宣传作品”奖。

清江浦中学(六中)“普通初级中学‘幸福教育’的研究与实践”项目被省教育厅评为“江苏省首届教学成果二等奖”。

淮安润淮软件科技有限公司吴跃飞同志入选省人才办组织的 2013 年江苏省“高层次创新创业人才引进计划”，成为清河区第一位入选该计划的高层次人才。

经济建设与发展

◇开放型经济

◇商贸　商务

◇工业

开放型经济

外 联 内 引

【进一步加强与台资企业的合作】 1月7日，区委、区政府举行2013年度台商联谊会，区委书记王海平、区委副书记朱维佳和来自旺旺食品、神旺大酒店、公爵花园酒店、嘉龙饮食、莎利文、布朗尼等台资企业的20位台商企业家欢聚一堂，共叙友情，共谋发展。同月13至17日，区长张冲林赴台参加“淮安·台湾交流合作推进周”活动，拜会了台北内湖科技园区发展协会，参访了亿光电子、光茵科技、精星科技、世晶科技、辰峰光电、三得电子等光电企业。

【召开招商引资工作推进会】 3月1日，区委、区政府召开招商引资工作推进会，通报第一季度招商工作完成情况，研究部署下一阶段招商工作。区长张冲林主持会议，区委书记王海平到会并讲话。区领导梁学文、朱维佳、蔡绍忠、顾晓芳、刘可壮、王建军、李海波、俞新昌、漆宾、安毅之等出席会议。

5月7日至13日，区委书记王海平一行参加由淮安市和台湾工业总会共同举办的“台湾·淮安周”活动。在台湾期间，开展了高密度的招商引资、项目洽谈、企业拜访等活动，与多家台湾知名企业达成合作意向。

7月6日，清河区举行海峡两岸经贸交流俱乐部企业家赴淮安清河考察交流座谈会，会上邓爱华副区长向企业家宣传介绍了光电产业园的相关情况。会议由张冲林区长主持，区委书记王海平致辞。

【多渠道推介清河投资环境】 7月27日，清河区举行“精英汇·淮安行”浙江客商考察交流活动。向企业家宣传推介清河的招商政策、特色产业、资源状况以及投资环境等，并就招商选资、产业对接、企业合作等情况进行交流互动。区长张冲林主持会议，区委书记王海平致辞。

9月23日，第八届台商论坛清河分论坛召开，就当前新的形势和两岸经济发展态势，积极探讨淮台交流合作的新机遇、新模式、新路径；并就如何推动台岛LED光电、生物医药等特色产业结缘清河、落户清河、集聚清河出谋划策。

推荐会会场

【主要领导带队，高密度外出招商】 3月6日至9日，区委书记王海平，区领导漆宾、邓爱华率招商小分队赴广东招商。实地考察了白云山制药、海岸集团、中国旅游设计院、中国丝绸文化产业创意园等企业，参加了清河区深圳招商引资恳谈会，广泛宣传推介清河投资环境，深入洽谈有关合作项目，诚邀客商来清河投资兴业。

4月13日和22日，区委书记王海平先后赴福建省福州市和本省常州市招商引资。考察了福州市鼓楼区高新技术创业园侨汇孵化基地，并听取了该企业的智能家居产品介绍。参观了福清市新厂房工地施工情况和阳下镇洪宽工业区侨汇厂房的生产线。调研常州市环球动漫嬉戏谷和中华恐龙园。

4月16日、17日，区长张冲林率队赴上海开展小分队招商，先后会见了乐天集团中国区总经理，实地考察了乐天(上海)食品有限公司，并与乐天玛特公司就物流项目有关问题深入交换意见，会见了上海立天唐人投资集团有限公司客商。

6月13日至14日和6月20日至23日，区委书记王海平率队先后赴上海和深圳、杭州招商引资，拜访了立天唐人集团和华测检测技术有限公司；深圳喜之郎集团和杭州绿川投资有限公司，并签订了合作意向性协议。

7月9日至11日，利用淮安(厦门)城建招商推介会契机，区长张冲林、区委副书记朱维佳，区委常委、副区长王建军率队赴厦门、深圳开展小分队招商活动。

区长张冲林与外商会谈

【与香港地区经济往来新发展】 8月7日至10日，区委书记王海平一行参加由淮安市委、市政府在港举行的2013淮安(香港)特色产业招商活动，签约现代金融和高科技包装两个项目，总投资6000万美元，

8月10日，香港创意产业及科技创新委员会中国事务主席张建韬考察清河区文化创意产业。张建韬一行实地参观了清河动漫产业园、清河创意产业园、清河工业设计园等地，为清河区文化创意产业发展建言献策，就加强双方合作进行深入交流。

清河新区开发开放

2013 年度主要经济、社会指标

2013 年,成功创建国家级湿地公园——江苏古淮河国家湿地公园、省"两化"融合示范区、省土地执法模范区。新区文化创意产业集聚区获批省级现代服务业集聚区。在区 2013 年度目标考评中荣获"综合目标考评先进集体二等奖"、"工业经济先进集体一等奖"、"服务业工作先进集体三等奖"、"招商引资先进集体一等奖","科技招商先进集体","安全生产工作先进集体","机关作风建设优秀单位一等奖"8 项集体荣誉称号。在全市开发园区科学发展综合考核中入库税收与开工项目注册外资实际到账位居全市前列,顺利实现保增长、促发展的目标,新区在清河经济发展中的"引擎"作用进一步凸显。

【财税经济】 2013 年,新区实现公共财政预算收入 8.1 亿元,占全区的 1/4,同比增长 35%;规模以上工业总产值 49 亿元,占全区的 4/5,同比增长 13.6%;运用融资租赁和信托等新型融资方式,新增贷款 11.7 亿元(包含委托贷款 2.5 亿元),以清河投资公司为发行人取得企业债 7 亿元,全年完成工程项目审核 102 个,送审价 28365 万元,审定价 22917 万元,核减 5448 万元,平均核减率近 20%,有效破解了资金瓶颈,为新区乃至清河的建设和发展需求提供了保障。连续 5 年创成"土地执法模范区",获 300 亩土地奖励指标,成功获得省政府 4 个批次用地批文,共计征用土地约 1407.4 亩,涉及 16 个项目,全年催缴土地出让金约 4000 万元;完成白鹭湖大街两侧天下一家、丰球白鹭湖等 6 宗土地完成土地证变更登记工作;今年累计完成现场土地补偿约 600 亩,完成新区侨汇物联网、智造园、华尔街、旺旺四期等项目地上附着物清点与土地三项补偿测算等工作,共计补偿金额约 6000 万元。

【招商引资】 2013 年,成功引进淮安书香世家大酒店、昌顺广场、旺旺工业四期、中国爱情小镇等 5 个亿元以上项目,其中已开工建设 2 个,新引进江苏鼎顺创业投资发展有限公司、淮安新洲电梯安装有限公司等总部经济项目 11 个。新增注册资本金 3.85 亿元,利用外资实际到账 4993 万美元。旺旺 A3 牛奶及奶茶生产线项目竣工投产并通过市考核验收,七星岛园林式大酒店主体建成,总投资超 10 亿元的中国爱情小镇开工建设。跟踪洽谈了新区大型超市、光伏设备制造、快捷酒店、沃尔沃汽车、台湾美食城、同仁堂医药总部经济等一批项目。

【项目建设】 2013 年,实施重点项目 17 个,均被列为市级城建考核项目。七星生态商务会所通过市 5 亿元项目竣工验收考核,为清河区全年"保二争一"目标实现做出重要贡献;旺旺 A3 牛奶及奶茶生产线、顺丰电子商务产业园顺利通过市亿元项目竣工验收考核,为新区年底考核争得 32 分加分;新区幼儿园项目主体封顶顺利通过市"十大惠民工程"进度考核验收,获市财政专项奖励资金 50 万元;淮安植物园竣工投入使用,碧水豪庭、叶语香澜、七星水岸、金辉城等地产项目加快实施推进,这些项目的顺利开展都为新区获得重点项目先进集体称号贡献了力量。同时,为新区积极向上争取到文化旅游、节能项目资金达 400 万元。

【城市管理扎实有效】 加强环境卫生长效管理。建立了制度化、效率化的环卫作业运行机制,坚持湿式清扫作业,加强环境卫生整治。2013 年,共出动 300 余人次,机械车辆 20 余台次,对七星路、珠海东路、河畔路及科创园所属道路等处环境卫生进行了全面整治,共清运了垃圾 20 余吨并落实了专人保洁。加强市容执法长效管理。建设高效文明的城管行政执法队伍,创新城市管理模式,从以往的"重监管、重处罚"转变为"重服务、重管理",上门宣传城市管理法规知识,发放《致新区企事业单位的一封信》,强化与服务对象的联系。加强建筑工地文明施工管理。建立规范统一的建筑工地施工档案,规范施工行为,对重点工地实行重点监控,落实专人定点监督,重点抓好渣土运输及顶管、破绿、挖掘道路、开道口等工程施工管理,改善了施工场地周围环境,改变了新区的市容面貌。全面提升服务保障工作水平。完成了第 12 届中国·淮扬菜美食节晚会暨第八届台商论坛等重大活动,以及 90 余批客商、来宾、领导前来新区洽谈和参观的各项保障工作。

【基础设施】 公交枢纽站、出租车服务中心建成交付,旺旺 35 千伏变电站启动建设,珠海路 LED 路灯改造、供热管网迁移等路政工程顺利完成,高标准实施旺旺路绿化提升工程。积极探索企业参与公用基础设施建设模式,由润天房产投资建设的珠海路绿化工程,纬渠生态驳岸工程,三坝街道路等基础设施工程顺利完成。新增绿化面积 4.5 万平方米,管理维护已建成道路绿地 61.67 万平方米;新装 LED 路灯 108 套,完成 5100 套路灯、亮化灯维护管理工作,新装路灯智能终端 28 套,路灯节电器 30 套,新区路灯全面并入市路灯处路灯监控管理平台,并通过市机关节能验收考核。顺利完成淮安市清河新区水环境生态修复、七星岛水环境综合整治等环境保护工程,并成功争取环保项目专项资金 337 万元。设置了清新花园小区、红星美凯龙、淮扬菜博物馆、城市化史馆等 7 个自行车免费租赁点。

【社会事业稳步提升】 企业服务提质提效。全年上报新增贝宁科工贸、澳洋顺昌等列统工业企业 4 户,淮安九州通医药有限公司等 7 户服务业企业,超额完成全年目标任务。大力开展"全民创业、淮商崛起"活动,帮办新注册私营企业 11 个。旺旺食品入库税收突破 1.7 亿元,顺泰包装实现上市融资 1.6 亿元并获批省高成长型中小企业,麦德森制药成功申报两项省级研发机构。以"双支持"、和谐劳动关系创建等活动为载体,统筹开展企业党工组织各项活动。红星美凯龙、三益电器成功创建四星级和谐企业。稳定工作常抓不懈。开展以"安全生产月"活动为主体的宣传活动,在元旦、春节、国庆及全国两会期间,加大对危化品、商场市场、食堂厨房等专项治理,共实施危化品检查3次,商场市场检查15次,食堂厨房油烟管道检查4次,累计发现安全生产隐患56处(次),通过督促已整改50处。通过"廉洁清河"评估系统及时上报三重一大事项,严格"三公"管理;推进阳光清河"12345"政府公共服务平台建设,确保"阳光纪检"等诉求渠道畅通。今年共处理信访单21件,做到件件有落实、事事有回音,满意率100%。积极破解用工难题。举办"创业贷款及创业服务进园区""助创业、送培训到企业"工作交流研讨会、创业政策宣传咨询会暨创业项目推介会、企业用工现场招聘会等活动,建立农民工工资长效监管机制,进一步服务新区企业创好业、创大业。

2013年度主要建设项目

【新建道路】 老坝街南延段　全长215米,宽18米,由淮安润天置业有限公司投资建设,投入资金230万元。

【中国爱情小镇】 位于白鹭湖大街两侧,由上海宝龙集团投资建设,占地160亩,建设面积15万平方米商业用房,总投资7亿元。

【七星岛园林式大酒店】 位于宁连路西侧、水渡口大道南侧,由江苏浦斯宁建设发展有限公司投资建设,占地约36亩,建设面积4.8万平方米大酒店及公寓,总投资3亿元。

【七星岛总部经济会所】 位于深圳东路北侧、七星路东侧,由江苏浦斯宁建设发展有限公司投资建设,占地约170亩,主要建设2—7号共六个岛的总部经济会所,建筑面积约10万平方米,总投资7亿元。

【精品灯具城】 位于水渡口大道南侧、广州路东侧,由淮安翔峰置业有限公司投资建设,占地20亩,建设1幢5.9万平方米的商业商务大厦,其中裙楼部分为高档市场,3幢高层配套公寓式酒店、商务办公等商业设施,主楼高78米,总投资4亿元。

【碧水豪庭】 位于韩泰北路东侧、丰收河北侧,由淮安中科置业有限公司投资建设,占地44亩,建设面积7.2万平方米高档商住楼,楼高41米。总投资2亿元。

【翰香美地】 位于水渡口大道北侧、英才街西侧,由江苏美润置业有限公司投资建设,占地33亩,建设面积约4.8万平方米商住楼,其中商业面积约6500平方米,楼高56米。总投资2.5亿元。

【叶语香澜】 位于旺旺路南侧、景秀路西侧,由淮安润天置业有限公司投资建设,占地92.1亩,建设面积8.3万平方米的别墅及高层。总投资3.5亿元。

【七星水岸】 位于深圳东路北侧、宁连路西侧,由淮安润城置业有限公司投资建设,占地76亩,建设面积约12万平方米商住小区。总投资4亿元。

【长岛一墅】 位于河畔路北侧、果林街西侧,由淮安栋梁置业有限公司投资建设,占地181亩,建设面积13万平方米住宅。总投资5.5亿元。

【白鹭东郡】 位于白鹭湖大街北侧、曦园街西侧,由淮安德百信投资有限公司投资建设,占地140.5亩(不含商业街),建设25万平方米商品房,主楼高80米。总投资7.5亿元。

【金辉城】 位于清河新区,曦园街两侧,古河口大道北侧,由金辉(香港)投资有限公司投资建设,占地130亩,建设40幢别墅,总投资8.5亿元。

【淮安植物园】 位于大同路北侧、古淮河南侧、古淮河文化生态景区西片区,由清河新区投资发展有限公司投资建设,占地340亩,主要建设占地面积约20万平方米的景观绿化公园项目,包括沥青园路、广场、公厕、景观绿化等配套基础设施项目。总投资3000万元。

【新区幼儿园】 位于广州路北首,占地20亩,新建一座幼儿园,由新区投资发展有限公司投资建设,总体投资2000万元。

【银座·新天地】 位于清河新区湖滨路12号,由淮安奥莱商业发展有限公司进行招商运营,占地面积约24.75亩,总建筑面积约3.7万平方米,打造集娱乐、休闲、餐饮、购物、社交活动等于一体时尚主题娱乐广场。总投资6000万元。

【融侨华府】 位于水渡口大道南侧、杭州路东侧,由淮安融侨房地产有限公司投资建设,占地162亩,拟建33.67万平方米住宅楼,一期建17栋别墅共86户、12栋高层。总投资42亿元。

【茂华国际汇】 位于南昌路东侧、水渡口大道南侧,由茂华房地产开发有限公司投资建设,占地460亩,建设面积80万平方米高档商住用房。总投资25.5亿元。

【健康产业园】 位于深圳东路北侧、广州路东侧,由南京医药股份有限公司投资建设,占地51亩,建筑面积2.8万平方米,以健康服务为主题,以商务办公、高端医疗保健、产品研发和孵化为功能定位,主要经营药品、药疗器械、化学试剂和玻璃仪器以及仓储和物流配送等。总投资1亿元。

【云梦清河国际社区】 位于合肥路28号，由江苏实远置业有限公司投资建设，建设8栋面积11.3万平方米高层、人防地下室和6栋排屋。总投资4.8亿元。

【中宏置业广场】 位于水渡口大道南侧、徐州街东侧，由淮安市中宏置业公司投资建设，占地49.89亩，总建筑面积11.47万平方米，其中商业面积3.87万平方米，主楼高99米。总投资5亿。

2013年度新区主要活动

【对商场市场消防隐患整改进行“回头看”】 2013年1月7日，新区管委会安全领导小组对新区浩源汽车博览城、九州通医药、百富汽车汽配、红星美凯龙和淮通物流五大商场市场消防隐患整改工作进行“回头看”。此次活动全面检查梳理了辖区商场市场基本情况，并登记造册，建立台账；对在集中整治阶段检查发现的问题，如占用防火栓和消防车道经营、封堵安全出口、建筑消防设施损坏、在市场内设置员工集体宿舍等问题，认真进行了复查，看是否已按要求整改到位。检查组要求企业安全负责人、安全员每天定时对商场市场进行自查，并加大消防安全宣传力度，做好消防安全检查台账。

【组织在建项目质量安全大检查活动】 1月7日至8日，由新区管委会牵头，组织市安监站、区安全局等相关单位，采取“一看资料、二查现场、三找问题、四提反馈”的检查方法，对新区在建项目进行一次质量安全大检查。本次检查的重点主要有工程脚手架及大模板工程、基坑开挖、塔吊及起重吊装作业、临建设施、围挡墙、建筑装饰装修工程、施工临时用电7项主要内容。共签发整改通知单5份，下一步将跟踪有关单位整改落实情况。

【顺利完成2012年度江苏省“土地执法模范区”创建工作】 新年伊始，新区管委会通过参加2012年度省国土资源厅组织开展的“土地执法模范区”创建活动，顺利完成2012年度江苏省“土地执法模范区”创建工作，获得省国土资源厅300亩土地利用指标奖励。通观全年，新区管委会自接到创建任务以来，认真对照区政府《关于清河区开展创建省级土地执法模范区活动实施方案的通知》要求细则，逐一落实创建要求，与清河国土分局、新区国土所紧密合作，完成了新区全年土地执法模范创建活动执法巡查、土地合法征用、资料台账、迎接检查等工作。

【组织全体职工学习中共十八大精神】 1月12日，新区管委会组织全体干部职工在中国城市化史馆报告厅认真听取了“区委宣讲团党的十八大精神报告会”。报告会由宣讲团成员区委组织部主任科员、原区委党校常务副校长王建明主讲。整个报告会精彩生动、深入浅出、通俗易懂，具有很强的理论性、针对性和实践性。报告会从中共十八大召开的历史性意义出发，从十六大十年以来中国所取得的历史性成就、中国特色社会主义的整体布局、中国周边形势和热点、加强和改进党的建设出发四大方面进行全面阐释，重点讲解了全面建成小康社会、全面深化改革开放的总体目标和经济、政治、文化、社会、生态建设五位一体的总体布局与重大举措，深入论述了十八大的重大思想观点和理论创新之处。新区纪工委书记陶文洪同志最后强调，希望新区广大干部职工能够认真体会消化、真正做到学以致用，切实以十八大精神为指导，以十八大精神宣讲活动为契机，深入思考清河新区当前的发展形势和未来的发展方向，努力在发展中形成新思路，在改革中形成新突破，在开放中开创新局面，推动清河新区取得新成就，争创新辉煌，再上新台阶。

【七星生态商务岛迎接市“大旅游”考核】 1月14日，在区文广新局领导陪同下，市旅游局傅建霞处长一行对市“大旅游”重点项目七星生态商务岛进行考核验收。考核组一行检查了正在建设的2、3号岛及已建成的6号岛，对七星岛的建设规模及品位给予了极高的赞誉。

【省、市领导赴清河新区指导环保项目工作】 新区水环境生态修复工程被列入淮安市2013年环保重点工程。1月23日，省发改委、市环保局领导、专家赴清河新区考察环保项目，新区管委会党工委副书记李仁明、新区管委会主任陆宾陪同考察。专家组一行听取了新区建设情况汇报，考察了白鹭湖、青龙湖、清涟湖、七星岛、丰收河、大寨河等现场情况。专家组表示将积极为新区争取国家专项资金补贴，目前正在紧锣密鼓准备该项目的相关申报材料。

【LED点供和旺旺点供奖励指标征地已全部获得省政府用地批文】 通过新区管委会领导商请市征地开发中心、区国土局等主要领导，多次前往省国土厅协调对接2012年第6批次、第30批次征地报件事宜，现于日前顺利获得省政府用地批文，为项目建设提供了保障。两批次共计征用土地471.8565亩，涉及LED二期、青龙湖会所、淮扬菜博物馆二期、淮河老街等13个项目。现正在组织各项目挂牌工作。

【举办创业贷款及创业服务活动】 1月25日，新区管委会

清河区2013年创业贷款及创业服务进园区活动

邀请市、区人社局专家组举办创业贷款及创业服务进园区活动。专家组就劳动密集型中小企业申请再就业担保贷款、再就业小额担保贷款等方面工作流程和优惠政策作了现场宣传,针对企业提出的吸纳下岗失业人员扶持政策、企业小额贷款需具备的条件等问题,专家组一一给出了解答。此次活动是新区管委会扎实推进机关作风建设,直接向企业对象提供服务,促进经济发展的又一创新举措,获得了企业的一致好评。

【开展春节前安全生产大检查】 1月31日,新区管委会安全领导小组对新区范围内的重点工业企业、各大商场、市场进行安全隐患排查。在检查中发现,大部分企业的领导和管理人员有较高的安全生产意识,现场安全管理井然有序,消防设施完好,一些安全事故隐患已得到整改。针对在检查中发现的煤气瓶摆放不到位、消防器材没有记录、在市场内设置员工集体宿舍等各类安全事故隐患,检查组已及时下发了责令整改通知书,要求责任单位整改到位,确保人民群众生命和财产的安全,坚决消除重大安全事故隐患,确保园区安全生产形势的持续稳定。

【邀请路灯管理处专家对珠海路LED路灯方案进行评审】 1月29日,新区管委会召开珠海路LED路灯方案评审会。会上,生产企业澳洋顺昌及设计单位市水利设计院认真听取了路灯管理处专家的意见,表示将在会后进一步细化精确照度的计算,对电缆布置及变压器、控制箱安放等问题进行优化。同时,澳洋顺昌承诺,力争将珠海路LED路灯做成新区的精品工程、澳洋顺昌的样板工程。

【多措并举切实加强机关作风建设】 面对新形势下提出的新任务、新要求,新区管委会认真贯彻落实市、区委关于改进机关作风的精神要求,结合实际,出台了《新区管委会关于改进工作作风、密切联系群众的十项规定》,完善了《作风建设考核问责办法》等一系列作风建设规章制度,加大监督检查力度,对本单位机关作风建设进行全面审视,积极查找存在问题,不断提高机关工作效能,扎实推进机关作风建设。

【融资工作取得重大突破,成功发行七亿元公司债券】 以新区投资发展有限公司为主体,为期7年,筹资总额7亿元的二期公司债券成功发行,资金现已到账。新区融资工作团队在区领导的关心指导下,与证券公司、评级公司、会计事务所、律师事务所等专业机构紧密协调、合作,逐一落实了发行主体评级、财务报表审计、法律文件确认、债券发行收款等事宜,克服了二期公司债券在申请、审批、发行等环节面临的诸多困难和挑战。本期债券期限长、利率低、无抵押,是新区资金的优质来源,改善了新区的资金状况,极大地提升了新区的财务实力,对以后的融资工作起到有力的推动作用。

【白鹭湖山庄房屋产权证成功办理】 2月20日,从淮安市行政审批中心窗口处获悉,经过新区管委会领导和工作人员的积极协调,已成功办理白鹭湖山庄的酒店、贵宾楼两幢总面积约10000平米的房屋所有权证。这是继清淮农家乐后又一个政府投资项目取得了产权证,也迎来了年后权证办理工作的"开门红"。

【红喜会馆、薇婷礼堂项目顺利通过消防验收】 近日,经过新区领导的积极协调,红喜会馆、薇婷礼堂项目迎接了市消防支队的两次检查,项目组针对检查中发现的问题,认真予以整改落实。最终取得了消防验收合格意见书,顺利通过消防验收。

【区领导赴新区检查两会期间安全生产工作】 3月8日,区政法委书记李海波,副区长祁素娟,区安监局、消防大队、公安局负责人在管委会会议室听取新区管委会两会期间安全生产工作汇报,管委会主要领导李仁明、陆宾,党工委副书记刘伟参加会议。听取了刘伟汇报新区管委会安全生产工作后,李海波作了充分肯定,同时强调离两会还有十天时间,一定要高度关注安全生产,决不能掉以轻心,必须坚持每天巡查,以人防的方式紧盯安全。祁区长对新区安全生产工作提出了几点具体的要求,一是部分场馆特别是生态美食城,消防手续不完善的要抓紧办理。二是部分化工企业以及旺旺食品,一定要抓细抓实。三是新区部分消防设施不完善,要选取合适位置建设消防取水码头,新建道路要按标准建设消防栓。四是建议新区餐饮企业参考万达嘉华酒店消防先进做法,有条件的逐步更换自动化程度高的操作台灭火系统。李仁明书记要求由刘伟副书记牵头,厘清新区管委会和淮扬菜产业集团管委会、白鹭湖街道办事处、水渡口街道办事处的安全生产职责范围,做到分类分片管理,责任到人;要抽调专人继续抓好隐患排查和整改工作,相关情况及时向区领导和安监局汇报。

【开展两会期间安全生产大检查】 自3月2日起,对新区范围内商场市场、重点企业和饭店进行了一次全面排查。市场检查中,安全生产工作人员严格按照区安委办要求,督促商场市场做到"岗、站、巡"三位一体。百富、浩源、红星美凯龙等市场均做到了闭市断电,浩源汽配城按管委会要求为每家商户配备了灭火器材;淮通物流认真落实24小时仓库值班制度,并做好相关记录,值班期间按照岗位职责佩戴袖章,更换了部分压力不足的灭火器;所有商场市场均建立人防加技防制度,制定了消防和其他事故应急预案。对麦德森、利安以及科创园的部分企业,工作人员认真核实消防及特种行业证照、设施设备检验、运行情况。管委会学习长西街道的经验,印制了餐饮业油烟机清洗检验标识,近期将对开元国际大酒店、白鹭湖山庄等重点餐饮企业定期清洗情况进行复查。

【碧水豪庭场地弃土顽疾得以解决】 经过碧水豪庭项目帮办人员的多方协调、齐心协力、全力以赴,全面策划,终于解决了遗留2年之久的场地弃土顽疾,使得该项目在新区帮办的项目中得以率先复工推进。同时，另一个遗留的拆迁顽疾在新区管委会、拆迁办、财政局、税务局以及业主等单位共同会办下，于本周也取得重大进展。

【城管分局开展“致新区企事业单位一封信”活动】 自2月27日以来，新区城管分局在辖区内开展“致新区企事业单位的一封信”活动，向辖区内所有企事业单位发放了一封信并进行走访，面对面交流。一封信就新区城市管理提出相应的具体要求，宣传了城管依法行政、依法管理的工作职责，呼吁新区各企事业单位遵守城市管理的法律法规，携手共建美好城市。同时耐心解答各单位反映的问题并虚心接受他们的意见，为在今后的工作中赢得他们的理解和支持奠定基础。

【淮河家园项目顺利完成外遮阳工程招标工作】 3月7日，该项目帮办人员在采购中心指导帮助下对外遮阳工程进行招标。在整个招标过程中，严格按照区长办公会议纪要(第27号)的要求，既要保证顺利通过验收也要尽量节约建设成本。此次参加投标的企业和单位共有四家，全部符合投标资质。竞标过程十分激烈，经过三轮报价，最终由江苏海纳节能科技有限公司以55.88万元的总价中标。下一步，项目帮办人员将督促中标单位尽快完善相关手续，提早进场施工，确保淮河家园项目外遮阳工程保质保量通过市节能办考核验收。

【开展两会期间安全生产大检查】 自3月2日起，企管处对新区范围内商场市场、重点企业和饭店进行了一次全面排查。市场检查中，安全生产工作人员严格按照区安委办要求，督促商场市场做到“岗、站、巡”三位一体。百富、浩源、红星美凯龙等市场均做到了闭市断电，浩源汽配城按管委会要求为每家商户配备了灭火器材；淮通物流认真落实24小时仓库值班制度，并做好相关记录，值班期间按照岗位职责佩戴袖章，更换了部分压力不足的灭火器；所有商场市场均建立人防加技防制度，制定了消防和其他事故应急预案。对麦德森、利安以及科创园的部分企业，工作人员认真核实消防及特种行业证照、设施设备检验、运行情况。管委会学习长西街道的经验，印制了餐饮业油烟机清洗检验标识，近期将对开元国际大酒店、白鹭湖山庄等重点餐饮企业定期清洗情况进行复查。

【城管分局展开春季环境卫生综合整治活动】 为进一步改善新区的环境卫生面貌，新区城管分局不断加强长效管理机制建设，加大力度开展春季环境卫生综合整治行动。近日，为推进重点项目的建设工作，针对位于新区城郊结合部七星岛工地周边多年积存垃圾及环境较差的问题，对七星路周边环境卫生进行综合整治，彻底清理道路两侧垃圾、绿化带内杂物、破损的广告及枯树死枝。该次综合整治活动动员组织城管人员和保洁人员总计80人次，全员参战，出动铲车1台、垃圾运输车2辆，清运垃圾15车，清除垃圾10余吨。通过整治，道路整洁了，环境优美了，卫生改善了，七星岛周边环境面貌焕然一新。

【完成白鹭湖大街两侧土地证变更登记工作】 因中国爱情小镇挂牌需要，需收回白鹭湖大街两侧已出让地块的部分土地使用权，经新区管委会多次与相关企业协调对接，通过申请办理国土、规划各项手续，于3月15日办理好其中5个地块的土地证变更登记工作。另等待丰球G地块土地证原件，进一步办理该地块变更登记手续。

【区委书记王海平调研新区项目建设】 3月19日，区委书记王海平调研新区项目建设，区领导蔡绍忠、顾晓芳、刘可壮、漆宾、邓爱华、李仁明、陆宾及有关街道和部门负责人陪同调研。王书记实地察看了华尔街商贸广场、七星商务岛、汽车生活广场、丰球白鹭湖庄园等新区项目建设现场，并主持召开了项目推进会，听取了项目建设情况汇报，研究会办遇到的问题，部署下一阶段项目建设工作。王书记要求，一要牢固树立抓项目就是抓发展的观念，把更多的精力向项目建设倾斜。二要以时不我待的责任感和使命感加快推进各项工作。三要建立责任到人步步紧逼的考核奖惩机制。新区要给每个人身上压担子，对项目建设实绩突出的人员要予以重用。

【中国城市化史馆等项目迎来可再生能源应用项目实地考核】 3月14日，住建部及省建设厅有关领导在市住建局领导陪同下来到新区，对城市化史馆、淮河家园等项目进行实地察看考核。自2012年始，新区积极准备相关材料，向市住建局申报可再生能源应用项目资金补贴。由于中国城市化史馆应用了地源热泵空调系统、集中太阳能热水系统及光伏太阳能屋面系统等先进技术，工程典型，加上申报材料充分，得到市住建局高度重视。此次作为代表性工程，向住建部及省建设厅推荐，通过实地考核，住建部、省建设厅及市住建局相关领导对新区项目给予高度评价。

【清新花苑A组团1—30号楼获得市住建局出具的小区交付使用备案证明】 为了加快清新花苑A组团的房产证办理进程，在区委、区政府的关心支持下，新区管委会积极与相关部门协调对接，召开联席协调会。经过新区连日来的不懈努力，近日，清新花苑A组团1—30号楼顺利获得市住建局出具的小区交付使用备案证明，下一步将直接进入网上签订合同、办理初始产权阶段。

【对商场市场及餐饮企业消防安全专项检查】 3月20日，新区管委会对辖区内的红星美凯龙、百富汽配、九州通等商场市场，以及淮扬小吃部、盱眙虾缘会所、公爵汽车旅馆等餐饮企业进行了全面检查并对前阶段整改情况“回头看”。重点检查了企业安全生产责任制是否落实，安全生产管理制度是否健全，疏散通道、安全出口、应急照明设施、消火栓及灭火器材配置等是否符合规定，员工是否经过安全生产培训,自动消防设施是否正常运行,抽油烟机是否定期清理等情况。在实地检查的过程中,对按时清洗油烟管道的餐饮企业张贴了检验标识。对发现的厨房操作间油烟管道未能及时清洗、违规使用煤气瓶、消防器材未及时年检等隐患,耐心地向经营单位负责人及员工讲解和指导,并做了详细记录,同时当场下发整改通知书,责令其限期整改到位,确保不发生安全生产事故。

【新区工会召开第二届会员代表大会】 3月29日,新区召开工会第二届会员代表大会。会议回顾总结了首届会员代表大会以来的成就和经验,明确了今后三年工会工作的工作思路、奋斗目标、任务及措施,选举产生了第二届工会委员会和经费审查委员会。新当选的刘伟主席代表新一届工会委员会发言,表示将不辜负广大会员期望,认真履行工会职责,真心服务会员,团结动员广大职工在"2016年全面建成新区"的实践中建功立业。区总工会主席张长青出席会议并发表讲话,对新区工会工作给予了充分肯定,并对组织建设、和谐创建、服务职工、劳动保护、素质提升等方面工作提出了更高的要求和期望。

【组织改造美的家纺外围绿化工程】 为迎接市委主要领导前来调研新区,新区管委会迅速组织区绿化所的施工队伍,利用周末两天的时间,加班加点,对深圳路北侧美的家纺外围、旺旺企业东侧围墙外近3000平方范围内进行了绿化景观的施工改造,全面提升了美的家纺周围景观环境。

【切实加强节日期间公车管理】 清明节期间,为认真贯彻落实《廉政准则》及市、区作风建设相关规定,结合区委《十项规定》精神,新区管委会采取多项措施,切实加强节日期间公车管理,改进党员干部的作风,充分认识公车私用行为的危害性,进一步增强遵守廉洁自律各项规定的自觉性。一是进一步加强对新区车辆的管理,正常公务用车需按要求申报备案,未使用公车一律封存管理,严禁任何人用公车进行扫墓、祭祀、游玩等活动。二是明确专人管理新区公务车辆,严格履行公务用车备案手续,由综合处和纪工委共同监督检查。三是对顶风违纪的公车私用行为及正常公务用车不履行申报备案手续的,对相关责任人进行严肃问责并处经济处罚。

【开展新区企业应急救援装备调查】 企管处工作人员对新区范围内的列统企业、化工企业、大型商场市场和新区管委会应急救援装备配置情况进行了一次摸底调查。根据省市安委会要求,各级安全生产工作委员会成员单位必须成立应急救援工作小组,并配备一定数量的应急救援器材。目前统计工作已基本完成。

【建设"三道防线",筑牢安全根基】 新区管委会高度重视安全生产工作,创新思路方法,强化隐患排查,着力源头预防。一是增加排查频次。做到日常排查与专项治理相结合,一般隐患每日一排查,重点隐患每月一治理,并做到排查有记录、问题有整改、措施有成效。二是严格排查程序。对排查出的问题,要求相关单位立即整改;对新区或行业主管部门难以整治到位或需多部门联合执法的,报由区安委会协调解决,促使相关单位采取措施切实消除隐患,确保安全隐患查得出、有人管、能解决。三是明确排查责任。严格执行"一岗双责"责任制度,配备了专职安全员,认真研究解决安全生产工作中存在的重点和难点问题。与所有安全生产责任单位签订目标责任书,切实落实企业安全生产主体责任,确保责任到人,任务到岗,真正形成了横向到边、纵向到底的安全生产控制指标网络和责任体系。

【开展市容环卫整治,服务基层企业发展】 新区城管分局继续深入开展春季市容环境卫生整治工作,同时以服务基层企业发展为切入点,充分利用职责部门的优势,为企业优化发展环境,创造和谐环境。近日,城管分局组织人员对淮通物流园周边市容环境卫生进行集中整治,共出动20余名人员,在淮通物流园管理方的配合协助下,拆除了淮通物流园院内的旱厕1座,清运了10余吨积存的生活及建筑垃圾,同时责令徐州街门面房经营户对占道堆放的行为进行整改。

【开展华尔街地块土方测量工作】 近日,为配合尽快推进华尔街商贸广场项目,明确场地内土方的运、转工作量,新区管委会迅速安排测绘单位,按照投资方要求,对华尔街地块的土方工程进行测量、清算,确保不影响项目的进展工作。

【"五一"节前安全生产大检查】 4月23日,新区管委会、区安监局组成安全生产检查组,在辖区内开展"五一"节前安全生产检查。此次安全生产检查明确四项检查内容:一是检查安全生产责任制落实情况,查看各有关单位对2013年的安全生产工作是否进行专题研究,是否将任务分解落实到具体部门和责任人;二是检查各重点行业领域的安全生产专项整治,以及在历次排查中发现的存在问题和各类事故隐患的监控、整改落实情况;三是检查重点企业、重点部位、重大危险源以及安全生产事故防范措施落实情况;四是检查五一小长假期间生产经营单位安全生产管理、安全生产措施执行落实情况,尤其是公众聚集场所、地段的安全情况。本次检查共查出隐患12条。通过下发限期整改书、组织开展二次复查等形式,12个安全生产隐患排除率达100%。

【在建项目安全质量检查活动】 为贯彻落实新区管委会安全生产工作会议要求,进一步推进新区建设工程施工现场安全质量标准化工作,4月23日,建设处联合市安监站、区住建局、区消防大队等相关工作人员对新区范围内七星岛园林式大酒店、叶语香澜、金辉城等13个项目进行了安全生产检查工作。通过此次排查,检查组发现施工现场普遍存在脚手架安全网张挂不密实,塔坑边防护栏不到位,材料堆放无序等安全隐患问题。针对丰球白鹭湖G组团在建项目未办理安全备案手续,塔机无使用证等情况,检查组下达了停止施工的决定。下一步，建设处将继续做好新区范围内在建项目的安全检查工作，督促各在建项目做好整改工作，进一步完善台账资料。

【城管分局做好第七届万人自行车环市行活动保障准备工作】 5月5日，江苏省第18届运动会倒计时500天暨淮安市第七届万人自行车环市行活动即将在清河新区隆重举行，为确保此次活动顺利进行，给全体来宾营造一个整洁、优美、舒适、有序的市容环境，新区城管分局全力以赴做好相关环境卫生及市容秩序保障准备工作。一是做好活动沿线存在市容环境卫生问题的排查及整改工作，及时整改沿线工棚乱贴乱画、大型户外广告破损缺失、道路污染、道路两侧绿化带内杂草及垃圾等问题；二是走访新区活动沿线各建设施工单位，主动上门面对面交流，发放活动相关要求通知，督促相关施工建设单位做好文明施工；三是对重点路段和区域开展不定时巡查、整治，责任落实到人，有效防止各类违章行为发生。

【淮河家园一期第一批7幢楼顺利通过专家组分户验收】 4月26日，市住建局质监站有关领导及专家组人员一行对淮河家园一期1—7号楼进行现场复验。针对上一次专家组现场查验提出的问题，作了细致整改，并精心整理、完善相关手续资料。此次复验的7幢楼符合要求，准予通过验收。

【顺泰三期土地现状补偿取得初步进展】 4月29日，新区管委会主要领导带领新区综合处、审批中心相关人员一行去经济开发区广州路办事处就顺泰三期项目土地现状补偿进行专题会办协调。会议明确成立项目补偿联合工作小组，确定专人与开发区对接、协调。会议结束以后，工作小组立即赴现场勘界放线，经双方人员的共同努力，目前顺泰三期项目占用约60亩土地范围内，树木清点已结束，土地权属已分清，广州路办事处正在测算土地四项补偿。

【举办企业用工招聘会】 5月10日，为了更好地帮助解决企业用工问题，提供更多的就业机会，新区管委会在清新花苑小区设点举办招聘会。旺旺食品、金象传动等新区及周边37家用人单位在招聘会“招兵买马”，本次招聘会提供1052个岗位，工种涉及食品、医药、机械、服装、餐饮等行业，吸引了众多求职者前来应聘。

清河新区企业用工招聘会

【新区组织干部职工收看新时期淮安精神大讨论活动动员大会】 5月16日，新区组织全体干部职工在城市化史馆报告厅收看新时期淮安精神大讨论活动动员大会。会议指出，精神是一种信仰、一种追求、一种品牌，一种力量，一个人需要精神，一座城市同样需要精神的引领。城市精神展现的是一座城市的活力、魅力、影响力和软实力。开展淮安精神大讨论活动，是淮安加快发展的需要，建设更高水平小康社会的需要，是建设苏北重要中心城市的需要，是提升淮安城市美誉度的需要。通过本次大会，新区干部职工深切领会到开展新时期淮安精神大讨论活动的重要意义，了解了本次活动的具体实施方案，大家表示将积极参与到活动中去，严格按照区委王书记“八个一”的要求，广泛宣传新时期淮安精神，同时也会紧密结合淮安精神，继续发扬“务实创新、团结协作、敬业奉献、争先创优”的新区精神，凝心聚力、攻坚克难，全力以赴推进招商引资、项目建设、财税增收等重点工作，以更高的标准、更大的干劲、更快的行动投身新区建设，谱写中国梦的新区篇章。

【2012年度省奖励创模300亩指标征地批文已获省政府批准】 经过管委会领导商请省、市、区国土部门，多次与省国土厅协调对接。2013年第4、5批次征地批文已获省政府批准。

【积极申报古淮河旅游展示项目引导资金】 根据《2013年度江苏省文化产业引导资金项目申报指南》的文件要求，新区将古淮河整治工程二期项目进行重新整合包装，编制了“古淮河文化生态旅游展示项目”申报材料，积极向省里争取文化产业引导资金。

【走访调查新区建安房地产项目】 管委会对新区建安房地产项目调查活动。由新区税源所具体走访了解金象传动设备、淮安融辉居业房地产、淮安融侨房地产、江苏栋梁置业等有在建项目的企业，认真查找并核对各企业在建项目相对应的开票数据，及时录入至清河区综合税收分析管理系统，坚决杜绝由于各企业在建项目发票和数据提供不足而产生的少录错录现象，全力确保新区税收应收尽收。

【旺旺三期土地三项补偿测算完成】 为了快速推进旺旺三期项目开工建设，新区管委会多次对接白鹭湖办事处三坝村，在新区国土所的配合下，旺旺三期项目203亩地块范围内的各组面积与土地分类工作顺利结束，三项补偿测算全部完成。

【走访调查辖区建安房地产项目】 根据地税三分局统一组织安排，新区管委会税源所对亿唐生物、美的家纺、公寓物品、仁和工贸、澳新工贸5家建安企业进行调查摸底。调查发现部分企业存在未依法纳税、少纳税等问题，税源所及时与税务部门进行了沟通协调，并请税务部门帮助解决。该项工作已取得初步进展。

【举办交通安全警示教育讲座】 5月23日，新区城管分局邀请市交巡警支队法制宣传大队，在中国城市化史馆举办交通安全警示教育讲座，为新区城管队员和保洁员讲授交通安全知识，帮助学习掌握相关交通安全知识，增强交通安全意识，提高自我防护能力。讲座以提高交通安全意识为目的，其内容与城市管理工作情况相结合：一是学习相关的道路交通安全法，使其做到知法、懂法、守法。二是通过播放制作的课件，图文并茂地讲解了容易发生却又特别容易忽略的几种交通违法行为，就如何提高自我保护能力进行认真讲解。三是结合环卫工作的实际情况，强调在道路上进行环卫作业时，要提高交通安全意识，遵守交通法规和操作规程，按规定穿着反光标志服和帽子，做好各项防范措施，在确保自身安全前提下进行环卫作业。

【统计规范化建设卓显成效】 2013年，清河新区按照“统计基础工作规范化建设”的总体目标和要求，着力完善管理制度，落实工作举措，强化人员责任，不断推进新区基层统计工作规范化建设，为统计工作的健康发展奠定了坚实基础。一是建立健全统计台账。根据生产、经营、管理和统计数据上报的需要，建立健全各类统计台账，包括各种进度台账、综合台账、历史台账等“三上”企业100%的建立统计台账，为报送统计数据打下牢固基础。二是及时准确上报统计数据。及时准确上报统计数据，是全面推进统计基础规范化建设的出发点和落脚点，严格按照统计制定和企业一套表网上直报工作的具体要求，及时准确上报各类统计报表，为领导决策提供准确的统计数据。三是抓好业务指导和协调。新区统计科在巩固完善建设目标的同时，认真扎实做好辖区内各单位统计基础工作规范化建设的业务指导与协调工作，按照统一目标、统一标准，整体推进统计基础工作规范化建设。

【对餐饮业整改进行“回头看”】 新区管委会对安监局调查辖区内淮扬小吃部、盱眙虾缘会所、公爵汽车旅馆等餐饮企业存在问题落实整改情况进行复查，重点检查了企业安全生产责任制是否落实，安全生产管理制度是否健全，疏散通道、安全出口、应急照明设施、消火栓及灭火器材配置等是否进行整改，自动消防设施是否正常运行，抽油烟机是否定期清理等情况。检查组在实地检查过程中，为按时清洗油烟管道的餐饮企业张贴了检验标识。针对发现的厨房操作间油烟管道未及时清洗、违规使用煤气瓶、消防器材未及时年检等隐患，当场发放相关整改通知书，责令其限期整改到位，确保新区企业无重大安全生产事故。

【新区投资公司土地证使用权变更手续已顺利完成】 根据新区项目建设需要，位于广州路东侧、白鹭湖大街北侧约66亩土地使用权，需从清河新区投资发展有限公司变更登记到其全资子公司淮安德百信公司名下。经过新区管委会领导的多次协调，该地块土地使用权已于6月14日顺利转至淮安德百信。该地块使用权的顺利变更，为该地块项目建设与地块融资提供了有力保证。

【区人大代表调研新区建设情况】 6月27日下午，区人大长西代表组18位代表在新区管委会副书记、副主任刘伟的陪同下，先后实地察看了澳洋顺昌、顺泰二期、古淮河生态公园、中国城市化史馆等工业企业和文化旅游项目。区政协副主席、新区管委会主任陆宾在城市化史馆会议室向与会代表详细介绍了今年以来新区招商引资、项目建设、财税征收、城市管理、要素保障等工作开展情况。代表组一行对近年新区取得的成绩表示肯定，围绕加快平民化、大众化消费商圈建设、加大引进项目的服务及扶持力度、做好产业配套等方面提出了许多有益的建议。其中，中国移动淮安分公司副总经理王旺代表提出要全力支持新区加快无线城市建设，实现网络全覆盖；全聚德董事长周永代表对西游记主题公园建设很感兴趣，希望以民营企业入股的形式加快推进，以带动新区的人气、商气。听完代表们的建议后，陆宾主席表示将认真总结代表们的好建议、好点子，继续发扬勇于担当、崇尚实干的新区精神，将代表们的所思所想落实到新区各项工作之中去，推动新区更好更快发展。

【贯彻落实市委六届三次全会精神】 6月28日，市委召开六届三次全会以来，新区管委会通过多种形式认真贯彻落实市委六届三次全会精神。新区管委会召开专题会议，传达市委六届三次全会精神，要求新区全体干部认真领会该次大会的重要意义和精神实质，了解淮安发展的总体目标和具体举措。

【开展汽车销售行业发展情况调研】 7月1日到5日，清河新区管委会工作人员先后走访了新区范围内包括上海大众、北京现代、悦达起亚等23家汽车4S店，对新区汽车4S店经营情况、发展中面临困难、对新区的意见和建议进行调查了解。新区主要领导表示，新区将不断优化服务，将汽贸产业做大做强。

【七星水岸一期土地证已成功办理】 7月4日，新区管委会召开七星水岸项目专题会办会，新区管委会主要领导主持召开，七星水岸投资商及帮办服务人员参加会议。会上投资商提出项目一期地块办理土地证所需资料均已报至市国土局审批中心窗口，报送至今已达10天，但迟迟没有拿到该地块土地证。针对这一问题，新区项目帮办人员按照主要领导要求，第一时间联系国土部门窗口，顺利于当天上午帮助企业协调办理好该地块的土地证。

【城管分局做好夏季防汛工作】 7月5日，突如其来的暴雨，造成新区部分地区产生积水。新区城管分局夜间值班人员及时发现宁连路过路涵洞因雨量过急产生积水的情况，相关部门立即进行处理。

【中国爱情小镇项目顺利摘牌】 为了促进清河区经济更好更快发展，区委、区政府大力推进商贸旅游类项目中国爱情小镇的建设进程。7月11日，该项目在淮安市土地交易中心已被宝龙地产（香港）控股有限公司顺利摘牌，成交面积为160.72亩，总成交价为21600万元。项目计划于9月份施工，目前正在进行管网改造施工单位招标前财政评审。

【城管分局摸底排查新区破损道路指路标志牌广告】 为进一步做好户外广告整治工作，提升新区城市形象，城管分局对新区范围内的道路指路标志牌广告进行了全面摸底排查。经摸排，共发现有13处道路指路标志牌广告画面陈旧、破损，严重影响了新区的市容市貌。城管分局在汇总摸排情况的基础上形成了《关于申请更换道路指路标志牌画面的报告》，并上报请求解决指路标志牌广告画面陈旧、破损问题，营造靓丽的市容环境。

【城管分局召开高温季节安全生产工作会】 2013年，夏季的持续高温对安全生产工作带来极大影响，极易诱发各类安全事故。为进一步加强夏季安全生产，切实保障城管、环卫一线职工的身体健康和生命财产安全，确保各项工作的顺利开展，城管分局于8月7日召开了高温季节安全生产工作会。会议要求各人要充分认识做好高温季节安全生产工作的重要性和紧迫性，切实加强对高温季节安全生产工作的组织领导；要结合各自工作实际，重点加强对室外执勤、作业和车辆的监控管理，严格执行有关规章制度，采取必要的防暑降温措施，妥善安排高温期间职工工作业时间和休息场所，为职工创造良好的工作及休息环境。

【多措并举加快推进项目建设】 新区管委会牢固树立“项目为王”的理念，全力建设和服务重大项目。为力争在三季度重点项目考核中争先创优，新区管委会多措并举加快推进项目建设。一是召开新区项目建设专题会议，会上提出：一要增强对项目帮办服务的紧迫感、责任感；二要扎实细致做好帮办服务；三要细排项目建设进度计划，明确工作时间节点；四要追求效率，注重干事的成效。二是各项目帮办领导及时会办帮办项目，重点了解项目进展情况，深入项目现场，紧盯项目负责人和企业老板，第一时间了解企业存在的困难和思想动态。三是继续实施挂图作战，认真编排三季度重点项目形象进度计划，细化落实至每周工作，严格督促按照计划甚至超过计划实施项目建设。四是项目督查小组做好项目督查和信息通报工作，定期将项目进展情况以短信形式告之主要领导。

【税源所走访调查辖区企业项目税收情况】 为顺利完成全年税收目标任务，税源所近期走访调查了辖区内27家重点基本户和11家房地产企业（含重点项目11个），收集了相关项目的建安合同，重点了解了企业下半年税收预计完成情况以及生产经营过程中存在的困难。通过走访调查，掌握了企业生产经营活动及联络方式，建立了重点企业信息台账，为进一步做好重点户服务工作及房地产建安税收管理奠定了基础。

【城管分局打捞水草保水质】 新区城管分局组织人员冒着高温集中打捞疯长的水草，以减少其对水质和环境的影响。目前河道内水草已清除完毕，共打捞水草数十吨，抑制了水草快速生长趋势。集中打捞结束后，分局将密切关注水草生长情况，采取集中打捞和日常保洁相结合的方式，维护河水生态环境。

【召集部分房地产开发商召开销售价格专题会议】 9月4日，新区管委会召集会议，会商房地产销售价格问题。淮安中宏置业有限公司、红星美凯龙、丰球白鹭湖庄园项目等企业负责人参加会议。会议通报了新区周边房地产销售价格情况，听取了企业负责人对目前房产销售定价偏低的原因汇报。

【市委党校2013年秋季县处班第八讨论组到清河新区调研】 10月30日，市委党校2013年秋季学期县处班第八讨论组到清河新区进行淮安重要中心城市路径研究课题调研，新区管委会领导介绍了新区紧紧围绕区委区政府的决策部署，狠抓招商选资，强推项目建设，优化产业配套，突出生产生活生态三位一体、生态产业文化互动并进，全面推进新区建设，新区经济社会取得了长足发展。调研组充分肯定了新区取得的成绩，希望新区继续发挥旺旺食品工业园、LED光电产业园等龙头企业的辐射带动作用，以淮安建设苏北重要中心城市为契机，突出重点，科学谋划发展布局，继续加大园区基础设施投入，在外资招引、加速产业集聚、转型升级、科技创新驱动狠下功夫，实现新区经济社会发展的新提升。

【新区总部经济园项目（北地块）规划方案公示】 新区总部经济园项目（北地块）占地约76亩，规划建筑面积约9.5万平方米，共建设总部经济楼宇四栋。目前，该项目规划方案已经通过评审、复核，正在进行审批前公示，该项目建成后将成为新区总部经济企业的又一聚集地。

【举办“助创业、送培训到企业”工作交流研讨会】 10月29日，新区管委会邀请市创业指导中心、区人社局、河海大学商学院淮安教育基地负责人走进新区，联合举办了“助创业、送培训到企业”工作交流研讨会。会上，旺旺食品、顺泰包装等22户企业人力资源经理交流了员工培训的做法和经验，针对培训课程体系的改进和培训长效机制的建立提出了许多好的意见和建议。与会领导和专家结合企业存在的实际困难作了深入的指导，并就政府资金支持相关政策进行了细致解读。

【新区税源所开展零纳税企业专项清理活动】 根据管委会大干四季度有关精神，税源所结合实际，开展基本户零纳税企业专项清理活动，目前已经取得阶段性成效。新区管委会对基本户企业纳税情况进行分析，共有36家企业是零纳税。其中正常经营的有8家，非常经营的以及注销户有28家。经调查了解，江苏佳玺实业有限公司坐落在深圳东路上，入库级次纳入开发区支库，后经多次到市地税三分局和财政局协调汇报有关情况，市地税三分局最终同意将企业税库调整至清河区支库，同时将2013年的税款一并调整到清河区。新区分析发现企业土地使用税实际缴纳数比应缴纳数少22万元。从为企业服务的角度出发，多次上门沟通协调，企业最终同意补缴土地使用税22万元，并及时开具建安环节开票1690万元，上缴建安税款56.8万元。

【区主要领导视察新区亿元以上项目建设现场】 11月7日，区委书记王海平、区长张冲林带领区四套班子领导前来新区实地察看中国爱情小镇、七星岛园林式大酒店、顺丰电子商务产业园三个亿元项目，区政协副主席、新区管委会主任陆宾，新区管委会副主任孟凡亮陪同视察。王书记、张区长指出，从观摩现场看，项目整体进展较快，要继续全力加快项目建设，尽早确定中国爱情小镇的招商业态，七星岛园林式大酒店的装修方案，推动项目尽快投产达效；要加强与投资客商、施工单位沟通协调，增强投资信心，同时争取市直部门更多的关心和支持，确保项目通过亿元验收考核。

【大寨河北段改造工程施工单位确定】 11月4日，新区大寨河北段改造工程在市招投标交易中心开标，参与本次竞标的共有15家施工单位，在公平、公正、透明的原则下，五位评委严格对照招标文件参与评标，最后淮安市清浦区水利建筑安装工程公司以353.8万元造价中标。

【召开在建项目建设现场观摩推进会】 11月9日，清河新区管委会党工委书记李仁明、主任陆宾带领新区中层以上干部先后对新区管委会帮办的中国爱情小镇、七星岛大酒店等15个在建重点项目进行现场观摩，并召开了新区重点项目建设推进会。会议对新区15个重点项目存在的问题进行了深入剖析、逐一点评并提出具体解决措施，会议还传达了区重点项目推进会的相关精神。会议强调，今年以来，新区在区委区政府的正确领导下，攻坚克难，狠抓项目建设，重点项目稳步推进，但有些项目在形象进度上与区里的要求还有一定的差距。下一步，新区全体干部职工要紧紧围绕年初区委、区政府确定的目标任务和工作要求，大干四季度，开足马力，抓好各项工作的落实。一要围绕目标，扎实推进项目建设；二要对照要求，抓好质效迎检工作；三要认真研究，做好明年项目编排；四要全力以赴，招商引资常抓不懈；五要强化措施，确保财税应收尽收。

【城管分局扎实开展环境卫生整治活动】 11月22日，在全区召开环境卫生整治动员大会后，新区城管分局召开了中层以上管理人员会议，及时传达环境卫生整治动员大会精神，定方案、议措施、抓领导、抓督导、抓落实，扎实开展环境卫生大整治活动。一是制订了工作方案，做到管理到位、责任到人，明确了环境卫生整治是当前工作的重心。二是搞排查、抓重点、创新工作。“集中整治是措施、长效管理出成绩”，充分认识到集中整治和长效管理的关系，积极排查集中整治工作重点，寻找行之有效的长效管理机制。三是立即行动，扎实开展环境卫生大整治活动。首先从中午1时许，安排高压冲洗车1部及保洁人员30人对水渡口大道沿线进行冲洗；其次对道路沿线破损广告进行排查，及时通知相关单位和商户进行整改。

【新区管委会督促企业追缴土地使用税、房产税】 税源所将企业土地使用税及房产税的缴纳情况作为工作重点，利用服务的方法促进补缴所欠税收。通过到市地税三分局核对新区37家用地企业房产税和土地使用税缴纳情况，经过多次上门服务、友情提醒，目前已促使华龙医药补缴2012年第四季度以及2013年前三季度的房产税和土地使用税5.4万元，江苏宏翔置业有限公司补缴4个月的土地使用税3.34万元；远航船用设备补缴2013年第三季度房产税和土地使用税4万元。

【新区管委会土地“双创”活动迎来年终大考】 12月13日，由市国土局牵头，区委区政府组织创建“全国国土资源节约集约模范区、省级土地执法模范区”双创活动顺利迎来了省国土厅年度检查。新区管委会对照市、区国土实施“双创”活动方案要求，逐一细化每个考核要求，认真做好土地征用、项目挂牌、项目建设巡查等涉及创建的各个环节。在日常工作中，严格按照新区控制性详细规划与土地利用总体规划，结合新区具体项目，细致落实项目用地性质，严格依据城市规划与土地利用总体规划选择项目、安排项目用地，依据规划组织项目申报实施，切实按照程序组织项目用地工作。每一寸土地的使用都有相应的台账记录，全年无一个批次、无一宗地出现违规违法行为，努力为清河区第5年度创建“土地执法模范区”活动添砖加瓦。

【“两化融合”示范区创建工作接受省经信委专家组实地考察评估】 为进一步加快推进信息化与工业化融合，促进新区产业升级转型和发展方式转变，清河新区依据相关认定和管理办法，积极申报参评省级“两化融合示范区”。12月19日，在江苏省经信委领导的带领下，省两化融合领域的相关专家组对新区“两化融合示范区”创建情况进行了深入考察。近年来，清河新区高度重视两化深度融合工作，不断打造具有鲜明特色、富有核心竞争力和可持续发展的高端专业园区，取得了可喜的成果，于2010年成功创建“省级两化融合试验区”。考察组一行听取了开发区关于“两化融合”示范区创建的情况汇报，并对正大清江制药、金象传动等企业进行实地考察。通过考察，省专家组认为，清河新区“两化融合”示范区创建情况较好，并对开发区未来的“两化融合”

工作提出了宝贵意见和殷切期望。

商贸　商务

【概况】 2013年，清河区完成注册外资实际到账1.32亿美元，开工项目注册外资实际到账8890万美元，新批总投资3000万美元以上大项目4个；完成外贸进出口总额23372万美元；完成外经营业额1521万美元。

【主动作为，多方争取扶持资金】 2013年，清河区商务部门为区内外贸企业争取各类扶持资金共计184.64万元，其中中小企业国际市场开拓资金79.71万元；商务展会资金8.86万元；出口信用保险资金5.67万元；进口贴息资金90.4万元。

【做好展会工作，积极开拓市场】 2013年，清河区商务部门进一步引导企业加大技改投入力度，实现产品升级，提高产品的市场生存力和竞争力；认真做好广交会等国内展会的组织工作，积极鼓励企业走出去开拓市场。

4月15日到5月5日，组织淮安弘业进出口有限公司等13家外贸企业赴广州参加第113届中国进出口商品交易会。

10月15日到11月4日，组织淮安市福尔特进出口贸易有限公司等16家外贸企业赴广州参加第114届中国进出口商品交易会。

【江苏顺丰电子商务产业园一期工程通过验收】 由顺丰速运集团投资建设，按照“政府主导、共同规划、企业管理、市场运作”的模式运营，建设成集传统电商、产业电商、电商配套、仓储物流等四大电商模块为一体的，全国一流的电子商务产业园。该项目2013年10月份初步洽谈，10月底正式签约，12月上旬一期工程开工建设，12月25日一期工程完工并顺利通过全市亿元项目考核验收。

【汽贸产业园功能配套】 汽贸产业园功能配套和税收管理不断完善，产业集聚优势逐渐显现。2013年清河区汽贸产业园整体销售状况良好，全年共销售汽车16682辆，实现销售22.77亿元，税收1542.13万元，同比分别增长29.6%、77.1%、21.6%，润东汽贸项目顺利通过市亿元项目验收考核。广汽菲亚特、奔驰、福特、哈弗等品牌顺利建成营业，机动车交易市场如期开张。

【农贸市场改造顺利】 2013年，市政府“为民办十件实事”之一的农贸市场改造工程，位于清河区境的和平路水韵天成农贸市场、淮海东路农贸市场以及上海路农贸市场升级改造如期完成。

【3家商场获“绿色商场（超市）”称号】 2013年，清河区境的江苏五星电器有限公司淮安大卖场、淮安苏宁电器有限公司淮海东路店、国美电器万达店等三家商场获市“绿色商场（超市）”称号。

【进一步加强粮食流通监管】 2013年，清河区对辖区内粮食生产、加工、仓储企业加强管理，保证粮食质量安全，维护粮食市场流通有序，加大对蔬菜、大米、面粉等生活必需品市场价格监测监管工作，初步建立农贸市场果蔬肉类追溯体系从源头上保证广大消费者利益。

流通资产管理与经营

【清河流通资产公司获市综合目标考核一等奖】 2013年2月4日，在全市供销系统第三届理事会第六次全体（扩大）会议上。清河流通资产公司被市供销合作总社评为“综合目标考核一等奖”，并获得“创新创优”“市场建设”“项目建设”和“淮海东路菜场”四个单项先进单位称号。

【解放军部门领导视察清河双拥工作】 2013年3月14日，解放军总政治部干部工资福利局局长贾世江、解放军报编辑部董祥在南京军区、省军区领导；市委常委、军分区政委刘伟、副市长公安局长倪兴余；区委副书记朱维佳、区委常委清河区人武部部长俞兴昌、政委张文斌陪同下，视察清河流通资产公司，了解双拥和军人家属安置工作情况。

3月20日，清河流通公司下属淮海路菜场获江苏省“2012年度全省优秀价格监测定点单位”称号。

【中央公园（钵池山）“跳蚤市场”对外开放】 2013年4月1日，清河区委、区政府交办给清河流通资产公司引导市民循环消费、挖掘社会闲散资源、满足不同层次市民的消费需求“惠民工程”——“跳蚤市场”在对市场的硬件设施进行相应的改造，管理措施进一步完善后，全面对外开放。

6月9日，在中国人民的传统节日——端午佳节来临之际。清河流通资产公司一行人带着节日的礼品，走访慰问解放军驻淮73821部队干休所的老同志。

8月5日，中华全国供销合作总社“基层合作社基层组织创新培训班”在山东省青岛市开班。淮安市清河流通资产公司派员与全国各省市县区社的主要负责人和具体责任人参加学习。

8月28日，全市供销系统财务工作交流会，在清河流通资产公司（清河区供销社）五楼召开，淮安市供销合作总社理事会主任张以俭出席会议，各县区社的分管领导和财务科长参加会议。

工 业

【概况】 2013年,清河区工业经济紧紧围绕全年目标任务,努力克服宏观经济下行、企业运营成本上升、市场需求不旺等不利因素影响,深入开展"工业经济总量质量效益突破年"活动,主攻项目建设,重抓企业壮大,全区工业经济继续保持平稳较快增长态势。全面完成市委、市政府下达的工业经济各项目标任务,被市委、市政府表彰为全市节能工作一等奖、工业经济入库税金先进集体、融资担保工作先进集体。

【主要指标平稳增长】 全年规模以上工业实现总产值61.7亿元、销售收入56.3亿元、利润7.5亿元、入库税金3.7亿元,同比分别增长19%、14.2%、35.2%、35.7%;工业用电量1.1亿千瓦时,同比增长9.5%;新增列统企业5户。主要经济指标增速位居全市前列。

【企业规模不断扩大】 全年开票销售收入超亿元企业达8户,累计实现开票销售收入28.9亿元,占全区列统企业比重达88.4%,其中,旺旺食品开票销售收入15.2亿元,入库税金2.2亿元,分别进入全市开票销售前20强、入库税金前10强企业行列。

【重大项目推进有力】 全年实施亿元以上工业重大项目6个,总投资18.9亿元,其中新开工亿元以上项目3个、新竣工3个。总投资10亿元的LED外延片及芯片项目一期竣工投产,当年实现开票销售3380万元。

【企业创新成效显著】 麦德森制药建成省级研究生工作站,清江制药获得省管理创新优秀企业称号,金象传动双级行星立式磨机减速器和安洁医疗灭菌一次性缝合针线2个产品被列入省重点推广应用的新技术新产品目录,苏益电器建成市级技术中心。

【两化融合深入推进】 清河新区创成省级"两化融合"示范区,清江制药等3户企业创成省"两化融合"试点企业,顺泰包装等5户企业创成市"两化融合"示范企业。

【融资服务力度加大】 定期组织银企保对接活动,全年为区内416户中小企业担保贷款12.3亿元,总量位居全市第二。落实各项扶持政策,为金象减传动、清江制药、旺旺食品等19户企业向上争取各类扶持资金924万元。

【民营经济加快发展】 全年新发展私营企业787户,新增私营企业注册资本金12.2亿元,公司制企业新增货币注册资本金51.7亿元,目标完成率全市第一。

1月10日,清河区在淮安澳洋顺昌光电技术有限公司二期项目工地举行全市重大工业项目集中开工活动,市委常委、秘书长肖本明,区委书记王海平,区长张冲林参加开工活动。

3月25日,市委书记姚晓东在市委常委、秘书长肖本明,区委书记王海平,区长张冲林等陪同下,调研清河区经济社会发展情况。其间,先后考察了淮安澳洋顺昌光电技术有限公司、旺旺食品工业园。

6月7日,省长李学勇带领省政府秘书长张敬华、省经信委主任徐一平等省有关部门负责人莅临淮安澳洋顺昌光电技术有限公司进行调研。市委书记姚晓东、市长曲福田、区委书记王海平、区长张冲林等领导陪同调研。

9月9日,区政府召开全区全民创业暨市场准入与监管制度改革动员大会,区委副书记、区长张冲林作重要讲话,区委常委、纪委书记蔡绍忠传达全市市场准入与监管制度改革会议精神。

开工仪式

区境重点工业企业简介

【淮安旺旺食品有限公司】 位于清河新区旺旺路南侧,占地280亩,注册资本8510万美元。拥有多条牛奶利乐包装生产线、旺仔牛奶铁罐生产线、旺旺八宝粥生产线、旺仔小馒头生产线、高档饮料口袋包和米线生产线。主要产品有旺仔小馒头、旺仔牛奶、旺仔口袋便利包、旺仔米线等。现已进入全市开票销售收入前20强、入库税金前8强企业行列,成为淮安地区食品加工行业的龙头企业。荣获"江苏省优秀侨资企业","食品生产企业A级单位",淮安市纳税大户奖。2013年,公司实现开票销售收入15.2亿元,利税5.6亿元。

【江苏省金象传动设备股份有限公司】 位于清河新区深圳路,占地148亩,注册资金1亿元。拥有德国、英国、俄罗斯等国内一流的进口大型设备170台套,是研发制造各类减速机的专业公司。主要产品有圆弧圆柱蜗杆、硬齿面摆线针轮三大金象牌系列减速机,并派生出1千余种系列产品,广泛应用在冶金、建材、橡塑、环保等行业。产品出口澳大利亚、巴基斯坦、尼日利亚、新加坡、越南、日本、美国等十多个国家。2013年,公司实现开票销售收入1.1亿元,利税769万元。

金象企业外景

【江苏正大清江制药有限公司】 位于淮安市韩泰北路9号,占地72亩,注册资金4896万元。设有固体制剂、中药提取、化学合成原料等生产车间,有中西药片剂、胶囊剂、滴丸剂、头孢类制剂、抗肿瘤原料药及制剂等多条GMP生产线。主要产品有益肾蠲痹丸、银香颗粒、克洛已新片及干混悬剂、盐酸氨基葡萄糖片、红药胶囊、舒冠胶囊、盐酸西布曲明滴丸等。产品覆盖国内近三十个省市、自治区,同时还远销美国、西班牙、捷克、韩国、印度等国家。"东方草"商标为江苏省著名商标。2013年实现开票销售收入2.8亿元,利税5168万元。

【江苏顺泰包装印刷科技有限公司】 位于清河新区深圳路88号,占地101亩,注册资金550万美元。拥有国际一流的意大利赛鲁迪9色R960-2型凹印联机模切生产线和日本富士产12色双收双放凹印机等设备。是一家经营烟标印刷生产、各种新型薄膜生产和销售的高科技含量的中外合资企业,主要为烟草及有关对印刷包装行业要求规模大、技术高的产品经行配套服务,是省内唯一一家大型烟用印刷膜及烟标配套印刷的生产单位,是江苏中烟集团独家薄膜供应商。公司于2012年7月份在香港上市,是淮安市首个在港上市企业。2013年企业实现开票销售收入2.5亿元,利税1.5亿元。

【淮安麦德森制药有限公司】 位于淮安市合肥北路58号,占地面积77亩,注册资本1322万元人民币。公司拥有年产300吨各类规格硫酸软骨素GMP生产线和年产2万亿单位肝素钠生产线。主要产品有:各种规格和系列的硫酸软骨素、硫酸软骨素钙盐、粗品肝素钠等原料药。产品质量符合美国、欧洲药典标准。产品全部销往美国、德国、意大利等国际市场,以其稳定的产品质量享有较高的美誉度。2013年实现开票销售收入1.3亿元,利税6684万元。

【淮安利安科技发展有限公司】 位于淮安市清河区珠海路1号,占地42亩,注册资金1300万元万元。拥有年产3万吨聚醚、5000吨聚氨酯防水堵漏材料生产线。主要从事聚醚、聚氨酯防水材料、高分子聚合物的研究和生产销售。是集生产化工产品、化学建材、房产开发等为一体的综合性企业。2013年实现开票销售收入1.7亿元,利税441万元。

【淮安百隆实业有限公司】 位于清河新区飞耀路西侧,占地225亩,注册资金3999万美元。由香港百隆集团全额投资建设。百隆集团是一家集研发、生产、销售混色花纱于一体的大型集团领军企业,是国内外色纺行业产品质量标准的制订者。淮安百隆拥有年产8万纱锭的国际领先的色纺纱生产线,主要产品为BROS牌各种规格的精梳纱线。2013年实现开票销售收入2.1亿元,税税1582万元。

【江苏苏益电器有限公司】 位于清河新区旺旺路16号,占地20亩,注册资本2200万元。是专业生产断路器、漏电继电器等低压电器系列产品的专业厂家。建有8条低压电器系列产品精益生产线,2条印制板插件、超声波焊接生产线,1条日本日立SMT电子贴装生产线,具有年产各型低压电器系列500万件的生产能力。产品分别通过中国质量认证中心CCC认证和欧盟CE、德国GS认证,公司被评为江苏省高新技术企业、被江苏省人民政府授予优秀管理企业称号。2013年,实现开票销售收入9275万元,税税1777万元。

【淮安澳洋顺昌光电技术有限公司】 位于清河新区景秀路6号。由江苏澳洋顺昌股份有限公司投资建设,占地132.48亩,计划总投资30亿元,建设9万平方米产品研发中心、办公楼、生产厂房等,从德国、美国等国家引进30台MOCVD外延炉、数百台芯片、封装及照明生产及检测设备。一期工程已竣工投产。

2013年竣工达效项目简介

【枫丹白露】

该项目位于万达广场东侧,支十一路西侧,大同路南侧,占地面积约92亩,总建筑面积18.9万平方米,由14幢18—29层不等的高层建筑组成,可提供安置房1526套。项目于2010年10月开工建设,于2013年9月交付使用。

项目领办领导:张冲林 刘可壮 王建军

枫丹白露

帮办单位:发改委　水渡口街道办事处

【清枫花苑东区(安置房七期)】

该项目位于珠海路南侧,福州路东侧,占地65275平方米,建筑面积12.8万平方米,由23幢多层和3幢小高层层组成,可提供安置房890套。于2013年12月交付百姓使用。

项目领办领导:张冲林　刘可壮　王建军

帮办单位:发改委　水渡口街道办事处

清枫花苑东区

【清枫花苑西区(安置房八期)】

该项目位于合肥路东侧,珠海路南侧,福州路西侧,占地78990亩,建筑面积155565万平方米,由17幢多层和7幢小高层组成,可提供安置房1072套。于2013年10月交付百姓使用。

项目领办领导:张冲林　刘可壮　王建军

帮办单位:发改委　水渡口街道办事处

清枫花苑西区

【汽车生活广场(二手车交易市场)】

该项目位于清河新区水渡口大道南侧,由淮安市汽车机电产品有限公司投资建设,占地面积38.92亩,建设3幢总面积近3万平方米综合楼和1万多平方米钢结构汽车展示棚,总投资1.5亿元。该项目集整车销售、二手车交易、办证服务大厅、品牌汽车及配件销售、汽车美容、商务办公、酒店餐饮等多元化的服务功能为一体的综合市场。项目现已建成正式营业。是目前淮安市最大的二手车交易市场及品种最多的汽车品牌集合区。项目于2012年1月开工建设,2013年年底建成投入使用。

项目领办领导:蔡绍忠　李仁明

帮办单位:经信委　白鹭湖街道办事处

【高科技镭射防伪膜及新型薄膜生产线】

该项目位于深圳东路北侧、飞耀路东侧,由江苏金格润科技有限公司投资建设,占地60亩,总投资1.16亿元,新建厂房2万平方米,建筑面积17000多平方米。拟投入涂布机、镀膜机、分切机各1台,主要生产彩膜及包装装潢印刷品,引进1条生产线,年生产能力超过1800吨。生产线于2013年3月开工建设,2013年年底投入使用。

项目领办领导:邓爱华

帮办单位:财政局　白鹭湖街道办事处

【淮安植物园】

该项目位于大同路北侧、古淮河南侧,古淮河文化生态景区西片区,由清河新区投资发展有限公司投资建设,总投资3000万元。占地340亩,主要建设占地面积约20万平方米的景观绿化公园项目,包括沥青园路、广场、公厕、景观绿化等配套基础设施项目。以石楠、女贞、雪松等近170种苗木占地约20万平方米的大型永久性景观绿化,中间配有梨园、桃园、山楂等水果树种,配套设施包括各类园路、休闲广场等。项目于2013年3月开工建设,2013年年底建成。

项目领办领导:刘可壮　陆宾　李仁明

帮办单位:新区管委会

淮安植物园

【清河城市广场】

该项目位于北京北路西侧,上海路西南侧,北京北路167号,由江苏鸿洲置业有限公司投资建设,占地22.53亩,总投资3.5亿元,建设60136.2平方米的住宅、酒店、公寓、沿街商铺用房。其中商业36398.27平方米,占比61%,主要为沿街精品门面,连锁酒店及商务办公。项目于2010年9月开工建设,2013年3月投入使用。

项目领办领导:梁学文　李海波　汪冲　薛睿

帮办单位:柳树湾街道办事处

【LED 外延片及芯片产业(一期)】

该项目位于清河新区景秀路西侧、珠海路南侧,由淮安澳洋顺昌光电技术有限公司投资建设,占地 132.48 亩,总投资 10 亿元,建设 8.9 万平方米产品研发中心、办公楼、生产厂房等。新购置外延炉 MOCVD8 台、电感耦合等离子刻蚀机(ICP)、MOCVD 尾气处理器等各类进口和国产生产及辅助设备,项目建成后,可形成年产 2 吋外延片 48 万片,芯片 72 亿粒(以芯片尺寸 15×23mil 测算)的生产规模。项目于 2011 年 9 月开工建设,2013 年 3 月投入使用。

项目领办领导:蔡绍忠　安毅之　金中保

帮办单位:发改委　新区管委会　白鹭湖街道办事处

【白鹭湖学校】

位于淮安市水渡口大道以南、杭州路以西、茂华房地产地块以东,占地 55 亩,总投资 1.5 亿元,新建校舍 43100 平方米,办学规模定为幼儿园 12 个班、小学 4 轨、初中 8 轨,在校学生约 2700 人。

学校的所有教育教学设施均按照江苏省现代教育技术装备省一类标准配置,每个班都装备了多媒体,有现代化装备的音乐室、美术室、舞蹈室、科学实验室、电脑室、监控室、多功能室、图书阅览室、报告厅等。学校于 2011 年 1 月开工建设,2013 年 9 月正式建成使用。主要满足清河新区西片区百姓对优质教育资源的需求,是清河区政府造福于清河新区西片区的惠民工程。

项目领办领导:高山

帮办单位:教育局

白鹭湖学校

【清河实验学校】

该项目位于淮安市北京北路 160 号,由原市交通技工学校和第十中学地块组成,总占地面积约 75 亩,总建筑面积约 44240 平方米,现代教育技术装备按"省一类标准"配置,总投资约 1.5 亿元。学校主要满足清河西片百姓对优质教育资源的需求,办学规模定为幼儿园 12 个班、小学 6 轨、初中 8 轨,在校学生约 3360 人。

学校拥有符合省标要求的实验室、音乐、美术、计算机专用教室及图书馆、科技馆、报告厅、运动场等设施。先进的校园多媒体网络系统和全覆盖的校园安全监控系统为教育教学提供了有力的保障。学校于 2011 年 1 月开工建设,2013 年 9 月正式投入使用。

项目领办领导:高山

帮办单位:教育局

校园一角

【地源热泵】

该项目位于清河新区曦园街东侧、深圳路北侧,由江苏华美能源科技有限公司投资建设,76.68 亩,建筑面积 2.7 万平方米,总投资约 2 亿元,主要从事地源热泵的研究、开发、设计和生产,并提供相关检测、调试、维修等售后服务和技术服务,全面建成后,预计年新增开票销售 2 亿元,将新增 400 多就业岗位,其中研发等高新技术人才 100 余人。项目于 2013 年 1 月开工建设,2013 年年底竣工。

项目领办领导:张平

帮办单位:白鹭湖街道办事处

城市建设 · 环境保护

◇环境保护与监测
◇房地产与旧城改造
◇园林绿化与交通旅游
◇城市管理

环境保护与监测

【概况】 2013年,清河区以“建设生态名区,打造魅力之城”为目标,以生态区创建为中心,加强城市生态建设,推进节能减排实施。全区水功能区水质达标率、饮用水源水质达标率、噪声达标区覆盖率均保持100%,绿色社区、绿色学校创建率100%,全区生态环境持续改善,群众环境满意度稳步提高。

【强化水环境整治】 按照“河长责任制”的要求,对古黄河、里运河定期开展巡查,及时了解河流水质及污染情况,发现问题及时上报、整改;对日常巡查发现的及群众反映突出的洪福河、小南河水质等问题,及时通报市、区相关部门进行整治,做到面清、岸洁。同时,加强对工业企业的排水监管,对小南河两侧所有排放污水的企业进行了排查并采取了水样进行水质监测,旺旺食品等企业实施了雨污分流改造工程,对清江药业、麦德森公司每月开展污染防治设施运行情况和污染源现场监察工作,确保污染防治设施的完好率,有效地控制了水污染物的排放,确保水质达标排放,城区河流水体消除黑臭,无劣Ⅴ类水体。

【强化大气环境整治】 大力控制餐饮业油烟噪声污染,多次对全区餐饮业单位油烟污染进行集中整治,特别是对工农路饭店一条街油烟进行专项整治,现有大中型及新上规模饭店全部安装油烟净化设备,新安装油烟净化装置62户,大中型餐饮业全部使用燃油、燃气等清洁能源,主城区气化率达95%以上。对油烟净化设备陈旧、油污较重的40余家单位限期整改,对百余家“五小行业”下发环保友情告知,城区油烟环境有了明显的提升。对可能影响大气自动监测站监测数据的企业加强监控,麦德森公司加装废气处理设备,确保二氧化硫、氮氧化物等主要污染指标达标排放。

【强化噪声污染治理】 联合公安、城管、工商、文体等有关执法部门和单位组成了联合执法组,采取联合执法、集中整顿的方式,针对建筑施工工地、文化娱乐场所扰民问题突出的现象,集中进行整治。一是对建筑施工工地和文化娱乐场所进行了整顿,对中鑫上城的乐巢99下达了限期整改通知书、关停了和平东路的花样年华两家歌厅,对红星美凯龙和亿力未来城夜间施工噪声扰民进行了处罚。二是集中开展了中、高考期间噪声污染专项整治行动。在整治过程中,逐个提前上门下发通知,要求所有娱乐场所和建筑工地严格施工作业和营业时间,为考生创造了安静的迎考环境。通过集中开展噪声专项整治行动,查处了一大批环境噪声扰民行为,从而进一步优化了市民的生活环境。

【认真落实环保执法责任制】 全面实行包片管户制度,对工业企业按照环保规范化建设要求,对全区重点工业企业实行“人盯厂”措施,对重点污染源每月现场检查一次,对一般污染源每季现场检查一次。对各类污染源各种污染物的排放情况及污染防治设施运行情况加强了现场监督检查,拆除利安科技公司生产催化剂车间的设备。通过巡查,及时掌握了辖区内各类污染源的分布和各种污染物的排放情况,为污染防治工作提供了可靠的依据。经过努力,7家重点企业建立了环保台账,完善了环境应急预案,厂区环境明显改观,杜绝了偷排、漏排现象,全区工业污染源达标排放率100%。同时在全区企业中开展循环经济的企业比例达到30%;其中金象减速机厂和旺旺食品有限公司开展循环经济试点工作;利安科技、旺旺食品有限公司和安洁医疗用品有限公司3家企业投保环境污染责任险,在工业企业中建立环境保护长效机制先行一步。2013年,共审批各类工业、经营性三产项目77个,对建成的71个项目全部完成环保验收。

【抓好固体废弃物安全处置】 对全区所有企业特别是新区企业的重金属排放情况进行拉网式排查,对清江药业、旺旺牛奶、麦德森化学等产生污泥的企业,加强后期管理、监督,确保固体废弃物都能得到及时、安全地处置。对全区13家民营医院和50余家个体门诊的医疗固体废物和医源性废水进行抽检、监测,逐户落实适时集中、专人运送、定期收集、定点处理等关键措施。

【认真处理群众环境信访】 区环保部门以维护广大人民群众的合法环境权益为根本出发点,严格执法,坚持公正、公开、公平的原则,及时处理环境信访投诉案件。一是畅通环境信访投诉渠道。除积极受理“12345”市长热线投诉外,“12369”环境信访投诉专线24小时开通,急群众之所急、想群众之所想、急事急办、特事特办。二是加大环境信访案件的办理力度,在规定工作日内将处理情况及时回复信访人,保证环境信访件件有着落、事事有回音。2013年全年处理各类信访投诉650件,办结率100%,反馈率100%,群众满意率90%以上。三是加强网络舆情监管,做好“阳光纪检”信访,发现有关投诉信息,第一时间反馈、处理,有效维护了群众的合法环境权益。

【规范排污申报,确保依法征收】 认真落实国务院《排污费征收使用管理条例》,加强排污稽查,促进排污申报与排污费征收工作进一步规范。一是积极夯实总量减排基础。把贯彻落实全面申报作为基础工作来抓,充分利用公共信息资源,全面调查污染源排放现状,实行动态管理,促进管理精细化。二是强力推进建设项目试运行期间的排污申报工作。定期对建设项目进度进行跟踪督察,依法对建设工程中产生废水、噪声等开征排污费,将管理辐射到项目的全过程。三是加强对重点监管企业排污稽查,进一步加大排污费的征收力度,促进企业节能减排。

【做好绿色创建工作】 多次与环保部宣教中心联系,了解

"低碳社区"创建工作的相关要求、程序、标准等，与相关社区对接，做好"低碳社区"创建的基础工作。各社区通过创绿活动，注重与居民的互动，提高居民环保理念，深化社区环境管理，特色亮点精彩纷呈。繁荣社区充分依托自身独有的优势，用社会管理服务平台向居民宣传环保知识，绿色宣传工作形式新颖多样，提高社区内居民的环保理念。西园社区年初将创建工作进行安排部署，社区有专人负责落实各项工作，将每项工作有条不紊按时开展。工农兵社区针对社区内商务写字楼及高档住宅区较多、社区居民环保意识普遍较强的特点，积极开展"告别职业病、楼宇白领爬楼梯""绿色办公，绿色生活"等特色创绿活动。西郊社区为村改社区，中老年居民众多，创绿活动热情高，社区因地制宜，开展了一系列丰富多彩的创建活动，与辖区内学校联合举办环保主题的书画大赛，组织环保达人、环保卫士、绿色家庭等30余人向社区居民发放精美的环保购物袋。目前全区38个社区全部创成市级绿色社区，其中省级11家；创成省、市级绿色学校7所，创建率达80%，绿色企业42个。

【注重生态创建宣传】 由生态办牵头，区相关部门协同配合，利用宣传栏定期出专栏、组织群众看录像、召开各种座谈会、请专家讲环保课、报纸电视宣传、组建绿色志愿者队伍等各个渠道，开展以"生态文明建设"为主题的活动，全方位营造创建氛围。通过组织自编自演的社区环保文艺演出，大力宣传节水、节能等低碳生活知识，全方位营造环保生态氛围。组建绿色志愿者队伍，在社区推行垃圾分类收集，推进小区节水、节能和新能源等设施建设，积极推广使用太阳能等清洁能源。在全区开展生态创建主题演讲比赛；围绕"6·5"世界环境日这一节点，发动38个社区集中开展各种主题创建活动；开展"生态淮安美丽家园"有奖征文比赛、"话生态谈环保"有奖建言献策活动。通过反复的宣传、教育和引导，辖区企业、居民的环保意识、责任意识明显增强，群众对环境的满意度稳步提高。

【完善环保目标责任制】 2013年，将县区环保目标进行分解，以责任状形式下达相关单位，定期进行检查考核。本局内部根据区政府以及市环保局下达的年度工作目标层层进行分解落实，明确具体责任科室和责任人，确保各项工作的完成；继续推行政务公开，不断拓展行政权力公开形式和内容。对行政许可、行政处罚等网上流转事项流程进行了优化更新，进一步简化办事流程，方便服务群众，定期更新环保局网站信息，在阳光淮安、微博建立发言人账户，拓宽民情民意渠道，及时处理群众意见投诉，自觉接受群众监督；加强干部队伍建设，贯彻落实党风廉政建设责任制。定期进行党组中心组、党支部、全体人员的思想政治学习活动，组织人员参加"清河发展论坛"等学习及各类业务培训，狠抓机关作风和软环境建设，"三重一大"事项及时报告，完善惩防体系建设，不断增强环保队伍的政治和业务素质、依法行政意识和职业道德水准；围绕"科学发展争一流"，积极开展各类创建活动。继续推行"101%"满意服务，围绕服务群众改善民生开展创先争优活动，落实好区创新创优项目，继续开展省级文明行业、依法行政示范单位创建活动，继续做好双拥、民生帮扶、爱国卫生、综治法治、食品安全、信访稳定、普法宣传教育等系列工作。

（供稿：王艳平）

房地产与旧城改造

【概况】 2013年，清河区住建部门完成新开征项目完成245户，14个拆迁扫尾项目122户。完成建筑业总产值45.28亿元，增加值12.3亿元，被市政府表彰为建筑业目标考核综合先进区。

【旧城改造及房屋征收】 2013年新实施征收项目5个、337户，签约245户；完成14个拆迁扫尾项目共122户；争取国家财政危旧房及棚户区改造补贴资金350万元。

区委书记王海平、区长张冲林调研旧城改造项目

【市政养护】 2013年，区境市政设施完好率一直保持在95%以上。全年共更换井框盖306套，雨水井213套，修复破损路面2500平方米。维修区属范围内的爱民路、昌盛路、利苑路振东路总计300多平方米。对革命小区10、11、12、13排，3区1排道路下水道进行改造总计3000多平方米。对全区范围内的破损路面进行排查，制订巷道修建计划。对全区范围的187余条下水道进行全面清疏，循环疏浚管网15万米，清理窨井5000余座，确保雨季不发生管网堵塞与积水事件。

【住房保障】 2013年，新开工建设各类保障性住房680套，竣工2600套(以往年度开工建设)。城镇保障性住房覆盖率达18%，完成了枫丹白露、清枫花苑、机关1号大院、大河新城(高层)等小区1265户、2753套安置房分房工作。

【物业管理】 对市委东大院生活区、和平小区、凤凰新村、隋园小区、白鹭花园等5个老旧生活院开展综合整治；根据省政府办公厅《关于印发江苏省城市环境综合整治行动实施方案的通知》、《市政府关于加强市区住宅小区综合管理工作的意见》等有关规定，实施老小区基本物业服务奖补，市区两级财政共安排资金800万元，用于增加保安、保洁，和公共设施设备维修。

园林绿化与旅游

【概况】 2013年，以"创建国家生态城市、打造绿色清河"为目标，积极开展绿化工作，落实春季绿化任务，派专业技术人员进行现场指导，完成漕运西路和齿轮厂游园工程，区重点项目丰收河绿化景观工程，打造占地面积3.96公顷的精品景观公园。区绿化管理部门按照国家园林城市的要求，立足长效管理，不断巩固绿化成果。区境内长年保持绿地整洁，色块、绿篱平整，外形线条流畅，球类光洁圆满，花灌木修建得体，行道树挺拔整齐。

【创建园林式单位(居住区)】 2013年，区政府积极鼓励和支持辖区单位和居民生活小区创建园林式单位（居住区），在已有庭院地面绿化基础上大力发展垂直绿化、屋顶绿化，提高办公、居住环境质量。

区境内景点简介(部分)

【周恩来童年读书处】 位于市区古运河北岸陈家花园，是周恩来嗣母陈氏祖辈的府邸。1904年秋，6岁的恩来随父母、嗣母移居清江浦(今淮安市主城区)外祖父的万公馆，并在万府家塾馆继续读书。外祖父万青选遗留下的丰富藏书，成了恩来童年获取知识的宝库。1905年9月，因万府家塾馆办得不理想，恩来随嗣母、生母迁居到万府南面的陈家花园。嗣母请来塾师，自立家塾馆。学生一共4人：恩来和他的弟弟恩溥，还有他的两个妹妹。在这里，恩来先后读了《四书》、《五经》、《西游记》、《水浒》、《三国演义》、《说岳全传》、《镜花缘》等多部古籍名著。1907年春，生母(万氏)病故，家塾馆因无力维持而关闭。恩来带着弟弟恩溥、恩寿返回老家淮安(今淮安市楚州区)附马巷居住。1994年10月周恩来童年读书旧址被中共淮安市委、市政府公布为首批市级爱国主义教育基地，1995年4月被省政府公布为第四批省级文物保护单位。1997年3月，周恩来诞辰100周年前夕，中共淮安市委，淮安市人民政府决定对周恩来童年读书旧址进行"修旧如故"全面整修，并将其作为向周恩来百年诞辰的献礼项目与文化设施建设的标志性工程。

【古黄河生态民俗园】 位于市区西北部，黄河故道南侧，东西长2800米，南北宽480米，占地114.4公顷。其间沟壑纵横，乔林掩映，自然生态及原生地形地貌独具魅力，梨树、桃树等各类果树2万余株，其它各类乔木10余万株。每当春暖花开之际，万花竞放，芳草如茵；金秋时节，硕果满枝，繁盛可观，桃子、李子、梨，各不相让。生态民俗园包括柳树湾风景区、桃花坞景区、植物园区、花卉基地四个景区。

柳树湾风景区 位于韩侯大道以东，健康西路以北，占地26.7公顷，景区内有1万多珠柳树和高大梨树，各种乔木10余万株。古黄河堤具有丰富地形落差和湿地环境，凸现"万树梨花漫天雪，一河杨柳一河烟"成为这里独特的风景。

桃花坞景区 位于生态民俗园东北部，又名"桃花岛"，历史上黄河夺淮冲积而成。景区占地18公顷，有桃花1万余株。2005年桃花坞景区被国家旅游局批准为AA级旅游区。景区内设有桃仙广场、古朴里茶座、桃缘展馆、东入口吊桥、拟木拟石的山水瀑布、桃花涧农家乐等景区，院内还设有儿童乐园、仿古射箭靶场、篝火广场、野炊台灯游乐设施。每年在桃花盛开的时候举办桃文化节，在桃子成熟之际举办"游园赠桃"、"自由摘桃"等活动，增添了游客的游园情趣。

植物园区 在园区中部33.33公顷的土地上植有130多种苗木，计30万余株。通过自主对外联合的各项科研活动，引进了美国红枫、日本红枫、紫叶矮樱、红叶石榴等彩色树种15个。

花卉基地 位于桃花坞对面，占地4公顷，为目前苏北地区最大的专业花草生产基地。每年生产矮牵牛、鸡冠花、一串红、孔雀草、海棠、太阳花等各种优质花草200万盆。

【淮安市博物馆】 位于淮安市区健康西路146-1号，于1997年10月建成，并对外开放，馆名由爱新觉罗·溥杰先生题写。该馆为综合性历史博物馆，是全市文物收藏、陈列和考古研究中心，同时还是淮安"爱国主义教育基地"、"科普教育基地"、"法制教育基地"，是淮安市精神文明建设的重要窗口和示范点，也是中外宾朋、到淮参观游览的艺术殿堂。博物馆主楼高四层、局部五层，四周嵌贴大理石，庄严宏伟，洁净典雅。馆内一楼设会议中心；二楼为展示大厅，随时承接文物、书画和其它门类的各种临时性展览；三楼设文物展厅，分为《淮安历史文物陈列》、《淮安文物精品展》两大基本陈列展览，；四楼设书画展厅，《徐伯璞先生捐赠书画作品展》、《馆藏淮安现代书画作品展》为基本陈列。博物馆多次承接各种学术报告会和专业讲座。

【石塔湖公园】 位于漕运西路北侧，人民北路东侧，占地3.5公顷(水面2.64公顷)。，1997年6月1日建成后即向广大市民免费开放。公园保留了原有地貌水体，筑以乱石驳岸、镂空围墙，沿岸栽植雪松、棕榈、垂柳、碧桃、桂花等四季花木，饰以置石、凉亭、小品、雕塑，营造休闲氛围。湖面碧波荡漾，各色游船徜徉踯躅。环湖设置园灯，主要景点缀以霓红灯。公园处于老城区，与市青少年宫隔路相望，是青少年和老人休息活动的好去处。

【钵池山公园】 钵池山公园位于淮安主城区东部，翔宇大道东侧，西于水渡口广场接壤，北邻水渡大道，东邻南昌路，南邻珠海路，景区占地120公顷，其中水面45.33公顷，是一座展示着绿水城市风范，承载“吴韵楚风”的标志性园艺博览风景园。园内景点众多，有置于叶形地面上，成为广场视线焦点的E时代雕塑，有寓意13个参赛城市的景观长廊，有让人感觉更亲近自然的亲水平台等等，整个公园景色秀美，湖水清浅，四季植物姹紫嫣红，人们在观赏、行走间得到乐趣，体会着自然环境与人类活动的和谐一致。山体及其外围和入口处的群组建筑、赤红的天然石与人工塑石的巧妙组合、垂直的瀑布墙给人以气势恢弘、典雅及浪漫之感。别致的建筑与雄伟的山体交融，成为公园中的视觉焦点。山子湖中的蓬莱、方丈、瀛洲“三座仙岛”和似杨帆之舟的滨水温室，再加上蝴蝶翩舞的金蝶园一起构成一幅空间层次最为丰富的湖岛景观图。还有儿童乐园、桃花涧，北入口处的古典编钟，“十三城市景区”——南京的知鱼乐栈、徐州的两汉古韵、连云港的烟雨云港、淮安的蒲风柳月、南通的夕石唱晚……各景点的布局装饰独具匠心，各具特色，散布于公园各处，将整个钵池山公园装点得诗情画意。整个园林的植物配置上，充分考虑四季植物特点，尊重自然环境，不同季相、花期、高矮、色相的植物、地被的选择配置，构思独特，巧夺天工。经过精心布局的公园四季都会有其特点。

【中洲公园】 位于淮安市大闸口以东，四面临水，为里运河和越河合抱、地势狭长的半岛，形如游龙戏水。岛西首分别通过若飞桥和越闸与运河南北两岸相连，自明永乐年间平江伯陈瑄督建清江大闸（即现若飞桥、越闸）形成中洲之地貌至今已有五百多年的历史。中洲公园是进入21世纪后，淮安市委、市政府依照中洲特有的历史文化背景和地理环境建造而成。公园内丰富多彩的常绿落叶乔木、竹类、花灌木、大片地被植物增加了园林的层次感，在绿叶丛中耸立的清江浦楼成为该地区的视觉中心和水陆视线的焦点。岛上的文化中心、枫林晚照、夕照亭、亲水平台等一系列景观设施各具特色，与清江浦楼一起形成中洲美景，营造出一个具有运河文化底蕴的高品位的旅游休闲区。越河段疏浚综合整治工程的实施，使中洲碧水垂柳，清砖岱瓦，水乡秀色尽显。

文化中心是中洲公园的主体建筑，面积9546平方米，建筑物若隐若现于绿化带中，宛若天成。建筑内部通过院落组织空间，以迂回起伏的长廊连通各房间功能，观赏游玩时，蜿蜒曲折，别开生面。建筑物采用淮安地方坡屋顶建筑特征，高跨比1:4，屋顶压脊，“一起三折”，屋顶搭接灵活，种类丰富，主体梁、柱、屋面采用仿古结构，外门窗皆为木结构，室内墙壁刷白，外墙采用小青砖贴面，具有浓郁的明清庭院风格。“淮安名人馆”、“淮安城市规划博物馆”、“淮安戏曲博物馆”均设立于此。

新清江浦楼是中洲公园岛上的标志性建筑，创意源于旧清江浦楼，建筑面积640平方米，楼高23米，明代风格仿古结构，五层楼阁（明三暗二），底层基座稳健厚重，明层出平台可凭栏观景，屋角冲三翘四，出檐深远，形象秀丽，屋顶十子脊，建筑造型丰富多彩，令人回味。“淮安楹联馆”设于该楼。

中洲公园全景

【大运河文化广场】 位于里运河北岸、古清江大闸和水门桥之间的漕运路（原河北路）北侧，占地面积约7万平方米，为淮安市区最大的市民广场。淮安地处大运河和淮河（故河）交汇处，向为漕运襟喉、南北要津，历史上形成了集河、漕、盐、榷、驿为一体的独有的“运河文化”特色，大运河文化广场即为体现这一历史文化景观而兴建。广场北端中心位置耸立一座抽象性主题雕塑，两侧辅以8幅石质浮雕，内容为：夫差末口陈兵图、磨盘（口）敇、舟待潮图、清江浦（漕）仓（船）厂盛况图、漕督躬亲盘验图、康熙码头巡河图、舟船过闸艰险图、通衢古驿晨旅图、水上立交壮观图。浮雕前有音乐喷泉。广场东西侧还竖有16根灯柱，每根灯柱雕塑一位历史名人。右9根塑淮籍历史名人：韩信、枚乘、鲍照、梁红玉、龚开、吴承恩、阎若璩、吴鞠通、关天培；左7根塑治河治运历史名人：陈登、乔维岳、陈瑄、潘季驯、靳辅、郭大昌、黎世序。

广场环以绿树，间以草坪，气势恢弘，可容万人集会。2002年9月，首届“中国淮安·淮扬菜美食文化节”暨中国烹调协会授予淮安市“中国淮扬菜之乡”荣誉称号仪式在该广场举行。中央电视台《同一首歌》剧组以大型歌舞晚会为文化节活动揭幕。

【古淮河文化生态景区】 古淮河文化生态景区位于淮安市清河新区内，南起深圳路，北至古淮河水域南岸，西靠宁连路，东临青龙湖路和河畔路，2006年开工建设，2008年6月整合启动。古淮河生态景区围绕“生态新城、休闲之都”的主题，以“水新区、绿新区、夜新区、景新区”为理念，通过对滨河绿地系统的开发与改造，挖掘古淮河的生态、景观、娱乐、休闲等方面的潜能与优势，为广大市民打造一个集运动、休闲、旅游、观光和娱乐为一体的国家AAAA级景区。整个景区由几大景观功能区构成，总占地面积约112.3公顷，投资约4.2亿元。景区由青龙湖公园、白鹭湖山庄、清河生态园、净潭广场、农家乐、清河城市馆、中国西游记博物馆、长荣大剧院、红娘广场、清河文化馆、古淮楼、中国淮扬菜美食文化博物馆、古淮河生态公园、等组成。

【清河生态园】 占地约5.66公顷，建筑面积12000平方米的清河生态园，内设160个餐台，其中豪华园林式包间40个，可同时容纳1000人就餐。生态园以“生态餐厅、绿色文化”为主题，寄餐饮情趣于山水亭榭之间。

【净潭广场】 位于清河生态园北侧，2008年6月开工建设，同年底初具规模，设有一个下沉式广场，观众看台，游廊小息。主要提供给市民一个露天的舞台。赋净潭记。

【江淮婚俗馆】 位于古淮楼地上一至三层，共分四个部分，即序厅、牵手厅、成双厅和偕老厅，再现传统江淮婚俗文化特色。三层为幸福铜钟悬挂区域，新人或夫妇撞钟祈福，寓意“幸福终身”。幸福铜钟通高2.17米，口径1.39米，壁厚8厘米，重2吨。钟身圆柱形，由上向下渐大。提梁饰双龙纹，肩有九乳。腹有龙凤二对寓意龙凤呈祥，将钟身分成上下两部分。上部铸有小篆体祝福铭文28行，每行4字，系文史专家、淮安市政协副主席荀德麟所写。下部饰四尊神仙，口铸“福禄寿禧”四个大篆字，唇作八瓣荷花型，在花瓣上铸四个双喜。此钟铸造时间定为2009年2月19日，寓意相爱到永久。

铜钟铭文：

悠悠日月，依依阴阳，一朝交泰，天地呈祥。
男婚女嫁，人生事大，盘觚开天，几多神话。
牛郎织女，伏羲女娲，相濡以沫，万古光华。
茫茫尘海，今世情缘，赤毯红证，心手同牵。
人生伴侣，共筑巢林，平常日子，相敬如宾。
有福同享，有难同当，无怨无悔，相携相帮。
爱国爱家，利民利邦，洪钟撞响，幸福久长。

【淮安运动乐园】 位于宁连路西侧的古淮河文化生态景区内，占地面积约300亩。该乐园划分为拓展区、水上区、攀岩区、军事区、休闲娱乐区等，结合周边地形地貌，建设集少儿游乐、攀岩、真人CS、水上运动等项目于一体的运动体验型的拓展乐园。该项目的建成使整个景区在兼具观赏、休闲的同时，更加平添游乐体验的乐趣。

淮安运动乐园

【古淮河生态公园】 占地约53公顷，东西长约1.8公里。公园内公园设湿地互动、拓展健身、同心纪念、古河堤风貌4个功能区。水上漂流、划船垂钓、休闲烧烤；旖旎桥、灵鹊湖、双雁湖、同船渡、青浦宫、灵犀桥、漱玉溪、情相涌、莲子亭；缘定桥、执子之手、连理脉、缱绻桥；同心林、并蒂廊、许愿树、淮风台、双凫桥、同心广场；鹊仙引渡、鹊桥、比翼亭、合欢亭、凤凰廊、和瑟桥、鸣琴亭、琴瑟和乐亭、千年渡等景点分布公园4个功能区。

【白鹭湖山庄】 白鹭湖山庄位于宁连路东侧，水渡口大道南侧，占地约2公顷。

该山庄，以明清时期江淮流域民居元素为主要风格，集住宿、餐饮、洗浴、娱乐、休闲等为一体的高端园林式酒店，是“十大经典淮扬菜名店”之一。

【清河生态美食城】 寄餐饮情趣于山水亭榭之间，它以“生态餐厅、绿色文化”为主题，是一处利用现代造景技术打造的融文化、生态、名人典故于一体的特色餐厅。

【清淮农家乐文化休闲街区】 建筑面积约2万平方米，是一片融特色餐饮、住宿、休闲娱乐、精品购物为一体的休闲商业街区。内设有王子会馆、湖鲜馆、大年人家、江淮土菜馆、公爵花园汽车旅馆、花园KTV、勿忘我婚庆婚纱摄影、阿拉法奇妙世界体验馆等。

【淮安开元国际大酒店】 淮安开元国际大酒店坐落于古淮河生态公园对面，总规划面积660.5亩，其中酒店占地110多亩，配套公园占地500多亩，建筑面积5万多平米，拥有各类客房300多间，实现生态、园林、环境、人文、营商等主题完美融合，环境优美、布局合理、功能齐全、配套完善，是集会议、接待、餐饮、商务、休闲、娱乐于一体的五星级生态园林式国际大酒店。

开元国际大酒店

【红喜会馆（薇婷礼堂）】 是集婚庆展示、婚庆策划、婚庆餐饮等于一体的主题会馆，主要包括可承接100桌喜宴的花瓣形婚庆大厅；可体验西式婚礼、欧式风格的移动婚礼教堂；通向湖面的星光大道、依湖而建的花冠码头、湖滨栈道和300平方米的圆形舞台，可以举办中西式婚礼，真正做到“除了新娘什么都不带”。

【白鹭湖·奥特莱斯购物公园】 周边白鹭栖息、生态优良，拥有自然湖光景色，是一处人与自然和谐共生的滨水生态景观区。园内奥特莱斯购物中心，建筑面积达3.6万平方米，齐集国内外200个的服装品牌，集服饰、鞋帽、珠宝、皮具、运动休闲、家居饰品之大全，是融购物、休闲于一体的大型商城。

【青龙湖(国际)健身会所】 青龙湖健身公园，又名青龙湖(国际)健身会所，占地约20.6公顷，利用原生态系统，原有林带，沿宁连路一侧设置宽度不等的绿化控制带，形成覆盖率较高的绿色生态走廊。结合地形地貌的特点，以运动、生态休闲、水景为主体，布以长廊、景亭、拱桥、岛屿、木屋等设施，以供广大市民及游客健身、游憩。

【周道CEO养生会所】 周道养生馆位于古淮河文化生态景区东区，中国城市化史馆东附楼，占地约5000平方米，拥有风情各异的客房和豪华套房多间，设足浴、健康保健、香薰SPA、水吧等多种休闲服务项目，以顶级的设施、一流的服务，寓养生于自然美景之间，体贴、细腻、周到的服务之中，为您提供最天然、最绿色、最安全的特色健康服务，是您商务谈判、个人保健、休闲放松的理想场所。

【古淮楼·江淮婚俗馆】 古淮楼坐落于淮安市清河新区风光秀丽的古淮河文化生态景区，据考证，此处原为“淮角楼”，始建于宋代，因淮水至此转陡弯向南而得名，后因战乱水灾损毁。2008年底，地方政府着手恢复重建，全国人大常委会原副委员长许嘉璐为其题名为“古淮楼”，并撰《古淮楼记》。

古淮楼采用层层叠檐升起的建筑风格，楼高18.36米，地上三层，地下二层。站在古淮楼上，向北一览古淮河风光，南眺可将新区全貌尽收眼底，是观景览胜的绝佳地。

江淮婚俗馆位于古淮楼地上三层，含牵手厅、成双厅和偕老厅，整个展馆将江淮婚俗元素融入整个建筑，以更为生动的形式展现传统婚俗文化，三层铸有幸福铜钟，众多新人和夫妇可敲响幸福钟声(谐音幸福终身)，许下爱情诺言。

牵手登临古淮楼，共享人生幸福久。

【清河城市馆】

不出此馆便晓清河

清河城市馆坐落于淮安市清河新区风光秀美的古淮河文化生态景区，建筑面积1500平方米，是一座集中展示清河城市形象、反映清河城市文化内涵、描绘清河城市发展蓝图的综合性展馆。展厅由历史厅、现代厅和未来厅三个部分组成，展馆以“悠久历史、辉煌成就、宏伟蓝图”为主题，通过新颖的展示理念，丰富的展示内容和现代化的展示手段，全面展现了清河南船北马、商贸名区、美食天堂、婚庆之都、生态新城、和谐家园六张城市新名片，可让来访者“不出此馆便晓清河”。

了解清河从这里开始。

【清河文化馆】 达到国家一级馆标准，于2008年7月8日开工建设，同年12月30日投入使用，总建筑面积约3460平方米，内院式布局，主体分前后两栋，四周用连廊连接，北侧有一室外游廊延伸至古淮河边，配有服务用房、茶社、游亭和画舫。在入口处设有展览大厅和大教室，另设有书画、少儿活动、器乐、声乐等工作室16间。馆前的鸿禧广场左右两侧嵌有十二生肖图案，生动描绘了民间属相搭配的婚俗文化。著名诗人赵凯等淮安文化名人工作室设于此馆。

【长荣大剧院·荀派艺术馆】

江苏演院线旗舰剧院

长荣大剧院座落于淮安市清河新区风景秀丽的古淮河文化生态景区，以著名荀派京剧大师宋长荣先生而得名。剧院内配备了省内一流的灯光、音响等设备，是一座具备戏曲表演、数字放映、音乐综艺、会议、论坛、展览等功能的综合性场馆。

剧院拥有可容纳约800人同时观看演出的大剧场、五个风格迥异的豪华包间和一流豪华的数字电影小厅。长荣大剧院是苏演院线旗舰店，也是承接市内外乃至省内外演艺活动的重要场所。尤其是剧院内的荀派艺术馆，展现了荀派京剧艺术的源远流长以及著名荀派京剧大师宋长荣先生的艺术生涯，使游客更深刻的了解京剧艺术的无穷魅力。

剧院正门前，以红娘雕塑为中心，建有以歌颂美好爱情为主题的文化广场。置身广场，如游画中，游人能感受到浪漫爱情的浓郁氛围。

【中国城市化史馆·淮安国际摄影艺术馆】

中国城市化史馆是一座以人类城市化进程为主题，集展示、研究、宣传、教育、交流、收藏为一体的专题性城市文化博物馆，占地约35.6亩，建筑面积1.6万平方米。通过追述人类与城市化、国际城市化的历史进程，中国及其世界城邦文明、淮水岸边的城市化与淮水人生存方式，阐明人与自然和谐发展的科学发展观，增强科学发展意识，促进经济、社会、文化和环境的和谐发展，是广大市民和来访游客了解人类城市发展起源的系统知识宝库。

淮安国际摄影艺术馆，建筑面积2万平方米，是一座以摄影艺术为主题，集展示、研究、宣传、教育、交流、收藏为一体的专题性展馆。艺术馆除了集中展示郎静山的生平及艺术成就，还将成为摄影艺术探讨研究基地、文化交流展出平台和艺术教育培育辅导中心，以弘扬中华摄影艺术，推动海峡两岸文化交流。

【中国淮扬菜文化博物馆】

上海世博会“世博之旅”景点

全国首家最大主题性菜系文化博物馆

中国淮扬菜文化博物馆位于古淮河文化生态景区，总建筑面积6500平方米，集学术性、知识性、趣味性、参与性于一体，是目前国内最大的主题性菜系文化博物馆。主要以淮扬菜发展历程为主线，由“河馆”(剖析淮扬菜形成的自然和历史背景)、“菜馆”(讲述淮扬菜发展历程)、“民俗馆”(展示淮扬菜流风遗箴)和“品尝馆”(品学淮扬菜)四个展馆和中国淮扬菜文化研究院(致力于挖掘、研究、传承和推广淮扬菜文化)组成，让游客领略淮扬菜文化的科学的生活理念、高尚的审美情趣,宏大的博爱情怀。

【中国西游记博览馆】

“人来神往乐享千年”

中国西游记博览馆位于吴承恩故乡——淮安，是目前全球唯一一个综合应用声、光、影像等高科技手段对古典名著《西游记》进行全面溯源和演绎的大型文化主题展馆。该馆占地面积2600平方米,将名著故事、背景、情节通过立体影声生动再现和多方位演绎，并率先全面展现了近年国内学界研究《西游记》的创新成果。该馆是弘扬西游记文化,打造“创意清河”品牌的重要载体,展馆分“奇人奇书”、“西游地图”、“风靡世界”、“梨园百家”、“书里书外”、“大话西游”、“游戏体验”七大部分,展现神奇瑰丽的西游记文化。

城市管理

【概况】 2013年,清河区城市管理工作紧扣“精细、规范、创新、和谐”四个关键词,切实增强责任意识、紧迫意识和大局意识,抓管理、带队伍、强作风、树形象,深入开展文明创建活动,全面丰富清河区和谐城管品牌。全年共办理一般程序行政处罚案件113起,实施现场处罚872起(含警告、责令改正等非经济处罚案件)。所办案件均未被提起行政复议和行政诉讼案件。3月份,淮海广场清扫班获得了中华总工会颁发的全国五一巾帼标兵岗荣誉称号。

【以严抓依法管理为核心，提高执法水平】 一是完善依法行政制度。先后制定了《重大行政处罚决定审查制》、《行政执法责任制和执法过错追究制》等一系列执法责任制度,明确城管执法的每一个标准,细化城管执法的每一个环节,规范城管执法的每一个行为,做到有章可依、职责明确、违反必究、责任到人。二是坚持规范执法。认真贯彻《中华人民共和国行政处罚法》、《行政强制法》等法律法规,严格设定城管行政执法程序和办案权限、时限,进一步规范行政处罚自由裁量权,坚持重大案件集体研究制,不断推进公开、公正、公平执法。三是强化执法监督。在内部监督方面,坚持以制度管人管事,并逐步形成了比较完善的管理框架。完善社会化监督体制,建立健全与人大代表、政协委员、市民代表沟通联系制度,主动接受外部监督,注意加强与网民的沟通交流,欢迎广大网民监督,提出宝贵建议。为进一步提高城市管理水平,更好地为民服务,在淮水安澜淮安振兴板块公开征集2013年城市管理重点工作建议。四是推进权力阳光运行。推行行政权力网上公开透明运行,对凡不违反保密规定的行政执法权限、职责、依据、程序等全部上网公示。进一步明晰、细化工作流程,将所有行政许可、处罚事项全部纳入网上执法平台,初步实现了行政执法的公开化、执法行为标准化和执法监督数字化。

【以开展义工服务为抓手,共创和谐清河】 2013年,清河城管全面开展义工服务活动，成立“环卫义工志愿者服务队”,环卫工人、城管队员利用春节、学雷锋日、五四青年节等时间,走进困难家庭、困难企业生活大院、无专门机构(或人)管理的小区等,进行走访、慰问、开展义工服务。先后组织600多人(次)7批次义工回报社会、感恩社会活动。4月11日,在得知淮海街道北新村社区有很多特殊困难家庭需要帮助时,环卫工人仅用1天时间,为其捐款9328元。

【创建“零违建”区,争创一流管理】 2013年,清河区政府坚持“零违建区”创建的要求,严格落实属地管理责任,坚决执行“零补偿”规定,按照“及时发现、及时制止、及时拆除”的“三及时”工作标准,进一步明确目标,突出重点,强化措施,扎实苦干,各项工作有序开展,创建工作取得了阶段性成效。一是严格防违保证金制度。各街道办事处及负责人向区防违办上交防违保证金后,要求村(居)及村(居)负责人也缴纳一定数量防违保证金。二是严格督查考核。区防违办与区纪委、软建办建立督查联动机制,加大对违法建设防控工作中包庇纵容违法建设行为的单位、个人以及行政不作为、慢作为、乱作为、滥用职权等失职行为的查处力度,同时改过去的防违保证金一年一考核兑现为每月考核兑现。三是继续保持高压态势不动摇。对新建违法建设,坚决做到当天发现、当天拆除“不过夜”、不留“尾巴”。在违法建设拆除过程中,强化跟踪问效落实责任,注重联动机制形成合力,对性质严重的违法建筑除了拆除外，还要追究防违人员工作责任,实现“拆除一处、震慑一批、教育一片”的目的。全年共接到各类违法建设交办件148件，其中市防违办交办件142件,区级信访件6件,查处属实的违法建设34起,拆除违法建设面积453平方米，每一新发生的违法建设都得到了及时处理。

【打造美丽清河,争创一流佳绩】 一是道路清扫保洁。实行长效管理,严格内部考核,严把清扫质量关。清扫保洁量按照重点繁华道路3200平方米/人,城区内道路3600平方米/人,外围道路4000平方米/人标准配置,每个班组约15人,每人轮休一天,劳逸结合。加大机械化清扫力度,延长机械化清扫时间,扩大器械化清扫面积,减轻一线环卫工人劳动强度。目前,机械化清扫面积达到192万平方米,清扫率达到64%,已基本覆盖全区所有主次干道。11月份,新购置2辆小型电动扫地车，以解决大型机械化车辆对慢车道和后街背巷清扫保洁不便的问题。二是公厕清理保洁。实行定人、定岗、定质量,每天实行片长例会制度,查找问题,采取措施及时整改,同时实施精细化管理,投入1.36万元,为主城区内91座公厕安装103块导示牌，安装率达到99.6%,最大限度地为市民服务。全年累计清理粪便5377趟次,约

10754多吨，为100多家企业、社区、学校、敬老院、无人管理的小区等清理化粪池500多车次。三是做好垃圾清运工作。对全区13座垃圾中转站进行严格考核，规范管理，场地内外干净整洁，垃圾日产日清。另外还要求对垃圾清运车辆每天进行洗刷，保证车容车貌干净整洁，同时利用GPS高科技手段合理调度，全年节省油耗62900公升，降低车辆运行成本48万多元。四是实行垃圾分类试点工作。为了适应经济社会的发展需要，今年开展垃圾分类试点工作。在市委北大院主要入口处设置了分类收集亭，摆放了包括厨余垃圾、可回收垃圾、其他垃圾以及有害垃圾四个回收桶，在每个单元楼之间设置厨余垃圾和其他垃圾两个回收桶，保洁员每天进行清理。

【坚持精细管理，提升管理效能】 一是积极开展市容环卫责任区工作。建立辖区所有沿街单位、商户和小区的资料数据库；迅速落实新版《淮安市市容环卫责任区责任书》的签状张贴工作，明确责任主体、责任内容和责任范围；注重创新工作思路，充分调动广大商户和市民共同参与城市管理的积极性和主动性。市容环卫责任签状率达到100%。二是大力开展专项整治行动。相继开展了健康新村违规开门清理行动、菜场周边环境和流动摊点专项整治行动、大治东路"畅通工程"保障行动、市容整治突击月行动、户外广告整治活动等一系列专项整治行动，共计处理各类违规行为300余件，进一步净化了市容环境。三是安全管理工作常态化。定期召开驾驶人员安全会议，利用GPS加强车辆管理、监督，动态了解车辆运行情况，掌握运行路线，警示驾驶人员，提高车辆安全系数。要求保洁员做到不闯红灯、不在绿灯下捡拾垃圾，雨雪天气不在快车道捡拾垃圾。对所有作业车辆实行一年两次维保，确保车辆正常安全行驶；为保洁员配发标志服裤子，一线保洁员配备警示灯900个。

【关爱弱势群体，情系环卫职工】 一是继续落实爱心早餐。在2012年290名一线环卫工人享受到这一福利的基础上，2013年提高到302名，让更多的环卫工人享受政府的关心。定期调整套餐，灵活组合，在保证食品质量的前提下，确保上早班的环卫工人能够吃上"干净、热乎、营养合理"的早餐。二是关爱职工身体健康。想方设法，协调辖区服务、医疗质量、环境设施等较好的医院和社区卫生服务中心，11月4日起，为741名聘用人员环卫工人免费体检，并由单位建立职工体检档案。三是发放各种劳保福利。为所有职工发放保暖内衣、棉手套、棉雨靴等防寒保暖物品近900套。每季度发放一次聘用人员与在编人员一个标准的劳保用品。争取春节等节日发放过节费和慰问品。为环卫工人、协管员高标准发放高温费800元/人(4个月)。从8月份开始为聘用人员缴纳"五金"和高标准参加人身意外伤害保险。四是开展丰富多彩的文娱活动。设立职工之家，设置阅览室、健身中心、活动中心，配备各种书籍、健身器材，丰富职工业余生活；在元旦、春节、环卫节期间，开展职工趣味运动会，举办职工自娱自乐的晚会；成立环卫单车俱乐部，定期组织职工到周边县区进行骑行，愉悦身心，增长见闻。

综合管理与监督

◇软环境建设
◇发展与计划管理
◇价格监督与检查
◇国土资源管理
◇审计监督
◇安全生产监督
◇统计

软环境建设

【机关作风建设和软环境建设】 2013年4月28日清河区制定并下发《中共清河区委清河区人民政府2013年度作风建设和软环境建设工作意见》、《中共清河区委清河区人民政府2013年度作风建设和软环境建设考评办法》，加强对全区各部门和单位作风建设和软环境建设工作的监督指导力度。一是围绕"清风行动"开展作风建设明察暗访。组织政（风）监督员开展了三次明察暗访活动，每月不定期开展网络监管活动，共查处通报50名违纪违规人员，责令相关部门和单位调查处理。配合党风室开展公车使用情况明察暗访。二是认真开展考核评议工作。评选出商务局、检察院、法院、府前街道、淮海街道等部门为2012年度机关作风建设优秀单位。

【企业服务工作】 2013年，根据市纪委统一部署，结合清河区实际情况，区软环境建设办公室开展"三服务"（服务企业、服务群众、服务基层）阳光工程。一是制定清河区助推发展101%服务专项行动实施方案。2013年5月21日，下发《区委办公室区人民政府办公室关于印发〈改进作风助推发展专项行动实施方案〉的通知》，制定出台了清河区实施方案。组织全区党员干部、涉企服务部门和单位赴企业深入开展走访调研活动，各街道在本辖区内选择100家小微企业（含个体工商户）逐户开展走访调研。软建办定期对走访调研情况跟踪督查。6月25—28日，区软建办对部分列统企业进行了走访调研，查找涉企服务中存在问题，并向企业发放"清河区101%服务承诺卡"，建立双向互联机制。

【"三服务"工作】 2013年3月23日、10月30日，区软建办分别开展"践行101，推进'三服务'"改进作风助推发展现场质询评议活动。两次活动共邀请了区人社局、教育局、民政局等18个涉企为民部门和单位的"一把手"开展集中述职评议活动，重点向群众述职如何服务企业、服务基层、服务群众以及今后安排打算后，现场接受群众的质询评议。近50名群众代表和基层代表就医保、就业、环境污染、物业管理、小区绿化、孩子入学等热点、难点问题进行了现场质询、提问。区软建办对所有的50件问题进行了交办、督办，基本全部办结。市电视台对活动给予报道。

【督查督办工作】 围绕区委、区政府年度重点工作和目标任务，深入开展督查督办，推动工作落实。先后开展了税源经济、统计规范化建设、计生工作、防汛抗旱工作、防违治违工作、慈善"580"救助、区政府50项重点工作、"土地执法模范街办"创建、市政府为城乡居民办十件实事和区政府十大惠民工程、"三大保险"扩面、全民创业淮商崛起、向上争取资金、创业型城区创建、书记办公会议纪要和常委会会议纪要部分事项等督查，编发督查通报22期。区委书记王海平对两期督查通报进行了批示，肯定了督查成效。

【市场准入与监管制度改革工作】 2013年9月，区委、区政府落实市委、市政府关于市场准入与监管制度改革会议精神，由区委办、区政府办联合下发《关于成立清河区市场准入与监管制度改革工作领导小组的通知》，领导小组办公室设在区软环境建设办公室。22日，领导小组办公室结合实际制定《清河区市场准入与监管制度改革实施方案》，下发《关于制定市场监管实施办法的通知》。27日，领导小组办公室印发《清河区街道办事处出具住所（经营场所）产权证明办法（试行）》和《住所（经营场所）产权证明（样本）》。2013年9月30号，清河区在淮安市各县区中率先颁发改革后的首张营业执照，得到市级领导认可。加强对市场准入与监管制度改革工作的领导，不定期召开改革工作座谈会，了解改革工作中遇到的问题；建立改革工作QQ群，协调各监管部门工作，保障改革工作顺利推进；对全民创业淮商崛起工作一月一督查，推进清河区创业工作有效实施。区市场准入与监管制度改革工作得到市市场准入与监管制度改革督导组的肯定。

【信访办理】 区软建办坚持以百姓利益为重，以服务群众为本，坚持深入基层、深入群众，从人民群众普遍关心和涉及群众切实利益的问题入手，切实为基层群众办实事、解难事。截至目前，共办理群众反映问题信访件32件，其中政风热线交办14件、市软建办交办12件、自收6件，全部办结。

发展与计划管理

【固定资产项目审批进一步规范】 做好"三个服务"，争创"三个满意"，以"便民、高效、廉洁、规范"为宗旨，用最大的热情和友情为企业和全区重点项目服务。实现了审批工作"业务零偏差、流程零障碍、明察暗访零违纪"。全年共受理审批项目40件，办结40件，办结率100%，满意率100%。

【"收费许可证"年检】 2013年，根据市物价局统一安排，严格把好《收费许可证》年检关，取消不合理收费项目，共对全区63家单位《收费许可证》进行收费年审、换证工作，年检换证率达100%。

【规范4S店价格行为】 2013，重点检查和提供服务时是否严格执行国家有关价格法律法规政策，依法实行明码标价和收费公示，标价和公示的格式是否经物价部门监制。各汽车经销单位，销售商品是否违反《关于商品和服务实行明码标价的规定》《禁止价格欺诈规定》等规定，自立名目乱收费，价外收取未予标明的费用。营销活动中，是否存在商品模糊标价和发布虚假降价让利信息等价格欺诈行为。

价格监督检查

【“12358”品牌效应进一步增强】 加强“12358”举报平台建设,建立举报案件快速反应机制,随时接受和处理群众投诉的举报案件,“12358”举报电话品牌效应进一步增强共受理价格举报咨询50余件,解答群众价格咨询60余人次,做到价格举报咨询办理率100%,回复率100%。

【开展收费专项检查工作】 2013年,重点开展涉农收费、教育收费、旅游行业收费等专项检查,先后组织开展对30余户种子、农药经营户和20余家汽车4S店价格执行情况进行专项检查;对市区6家三星级以上酒店和3家景区收费价格进行检查;对全区12所中小学的教育收费执行情况进行检查,进一步巩固了治理教育乱收费工作成果,切实维护了学生和家长的合法权益,推动教育事业的健康发展。

【节日市场价格监管】 2013年,清河区物价检查分局,在元旦、春节、五一、十一等重大节日,共组织10个检查组分别对市场进行价格监督检查,规范市场价格行为。

【价格鉴证(认证)工作】 2013年,清河区价格认证中心共出具价格鉴证结论书264件,鉴证金额2679万余元。其中受理涉刑案件财产价格鉴证242件,鉴证金额1327万余元;受理民事及其他案件价格鉴定22件,鉴定金额1352万余元。

【建立重点行业、重点商品的价格监测制度】 已建立钢铁、线材为重点的价格监测制度,对14种钢材(包括48种规格)价格进行监测,并在辖区内设立3个定点监测点,8个流动监测点。每月采集价格数据两次,撰写月度、季度分析监测报告,及时上报、归档。

【稳步推进平价店建设】 通过制定《关于进一步加强农副产品平价商店管理的通知》进一步规范平价商店运营,对平价商店工作人员进行一对一的跟踪培训辅导,使平价商店管理更加科学化、规范化,真正做成“平价店、惠民店、长寿店、品牌店”。2013年清河区的“品味平价商店”被省物价局授予“江苏省示范平价商店”荣誉称号,多次受到市领导的好评。

【开展“价格服务进万家”活动】 2013年,区物价部门先后在万达广场、金鹰广场、夕阳红广场等地开展价格执法服务宣传,发放《中华人民共和国价格法》《禁止价格欺诈行为的规定》等宣传资料800余份,通过访企业、到社区,进家庭等活动,使各类经营主体和消费者更进一步了解掌握价格法律、法规和价格政策,使群众不断增强自我维权意识,逐步形成和谐的经营和消费环境。

国土资源管理

【概况】 2013年,清河国土分局认真开展新时期淮安精神大讨论、创先争优和作风建设系列活动,坚持以开展“国土清河分局精神”暨软环境建设“四零”品牌创建为主线,围绕“三个一流”开展服务创优,以土地“双创”工作带动各项工作开展,千方百计保障发展,严格执法保护资源,全力抓好队伍建设,较好地完成了区政府和市局下达的各项目标任务。保障发展更加有力,保证了全区城市建设特别是“双城”建设的各项用地;保护资源更加严格,土地执法工作分别获得省、市奖励表彰;服务社会更加优质,实现了重点项目用地调查及时高效和土地登记发证零差错目标;维护权益更加到位,涉土信访量同比明显下降;队伍建设成果丰硕,2013年度,清河区荣获省、市土地执法模范区称号;清河国土分局评为2010至2012年度省文明单位;获得区目标考评先进集体、区特别贡献奖、区软环境建设“十佳单位”等集体荣誉称号。新区国土资源管理所获得2012年度省优秀国土所称号。

【清河国土分局首获省文明单位光荣称号】 在2013年11月15日召开的全省精神文明建设先进单位表彰会议上,清河国土分局获评2010—2012年度江苏省文明单位称号,受到省文明委表彰。该局牢固树立“围绕中心抓创建、抓好创建促中心”的理念,把创建工作作为“一把手”工程,以两手抓、两手硬的坚实举措,赢取单位事业的永续发展和长久兴旺,在综合效益显著增强、思想道德风尚良好、单位管理科学有效、单位文化特色鲜明、创建活动深入开展、领导班子坚强有力等方面取得新的成效,全面完成区委区政府和市局党委下达的各项目标任务。清河区连续三年获得省、市土地执法模范区荣誉称号;清河国土分局连续三年获得区和市局目标考评先进集体和软环境建设十佳单位,并在测绘“五五”普法、党建、党风廉政建设、纪检监察、创建人民满意国土所、机关行风建设等方面受到省、市、区表彰奖励。

【创建省“土地执法模范区”工作实现“六连胜”】 主动积极配合区政府严格按照省考核标准开展工作,在抓好规定动作的同时,着力构建以国土资源管理“零违法、零问责、零上访”保证金为中心的长效工作机制,在强化组织领导,完善创建格局;强化宣传发动,营造创建氛围;强化规范用地,提升管地用地水平;强化规范管理,提高执法水平;强化民本观念,保护群众切身利益;强化节约优先,增强可持续发展能力等方面取得了新的成绩,继2008年获得省土地执法模范区创建工作先进区、2009年、2010年、2011年、2012年四次获得省级“土地执法模范区”后,清河区再次被省国土资源厅评为2013年省土地执法模范区,获得省奖励农用地转用计划300亩。

【着力探索创新土地管理格局新路径】 配合区委区政府以创建"土地执法""国土资源节约集约"模范区为载体，不断建立健全土地管理综合工作体系，着力探索创新土地管理格局新路径。首先，建立健全土地管理综合工作体系。以土地"双创"为载体，着力在强化组织保障、凝聚创建合力，强化宣传发动、造浓创建氛围，强化机制建设、探索创建路径，强化关键环节、提升创建成效，强化节约集约、拓宽创建思路上下功夫，进一步明确在建立共同责任机制等方面的工作要求，形成"党委领导、政府负责、部门协同、公众参与、上下联动"的土地管理新格局。其次，建立管理网络。区政府分别和新区管委会、7个街道签订工作责任状，要求单位主要负责人、分管负责人缴纳工作保证金，明确各村(居)主任为兼职土地监察员，根据实际情况聘请土地信息员，构建了纵向到底、横向到边的管理网络。再次，落实长效管理机制。围绕全区土地执法专项行动、年度土地矿产卫片执法检查、土地执法巡查、旧城改造用好存量土地等工作，制订实施工作方案，做到领导重视、组织工作、人员培训、措施落实四到位，顺利完成各项任务。建立全区土地执法联席会议制度，严格落实国土资源执法监察工作责任制以及区、街道、村(居)三级巡查报告和网格化管理制度，建立城管部门协同落实土地执法监察责任制，与土地执法监察联合巡查、全程监管、超前防范违法现象发生，共同制止违法用地行为。坚持用亩均效益倒逼土地节约集约利用，明确规定凡投资低于5000万元的项目和投资强度低于300万元/亩的项目不再单独供地。全面加快"退二进三"步伐，突出抓好"四园一区"建设，全面提升用地效率。

【做好坚守耕地"红线"工作】 坚持以科学发展观为统领，认真贯彻资源节约和保护耕地基本国策，积极落实最严格的土地管理制度和坚守耕地红线的共同责任，不断提高依法管地用地水平。第一，高度重视资源保护工作。以创建土地执法模范区为载体，始终将创建工作和耕地保护摆在突出位置，列入区委工作报告、政府工作报告，作为全区目标管理的重要内容，定期开展督查考核，全力加以推进，着力提升管理水平。第二，强化责任落实。逐层逐级签订创建工作目标责任书，明确新区管委会和各街办主要责任人为第一责任人，构建区、街办、村(居)三级耕地保护责任体系。同时，将耕地保护纳入相关街办主要负责人年度工作业绩考核，明确规定对违法占用耕地面积超过"问责线"的负责人将进行问责。第三，创新工作举措。制定实施全区国土资源"零违法、零问责、零上访"保证金制度，进一步强化街道耕地保护和创建工作的责任。此外，还明确各村(居)主任为兼职土地督察员，聘请了47名土地信息员。第四，规范征地工作。在征地工作中，严格执行告知、确认、听证以及"两公告一登记"等程序，确保全区无违法占用耕地现象。认真履行农用地转征用地审批手续，全年上报并批回土地5个批次总面积719亩，其中农用地569亩，耕地498亩，各项用地全部符合土地利用总体规划，征地制度得到有效落实，被征地群众都得到及时妥善安置，依法依规管地用地总体情况较好。第五，认真抓好考核。对仍有耕地的白鹭湖、水渡口和柳树湾3个街道办事处耕地保护责任目标履行情况定期考核，重点检查依法保护耕地、主要领导为耕地保护第一责任人制度落实、成立耕地保护组织、签订耕地保护责任书、制定保护措施和加强监管等工作，认真落实国土资源"零违法、零问责、零上访"保证金制度，推动全面完成耕地保护任务。

【着力提升工业用地土地利用效率】 认真贯彻资源节约基本国策和国家关于做好工业用地管理工作要求，多措并举力促工业用地土地利用效率不断提升。首先，统一思想形成共识。依据土地利用总体规划和产业发展规划，强化管控作用，进一步凝聚用土地产出率、税收贡献率衡量土地利用效益的共识，积极完善工业用地最低价标准，强化单位土地面积投资强度和税收等产出效益的硬约束，制定鼓励政策，引导企业增资不增地，鼓励建设高标准多层厂房，认真落实批后监管制度，建立动态监管信息系统，督促用地单位严格按照批准的条件使用土地。其次，不断创新工业用地管理格局。坚持工业用地出让全部采取招拍挂办法，在全市土地市场统一进行。严格工业用地项目批后监管，在工业用地项目竣工投产后，国土部门及时会同相关部门对建设项目土地使用情况进行核验，只有达到土地批准文件约定的投资强度、容积率、建筑系数等条件的，才发放《建设项目用地核验合格意见书》。同时，严格执行工业用地容积率、建筑系数、绿地率等控制指标，鼓励企业对现有工业用地在符合规划、不改变用途的前提下，进一步增加容积率、提高利用率。再次，加快"退二进三"步伐，重点发展企业形象好、科技含量高、税收贡献大的都市型工业。用亩均效益倒逼工业用地节约集约，着力推动工业上楼、集约用地，新建设的澳洋顺昌、苏益电器等项目均建设现代化多层厂房，清河区与淮阴工学院合作共建的工业设计园在不增地、不拆迁的情况下，完成了占地32亩的园区建设工作，企业入驻率已超过60%，注册资本达7300多万元。顺泰包装印刷是全区节约用地先进典型，已成为全市首个在港上市的企业。太科检验、华龙医药、公寓物品、船用机械制造等企业已建成四层以上高标准厂房，用地效率明显提升。按照"退二进三"要求，清河区一大批工业企业陆续搬出老城区，目前全区工业主要集中在清河新区和柳树湾街道、府前街道，共有规模企业31户，2013年，完成规模以上工业销售收入56亿元，入库税金3.75亿元，同比增长15%、35.7%，规模工业亩均产值、亩均税收分别达到460万元、30万元，均位于全市前列。

【测绘管理工作】 清河国土分局认真履行区级行政测绘管理部门工作职能，统筹安排，扎实工作，较好地完成了各项工作任务。第一，配合市局大力推进数字城市建设，围绕"数字淮安地理空间框架"项目建设开展工作，较好完成市局下达的工作任务。第二，认真做好测绘市场监督管理等工作，积极配合市局开展辖区内测绘持证单位资质年度注册、依法开展项目备案和测绘基础设施费征收等工作，共完成测绘项目备案32项，全面完成收缴基础实施费任务；配合市局对区域内测绘持证单位测绘成果质量和涉密成果保密进行检查,按时完成年度测绘成果汇交等任务。第三,加强测量标志管理等工作。认真贯彻《关于开展全市永久性测量标志普查维护工作的通知》、《市管测量标志普查和维护工作实施方案》等文件,进一步明确分局做好测量标志普查工作的主要任务、主要职责和工作措施,切实做好区域内测绘标志维护工作,与各测绘单位测量标志保管员签订了责任书,落实了测量标志保管巡查制度,定期进行检查,保证区域内测量标志管理总体情况符合要求。第四,认真做好地图初审工作。按照市局统一工作部署,分局组织人员对清河区行政区域地图进行严格把关,对送审地图中存在的问题提出了整改意见,确保地图的现势性和准确性。定期对辖区内地图市场开展检查,有效杜绝"三无地图""政治问题"等情况的出现,保证了辖区内地图市场的良好秩序。第五,认真做好《中华人民共和国测绘法》宣传工作。积极组织开展"8·29"测绘法宣传和组织辖区内测绘资质单位征订测绘报刊工作,较好完成任务。

【节约集约用地取得新成绩】 以创建"全国全省国土资源节约集约模范区"为目标,认真总结获得"全省国土资源节约集约达标区"工作情况,按照省市区部署,继续坚持土地执法和节约集约用地两手抓,在切实管好用好土地资源,最大限度地提升土地利用效率方面取得明显成效。第一,强化组织保障,凝聚创建活力。创建工作列入《区政府工作报告》,区政府召开大会对全区创建工作进行专题部署。把规范用地、节约集约用地作为区领导调研月重点调研内容,并形成3份调研报告。第二,强化宣传发动,造浓创建氛围。认真实施创建宣传工作计划,国土分局向区、街办赠送国土资源报纸和刊物,积极开展"6·25"土地日等一系列宣传活动,区里5篇宣传节约用地等内容的稿件分别被人民日报、新华日报和《江苏土地》采用,国土分局向区人大、政协3次汇报创建工作开展情况,在全区形成规范管理、节约集约利用土地资源的社会共识,扩大了全区干群对创建工作的知晓率、参与率。第三,强化机制建设,探索创建路径。新区管委会和7个街办的主要领导、分管领导按照"三零"保证金制度要求交纳保证金,并与区政府签订创建工作责任状,区政府树立表彰了一批创建工作先进单位,区政府组成督查组对各街道创建工作进行了年中、年终检查考核。充实完善项目用地评审及区领导票决批准制度,明确重大项目用地未经区土地利用工作领导小组评审或评审不通过的,一律不予供地,进一步提高土地利用的经济效益和社会效益。第四,强化节约集约,拓展创建思路。坚持以节约集约用地为宗旨,合理调整"两大核心商圈"、清河新区和盐河生态科技城三大板块的用地结构和布局,制定实施全区旧城改造三年规划,计划盘活存量土地面积约2000亩。2013年,对西安路11号地、水渡口东北角3号地等10个地块完成拆迁征收,盘活淮安金融中心等一批存量土地,面积599亩。全力提升"两大核心商圈"建设水平,一批地上有高度、地下有深度、投资有强度的现代商贸项目正在加快建设。突出抓好动漫科技产业园、工业设计园、文化创意产业园、总部经济园及金融集聚区"四园一区"建设,工业设计园、创意产业园已完成整体改造并投入运营,两园企业入驻率超过60%。全区亿元GDP建设用地占用率持续下降,土地利用效率和规模工业亩均产值、亩均税收均位居全市前列,全面完成市下达的节约用地任务,以较少的土地投入实现了又好又快发展。

【做好盐河生态科技城用地服务工作】 位于淮阴区新渡乡新渡村和夏圩村的计划占地2.73平方公里的盐河生态科技城项目,是列入清河区"十二五"发展规划的重大项目,也是第一个"飞地经济"项目,对用地服务工作提出了新的要求。按照市部署要求,清河、淮阴两区政府建立了项目合作机制,两区国土部门建立了用地服务工作机制,紧紧围绕高水平规划、高标准建设、高标准招商引资、高效率服务,全面提升盐河生态科技城用地水平总体目标,创新思路,主动工作,积极合作,共同做好各项用地服务工作。该城2.73平方公里范围内的规划修编工作全部调整到位,2013年完成规划调整140亩,通过独立选址建设项目获得农用地转用计划100亩,有力保证了盐河生态科技城项目建设用地。首批征用土地98.3亩全部用于项目建设,及时完成新批项目土地挂牌资料的报批、2013年土地储备及经营性用地计划和计划期国有建设用地需求情况上报等工作。根据盐河生态科技城建设的需要对控规进行了调整,将商住用地集中到西部,商住和工业用地相对独立,优化了园区功能布局,体现了科学性、合理性和效益性。

【认真做好涉土信访工作】 以贯彻落实《信访条例》和《国土资源信访规定》为重点,牢固树立"上访群众诉求无小事"工作理念,着力在强化领导、完善制度,强化学习、提高水平,强化责任、提高效能上下功夫。紧密结合"三进三帮三促"活动,组织相关科室同志多次到社区开展走访调研,积极参加区阳光信访、区机关服务进社区暨信访直通车等活动,认真开展国土法制宣传教育,完善信访工作网络,执行信访接待日制度,运用信访信息系统,严格按国家政策依法开展土地征收,积极做好各类土地权属矛盾调处,全力做好息访维稳工作,切实保护好被征地农民合法权益,2013年共接待来访14批次24人、来电1个,完成上级交转办信访件复查、复核8件,对淮水安澜阳光信访7个来帖及时回复,全部按时办结,信访办结率100%。

【积极争取用地计划取得新成效】 2013年,淮安市下达清河区新增建设用地计划168亩,其中农用地转用计划140亩,清河国土分局向区政府作了专题汇报,并就科学合理安排计划提出积极建议,主动配合区政府做好向上争取用地计划工作,认真做好"创模"奖励计划和年度用地计划的农转用材料规划审查报批等工作,主动积极协调,加快用地材料报批速度,全年共批回5个批次总面积71917亩,其中农用地计划56917亩,多争取农用地转用计划425亩,全部实现了占补平衡，保证了一批重点项目及时用地。

【土地执法监察工作】 清河国土分局认真落实全区土地执法监察共同责任机制，定期开展执法巡查，建立健全巡查台帐，对发现有苗头性违法用地项目及时发出“法律责任告知书”，做到及时发现，及时查处，及时制止，在淮安市国土资源局6次开展的土地巡查工作中没有发现违法用地现象。按要求开展2012年度卫片执法检查工作，对需要检查的8个疑似违法用地图斑进行核查和内外业资料收集整理工作，相关材料及时上报省、市国土资源部门，顺利通过省、市两级验收。扎实开展土地执法“百日行动”和交通运输用地、农村建房用地清查整改专项行动，完成自查清理、查处纠正、督查整改等三个阶段的工作，全面完成工作任务，顺利通过市政府考核验收。

【服务旧城改造新区建设工作】 认真做好重点项目规划调查和独立选址材料上报工作，对7个项目进行有条件建设区规划调整（总面积80.2亩），已获得省国土资源厅批复；对区卫生防疫站地块和市政7条道路用地进行了用地前规划调查，通过独立选址建设项目获得农用地转用计划125亩。认真做好2012年300亩创模奖励指标和2013年年度农用地转用计划140亩材料报批工作，已获省厅批准。做好相关用地服务工作，完成市级5个建设项目用地预审，面积15817亩；完成拟挂牌地块前期实地核查8宗513亩和13家企业面积820亩土地交地前期核查工作，对3家工业企业进行了竣工验收；完成26个项目地块权属、地类、面积、抵押、查封等项调查，及时调解相关土地权属纠纷。配合市局搞好土地储备和招拍挂工作，完成2014年度出让计划和经营性用地计划编报、2013年土地储备及经营性用地计划和计划期国有建设用地需求情况和64个地块土地储备材料汇总上报工作；做好招拍挂相关服务工作，全年共挂牌成交6宗311.87亩，成交土地出让金47260万元。认真开展闲置土地处置工作，完成全区2006—2012年度成交的经营性土地开发利用情况调查，及时更新台账，重点约谈4家企业，提出拟处置意见，督促其尽快开工建设，催缴土地出让金3000万元。

【清河区第二次土地调查城镇部分成果和农村部分成果顺利通过省级验收】 2013年1月9日，省国土资源厅二次土地调查验收专家组在淮安市第二次土地调查城镇地籍调查成果验收会上，认真听取了清河区二调办的城镇地籍调查工作及整改工作情况汇报，审阅了该区土地调查成果资料的文字报告和相关图件，对数据库成果的准确性和真实性进行了抽查。经过认真检查和研究讨论，专家组一致同意清河区第二次土地调查城镇地籍调查成果通过验收。清河区从2007年8月开始用三年时间在全区开展第二次土地调查工作，调查工作共分准备、航摄、像控及正射影像图制作、农村土地调查、城镇土地调查、内业编辑（面积量算、成果整理、分类统计汇总）、数据建库、成果鉴定验收、管理系统建设、时点变更等10个阶段。江苏省工程物理勘察院承担清河区1：5000比例尺第二次土地调查项目，完成7个街道13幅图面积约32.28平方公里的调查任务，对全区9个行政村37个村民小组的377个宗地1011个图斑进行调查。全区农村调查部分结束后及时启动外业成果自检复查工作，及时完善相关境界线接边，对数据库再次核对，并在省级预检中配合省检查组对102个可疑图斑进行实地检查，对需要整改的23个图斑落实了整改措施，同时按国土资源部核查意见对51个疑问图斑进行检查整改，农村土地调查及建库全部完成任务，顺利通过省厅和国土资源部检查验收。城镇地籍调查涉及全区七个办事处，总面积32.28平方公里，划分为244个街坊，设宗地14173宗，界址点数99971个，经作业单位、监理单位、国土分局合作，形成《清河区1：500城镇土地调查技术设计书》，对1998年和2000年完成的建成区初始城镇地籍调查成果进行科学合理处理，使已经基本建立的数字化地籍信息系统更好地服务于二次土地调查工作。城镇地籍调查按时完成权属调查等外业工作后，区国土部门集中力量与作业单位合作，对检查出的问题加以整改，使设宗更加合理，资料收集齐全，及时补充上图。集中力量做好内业资料整理和数据入库工作，实现了清河区地籍管理工作的数字化和现代化，顺利通过市级检查验收。2012年5月26—27日省国土资源厅组织专家对清河区城镇土地调查成果进行了省级预检，提出进一步规范、整改意见。清河国土分局及时组织开展预检整改成效复核工作，对省级预检时提出的五大项共9条整改意见和要求进行对照审核，作业单位积极配合清河国土分局按照复核意见对成果进一步完善、整理和总结，保持了清河区土地利用现状调查数据的现势性，全区地籍管理工作实现了土地利用现状数据库从城区到全区的全覆盖。清河区第二次土地调查城镇地籍调查成果顺利通过省级验收，标志着全区第二次土地调查工作全面进入成果应用阶段。

【切实保障被征地农民权益】 配合区政府认真学习贯彻省政府93号令和《淮安市征地补偿和被征地农民社会保障实施细则》等政策法规，始终把维护群众利益放在首位，大力开展“维护被征地农民权益专项整治活动”等专项行动，依法及时处理群众反映问题，健全完善制约、监督、考核等机制，完成省国土资源厅部署的专项督查自查工作，被征地农民权益得到切实保障。认真履行农用地转征用审批手续，严格执行告知、确认、听证程序和“两公告一登记”、征地补偿款预存制度，实现了征地、补偿、保障“三同步”办理。坚持征地补偿资金专户管理、用管分离，每宗用地在报批前都按征地调查确定补偿款的总数，足额交至征地预存款专户，经省、市批准征收后，再按规定结算至村集体，杜绝了截留、挤占、挪用资金现象发生。全区在开展征地补偿工作中，严格按照程序、补偿、保障、防范“四个到位”的要求，进一步健全完善被征地农民基本生活保障制度，以高于省、市的标准对新区被征地农民实施基本生活保障，连续8次调增参加“土地换社保”人员的生活费和养老金待遇，人均社会保障水平全市领先。2013年,全区共依法征收土地5个批次47.9451公顷,其中农用地37.9453公顷,耕地33.1651公顷,各项征地补偿和安置费用全部及时足额支付到位,未出现征地补偿款分期补偿的现象,未发生克扣、拖欠、挪用被征地农民补偿款的情况,被征地群众得到了及时妥善安置。

【国土资源综合管理基础工作】 认真做好土地登记规范化工作,加强地籍管理和档案服务,共完成土地登记10370宗,其中出让办证8217宗、划拨办证2145宗、储备办证8宗。协助办理法院查封登记15件,整理装订地籍档案9500份;完成淮安市法院“点对点”执行查控划系统协查任务663件和2012年度土地变更调查数据汇总上报等工作。建立了城镇地籍管理和农村土地调查管理信息系统,土地登记系统已实现市局、分局、国土所三级互联互通,正在试运行中。土地登记系统暨土地登记动态监管查询系统建设工作开始启动,计划对历年的约7万多宗土地登记档案进行扫描,2013年已完成扫描16000宗,录入5500宗。接待查阅档案907人次,调阅档案2096卷,开出证明749份,接地籍点对点查询1237份,调阅档案1910卷。

(撰稿人:葛霞　杜德明　审核人:吴宏杰)

审计监督

【概况】 2013年区审计部门围绕区委区政府中心工作开展审计监督,坚持“依法审计、服务大局、围绕中心、突出重点、求真务实”的工作方针,全年完成审计项目69个,其中本级预算执行和部门预算执行审计14个,经济责任审计11个,专项资金审计项目5个,出具政府投资项目竣工结算审计39份,节约资金3659.83万元,还完成政府投资项目预算审核92个,提出审计意见和建议83条。在市以上审计网站、报刊发表信息137篇。审计工作综合考核在全市9个县区中名列第二,审计信息化工作取得突破,在全市9个县区评比中位居榜首,政府投资建设项目审计经验在全省审计工作专题会议上交流推广。

【政府投资项目审计】 2013年,区审计部门先后完成92个政府投资建设项目的预算审计工作,报审金额6161.6万元,核减金额326.43万元。对每个项目提出审核意见,对规范招投标工作,减少后期工程变更发挥了极其重要的作用。已对丰收河清淤工程、绿化和景观工程、叶语香澜代建项目、乐园街改造项目、公交枢纽项目等工程建设进行了关键节点和隐蔽工程的跟踪审计,出具了跟踪审计意见书。已出具竣工结算审计报告39份,报审价1.58亿元,审定价1.25亿元,核减金额3337.69万元,平均核减率21.05%。在审项目27个,总投资约7.58亿元。

【财政预算执行审计】 2013年,区审计部门把预算执行审计作为主线,预算支出审计作为重点,关注财政资金分配、管理和使用绩效,主要审计了财政局组织区本级预算执行情况,教育、卫生、民政、住建、城管、科技等13个单位的部门预算执行情况等。提出进一步强化预算管理,完善预算分配制度,细化优化支出标准;强化区级各单位预算执行意识,严格执行批复的预算,规范财政财务收支核算和决算编报,重大事项必须报批,强化财政财务收支违规责任追究等审计建议。增强了各单位预算执行意识,加强财务管理,完善内控制度,堵塞管理漏洞。区人大常委会对同级审报告进行了审议,认为“审计局紧紧围绕预算执行和提高财政资金使用效益,进一步加强对重点领域、重点部门和专项资金的审计监督,认真履行审计监督职能,依法实施审计,财政性资金审计进一步深化,审计范围不断扩大,为规范预算管理、提高资金使用绩效、促进改善民生、加强干部队伍廉政建设发挥了重要作用。

【领导干部经济责任审计】 认真贯彻落实中办、国办关于《党政主要领导干部和国有企业领导人员经济责任审计规定》,对水渡口街道、流通资产公司、淮海路小学等8个单位领导干部任期经济责任实施审计,对环保局、发改委、文广新局等3个单位领导干部开展任中审计。在全面监督检查领导干部履行经济责任过程和效果、经济决策和遵守财经法纪等情况的基础上,关注权力运行和责任落实两个重点,把守法守规守纪尽责放在更加突出的位置,对被审计单位重要投资项目、固定资产管理情况、领导干部制定和执行重大经济决策等情况重点关注,把部门预算执行审计与经济责任审计结合起来,科学评价领导干部任期经济责任。如在对学校校长的经济责任审计中,重点对学校食堂管理情况进行了调查,关爱儿童营养健康杜绝挤占伙食费;对学校下属工厂进行财务审计并进行资产盘点,审查学校有无账外收支或在下属单位列支费用等情况;对学校收费管理情况走访调查核实,查清学校有无乱收费及超标准收费情况。通过审计,指出了存在问题,并将有关情况向区教育局进行了通报。教育局高度重视并召集学校及所属幼儿园主要负责人讨论整改方案,出台相关制度,规范管理,起到审计一个,规范一片的良好效果。

【专项资金审计】 根据上级统一部署,组织力量组成审计组对涟水县政府性债务实施交叉审计,按照规定的时间节点保质保量地完成上级交办的工作任务。以资金体量大、领导关心、群众关注的专项资金的筹集、管理、使用情况为重点,完成了计划生育、科技专项资金、旧城改造等专项资金的审计工作。指出社会抚养费征收、专利资助资金发放、专用设备的采购等过程中存在的问题,提出针对性意见建议,促进专项资金专款专用和政府惠民政策的落实。在区农贸市场及农副产品平价直销店运营管理绩效审计调查中,审计人员以农副产品平价直销店审批程序、店址选择、考核验收、资金补助等方面作为重点开展审计调查,深入各农副产品平价直销店现场,分析农副产品平价直销店在审批、建设、运行、管理、考核中存在的不足，提出合理的审计建议。在对旧城改造专项资金审计中，摸清了项目拆迁的成本费用情况，指出政策执行、拆除费用、拆迁档案管理、特殊问题处理的审批流程等方面存在的问题，提出加强内控制度，规范操作流程，做好回迁安置房源动态管理等建议。

【创成省文明单位】 区审计部门坚持以“塑造文明形象、推进文明审计”的创建理念，把文明创建和审计工作有机结合，开展形式多样的文明创建活动，不断加强机关内部管理，建立健全各项工作监督制约机制，有力推动了审计工作的全面进步。在文明创建活动中，该局始终把文明创建工作贯穿于审计各项重点工作之中，同安排、同落实，创建活动扎实富有成效。与学习型机关建设相结合、与法制化建设相结合、与信息化建设相结合、与廉政建设、效能建设相结合、与和谐机关建设相结合、与其他创建活动相结合。通过开展形式多样的文明创建活动，该局队伍素质进一步提高，审计成果进一步扩大，工作环境进一步改善，审计形象进一步提升，机关和谐进一步加强。2013 年 10 月，清河区审计局被省文明委授予江苏省 2010—2012 年度文明单位荣誉。

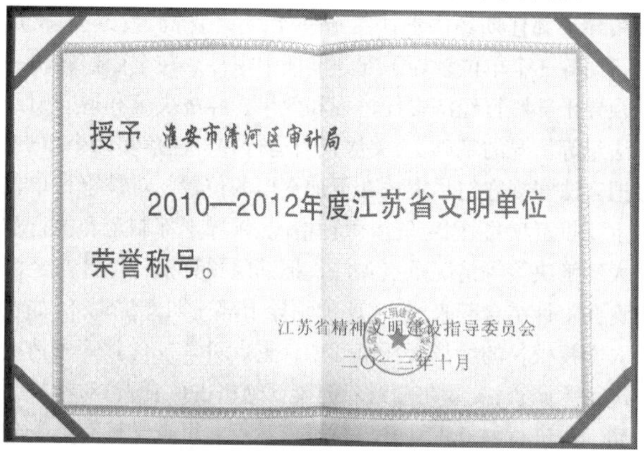
授予 淮安市清河区审计局

2010—2012年度江苏省文明单位

荣誉称号。

江苏省精神文明建设指导委员会

二〇一三年十月

省文明单位证书

【工作创新】 2013 年，区审计部门针对现场记录的图片、视频、录音、文字等资料面广量大，易丢失、难管理的现象，审计人员自编了《固定资产投资审计项目管理系统》《跟踪审计照片管理系统》等程序并结合“百度云”服务等平台投入到实际审计工作中，实现云端存储，实时更新；随时随地，资源共享；资料完整，过程连续；本地备份，有序管理的目标。该项成果在全省投资审计工作会议上作典型经验交流。

（撰稿人：王晓春）

安全生产监督

【概况】 2013 年度，清河区安全生产工作认真贯彻落实中央、省、市政府关于加强安全生产工作的一系列部署要求，扎实推进《省政府关于坚持科学发展全面提升安全发展水平的意见》，强化组织领导，夯实安全基础，强化监管力度，全力构建“政府统一领导、部门依法监管、企业主体负责、群众参与监督、社会广泛支持”的安全生产工作格局，安全生产工作保持了平稳态势。

【建立健全安全生产责任体系】 一是落实领导责任。区委、区政府主要领导多次听取安全生产工作汇报并作出重要指示，多次研究会办安全生产重大问题，推动各项工作落实。区四套班子领导在国庆、春节等节日活动期间都能亲临一线，认真做好节前安全生产检查工作。区政府与各街道、相关部门在年初就签订安全生产工作责任状，各街道、部门也分别与社区、企事业单位层层签订责任状。二是落实部门监管责任。区政府出台了《安全生产责任制暂行办法》《安全生产工作考核办法》，明确提出“一把手责任制、一岗双责、一票否决”，实行按月考核点评、按年奖惩兑现。三是落实企业主体责任。通过广泛宣传安全生产法律法规、开展企业标准化创建和执法检查等措施，督促企业加大安全生产投入，认真治理事故隐患，把防范措施落实到生产的每道工序、每个环节。

【扎实做好隐患排查治理工作】 一是全面开展安全大检查。重点开展消防安全、人员密集场所、建筑施工、烟花爆竹、危化品等重点行业（领域）安全检查，排查各类单位 2650 户次、隐患 2543 条，整改到位 2492 条，整改率达 98%。二是突出“打非治违”。对安全手续不全的企业一律停产、存在重大安全隐患的企业一律停产整顿，取缔无证无照经营户 5 户，临时查封 12 户。三是做好政府挂牌督办工作。对清江商场等 3 家列入市级重大（火灾）隐患挂牌督办的单位进行网上公告，对重点安全隐患实行区级挂牌督办，各职能部门及街道人员多次开展检查，多次召开整改单位协调会，督促责任单位抓紧整改。万达电梯、清江商场、金马广场、五星电器等 6 处重大隐患已整改到位。

市长曲福田检查清河区安全生产工作

【深化重点行业领域专项整治】 一是消防安全专项整治。组织消防监督检查 3691 人次，检查单位 1827 家次，发现火灾隐患 3170 处，督促整改火灾隐患 2949 处，责令“三停”单位 22 家，罚款金额 162.72 万元。二是汇通片区专项整治。对汇通市场和布匹市场组织综合检查 15 次、专项检查 6

次，整改安全隐患21条，清理货物乱堆放360多次，整治乱拉乱挂90多处。三是危化品专项整治。加强对危险化学品生产、储存、经营、运输、使用和废弃物处置等各个环节监管，邀请专家排查隐患53条，已全部整改到位，取缔私自储存油漆仓库5处。四是建筑工地专项整治。邀请专家参与检查建筑工地246个次，大型升降机械80余台次。五是煤气瓶专项整治。检查瓶装换气点36户次，取缔8户，暂扣钢瓶300余个。六是特种设备专项整治。检查单位90家，发现隐患80条，已整改75条，其中立案查处2家。七是烟花爆竹专项整治。排查出102条安全隐患已全部整改到位，收缴非法烟花爆竹767箱。

【重点开展安全生产宣传教育培训工作】 开展形式多样的宣传教育活动，各街道、各部门编辑安全生产简报共200多期次；组织有关人员参加省、市组织的安全生产培训班；组织街道、部门及社区人员安管人员200人次参加安全培训活动；“安全生产月”展出展板56块，发放资料4000余份；组织1600人观看安全宣传影片、1400人参加全国安全生产知识竞赛；投入5万元，联系市电视台开展宣传30多期。切实提高了广大群众的安全意识和自救能力，实现了“要我安全”向“我要安全”的转变。

安全生产月宣传工作现场

【积极完善安全生产制度建设】 例会制度。每月25日召开各街道、有关部门安全生产月度工作会议，区领导对上月工作进行点评、通报，布置下一阶段全区安全生产工作，会办解决重难点安全隐患。

暗访制度。定期对全区重点场所特别是人员密集场所、老旧市场等进行暗访、夜查，检查硬件设施和动态管理情况（包括消防控制室值班情况、值班人员巡更情况等），将暗访和夜查的情况在月度例会上进行通报，落实整改责任。

实施挂钩制度。区安监、消防人员分别挂钩7个街道，参加该街道的月度会议，指导、检查、督促、配合开展工作。

包案包片制度。对全区20个重点单位实行内部分工，实施包案、包片到人、点面结合的工作措施，各街道、各部门对各自领域、区域分类分片包到人头，对存在的隐患进行研判。

月度考核点评制度。每月区安委办从客观安全、本质安全、特色工作、常规工作等4方面进行严格考核。

消防演练制度。每月在不同场所开展消防演练、疏散演练，进一步增强应急能力和逃生自救能力。2013年在商场、市场、学校等场所开展演练130余次，进一步提高了部门、企业应急救援响应和事故处置能力。

（李夕红）

统　计

【概况】 2013年，全区统计工作以推进统计“双基”建设为抓手，以统计数据质量为根本，全面提高统计工作水平，全区统计规范化建设稳步推进，区及6个街道获省统计规范化建设达标单位。扎实开展经济普查工作，顺利完成经济普查的“两员”选调、业务培训、区域划分、单位核查工作。开拓工作思路，推动统计创新工作，完成《数说清河30年》编辑出版工作，《数说清河30年》获省统计系统优秀宣传作品奖。

【圆满完成经济普查核查工作】 按照上级统一部署，区经济普查工作扎实稳步开展。7月开展经济普查“两员”选调工作，对“两员”选调，按照上级会议及普查方案要求，区经普查办设定基本条件，制定人数配备原则，明确补贴待遇，提供选调渠道，限定完成时间，到9月中旬完成选调任务。再收集了部门资料后，进行整理，于9月底形成核查底册，并组织培训。9月25日，清河区召开第三次经济普查单位核查工作推进暨业务培训会，全区普查指导员、普查员共335人参加会议，通过培训，普查工作人员掌握普查工作的各项业务。从10月开始到12月底，圆满完成对全区7755个单位和22147个个体工商户的核查工作。

经济普查宣传

【扎实开展单位名录库更新维护工作】 对名录库更新工作延伸到街道一级，从2013年2月起实行每月更新修正，确保基本单位准确可靠。做好对基本单位名录库维护更新的业务人员培训工作，使业务人员掌握调查方式、操作流程。加强与行业管理部门的沟通协调，定期对部门新增、变更、注销的单位进行部门交换，从而对基础库作出及时的维护和更新。对新增、注销单位进行重点核对，通过实地调查、电话咨询等方式对新增、消亡等单位进行调查、核实,确保新增库和消亡库的准确性。

【加强服务业统计工作】 随着清河区社会经济总量的不断增大,服务业也随之发展壮大,服务业统计工作出现的矛盾问题也随之增多,为提升服务业统计工作水平,切实解决矛盾问题:一是加强与服务业企业单位的联系,了解企业统计工作的难点和重点问题,为其提供疑问咨询和服务,与统计人员增进感情,加强企业台账的设立,解决企业上报中存在的难点问题,促进企业上报人员的积极性;二是加强与部门间的联系,增强与相关部门单位的沟通联系,了解单位信息情况,抓好限上单位的新增工作,防止漏报瞒报等现象产生,做到应统尽统;三是加强与各街道统计员沟通,了解第一手资料、帮助解决难点问题,更好地服务基层,打造灵活、机动的服务业统计指导队伍。

【服务业列统企业数取得重大突破】 2013 年,全区新增 176 户服务业列统企业,其中限额以上贸易企业 101 户、重点服务业企业 75 户,完成市下达跨越发展目标的 5.9 倍,增量、增幅均居全市首位。

【统计基础规范化建设成效明显】 2013 年,为进一步加强全区统计基础建设工作,提高统计业务规范化水平,确保统计数据质量,统计基础规范化建设抓得紧,做得实。5 月 24 日至 30 日,区软建办会同区统计局通过看台账、实地走访、座谈等方式对全区统计规范化建设进展情况进行了督查,督查结束后,区软建办于 6 月 3 日发出督查通报。通报对全区统计规范化建设取得的成绩给予肯定,同时指出在统计规范化建设过程中存在问题及要求。7 月淮安市统计局对七个街道和新区管委会统计工作规范化建设进行了现场考察和指导。7 月中旬,省统计局规范化建设考察组对清河区统计规范化"双基"建设工作进行现场考察。到 2013 年年底,区统计局和 6 个街道顺利通过省统计规范化建设达标认定。

统计规范化建设制度上墙

【加强统计执法检查】 根据《中华人民共和国统计法》和《江苏省统计违法违纪处分规定》,开展统计执法检查,着力做好"四结合",以统计执法提高统计数据质量。一是将统计执法与统计监督相结合。利用管理优势,营造良好的统计执法环境,切实加强统计执法监督检查,加大贯彻执行新《中华人民共和国统计法》的力度。二是将统计执法与业务工作相结合。针对各专业工作重点,组织好专业执法工作,选择重点检查单位,抽选检查人员,深入基层,实行现场检查,进一步提高统计数据质量。三是将统计执法与统计基层基础建设相结合。严格检查统计数据质量,对台账建设、统计制度、数据登记等方面进行全面检查,促进统计基层基础建设,提高规范化管理程度。四是将统计执法与统计服务相结合。在对基层单位的统计执法检查中,热情服务,文明执法,帮助基层单位查找问题,分析原因,寻找解决问题的对策。做到统计执法与服务互动并举,努力提高统计执法的效果。

听取企业执法情况汇报

【省统计局总统计师刘兴远到清河调研】 12 月中旬,省统计局党组成员、总统计师刘兴远一行 4 人对清河区经济普查单位核查情况进行抽查调研。市经普办主任、统计局长沙杰及市经普办相关人员陪同调研。省经普办督查组首先听取了清河区对全区单位核查情况的汇报。随后,督查组成员、省统计局社科处副处长朱春晓就部分企业法人界定方面的问题及税源经济单位状况进行比对与了解,区经普办相关人员作出解释说明。省经普办督查组对清河区单位核查阶段所做的工作给予充分肯定。

【《数说清河 30 年(1983—2013)》编辑出版】 2013 年 9 月,《数说清河 30 年(1983—2013)》由清华大学出版社出版。该书累计 16.7 万字,全书主体分为统计图表、统计分析、统计表格、指标解释四个部分。全书以直观的图表、透彻的分析、明了的表格解析清河各行各业从小到大,从无到有的发展变化,生动展示了三十年历程中清河经济、社会事业、民生生活、生态环境等多方面的历史画卷。该书的编辑出版是对三十年间清河人民的智慧和创业的记载,是对清河建区以来辉煌成就较为系统的描述,也是统计部门为建区 30 年的最好献礼。它为社会各界认识了解清河提供参考资料,为招商引资以及全民创业提供基础资料,为清河未来统计工作提供完整珍贵资料。

【认真组织统计从业资格考试工作】 按照有关规定，统计人员实行持证上岗制度，为做好报名考试的各项工作，统计部门在5月就开通了统计从业资格考试网上报名工作。7月1日，召开了统计从业资格报名工作推进会，同月下发了《认真贯彻落实省统计局关于统计从业资格全国统一考试工作的通知》。通过前期认真组织，2013年全区共有285名企事业单位统计人员报名参加资格考试，在北京路中学设置考点，于9月中旬组织培训考试，顺利完成报名考试的各项工作。

2013年统计从业资格考点

【连续四年开展社区工作满意度调查工作】 为充分发挥社区的自治和服务能力，不断增强与完善基层组织的公共服务功能，进一步提高清河区居民的生活质量，在2013年继续开展社区工作满意度调查工作，该项调查从2009年起已连续开展四年，调查结果同时作为对各街道社情民意考核的重要依据。这项工作于每年1月初进行，由区委组织部与区统计局联合组织实施。调查员从区相关部门中抽调，每两人一组，共分十组，对全区40个社区进行抽样调查。

【住户调查数据质量提高】 为确实提高城乡住户一体化调查数据质量，清河区采取三方面措施做好2013年一体化住户调查工作。一是强化辅助调查员培训工作，2013年清河区相继开展集中学习、以赛促学、互审互学、专题讨论会等多种方式的学习活动，提高辅助调查员的综合业务水平。二是积极调动记账户积极性，从开展宣传、提高记账补贴、建立评优制度、加强感情交流等方面充分调动记账户的积极性，提高源头数据质量。三是建立月度数据处理说明及上月数据审核反馈制度，每月处理数据时，将大额收支、人员变动、耐用品增减等情况分户作记录，在数据处理前将上月数据审核、评估等情况反馈给辅助调查员，不断降低差错率，提高数据质量。通过三措并举，清河区住户调查资料质量明显提高，得到上级统计部门的认可。

财政·税收

◇财政
◇国家税收
◇地方税收

财　政

【概况】 2013年，区财税部门进一步解放思想，深入贯彻中共十八大会议精神，积极落实市、区财税体制改革和跨越发展考核指标体系调整方案，努力调整财税收入结构，深挖财税增收潜力，大力压缩一般性行政支出，合理配置财政资源，财政预算完成情况较好，财政改革和发展取得新进展。

2013年，全区财政收入（不含土地出让金）实现40.98亿元，完成预算的112.3%，比上年增收7.16亿元，增长21.2%；其中公共财政预算收入完成30.87亿元，完成预算的103.6%，比上年增收4.98亿元，增长19.2%；基金收入3.8亿元。完成公共财政预算支出19.59亿元，增支0.63亿元，增长3.3%；其中，区本级公共财政预算支出18.2亿元，完成预算的99.5%，增支0.9亿元，增长5.2%；完成基金支出3.27亿元。实现财政收支平衡。

2013年，在外部经济环境逐步企稳的情况下，全区经济实现了持续稳定增长，财政总收入登上了新的台阶，公共财政预算收入突破30亿元大关，总量位列全市第二，收入质量不断提高，税收占比达82.3%。

【统筹财政扶持资金】 进一步拓宽融资渠道，加强与金融机构的对接，采用多种方式筹集资金。成功发行7亿元企业债券，积极筹措调度资金支持清河新区、盐河生态科技城、"四园一区"等配套设施和重大项目建设，园区发展建设得到稳步提升。主动策应省委省政府加快苏北全面小康建设各项政策，全年向上争取各类资金1.3亿元，有力地促进了全区经济和各项社会事业发展。安排科技发展资金5400万元，引导企业加大科技研发投入，推动企业加快转型升级步伐。帮助旺旺食品、清江药业等80户企业成功申报扶持资金5180万元。对符合政策的企业按照国家、省市相关涉企优惠政策及时予以兑现，开辟"绿色通道"快捷办理，为企业解决实际困难，将扶持的重点转向工业经济新增长点、科技创新、节能环保、商贸企业等。

【加大财源培植力度】 安排创业小额担保贷款保证金200万元，为中小企业担保贷款12亿元，启动10亿元小微企业扶持债券发行工作，推动金融机构扩大信贷规模，帮助创业者解决资金难题，有效缓解中小企业融资难题。落实《清河区加快全民创业淮商崛起行动方案》，新设立民营经济发展基金1000万元，每年安排300万元以上的民营经济奖励资金，为创业者提供创业补贴、场租补贴、贷款贴息等支持，并积极向上争取，由省、市、区三级共同出资扶持创业。进一步培植税源增长点，安排项目扶持资金6400万元，加大后续财源建设力度。积极关注产业发展新动向，最大限度的利用各种渠道和资源，获取招商引资讯息，全力保障招商引资经费，为招大商、招好商服务。切实做好新引进项目的跟踪帮办服务，帮助企业解决资金等问题，督促项目按序时进度高效推进，支持企业做大做强做优，巩固和加强现有财源。

【强化财政收入考核】 调整考核办法，加大奖惩力度。主动适应跨越发展考核办法的变化，重新制定了《区街财政管理体制调整方案（试行）》和《税源经济工作考核办法》，确定各街道、管委会收入范围、基数、增幅，并在该办法中强化了各收入单位任务进度、完成结构比对工作，按实际情况动态找准各自定位和差距，要求各征收单位盯住现有税源，主攻项目税源，培植后续税源，细化分解目标任务，进一步明确税源管理责任，实行重奖重罚，激发了各相关方面抓收入的积极性和主动性，形成了较强的合力。

【加大税收征管力度】 突出综合治税，推进社会化征管。组成综合治税工作组，召开动员会、剖析会、会办会，强力推进"顽点""难点"问题专项整治活动。对各街道辖区内部分区外房地产"外注内营户"（接待中心）上门催缴房产税，加强对新亚、乐天玛特等各大商场、超市"店中店"税源调查工作，对重点行业特别是餐饮、娱乐等服务业开展发票专项整顿。狠抓项目税收，严防跑冒滴漏。出台《关于进一步加强清河区项目税收管理考核的意见》，建立重点项目信息共享机制和联动机制，财政加强协调，条线及时跟进，形成了街道、管委会等方面集中力量协税护税，工商、国地税专业力量及时出击突破的良性格局。重点加强了主城区优势行业房地产、建筑安装业税收管理，进一步做好拆迁企业的清欠税款征收工作，全年组织建安项目税入库2.39亿元，房地产行业入库土地增值税1.76亿元，同比增长27.5%，房地产企业入库税收6.7亿元，同比增长32.1%，管理成效凸显。

【完善社会保障体系】 按照保运转、保稳定的要求，全年调度安排资金3.5亿元用于发放公教人员工资和兑现调资增资政策，不断调整提高公益性岗位人员和劳动协管员工资收入水平，安排1.8亿元切实保障基层机构正常运转。积极支持加快完善社会保障体系，落实各项社保政策，拨付困难群众节日慰问金500万元，及时提高各类民生标准，进一步保障困难群众生活。第八次调增新区被征地农民基本生活保障待遇，在全市率先启动"土地换社保"人员转入城镇职工养老保险，拨付城乡低保经费1698万元，继续提高城市居民最低生活保障、城乡居民社会养老基础养老金最低标准、重残护理、重残救助等补助水平。完善老年社会保障服务体系，贯彻落实社会化养老、居家养老等爱老敬老相关政策，实施政府购买陪护等老年服务项目，积极做好65岁以上老人免费乘车卡补助工作，全面提高尊老金标准，全年共为3500多位80周岁以上老人发放尊老金460万元。教育支出58471万元，同比增长17.9%。努力提高人民群众的医疗保障水平，医疗卫生支出9240万元，同比增长12.9%，切实提高城镇居民医保标准。

【提升公共服务能力】 着力保障民生工程及教科文卫社会事业支出的投入。累计安排十大民生工程资金9788万元，同比增长24.5%。实施环卫工人"爱心工程"项目,为290余名一线环卫工人提供免费早餐和高温时段作业补贴,采购10辆带有喷雾装置的电动清扫车,减轻环卫工人的工作量,避免清扫保洁时产生的二次污染。积极支持公共文化服务体系建设,加大资金投入力度,对全区社区书屋、文艺演出、百场电影进社区、社区体育活动实施补贴,及时拨付14个社区文化活动中心建设以奖代补资金。文化体育与传媒支出1773万元,同比增长11.3%,积极支持公共文化场馆免费开放,扩大公共文化产品和服务供给,进一步满足全区广大人民精神文化需求。

【加强"三公"经费管理】 深入贯彻落实中央、省、市、区关于改进工作作风、密切联系群众的各项规定,认真履行财政监督职能,加强三公经费管理力度,坚决制止奢侈浪费,提倡勤俭节约,切实降低行政运行成本。落实《清河区加强"三公"管理实施办法(试行)》,出台《清河区公务用车"四统一"实施办法》,"三公"经费支出实行事前通过区电子政务办公平台申报审批,事后规范经费核算、报销程序。2013年全区纳入集中支付单位公务接待费用同比下降19%,出国出境费用下降22%。

【强化政府投资评审】 加大政府投资项目评审力度,出台《清河区财政投资评审管理暂行办法》,进一步扩大评审范围。先后对教育系统、卫生系统、计生委等多个项目进行评审,核减不必要支出。进一步延伸评审内容,多次对白鹭湖学校、丰收河沿岸的绿化工程等进行事中监督,对项目的变更、程序等进行监督评审,把对项目支出结果的事后评价扩展到预算管理全过程,提高资金使用效益和公共服务水平。

【推进国有资产管理】 进一步规范国有资产管理,企业内在活力不断增强。新区投资公司成功举办七星岛之夜、冰雪狂欢节等活动,不断提高清河新区知名度和美誉度。不断深化国有资产运营体制改革,各公司尝试不同形式的资产运作,国有资产运营能力逐步提升,资产总量逐年增长,6户监管企业总资产达111.59亿元,净资产34.53亿元。

【规范政府采购行为】 强化监管长效机制,不断规范政府采购行为。出台《清河区政府投资项目中介服务机构库管理暂行办法》,建成招标代理机构库、工程监理机构库、工程造价咨询机构库等三个中介机构库和政府投资项目监理库,进一步加强对工程质量的管理。积极做好老旧小区改造、道路景观提升工程、环卫设备采购、政府公房租赁等招标活动。进一步完善明标明投发包模式,改革创新小型建设工程承发包运作模式和监管机制,推动清河区建筑市场和承发包领域规范化建设。2013年,实现政府采购总支出12460万元,节约资金3746万元,节约率23.1%。

【增强财政监管水平】 深入开展民生专项资金检查、会计信息质量检查等工作,财政监管水平进一步增强。深化公务卡改革,推行公务卡强制结算目录,全区纳入财政集中支付的单位均已实行公务卡结算制度。进一步完善非税收入征管系统,确保非税收入全额缴入专户,防止资金流失。规范土地出让金收支管理,严格按规定计提各项费用,对应缴未缴土地出让金进行清理检查,督促相关部门催缴催收。

国家税收

【概况】 2013年,淮安市国税一分局牢固树立"聚财为国、执法为民"宗旨,坚持依法治税,强化科学管理,加强队伍建设,不断开拓创新,积极发挥税收聚财和调控职能,全力做好税收收入组织工作。2013年,一分局全年累计组织入库税收7.25亿元,较上年的6.31亿元增长0.94亿元,增幅为14.83%,高于全市平均增幅8.31个百分点,增幅位列全市第一;组织一般预算收入2.53亿元,较上年的2.03亿元增长0.5亿元,增幅达24.63%,比全市平均增幅18.26%高出6.37个百分点,增幅位列全市第四,为地方经济的可持续发展提供了坚实的财力保障、做出了重要贡献,获得清河区委、区政府"目标考评先进集体""软环境建设先进集体""工业经济先进集体"等多项荣誉。

【社会化征管不断推进】 分局充分发挥社会化征管成员单位的作用,抽调专人到区税源办开展工作。重新增设府前、淮海、长东和白鹭湖4个国税代征点,零散税收征管有序推进。

【专业化改革成效显著】 2012年8月,税源专业化管理改革后,分局的重点工作开始放在分析评估和税收风险应对上,既对纳税人申报纳税的真实性、合法性进行审核、评价并做出相应税务处理,管理的效率和质量得到提升。这次专业化改革使基层税源管理工作思路更加清晰,目标更为明确,专业化的方式更切合基层税源管理工作的实际,有利于基层管理资源的有效整合,提高税源管理的效能,实现了风险管理和基层税源专业化管理的有机结合。通过评估查找问题、分析原因,提高纳税申报的质量,提升税源管理的质量和水平。2013年国税部门累计完成235户纳税评估任务,累计查补税款4008万元,调亏2452万元,评估成效显著。其中,房地产专项纳税评估是国税部门2013年度的一项重点工作,围绕市局下发的任务,国税部门科学分解落实工作计划,将任务层层分解到各个科室,切实落实到分局每个人头上,并与班子成员相挂钩。通过两期房地产专项评估,16户房地产企业累计补缴所得税税款3449万元,调亏894万元,加收滞纳金247.2万,房地产专项评估成效明显。

【推进绩效目标管理】 增强绩效目标的导向功能,优化实施办法,建立起目标指引、环环相扣、全员参与、有效激励的绩效管理体系。以绩效时间为计量尺度,在考评干部工作数量和质量的同时,把工作态度作为绩效考评的因素,并通过目标贡献度的分档分类设置，进一步强化个人绩效与组织绩效的关联，强化对干部工作成效的评价，强化以组织目标为导向的竞争激励机制。进一步完善绩效管理信息系统，为绩效目标管理提供便捷处理、过程记录、规范操作的信息化平台。通过绩效目标管理，有力地引导和推动了各项工作的开展，增强了队伍活力，激发了工作潜能，分局国税工作的计划性进一步增强，累积性效果也很明显。

【优化纳税服务】 建立多元化的沟通渠道，通过网上税企交互平台、国税短信服务平台、国税网站等，加强征纳互动，发送有针对性的服务信息，接受意见建议和举报投诉，帮助纳税人解决实际问题，充分保障纳税人的知情权、表达权和建议权。坚持加强税收法规政策宣传辅导、咨询服务，开展以"服务发展、服务民生、服务企业"为主题的走访活动，送政策，解难题，助发展，收到社会各界的好评。牢固树立税收服务思想，做到在工作中服务，在服务中工作。兑现各项承诺，加强税收政策宣传，举办纳税人培训班，解答重点、难点、热点税收问题。开展重点税源纳税人满意度和服务需求调查，了解税收管理、纳税服务状况，分析纳税人服务需求，为重点税源纳税人提供个性化服务。

【加强队伍建设和文化建设】 按照大规模培训干部，大幅度提高干部素质的要求，认真抓好分级分类全员培训，广泛开展"大培训、大练兵、大竞赛、大提高"活动，成立业务学习小组，做好传、帮、带，使内部学习蔚然成风。通过推进国税文化建设，文化力有新增强。以团队建设为载体，以争创团队建设示范点和示范点标兵为抓手，打造行为模式，培育团队精神，营造了比风采、比业绩、比贡献、比协作的文化环境；通过加强党风廉政建设，惩防体系构建取得新进展。着力防控以牺牲国家利益和纳税人利益为代价、以权力寻租为特点的税收廉政风险，初步建立"融方法、制度、机制于一体，事前有防范、全程有监控、规范有保障"的反腐倡廉新格局，推进了惩治和预防体系的构建；通过积极争先创优，树立国税形象取得新成果。以深化文明单位创建为切入点，深入开展各类争先创优活动。

地方税收

【概况】 2013年，清河区地税部门围绕组织收入中心，努力适应税收管理新要求，践行专业化管理新模式，全力打造"101%满意"服务，助推地方经济跨越式发展，为区域经济和社会事业的发展作出了应有的贡献，实现了税收管理与纳税服务的"双赢"。全区社会化税收征管网络体系初步形成。区财税领导小组专项指导参与各街道财税工作和专项税收征管工作，堵塞税收工作薄弱环节；全区各街道、各部门，全力以赴，优化举措，加强协调，形成合力，促进了零散税收有效控管。区税务分局荣获全国总工会表彰的"全国工人先锋号"荣誉称号。

【建立新型税收管理模式】 建立新型的以税源专业化和社会化相结合为特点的税收管理模式。一是对辖区内税源（除划至市局二分局的年纳税50万元以上的市、区属重点税源户和房地产企业外）实行基础管理和风险管理并重的税源专业化管理模式。二是对基础管理和中等风险应对工作职能和要求进行科学划分，规范业务流程。三是在原有委托街道代征的个体零散税收管理的基础上进一步健全社会化管理系统。

【规范执法，严格监督】 2013年，依据《依法行政工作规划》，规范执法，严格监督，全面推进依法行政责任制，并将依法行政工作与组织收入、税收服务、作风建设相结合，逐一明确分工，落实责任，形成了一级抓一级、一级促一级的责任模式，对照各项工作目标和序时进度，定期开展督查。通过构建机制，形成依法行政整体合力，及时分析税源发展变化情况，科学制定组织收入的措施，以确保全局组织收入这个中心工作任务的完成。今年以来，全局上下面对经济增幅趋缓的不利局面，在区委、区政府和市局的正确领导和支持下，积极采取应对措施，在认真做好深化征管改革的同时，通过开展项目税收清算、房屋补偿税收清理、房屋出租税收集中整治、充分发挥风险应对的作用等有效方法，确保了区级税收的快速增长。

【优质服务，保障纳税服务新需求】 一是倾力打造透明政务，提供"零距离"服务。在实行公开透明办税的基础上，所有办税程序和流程全部公开，并对纳税人作出公开承诺。二是将服务融入管理之中，专门设立分局纳税服务邮箱，为纳税人提供税收政策咨询，建立短信平台，实现税务人员与企业财务人员的"一对一"互动，对纳税人经常关注的税收热点、难点问题，编印问题解答，使税企之间的联系更及时、更紧密更高效。三是将人员培训放在突出位置，提高地税服务质量和水平。在分局内部建立业务学习制度，按季开展业务竞赛，不断提高税务干部的业务水平和工作能力。同时，加强对委托代征单位代征人员的培训、指导、监督力度。四是着力办好有特色"纳税人之家"。充分运用有效载体，在地方政府网站建立网上"纳税人之家"，打造服务纳税人的个性化平台。

【超值服务，关注个性需求新领域】 建立"服务项目库"台账。将企业在生产、扩建、融资、销售等方面需要地税部门解决的涉税问题整理纳入项目库，与有关企业建立定点帮办工作机制，有针对地开展培训、宣传和座谈。建立服务公示和提醒制度。跟踪服务企业的情况，对服务实绩进行审核筛选，同时在网上公开服务项目统计情况，接受社会监督。创新服务载体。从企业角度出发，对政策活用、合理节税、规避风险、资金筹措等方面展开各类调研活动，及时落实各项税收优惠政策，进一步推进促进就业和再就业。

机关团体

◇中共淮安市清河区委
◇清河区人大常委会
◇清河区人民政府
◇政协清河区委员会
◇民主党派·工商联
◇社会团体

中共淮安市清河区委

清河区党组织概况

至2013年年底，中共清河区委共设基层党组织544个，其中直属党委17个、二级党委51个、党总支13个、党支部463个，另有党组23个，非公企业党组织47个。年末全区共有党员8696名，其中，女党员2724名；35岁以下1770人，60岁以上的3659人；本科以上的1864人，初中及以下的2391人；党政机关、事业单位在职党员1546人；社区党员4795人；非公有制单位党员437名。

区委重要会议

【区委七届四次全体（扩大）会议】 2013年7月16日，区委召开七届四次全体（扩展）会议。会议主要任务是深入贯彻落实中共十八大精神和市委六届三次全会精神，研究确定清河未来几年跨越发展的目标任务，研究部署实现今年跨越发展目标的具体举措，动员全区上下进一步解放思想、创新实干，立足新定位、提升新标杆，奋力争当全市跨越发展排头兵。区委书记王海平代表区委常委会作题为《立足新定位提升新标杆奋力争当全市跨越发展排头兵》的报告。会议提出了未来几年的“两大奋斗目标”，即到2015年建设更高水平的小康社会，到2020年在江北率先基本实现现代化，将清河建成淮安中心城市功能核心区、形象展示区和率先基本实现现代化的先行区，为淮安加快建成苏北重要中心城市作出新的更大贡献。围绕这样的目标，努力推动清河实现综合经济实力、经济发展质效、城市功能、城市形象、民生发展“五个新跨越”。推动清河实现新的跨越，必须充分放大自身优势，选准主攻方向，找准发展路径，全力寻求突破。一要以提升发展质效为重点，全力推进产业转型升级。二要以提升城市品质为重点，全力推进城市转型发展。三要以夯实发展后劲为重点，全力推进重大项目建设。四要以增强发展活力为重点，全力推进科技创新工作。五要以促进社会和谐为重点，全力推进民生幸福工程。会议还提出，2013年是“十二五”规划的中期评估年，也是建设更高水平小康社会、率先基本实现现代化的重要之年。要紧紧围绕“跨越发展、转型升级、保二争一”的目标，全力抓好各项工作，确保实现“满堂红”。

【区委七届五次全体（扩大）会议】 2014年1月4日，区委召开七届五次全体（扩展）会议。会议主要任务是深入贯彻落实中共十八届三中全会、市第六次党代会第三次会议、区委七届四次全会精神和中央、省经济工作会议精神，回顾总结2013年工作，研究全面深化改革思路，部署今年重点工作任务，动员全区广大党员和干部群众，进一步解放思想、创新实干，不断把改革事业引向深入，全力开创科学跨越发展新局面，推动清河在实现“两大奋斗目标”新征程上加速迈进。区委书记王海平代表区委常委会作题为《深化改革创新聚焦跨越发展在实现两大奋斗目标新征程上加速迈进》的报告。会提指出，全区上下积极应对错综复杂的宏观形势，深入实施“五大战略”，全力推进“五个新跨越”，为清河实现新的跨越发展目标打下了坚实基础。坚持狠抓项目、强攻投入，实现了综合实力和发展后劲“双增强”，实现地区生产总值116亿元、人均GDP接近2万美元，财政总收入突破40亿元、公共财政预算收入突破30亿元，完成规模以上固定资产投资107亿元。2014年是贯彻落实中共十八届三中全会精神的第一年，也是清河向着“两大奋斗目标”迈进的加速年。全区要深入学习贯彻中共十八届三中全会精神，聚焦“两大奋斗目标”和“五个新跨越”，突出“稳中求进、好中求快”的总要求，紧扣“深化改革、产业升级、城市转型、项目建设、民生改善”五大重点任务，加速打造“四个升级版”，全力推动清河改革发展和各项事业取得新跨越，争做淮安深化改革的探路者、跨越发展的排头兵，加快建设淮安中心城市功能核心区、形象展示区和率先基本实现现代化先行区。

会议主席台

纪 检 监 察

【开展督查督办】 助推发展“101%”专项行动。探索开展现场质询评议活动，牵头组织区直部门“一把手”现场接受群众质询，对涉及的40多件问题进行了督办；督促进一步压缩审批事项，构建亲民服务品牌，部分涉企事项做到当日办理完毕；推进市场准入和监管制度改革，在全市率先实行“证照分离、宽进严管”；落实“美丽淮安”生态保护督查，开展食品安全放心行动，督促开展专项检查12次，责令纠正违规问题20多处。

【强化作风建设】 加强监督严明纪律“高压线”，组织明察暗访15次，编发检查通报7期，共通报违反作风建设规定人员54名。在元旦、春节等重要时间节点，向全区党员干部发送提醒短信40多条；中秋节前召开工程建设领域警示教育大会。出台清河区公务用车“四统一”实施办法，全区公务用车贴标上路。“三公”消费实现网上申报备案，支出同比下降30.1%。

活动现场

【深化“阳光清河”平台建设】 紧扣“请人民监督、向人民报告”的功能定位，举行“请您建言”、“请您关注”、“请您监督”、“请您评议”系列活动，进一步推进平台的规范化、科学化建设。阳光清河办公室全年共受理群众反映、咨询、建议4400余件，解决实际问题2500余件。在市“阳光纪检”点击亿次活动中，清河区介绍了经验做法。

会场一角

【案件查办工作】 全区纪检监察机关收到信访举报105件，立案33件，立案数与去年相比增长26.9%。其中乡科级干部8人，移送司法机关6人；十万元以上案件6件，百万元以上案件1件。对反映党员干部苗头性、倾向性问题，早发现、早处理，全年共对11人进行了诫勉谈话和批评教育。坚持老虎苍蝇一起打，严肃查处了一批有影响的大案要案和损害群众利益的案件。其中，市富丽房地产公司原总经理宋某案、市环保局环评处原处长刘某案、清河新区建设处原副处长吴某案、北京路中学原副校长苏某案等案件引发了强烈社会反响。

【创新建立“廉洁清河”评估体系】 系统设廉政组织、廉政防控、廉政监督、惩处执行、综合评价等5个一级指标，下分14个二级指标、25个三级指标。指标采用日常采集和年终采集相结合方式，依靠评估系统，实现动态监管、实时监控、预警纠错、全面评估、分析研判五大功能。

【党风廉政巡查深入推进】 对教育系统、柳树湾街道、水渡口街道开展巡查，先后召开座谈会30多场，个别约谈40多人，接受群众举报12件(次)，纠正违规违纪行为11起，处理违纪人员10人。

【建立“五德”反向考评机制】 出台《开展“五德”评议活动的意见》，开发“清河区领导干部‘五德’反向评议系统”，通过5大类24项反向指标对领导干部践行“五德”情况进行网上评议。

【纪检监察队伍建设】 以作风建设为重点，完善监督机制。充分发挥内部监督委员会作用，严格执行常委带班轮值制。将“六个不准”印制成提醒卡片发放。在全区纪检系统广泛开展“学党章、重品行、作表率”主题教育活动。组织参观市委党校五德教育馆、区廉政教育基地。加强业务培训，举办纪检监察干部“清风讲坛”9期。

组织工作

【基层组织建设扎实推进】 顺利完成社区换届工作，选举产生班子成员228名，党组织书记平均年龄、学历、性别比例等均得到优化；精心组织学习十八大精神等系列活动，推行“1+5”组团式服务，培树了富强、上海路、健康路等3个市级社区党建示范点；全力打造“双支持”工作品牌，建立双向互联机制，全区89名非公企业党建指导员对131家企业开展“点对点”服务，形成《企业走访日记》89篇，年初确定的5家重点培植企业，全部通过初审；全员化建档、全程式把关，做好党员教育管理工作。全年为企业申请各类扶持资金815万余元，慰问困难群体资金1000余万元，为民办实事860余件。

【人才强区战略强势推进】 引进3个创业团队，3名“千人计划”专家及2名院士即将签订合作协议，引进外国专家9名，海外留学回国人员2名，人才引进层次全市领先；新入选省“双创”计划1人，省企业博士集聚计划1人，省“333工程”第三层次培养对象3人，省科技企业家1人，省“苏北计划”11人；新建2家省级研发中心、3家市级人才载体，在全市首次引入政府引导资金概念，仅“DFB激光器阵列芯片”一个项目即出资500万元，吸引“千人计划”专家臧剑锋，全国创新创业大赛第二名获得者陈向飞等一批高端团队入驻，载体建设效应初显；举办“清河区企业管理者实务培训班”，组织42家辖区企业赴浙大封闭培训，组织开展“高层次人才服务月”等系列活动。

【重点项目建设有序推进】 紧紧围绕全市科学跨越发展目标考评意见，突出亿元开工、亿元竣工项目建设，对全区有望纳入市督查考核体系的23个亿元项目，坚持每日深入项目现场，两日直报项目进展，报送项目信息近1000条；坚持领办、帮办、会办、督办，召开项目推进会、过堂会近30余场次。目前，中环国际广场、A3高速牛奶及奶茶生产线项目已通过市亿元项目考核验收；雨润中央新天地、茂业时代广场等8个项目达到市开工项目验收条件；苏宁电器广场、顺丰电子商务产业园等11个项目达到市竣工项目验收标准。对全区94个重点实施项目，强化分类管理，实施季度考核，通过现场督查发现问题200余件，现场交办问题100余件，提请分管领导、主要领导会办解决问题100余件，编制督查考核通报50余期。

【干部队伍建设稳步推进】 强化凭实绩选人用人导向，充实优化街道班子结构，对年轻干部进行跟踪培养，出台“多层提名+多轮考绩”办法，对38名拟选拔任用科级干部进行财产公示；开展“带病提拔”倒查和破格提拔干部筛查，完成离任经济责任审计7人，任中审计4人，“三责联审”2人；举办清河发展论坛4期，2500多人（次）参加学习，举办年轻后备干部专题培训班、十八届三中全会精神专题研修班，百余名党政领导干部、年轻后备干部参加培训。

任前谈话会场

【着力推进两网融合】 一是推进组织融合。改进优化党组织设置，把支部建到社会治理的网格上，建到为民服务的最末梢，建到项目建设第一线，实现党的组织网络与社会治理网络、项目建设相融合相促进，着力发挥党组织和党员服务群众、服务发展、服务民生的战斗堡垒作用和先锋模范作用。二是推进队伍融合。统筹用好社会治理各方面力量，理顺规范社会工作者管理，探索实行社区工作者职业化，整合社区专职工作者队伍、条线协管员队伍、志愿者队伍、社会自治组织人员队伍等力量，形成参与社区建设、服务社区发展的强大合力。三是推进资源融合。推动社区各类资源的有效融合，构建公共服务、居民互助服务、政府购买服务以及志愿服务相结合的社区服务资源的有机融合，不断提升服务群众的质效。四是推进机制融合。围绕群众需求，完善服务信息平台，优化为民服务机制，探索多系统融合运行，构建大党建、大治理的工作格局。

【全力打造跨越发展骨干队伍】 一是广泛地谈。区委领导将不定期个别约谈各单位主要领导，了解班子运转情况，听取意见和建议。每年将至少组织一次，面向全区所有科级干部开展谈心谈话活动，与干部面对面谈心谈话，了解考察识别发现干部，及时掌握领导班子和干部队伍状况。二是深入地测。改进传统的测评方法，科学设置测评要素，采取量化比较选优测评，努力提高测评科学性。领导班子突出“凝聚力、决策力、创新力、执行力、公信力”5项指标，领导干部突出“工作敬业度、岗位胜任度、能力突出度、业绩贡献度、提拔认可度”5项指标。三是立体地推。采取点、线、面相结合的方式推荐干部，广开进贤渠道。点上推，就是由各街道、部门民主推荐干部；线上推，就是分别由招商引资、房屋征收、项目服务、财税增收、信访稳定等条线推，在纵向比较中发现识别干部；面上推，就是积极发挥全委会以及广大干部群众在发现识别干部中的作用。四是综合地比。结合“谈、测、推”结果，对各部门、各条线干部进行纵横综合比较，分析班子运行状况以及干部的长短优劣，尽力做到人岗相适，用当其时，用当其位，体现导向。

【引进高层次人才】 注重发挥政府引导、企业主体、市场推动在人才工作中的作用，全力服务好高端高质高效发展战略。一是突出环境营造。拟订下发《2014年度全区人才工作要点》，出台《清河区人才“伯乐奖”实施办法》，引导激励全区重视支持引进科技含量高、税收贡献大、资源消耗少的项目，进而带动高层次人才的引进。二是突出重点推进。紧扣市对县区人才考核目标任务，重抓“千人计划”、省“双创计划”、创新创业领军人才等考核指标，切实加大高层次人才引进力度。三是突出载体引领。充分依托“三大特色产业园区”引才载体，探索推进人力资源产业园建设，着力发挥市场在高端人才引进中的培育、评价、服务的作用。

【组建“百名群众代表顾问团”】 群众路线教育实践活动是2014年上半年政治生活中一件大事。上级要求高，群众很关注。按照区委提出的早谋划、早调研、早准备的要求，前期开展广泛调研，结合县区教育实践活动的特点，按照开门搞活动的要求，分类推荐选出100名左右的群众代表，成立“百名群众代表顾问团”，参与教育实践活动全过程，做到前期方案谋划请群众参与，活动开展过程中的适宜环节请群众监督，活动实际效果请群众评判。这项工作的打算，在前不久省委组织部召开的市县组织部长座谈会上，得到省、市组织部领导的充分肯定，认为既符合上级精神，又符合第二批特点，要求一定要好好落实，抓出成效。

宣传工作

【深入开展学习型党组织建设】 围绕建设学习型党组织，建立健全“1+3”（以党委中心组学习为龙头，推动学习型机关、学习型企业、学习型城区建设）模式，实施“当好表率带头学、专题讲座系统学、中心发言促进学、理论研讨深入学、上下联动结合学”的“五学”措施，坚持向中心组成员荐书，定期编发《理论学习参考》。中心组成员在《人民日报》、《新华日报》等国家及省级报刊共发表理论文章20余篇。学习型党组织建设经验被《江苏宣传动态》刊发，清河区被评为2013年省级学习型党组织示范点。

【党员冬训】 围绕学习贯彻党的十八届三中全会精神，区委中心组成员开展集中学习3次，邀请市讲师团到清河区专题辅导。围绕学习习总书记重要讲话精神，邀请中央党校蔡霞教授讲析精神内涵，深入宣传“中国梦”，夯实理论武装基础。开展“党员冬训书记开讲”活动。全区党员干部冬训大会上，王海平书记开讲冬训第一课。成立“五员”(由专家学者为主的辅导员、机关干部为主的指导员、先进典型为主的示范员、民间文艺团队为主的说唱员、志愿者为主的咨询员)理论宣讲团，运用说唱、朗诵、舞蹈等形式，深入社区有针对性地开展宣传辅导和释疑解惑工作，推进理论大众化普及化。冬训期间社区大讲堂共授课80余次。

党员集中听讲座

【开展新时期淮安精神大讨论】 紧紧围绕市委市政府统一部署安排，紧扣“推动发展”主题和“提振精气神集聚正能量”这一主线，按照“八个一”的总体要求，即成立一套班子，制定一个方案，组织一次大讨论，提炼一批淮安精神，开展一次交流评比，组织一批言论文章，安排一场专题辅导，培育一批典型，制定出台了《大讨论活动总体实施方案》，区四套班子领导带头深入挂钩街道和分管部门进行走访、调研、座谈，与基层群众共同探讨新时期淮安精神，先后组织6000多人次参与集中学习，及时跟踪报道各部门、各单位活动开展动态，采编特色亮点工作上报市级媒体，其中市讨论办采用6条、市电视台采用6次、淮安日报采用10余条，提升了清河人参加活动的影响力。新时期淮安精神大讨论活动取得了实实在在的效果。

【大调研活动硕果累累】 确定11月为调查研究月，开展“双十调研”活动，即围绕经济增长、城市建设、改善民生、社会管理等十个方面，开展决策建议征集活动，围绕事关清河长远发展的重点、难点，确定十个调研课题，推出一批有价值的调研报告，与淮阴师范学院、淮阴工学院合作，推出了《淮安市民文化消费现状及趋势研究—以清河区为例》、《关于发展壮大清河区文化创意产业对策研究》等一批有价值的调研报告，供区委区政府决策参考。

【主流媒体宣传取得新突破】 依托淮安电视台等市内主流媒体，加强与新华日报社、江苏卫视等媒体深度合作，主攻大报大台大网，不断扩大影响力，提升美誉度。今年以来，在《人民日报》、新华社等国家级媒体发稿28篇，其中《人民日报》3篇，新华社通稿1篇，《新华每日电讯》1篇；央视新闻联播和整点新闻23条；《新华日报》、江苏卫视等省级媒体(网站)发稿103篇。各类宣传工作信息采用量继续保持全市领先。8月27日，《人民日报》在党建周刊版刊发区委书记王海平的署名文章——《转作风，须下“真”功夫》；8月30日，《人民日报》在理论版刊发了区委常委、宣传部长漆宾的署名文章——《以“四化”提升宣传思想工作水平》，填补了清河党建理论文章在《人民日报》的空白。

【建区30周年系列外宣活动精彩纷呈】 以辉煌历程、新城市名片为脉络，举办“学习贯彻十八大，喜看清河新变化”图片展，集中体现了新清河成为商贸名区、文化名区、生态名区、首善城区的发展之路；编纂《清河30年文丛》，包括《图说清河30年》、《诗说清河30年》、《数说清河30年》、《清河30年大事记》，全面介绍清河区30年来取得辉煌成就；拍摄清河建区三十周年纪录片《继往开来跨越追梦》，展现清河建区30年以来政治、经济、社会、民生等各方面发生的巨大变化；举办摄影展、诗词展等系列文化活动，与百姓共享清河三十年发展成果。举办网络微博大赛等系列外宣活动，展示了清河良好形象，打造城市靓丽名片。

【舆论引导、舆情监控有力可控】 积极适应新媒体快速发展的新格局，开设了“青轩薇语”微信公众平台和“筑梦清河”微博平台，每天发布一期微信报，及时报道区委、区政府最新工作动态、交流工作信息，抢占新媒体高地。“青轩薇语”关注者已近20000人，“筑梦清河”已有粉丝10000余人。积极上报舆情信息，共被市部采用舆情信息4000多篇，舆情分析报告4篇，全市领先。《“五员”合力提升宣传工作科学化水平》被中宣部《舆情摘报》刊发。进一步完善舆情应对机制，利用网络舆情监控平台，对淮水安澜、淮安网、西祠胡同、天涯等网站涉及清河区的舆情进行监控，及早处置舆情隐患。

【广泛开展典型选树活动】 组织“筑梦清河——最美身边人”推荐评选活动，通过让群众推、群众评、群众夸，选出年度十大最美身边人，大力宣传道德模范先进事迹，努力使学先进、做先进蔚然成风。深入践行群众路线，建立联系部门街道工作制度，深挖基层典型。组织区外媒体对优秀志愿者金驹作专题采访报道，向市部推荐优秀基层干部马桂华，邀请淮安日报、淮安电视台等市级媒体集中采访创业典型——淮安市安洁医疗用品有限公司董事长曹明拓。今年，清河区共有9人获得“淮安好人”称号，姜贵才荣登9月中国好人榜。

【文明创评工作规范有序】 在全区范围深入开展文明单位创建活动。2010–2012年度，清河区46家单位和4家社区获得省级文明单位称号，清河区人民法院和淮海街道办事处车站社区分获省级文明单位标兵级单位称号（全省仅96家）、省级文明社区标兵级单位称号（全省仅15家）。今年11月，在省文明办等部门举办的“童声里的中国”合唱比赛中，代表淮安参赛的清河两支队伍分获一、二等奖，创淮安在此类赛事中的最好成绩。

【道德文化建设深入推进】 深入实施未成年人教育“四进”工程。即少年法庭进社区，现身说法；“温馨心港”进家庭，建成清河区未成年人成长指导中心并逐步建立起青少年心理咨询热线；“五老”宣讲进校园，作为传统教育、爱国主义教育的新载体；创建“周恩来班”促进未成年人的健康成长。创新道德建设载体，分别在北京路中学和清新花苑社区建成清河区道德文化广场，将道德文化融入广场的建设和活动之中，形成育德、树德、颂德的良好氛围。

【打造志愿者服务品牌】 成立志愿者服务协会，形成统一指挥、指令畅通的志愿服务组织体系。落实好“文明交通志愿服务周周行”活动和“喜迎十八大、文明交通行”活动。3月23日，在市民健身广场，组织20多家单位开展83项志愿服务项目、提供百余项服务内容，为22400多位市民提供志愿服务。各社区也纷纷打造自己的志愿服务工作品牌，如上海路社区成立了心苑社会工作服务社，利用社会化力量开展关爱独居老人、留守儿童等志愿服务活动，影响深远。

【精心打造“四进四送”公共文化服务品牌】 以创建省级公共文化服务体系示范区为龙头，坚持开展“四进四送”（即：“进社区、进企业、进机关、进学校”，“送演出、送电影、送图书、送展览”）公共文化品牌活动。组织60余支文艺团队深入7个街道、22所学校、30家企业奉献100场公益演出，邀请电影放映队走进38个社区献映100场经典影片，惠及群众50万人次；流动图书车开进大街小巷，送出图书3000余册，图书馆被文化部命名为国家一级公共图书馆，与16个社区图书分馆实现“通借通还”，清河区被表彰为全省创建书香之县（市、区）先进单位（全市唯一）；书画、摄影展办到百姓身边，举办各类主题展览12次，组织巡回展览3个月，吸引观众20万人次。“四进四送”品牌文化活动获全市创新创优项目二等奖，相关活动和做法被《中国文化报》、《新华日报》、江苏公共频道、《淮安日报》、淮安电视台等多家媒体报道（刊载）。国家新闻出版广电总局党组成员宋明昌、副省长曹卫星、省文化厅厅长徐耀新、副厅长吴晓林到清河调研文化工作并给与高度肯定。

【发展壮大基层文化队伍】 成立书法美术家协会、摄影家协会、民间文艺协会，吸纳会员1600余人，举办调演、写生、展览等活动20余次。制定出台《清河区公共文化服务建设整体规划》、《清河区关于加快构建现代化公共阅读体系建设的意见》、《清河区民间文艺团队扶持奖励实施办法（试行）》等政策文件，鼓励扶持民间文艺家、文艺团队发展，构建现代化、特色化的公共文化服务体系。组织宣传文化骨干业务培训班19次，3500人参训，提升全区公共文化服务水平。在全市率先组建文化志愿者队伍，发展志愿者6000余人，常年开展文化志愿活动。

【文艺精品创作成绩斐然】 扶持制作的三维动漫片《风影少年》获得江苏省第八届精神文明建设“五个一”工程奖、2013年度江苏优秀文化成果奖。小品《就想请主任吃顿饭》获得“2013江苏省相声、幽默小品邀请赛”二等奖。紧紧围绕新时期淮安精神“包容天下，崛起江淮”创作的歌曲《这一片天地叫淮安》获得全市群文新作调演优秀创作奖。集结推出《图说清河30年》、《数说清河30年》、《诗说清河30年》、《清河30年大事记》系列丛书和音诗画《我的名字叫清河》，向清河建区三十周年献礼。创作的以宣传文化工作者为主角的歌曲《我们追逐太阳》，紧扣时代脉搏的歌曲《我的梦，清河梦》、诗朗诵《我的梦、清河梦、中国梦》，反映家庭和美的小品《真爱》等作品深受百姓欢迎。

统 战 工 作

【概况】 2013年，清河区统战部门先后举办中共十八大知识专题辅导讲座、积极开展反“四风”、理想信念教育和新时期淮安精神大讨论等活动，引导各民主党派把社会主义核心价值观内化于心，外化于行，把力量凝聚到清河“两大奋斗目标”上来。《清河区全面建成党外人士专家工作站》和《清河对商会发展的几点建议》两篇信息稿被省委统战部采用。《倾心打造“同心”品牌，多措并举开展统战工作》和《清河区扎实开展理想信念教育实践活动》两篇经验交流文章被省委统战部主办的《挚友》刊登。调研文章《新形势下围绕同心助推科学跨越发展，做好统战工作的调研与思考》在八个县区中排名第二。

【扎实推进党派服务工作】 2013年，清河区委下发了《关于建立区委领导同志与党外人士联系交友制度的意见》和《关于加强新形势下党外代表人士队伍建设的实施意见》，为清河区党外人士发挥作用提供了更广的平台。7名党外人士经考察、推荐被提拔为副科级领导干部。充分发挥九三学社组织的特点和优势，指导九三学社清河区委员会成立。党外人士代表围绕全区中心工作开展调查研究，各民主党派、工商联、知联会共计11篇调研材料在区政协八届三次会议上交流。其中，民革清河总支与区政协文教组的《关于规范民办幼儿园发展的建议》、民建清河总支的《关于规范我区机关事业单位编外用工的建议》在大会上发言。

【品牌创新,建立党派专家工作站】 2013年,各民主党派、工商联、知联会陆续成立了10个专家工作站,涵盖经济、卫生、饮食文化等领域。筹资组建小额贷款公司,积极支持融资担保商会发展,提高银企对接效应,为会员企业融资提供支持,全区小微企业融资额年度新增4.5亿元。与区委政法委、工商联合会联合下发《关于加强全区非公有制企业社会管理和平安法治建设的工作方案》,让非公有制企业更加有效地参与社会治理创新。遴选江苏省金象传动设备股份有限公司、淮安广济医药连锁有限公司等12家非公有制企业作为首批社会治理创新试点企业。

【光彩事业发展良好】 2013年,区光促会共收到捐款25.5万元。向沈阳路社区居家养老服务中心捐助了3.5万元,联合区慈善总会、工商联开展"光彩事业教育行"活动,向全区51名新入学的贫困大、中学生捐助了11.3万元。

【民族宗教工作有序开展】 2013年,区委统战部门举办宗教界人士专题学习教育培训班,以提高宗教人士爱国、爱教、爱社会主义的政治思想觉悟。切实落实党的民族宗教政策,审核把关少数民族考生材料40余份,做好少数民族考生服务工作,帮助来淮经商的2户回民子弟解决了入学问题。

对台工作

【概况】 2013年,围绕淮安打造台资集聚新高地,进一步广开思路,充分发挥职能优势,不断提高对台工作的水平和能力。全面开展了台胞台属和台资企业情况的调查,对辖区内台资企业逐一进行走访,详细了解企业的生产经营状况和存在的问题,提供个性化的服务。积极协助台资企业解决用工难题,针对区内台商台胞看病就医问题,统一纳入市台胞就医绿色通道范围,享受优质温馨的医疗服务,更好的服务台胞台属,推动清河区打造台资集聚地起到积极地促进作用。

【做好招商引资工作】 2013年,进一步加大对台招商力

海峡两岸交流会会场

度,重点扎引生物医药、医疗器械及光电产业项目。以长三角、珠三角、环渤海经济圈以及台湾等地为主攻方向,积极"走出去",多次到北京、上海、苏锡常、连云港、深圳、台湾等地招商,结识了近百名客商,积极宣传、推介清河的投资环境、发展定位、优惠政策;积极开展登门招商,在上海、昆山等地举办了小型招商推介会6次。想方设法"请进来",招商引资工作要重视与企业家交朋友,通过多种途径与外地企业家进行沟通交流,增强投资合作机会,不但要把项目、资金设备引进来,更要把技术、人才和科研机构引进来。

【不断提升为台商台企台胞台属服务】 坚持经常性走访与随时呼叫相结合,及时帮助协调解决台企用工、用地、融资、用电等方面问题,能够使他们轻装上阵,感受到清河对他们的关心和支持。推动台资企业和本土企业的配套发展,切实降低广大台资企业的商务成本。认真落实好台商提出的意见和建议,努力协调解决好台商、台胞、台属的就医、子女就学等问题。强化服务观念,办理多份台属关系证明,积极为台属排忧解难办实事,保障了台属的合法权益。

清河区台办春节前慰问困难台属

【对台交往交流取得新突破】 组织4批次赴台考察交流,接待台湾团组3批次。办理了1人赴台探亲,2批次企业赴台交流等手续;中秋、国庆期间走访慰问困难台属4次。7月5~7日,邀请海峡两岸20多名企业家到清河区考察,扩大了清河的知名度和影响力。

老干部工作

【概况】 至2013年年末,清河区实有离休干部66人。按参加革命工作时间分:抗日战争前期6人,抗日战争后期10人,解放战争50人。按待遇构成分:正厅级1人,县处级36人,乡科级6人,一般干部23人。

【落实老干部政治待遇】 1月和8月,区委为老干部们作全区经济社会发展的专门工作通报,悉心征求老干部们的意见和建议,区委常委组织部长马乃骏一行多次就区委重大工作即时征求老干部们的意见,亲自陪同老干部们经济

社会发展的考察参观活动，让老干部们充分感受到党和政府的重视和关爱。区委老干局坚持以每月10日学习为抓手，及时通报区委政府对重大事项的决定及重要会议精神，并为老干部征订了《银潮》《新华日报》《老年周报》《世纪风采》等党报党刊，向老干部赠送了建区三十年邮票集锦和清河三十年系列丛书。2013年区委老干局共慰问老干部约200人次，发放慰问金12万余元。

情况通报会

【改善和提高老干部生活待遇】 一是认真落实好离休干部按时足额发放离休费、养老金和生活补贴。按时调整和提高离休干部护理费标准，及时为老干部遗属办理各种补助。继续发放每人1000元的老干部旅游经费。二是不断改善老干部医疗待遇，按照绝大多数人的要求确定医疗报销方式。三是安排老干部进行一次身体健康检查。对于身患重大疾病的老干部，经常联系、及时了解病情，帮助其及时就医。四是坚持离退休干部结对联系制度，区委老干局结对工作人员定期上门联系慰问老干部，对有关问题及时给予帮助解决。

【充实老干部精神生活】 区委老干局组织了老干部中共十八大专题学习、老干部党支部书记参加老干部党支部书记培训班、参观周恩来五德教育馆、老干部党支部书记赴宿迁参观学习。老干部党支部的作用得到进一步的推动和发挥，向阳社区夕阳红老干部党支部自写自编了反映革命传统故事和基层老干部关心下一代、发挥作用《大爱无涯》一书，其党支部工作经验在全市得到交流、推广。

【组织中国牌比赛】 区委老干局2013年4月，举办军地老干部中国牌比赛，40多位老干部参加了活动。

【组织乒乓球比赛】 5月，举办的清河区“健康杯”老年人乒乓球比赛，全区有近60余名老同志参赛角逐奖项。

【开展有奖猜谜活动】 6月，组织“同庆端午节老少共欢乐”有奖猜谜活动，区离退休干部、青少年学生近300人参加了此次活动。

【注重老干部精神慰藉】 7月，组织老干部“淮安精神大讨论”活动，共收到质量较高的表述语23条；11月份举办老年人身体和心理健康讲座两次，对老年人的身体保健和心理平衡进行辅导和干预。

【组织参加市级各类比赛】 一是组织五个社区老干部相继参加全市“学习十八大、奉献在社区”演讲比赛和全市“情系中国梦”老干部才艺展示。演讲比赛获得了一个二等奖、二个三等奖，才艺展示获得了一等奖、二等奖、三等奖、组织奖各一的优异成绩。二是组织区老干部参加“美丽中国、幸福淮安”全市离退休干部象棋比赛。三是参加全市军地离休干部门球友谊赛，清河区老干部代表队取得了第一名的好成绩。四是精选老干部十余幅作品参加“助力淮安梦”全市离退休干部诗词书画摄影展。五是收集300多幅照片参加“同心共筑中国梦、助力淮安新跨越”全市离退休干部发挥作用图片展，取得了很好的反响。

【推进社区服务老干部工作】 继续推进和深化社区服务老干部工作。建立健全全区社区服务老干部工作机制、完善组织网络、创新提升服务方法、不断丰富活动内容，2012年这项工作在全区得到了普遍的推行和认同。在此基础上，2013年区委老干局联合区委组织部、区人力资源和社会保障局、区民政局在全区开展了社区服务老干部工作达标社区的创建活动。全区7个街道22个社区参加了申报评比。其中16个社区工作突出，创建成功。其中工农兵等四个社区阵地完善、服务到位、活动丰富，被推荐参创市级先进社区的申报评比。2013年10月，省委老干部局局长顾汉萍来淮调研，特地就清河区利用社区资源为老干部服务工作进行调研走访，对清河区的向阳社区和上海路社区的服务创建工作给予了充分肯定。

党 校 工 作

【概况】 2013年，党校在区委、区政府的正确领导和市委党校的大力支持下，坚持以科学发展观为指导，深入学习中共十八大、十八届三中全会精神和区委七届四次、五次全会精神，全面贯彻落实《中国共产党党校工作条例》，紧紧围绕区委、区政府的中心工作，不断提高培训水平，创新培训理念和培训模式，充分发挥党员干部教育培训的阵地和熔炉作用。全年共举办各类培训班10期，培训3000人次；组织基层宣讲21场，受训1300人次。

【干部教育培训工作】 2013年，党校坚持以培训需求为导向，以改革创新为动力，大力整合国内优质教学资源，精心打造党员干部大学堂。全年共举办清河发展论坛5期，培训2600余人次；专题培训班3期，培训160人次；委托培训2期，培训238人次；基层宣讲21场，受训1300人次。其中，浙江大学企业管理者实务培训班、东南大学青年干部培训班、南京大学领导干部十八届三中全会精神专题研修班等主体班次培训。

2013年6月东南大学青年干部培训班

【调研科研工作】 2013年，党校在大规模开展党员领导干部培训的基础上，切实做好调研科研工作，明确科研课题、加强制度管理、强化科研基础，取得丰硕成果。一是全年公开发表论文12篇。其中在国家级刊物上发表文章1篇；省级刊物上发表文章5篇；市级刊物上发表文章4篇。二是全年共撰写调研文章7篇，其中《总部经济的现状分析和思路》获市党校系统十八大征文二等奖。三是全年共撰写心得体会文章16篇，其中获区级表彰一篇。

【队伍建设工作】 党校在整合国内优质教学资源的同时，十分重视教师队伍的培养工作，按照用好现有人才、引进急需人才、储备未来人才的队伍建设思路，开阔眼界，为党校事业发展提供智力支持和人才保证。一是注重教师能力建设。定期开展理论学习，全年组织教师外出培训5批，分赴北京大学、浙江大学、东南大学、南京大学、江苏省委党校参加宏观经济热点、十八大和十八届三中全会精神培训班，汲取最新理论动态，提高教职工的整体素质。二是注重引进高学历人才。根据教学科研需求和党校发展的需要，2013年通过公务员招录形式引进一名硕士研究生，充实党校专职教师队伍力量，有效地改善队伍的年龄、学历结构，给党校的可持续发展增添活力与后劲。三是注重兼职教师师资库建设，以省、市两级党校为主，以高校、科研机构为辅，聘请区委党政领导、市委党校以及国内著名高等院校资深教授、专家、学者担任党校兼职教师，进一步优化师资队伍。

【行政后勤管理工作】 按照管理科学化和服务规范化的要求，建立健全行政后勤工作的各项规章制度和激励机制，提高行政后勤管理水平、服务质量和后勤保障能力。2013年，党校加强内部管理，与所有教职工签订目标责任状，内容涉及教学、科研、管理等，并进一步完善、出台一系列的规章制度，真正做到以制度治校，以制度管人，形成争先创优、你追我赶、优胜劣汰的良好工作局面，不断提高党校管理水平。

【其他工作】 在圆满完成区委下达的主要目标任务的同时，党校积极应对上级交办的其他工作任务，在旧城改造、帮办工作中均取得了优异的成绩。王庆余同志在旧城改造工作中获得“房屋征收工作标兵”荣誉称号。此外，双拥、法治、综治、信访维稳等各项工作也受到上级领导和相关单位的好评。

清河区人大常委会

【区八届人大二次会议】 1月10—11日，区八届人大二次会议在长荣大剧院隆重召开。194名区人大代表出席会议，区各部门负责人和区第八届政协委员列席会议。区委书记、区人大常委会主任王海平主持会议。区长张冲林代表区政府向大会作政府工作报告，区发展和改革委员会、区财政局区法院、区检察院分别向大会报告工作。

【陆长苏到清河区调研市区交通拥堵问题】 3月21日，市人大常委会副主任、党组副书记陆长苏一行到清河区调研市区交通拥堵问题。区人大常委会副主任安毅之、孙开明，区人大城建环保委以及区相关部门负责人、部分街道人大工委主任、市区人大代表参加了调研座谈会。

【常委会主任会议视察区公安分局】 3月29日，区人大常委会主任会议视察区公安分局打击和预防犯罪工作。先后实地察看了华能电厂生活小区治安防范、淮海广场周边流动警务车等情况，并听取了区公安分局有关工作情况汇报。

【南通市崇川区人大常委会考察清河区物业管理工作】 4月23日，南通市崇川区人大常委会副主任、党组副书记时国华一行在区人大常委会副主任安毅之、孙开明等陪同下，考察调研清河区物业管理工作，调研组先后实地察看了水韵天成、茂华国际汇小区和清新花苑安置小区物业管理工作，并听取了清河区物业管工作情况介绍。

【召开“万名代表回选区见选民”活动动员大会】 5月15日，清河区召开“万名代表回选区见选民”活动动员大会，区委书记、区人大常委会主任王海平出席会议并作动员讲话，市人大常委会部分委员应邀到会并作《中华人民共和国代表法》辅导报告。会议宣读了清河区“万名代表回选区见选民”活动方案，市、区人大代表，区人大常委会组成人员，各街道党工委书记、人大工委主任，淮安经济技术开发区各乡人大主席团负责人参加了会议。

【八届人大常委会召开第10次会议】 6月26日，区八届人大常委会在区二楼多功能厅召开第10次会议。会议听取和审议通过了区政府《关于2012年财政决算情况的报告》、《关于2012年财政预算执行和其他财政收支情况的审计工作报告》和区法院《关于诉讼服务工作的报告》，批准了区政府2012年财政决算。

【调研省级公共文化服务体系示范区创建工作】 8月2日，区人大常委会领导先后到夕阳红文化活动中心、向阳社区文化活动中心、水渡东郊社区文化活动中心、杭州路社区文化活动中心、区图书馆、区文化馆，调研省级公共文化服务体系示范区创建工作，区委常委、宣传部长漆宾陪同调研。

【区人大理论工作研究会召开2013年年会】 9月30日，区人大理论工作研究会在区市民服务中心3楼会议室召开2013年年会。区人大理论工作研究会名誉会长、区人大常委会副主任、党组副书记、调研员安毅之到会并讲话。区人大理论工作研究会会长陆焕孝，副会长王兆金及区人大常委会副主任孙开明、徐乃明，人大各委办主任、专职委员、各街道人大工委主任、联络员及部分人大代表、人大工作者参加会议。

【市人大常委会领导视察清河社区卫生工作】 10月12日，市人大常委会副主任陈洪玉、刘希平、陆长苏一行10余人在市领导王红红以及区人大领导安毅之、孙勤陪同下，视察清河区市中社区卫生服务中心视察社区卫生工作。

清河区人民政府

区政府常务会议

1月2日，区长张冲林主持召开区政府八届3次常务会议。会议讨论了《2013年度招商引资考核奖惩办法》《2013年区政府十大惠民工程》和《政府工作报告(征求意见稿)》。区政府领导班子、党组成员，各街道办事处、相关部门主要负责人参加会议，区人大、政协、人武部相关领导应邀列席会议。

9月4日，区长张冲林主持召开区政府八届4次常务会议。会议讨论了《2013年—2015年旧城改造工作计划》《清河区全民创业淮商崛起行动方案》《清河区财政投资评审管理暂行办法》《清河新区土地换社保人员纳入城镇职工基本养老保险体系实施方案》等文件，听取了区安监局所作的安全生产工作汇报。区政府领导班子、党组成员，各街道办事处、相关部门主要负责人参加会议，区人大、政协、人武部相关领导应邀列席会议。

人 事 管 理

【概况】 2013年，清河区人力资源和社会保障局以科学发展观为统领，牢固树立"人才优先、保障安民"的工作理念，以完善人才服务体系、实现城乡充分就业、健全社会保障机制、构建和谐劳动关系为重点，攻坚克难，创新举措，真抓实干，有效推动了全区人力资源和社会保障工作实现了新跨越。全年，高层次人才引进取得了新的突破，城镇登记失业率位居全市最低水平，社会保险覆盖率在全市名列前茅，建立健全劳动关系预防管理机制，全面实施劳动人事争议一体化调处机制。创业型城区创建工作取得显著成效，大学生科技创业园被省人社厅批准为江苏省创业示范基地。医疗工伤生育保险经办工作、机关事业养老保险经办工作均荣获省级表彰，人社目标考评位列全市各县区第一，区人社局在全区综合目标考评先进集体位居前列，并被市妇联表彰为淮安市三八红旗集体。

【人才人事工作取得新进展】 2013年，引进各类人才1200多名。其中，紧缺专业本科人才280名，硕士以上学历和副高级以上职称人才103名，引进创业创新领军人才9名，引进外国智力人员5名、留学回国人员4名，招聘事业人员84名，分别完成目标任务的112%、515%、180%、500%、133%、100%。新增专业技术人才838人，专业技术人员知识更新工程培训2122人，分别完成目标任务的104.8%、163.2%。新增高技能人才226人，完成目标任务的102.7%。为区直机关、街道及法检院招录公务员17人，公务员年度考核备案100%，公务员登记、统计、信息系统维护100%。建立事业单位岗位设置与人员聘用管理系统，事业单位聘用合同签订率100%。开展机关事业编外人员情况调查摸底，建立动态管理系统。军转干部安置率、现役军官随军配偶安置率均达100%。办理机关事业单位人员退休99人，企业职工退休1188人，按时办结率100%。机关事业单位正常调资、工资变动审批、退休工资待遇复核完成率达100%，来信来访和委托复查(核)结案率均达到100%。

【清河区劳动人事代理人员参保缴费工作正式启动】 清河区劳动人事代理人员2014年度的医保缴费工作于2013年11月正式启动，2014年度的缴费标准是2496元/年。今年，参保职工除了可以在地税局缴费之外，还可以在市区任何一家邮储银行网点或者区市民服务中心一楼的自助终端进行缴费，缴费人员只需持带有银联标志的银行卡和缴费代码即可完成缴费。

【开展百名企业家培训工程】 2013年，组织辖区42家企业的管理人员赴浙江大学参加"企业管理者实务培训班"，依托浙江大学雄厚的学术背景和科研实力，为企业管理者量身定制管理培训课程，提高企业家综合素质。

（撰稿人：王　利）

机构编制管理

【概况】 区机构编制委员会(以下简称区编委会)在区委、区政府的直接领导下，统一管理全区机关、事业单位的机构和编制。区机构编制委员会办公室(以下简称区编委办)为区编委会常设办事机构，负责机构编制管理的具体工作。2010年政府机构改革，与区人事局合署办公的区编办单独设置，列区委机构序列，既是区委工作机构，又是区政府工作机构。

【分类推进事业单位改革】 4月7日，全省分类推进事业单位改革工作电视电话会议在南京召开，会议的主要任务是部署全省分类推进事业单位改革工作。会议由省政府副秘书长、办公厅主任李一宁主持，会议有两项议程，先由省编制办公室、省财政厅、省人力资源社会保障厅负责同志作会议发言，然后是省委常委、常务副省长李云峰作重要讲话。会后，市委常委、常务副市长王正喜对市分类推进事业单位改革工作进行了部署。江苏省改革的总体目标是：2020年前，建立起功能明确、治理完善、运行高效、监管有力的管理体制和运行机制，形成基本服务优先、供给水平适度、布局结构合理、服务公平公正的具有江苏特点的公益服务体系，为全省率先基本实现现代化提供重要支撑。改革的阶段性目标是：2013年12月底前，全面完成事业单位分类工作。2015年12月底前，基本完成承担行政职能事业单位和从事生产经营活动事业单位改革工作，从事公益服务事业单位在机构编制、人事管理、收入分配、社会保险、财税政策等方面的改革取得明显进展，管办分离、完善治理结构等改革取得较大突破，社会力量兴办公益事业的制度环境进一步优化，为全面建成惠及全省人民的更高水平小康社会提供重要保证。

【机构编制管理与监督】 一是严格控制机构编制增长。严格执行政府机构改革方案和部门"三定"规定，认真贯彻执行上级机构编制部门文件精神，严把机构编制关口。严格执行机构编制管理规定和程序，克服机构编制的盲目扩大和膨胀，根据实际工作需要和按照总量控制要求，对区直事业机构编制做到有减有增。二是紧紧围绕全区中心工作，努力做好机构编制服务。按照"控制总量、盘活存量、优化结构、有减有增"的动态管理长效机制，成立新机构要向项目建设、民生服务、社会管理等方面倾斜。为更好地服务全区非公企业，服务全区经济建设，成立区非公企业服务中心。积极与市编办沟通协调，成立区财政投资评审中心，加强对政府投资项目的初期评审，减少政府资金流失和浪费。对劳动监察、药监管理等关乎民生的机构，为进一步加强力量，加大执法力度，将机构规格由股级升格为副科级。同时，为积极创建江苏省学前教育改革发展示范区，提升学前教育水平，核定公办幼儿园教师编制45名。三是严格实行扎口动态管理。按照规定程序办理日常出入编手续，根据机关事业单位的人事变动，及时调整机构编制信息库。做好机关事业单位季度编制报表和2012年度编制年报统计和上报工作，通过对编制数据的认真分析和研究，及时发现机构编制管理中存在的问题和不足。巩固和完善机构编制实名制管理工作，充分发挥机构编制实名制管理的基础性和把关作用。同时，做好全区机关、事业单位机构设置、人员编制、领导职数和经费来源等的调整审核工作。四是认真做好事业单位网上登记管理工作。认真组织实施2012年度事业单位年检工作，在开展事业单位年检工作的同时，对涉及法人设立登记（备案）、法人变更的单位，及时办理相关手续，并给予公告。在做好事业单位日常登记管理及年检工作的同时，切实做好有关资料的整理、归档和社会咨询服务工作，整理规范全区事业单位登记档案。

机构编制督查工作的主要内容包括：党和国家有关行政管理体制、机构改革和机构编制管理的方针、政策、法规的贯彻落实情况；上级党委、政府批准的机构改革方案的实施情况；各部门"三定"规定的执行情况；机构级别、编制数额和领导职数配备的执行情况；事业单位登记管理规定的执行情况等。一是积极配合区委组织部、区审计局在全区积极实施党政领导干部"三责联审"制度。二是严肃工作纪律，在分类推进事业单位改革过程中，严格执行"两个不突破"，严禁借改革之机，擅自提高机构规格、突击增设机构、增加编制和领导职数。严禁突击聘用人员、突击提拔干部、突击评定专业技术职称。严格财务管理，严禁转移、侵吞、挤占国有资产，防止国有资产流失。违反规定的，按照有关法律法规和制度规定，追究相关责任人的责任。

外事侨务

【市人大常委会调研清河区外侨工作】 2013年4月11日，市人大常委会外事工作委员会一行6人到清河区调研外事侨务工作。区委常委、常务副区长刘可壮，区人大常委会副主任孙勤，副调研员、区外侨办主任高寿江等陪同调研。

【切实做好因公出国（境）管理工作】 2013年，清河区外事侨务部门认真贯彻执行上级有关规定，强化审查、审核并协助市外事部门办理区境因公出国（境）人员有关手续，全年共办理因公出国（境）团组16批28人次，有效地保障了清河区相关部门与企事业单位对外交往顺利、有序进行。

【全力作好外事侨务接待工作】 2013年，清河区外事侨务部门遵循"热情友好、不卑不亢、有礼有节"的原则，积极做

港澳媒体记者参观旺旺企业

好外事接待工作。2013年,累计接待华人华侨、港澳同胞6批17人次。

【参加浙籍侨商洽谈会】 2013年10月23日,2013年海内外(浙江)侨商淮安投资合作洽谈会在淮安市区举行。来自浙江宁波、绍兴、台州、青田、乐清等地侨办、侨商会的近100名领导和侨商企业家相聚淮安。国侨办党组成员、秘书行政司司长熊昌良,省侨办副主任徐开信,市委书记姚晓东出席会议并致辞。市人大常委会副主任陈洪玉,副市长陈涛,市政协副主席王士高,区委副书记朱维佳,区政协副主席、新区管委会书记李仁明等市、区领导出席洽谈会。

政协清河区委员会

【概况】 2013年,在中共清河区委的领导下,区政协常委会深入学习贯彻中共十八大和十八届三中全会精神,紧紧围绕区委确定的"两大奋斗目标",以服务中心、创新工作、促进和谐为重点,发挥优势,彰显特色,切实履行职能,为清河科学跨越发展作出了积极贡献。

【全体会议整体协商】 中国人民政治协商会议淮安市清河区第八届委员会第二次会议,于2014年1月8日至9日举行。会议认真学习了区委书记王海平同志在大会开幕式上所作的《同心同德并肩行共筑共享清河梦为加速推进两大奋斗目标新征程而共同努力》的重要讲话,赞同张冲林区长所作的《政府工作报告》,同意政协八届主席梁学文所作的常委会工作报告和副主席孙亚昌所作的常委会提案工作情况的报告。会议根据市委和区委提名,经过民主协商,选举张增元、高寿江为区政协第八届委员会副主席。

【召开常委会议】 2013年5月30日,区政协召开八届六次常委会议,审议通过了《区政协委员工作组考核办法(试行)》《关于加强区级机关部门(单位)与区政协各专门委员会对口联系和协商的意见》《区政协重点提案领办、督办和评议暂行办法》等文件;2013年8月7日,区政协召开八届七次常委会,区委常委、常务副区长刘可壮同志代表区政府通报全区经济社会运行情况以及下半年区政府工作的主要安排,并进行协商议政;2014年1月3日,区政协召开八届八次常委会议,会议听取区政府关于区政协八届二次会议以来提案办理情况通报;协商讨论部分委员及工作组组长调整事项;协商讨论先进委员工作组、优秀政协委员、优秀提案、提案承办先进单位和先进个人建议名单;协商通过关于召开区政协八届三次会议的决定;协商讨论区政协八届三次会议议程、日程及大会秘书长、副秘书长及秘书处工作机构及组成人员名单;协商讨论区政协常委会工作报告和提案工作报告;2014年1月8日,区政协召开八届九次常委会议,协商通过区政协八届副主席候选人及《选举办法(草案)》,提交委员讨论酝酿;2014年1月9日,区政协召开八届九次常委会议,听取各组对区政协八届三次会议决议(草案)讨论情况和对候选人、《选举办法(草案)》讨论酝酿情况的汇报。

【主席会议视察】 一年来,区政协主席会议视察了长西街道总部经济工作、工商行政管理工作、地税工作、督办重点提案和提案承办重点单位等工作,客观公正地作出评价,实事求是地提出意见建议。

【专题调研】 区政协常委会就如何加快总部(楼宇)经济发展问题,成立调研组,深入总部企业、楼宇物管、街道和相关职能部门开展走访调研,认真分析清河区总部(楼宇)经济发展的现状和机遇,从商务楼宇的功能定位、完善优惠扶持政策、引进优秀物管团队等方面,提出了对策和措施。区政协常委会就加快推进老小区改造开展专题调研,深入街道、社区、居民小区和相关职能部门,广泛听取各方意见建议,赴宿城区学习观摩,实地考察小区改造整治工作成效,通过学习借鉴,结合清河区实际,形成了《关于加快推进清河区老小区改造的建议》,从制定规划、经费保障、分类推进等方面提出对策、建议,有效地推动了清河区老小区综合整治工作的顺利开展。市委东大院、和平小区、凤凰新村等5个小区综合整治工程陆续启动。

【提案办理】 区政协八届二次会议以来,全体政协委员和政协各参加单位,以提案形式提出意见建议138件,经审查予以立案的129件,提案内容涉及经济发展、财税增收、城建城管、文化旅游、社会治理等诸多方面,分别由40个部门和单位负责承办。为了推动提案的办理和落实,实行了区政府领导领办、区政协主席督办重点提案制度,先后对《关于进一步推动清河区服务业提档升级的建议》《关于进一步提高城市管理水平创建淮安最美城区的建议》等6件提案进行了重点督办。同时,政协提案委会同区政府办通过督办调研、专项督办、现场督办、集中会办等有效方式,强化提案督办力度。截至2012年10月30日,129件提案全部办结,提案办结率、办复反馈率、委员满意和基本满意率均为100%,一批社会关注的重点、热点问题得到了较好地推动和落实。

【扶贫帮困】 深入开展"委员进社区"系列活动,出台区政协专委会、委员工作组联系社区和委员联系群众制度,每个专委会和委员工作组联系一个社区,每位委员联系两户群众。组织委员深入社区,了解群众的所思所想、所愿所盼,将有价值的信息以大会提案、调研报告、社情民意信息等形式反映上来。鼓励委员积极投身公益事业,开展送法律、送科技、送文化、送医药和扶贫济困等活动,2013年共捐款捐物30余万元,其中经济一组中秋节期间慰问了10户困难群众,经济二组前往杭州路社区开展关爱青少年"赠书包"活动,经济四组捐助1.8万元,支持健康路社区添置居家养老设备,农业农村组开展为芦山地震灾区捐款活动,募得善款

1万元。朱太峰、冯伟哲、李晓红、纪宝萍、葛伟等25位委员向光彩事业捐款13.6万元。委员们回报社会、无私奉献的真情与风采，赢得了良好的社会声誉。

【参与中心工作】 重点围绕"四园一区""两大核心商圈"和"三大特色产业园区"建设，对工业经济运行、地税增收、工商行政管理、国土资源保护等7个方面工作进行视察，深入分析新形势新要求，诚恳提出意见建议。积极参与经济建设。政协机关干部积极主动地投身招商引资、项目建设、房屋征收等工作。分管主席分别担任三个重大项目指挥部副总指挥，两位专委会主任分别担任安置房建设指挥部综合组组长和房屋征收工作组组长。全力做好正大清江制药小容量注射剂生产线等三个重点项目的帮办服务工作，经常深入项目一线出谋划策、协调服务、化解难题，有力推动了项目的顺利实施。引进弘力置业经济有限公司在清河设立总部。助推委员企业发展。开展"主席联系走访委员企业"活动，每位主席联系1~2户委员企业，实地走访了解委员企业生产经营情况，帮助破解发展难题。组织部分企业界委员赴浙江金华、义乌、杭州等地考察，学习外地企业创新发展经验，开阔眼界，更新观念，增强发展信心。召开银企交流会，邀请江苏银行淮安分行负责人与经济界委员座谈交流，现场解答信贷、融资难题，搭建银企交流合作平台。充分发挥经济界委员的引领示范作用，动员委员主动作为，积极投身"全民创业、淮商崛起"主战场，争做发家致富的"领头雁"、经济发展的"顶梁柱"。

【委员学习】 7月28日，区政协举行2013年第一期"委员论坛"，江苏省委党校哲学教研部主任、民族宗教研究所副所长、硕士研究生导师章凝教授为全体政协委员作了题为《佛教与中国传统文化》的讲座。12月7日，区政协举行2013年第二期"委员论坛"，淮安市政协经济科技和城乡建设委员会朱洁主任为全体政协委员作了题为《政协委员参政议政工作的基础》的授课。

【开展联络联谊】 按照市政协统一部署，与盱眙县政协开展了异地视察活动。区政协机关还与宿城区政协机关开展了学习交流。邀请政协委员、各界人士、区政协机关老干部召开座谈会、情况通报会等活动。

民主党派·工商联

民革清河总支

【概况】 2013年，根据民革淮安市委的要求，积极组织支部成员学习国家的政策方针，有效参加社情民意的撰写工作，关注社会存在的问题，及时以提案和社情民意的方式书面向有关部门反映，营造和谐社会。组织支部党员继续参加好各级组织组织的学习报告会和形势报告会。抓好支部和党员的自身素质建设，特别注意加强对入党对象的思想教育工作。2013年，民革清河总支向民革市委推荐了3名后备人选，其中两人已加入民革。

【安排全年工作】 5月11日，在市中社区卫生服务中心组织活动：首先，大家认真学习了《同心助推淮安科学跨越发展行动实施方案》，淮安民革成立三十周年纪念活动方案，并传达了清河区委统战工作会议精神。尤其是对2013年的政协会议的议政发言，提早进行谋划，进行任务分解，明确责任人。同时，大家对雅安地震进行了捐款。

【专家工作站相继揭牌】 5月23日，民革清河总支在市中社区卫生服务中心，举行市中社区卫生服务中心专家工作站的揭牌仪式。6月20日同心助推淮安科学跨越发展行动，清河区妇幼保健所专家工作站揭牌。

【参政议政】 民革总支要求党员从本职工作出发，找准切入点、明确落脚点、抓住关键点，重返结合自身工作的性质和特点，在本职岗位上认真履行自己的职责，为加快经济发展，破解发展难题积极建言献策，把促进保障和改善民生作为重要着力点，把促进社会和谐作为重要责任，深入了解和及时反映社情民意，为维护社会的稳定贡献自己微薄的力量。总支利用市政协七届二次会议及清河区政协八届二次会议召开的契机，提交了多篇提案并被采纳。

民盟清河总支

【概况】 2013年，民盟清河区总支在淮安市委统战部和民盟淮安市委的指导下，创新活动载体，增强支部活力，积极开展基层组织建设年创建活动，推进了基层组织建设发展，打造"学习型、活力型、亲民型"基层盟组织，更好地履行参政党的职能。

【加强自身建设】 2013年8月，民盟清河总支特邀民盟淮安市委副主委朱伊帆给民盟清河总支全体盟员讲授盟史，广大盟员对民盟的发展历史有了一个新的、全面的认识。2013年4月，民盟清河总支开展了"和谐盟员家庭建设"活动，组织盟员携家人赴溧阳等地考察、学习、交流，吸取各地好做法、好经验、不断加强队伍建设。还通过组织盟员在元旦、春节、妇女节、教师节、国庆节等节假日期间一起观看爱国主义教育片、参观爱国主义教育基地，加强联系与交流，提升盟员的爱国主义情怀。

【开展调查研究】 民盟清河总支围绕打造"学习型、活力型、亲民型"基层盟组织的要求，积极发挥参政议政作用。积极组织盟员参加各类调研、宣传、信息工作，撰写提案。在

2013 年清河区两会期间，提交多篇集体和个人提案。民盟《关于加快发展养老服务业的几点建议》的调研报告，被大会作为议政发言材料，并得到区委、区政府的告诉重视。

【关注弱势群体】 2013 年 9 月，民盟清河总支开展了金秋奖优助学活动、光彩事业教育行、社区行活动，奖励清河区中学优秀学生，送去奖学金 32000 元；走访慰问了 11 户贫困家庭大学生，送去助学基金共计 33000 元，帮助他们解决暂时生活困难，鼓励他们树立理想、自强不息、勤奋学习；经济二支部主委张斐今年赞助了清河区朝阳社区新入学大学生 10 名，并与淮阴师范学院、淮阴工学院、宿迁学院等几所大学共同开展贫困助学活动，赞助在校大学生十万余元。深入沈阳路社区，为社区捐助了 15000 元居家养老基金，帮助社区完善相关配套设施，为社区老年群体提供更优质的服务。

【做好服务企业工作】 2013 年 6 月，民盟清河总支在江苏顺泰包装科技印刷有限公司、淮安公寓物品有限公司设立专家工作站，着力为企业做好法律、金融、维权等服务工作，为企业加速发展营造良好的外部环境。

民建清河总支

【多渠道调研投身清河经济建设】 5 月 14 日，淮安民建清河总支的部分会员，到清河区水渡口街道沈阳路社区调研社会居家养老服务。6 月 22 日，民建清河总支与民建淮安市委青委会组织近百名青年会员，赴淮海中心商业区、金融中心和清河区网格化管理中心进行调研。7 月 4 日，民建清河区总支一行 12 人，在副区长高山的带领下，考察调研了清河区市民服务中心。调研中，大家对市民服务中心运营中存在的一些问题，也与政府相关部门诚恳地交换了意见。

【务实创新，提高自身建设科学化水平】 (1)进一步调整优化基层组织。在民建淮安市委会的指导下率先对基层组织进行调整。改变了原来单一构架、相对封闭的基层组织结构，各基层组织均明晰了各自的工作任务，更多的骨干会员和后备干部有了充分展示才能的平台，各支部活力明显增强。(2)不断加强领导班子建设。总支要求清河区民建人大代表和政协委员市委委员每年至少参加一次专题调研、撰写一篇高质量的议案和提案、反映二篇有分量的社情民意、发展一名高素质的会员，各支部主委、副主委要做到学习在先、参政在先、创新在先。(3)稳步做好组织发展工作。既注意数量，更注重质量，积极、稳妥、有序地做好组织发展工作。截至 2013 年 12 月，全区会员总数达到 113 人，平均年龄 44.7 岁，大专以上学历 90.7%，中级以上职称 64 人，会员中有各级人大代表 5 人，政协委员 21 人。(4)切实加强后备干部队伍建设。坚持选拔、培养、任用相结合的方针，逐步建立起一支优秀的后备干部队伍。(5) 努力增强基层组织活力。总支持续开展以“参政议政、建言献策，立足本职、建功立业，争创全优先进支部、争当优秀会员”为主题的竞赛活动，各支部按照“七个率”的考核要求，开展了主题明确、形式多样的竞赛活动，取得了明显成效，基层组织的活力和凝聚力得到进一步增强。

【围绕中心建言献策，不断增强参政议政作用】 截至 2013 年，总支共发布 71 条社情民意(在民建市委会以上采用)其中一支部 9 篇、二支部 19 篇，三支部 21 篇，四支部 22 篇，创历史新高。在 2013 度市、区“两会”上，注重参大政、议要事，共提出提案、议案、建议 17 件，提案抓住当前社会面临的重点、难点问题，提出切实可行的新思路。民建代表及委员始终保持着良好精神面貌，全程参加大会的各项活动，围绕市委、市政府中心工作，积极参政议政，在小组讨论、大会发言、专题座谈等会议上，发挥民建界别特色，将基层群众的呼声反应到“两会”上，展示了民建的整体形象，也取得了丰硕的参政议政成果。

【推进服务社会实践活跃社会服务方式】 2013 年 5 月 14 日，民建清河三支部组织部分会员参加在民建会员企业淮安广济医药连锁有限公司举行的“助推淮安科学跨越发展行动专家工作站”揭牌仪式并进行考察调研活动。5 月 28 日，民建清河三支部部分青年会员志愿者参加由清河区团委等主办的“我的中国梦、从社区起航”青年志愿者服务社区系列活动。民建会员志愿者与所服务的社区保持经常性联系，充分发挥民建会员丰富的社会资源以及自身的优势，为社区开展的各类活动提供帮助，并积极参与到服务的社区各项活动中。7 月 27 日，为更好发挥优势，服务会员企业民建清河区总支“同心助推淮安科学跨越发展专家工作站”在会员企业昆仑饭店举行授牌仪式。民建淮安市委主委高岱明、清河区政协副主席、区委统战部部长孙亚昌、清河总支部分会员及工作站特聘专家吴明千、王红、潘虹等出席仪式。8 月 3 日，民建淮安清河一支部部分会员到清河区环卫处座谈、慰问环卫一线工作人员，并对清河环卫人员的“战高温、不怕苦脏累”的精神表达了崇高的敬意。清河一支部副主委、昆仑饭店总经理陈兵，现场向清河区环卫处赠送了空调一台。8 月 14 日下午，民建清河总支一支部部分会员带着饮料等慰问品，到位于淮海路与健康路交叉口的交警值勤点慰问正在高温下值勤的交巡警同志。对交警同志不怕热、不怕苦、有序指挥、保证交通畅通、人员安全的工作精神表达谢意，向奋战在一线的交警们表示慰问。

民进清河总支

【组织生活多元化，提升支部凝聚力】 清河总支下设两个支部，分别是六中支部和联合支部，共有会员 39 名。近年来，按照“创新工作、打造特色支部”的目标，积极开展活动。六中支部开展践行“同心”思想，打造“幸福教育”活动；联合支部开展“民进会员走进清河新区”活动；总支和民盟联合组织会员赴溧水采风等一系列活动，会员间进一步交流沟通，增进了友谊，也增强了支部的凝聚力。

【支部活动精致化、服务民生事业】 围绕区委区政府中心工作，积极开展“三进三帮”活动。春节前夕，带领会员赴柳树湾街道慰问特困家庭。8月下旬，在新学期即将来临之际，总支携手淮安金鼎置业有限责任公司一起带着食品、文化用品及相关书籍，赴淮安市与光同行自闭症儿童康复训练中心和淮安特殊儿童学校，给那里的特殊孩子献上一份爱心，传递一份爱的“正能量”，能让更多的人了解自闭症，用快乐开启他们的心扉。更希望有更多的人关注、接纳、包容这些特殊的孩子们。12月中旬，邀请民进开明书画院十位画家开展“送艺术进社区”活动。义务为西郊社区居民送去字画、春联等艺术作品百余件，深得居民的欢迎和好评。

【发挥党派作用服务经济建设】 2013年3月，总支组织会员开展“同心助推非公有制企业科学跨越发展”活动。会员们首先到远航船用机械制造有限公司、江苏顺泰包装有限公司和清河世界之窗创意产业园等非公有制企业调研。调研后，企业家代表、会员代表进行座谈。总支会员从企业管理、国土、规划等方面为企业发展进行建言献策。本次活动有幸邀请民进省委会副秘书长兼参政议政处处长云建、市委会何慧君副主委等领导参加，为助推清河区非公有制企业发展建言献策。

【发挥联系广泛的特长，服务招商工作】 5月，总支邀请喜利达投资发展有限公司董事长漆贯凯等民进会员参加清河区重点地块招商推介会，并作为客商代表发言。为清河区经济建设作出民进会员应有的贡献，进一步提升了总支的影响力。

【做好“同心助推淮安科学跨越发展”系列工作】 2013年，为了积极策应市委统战部提出的“三个百”活动(即：建立百个专家工作站，提出百个富民兴企建议，实施百个服务经济项目)，按照民进淮安市委、区委统战部统一部署和要求，更好的发挥民进会员人才优势，更好的服务清河区的经济建设，民进清河总支成立了“工业与民进建筑”和“物理与电子”两个专家工作站。

【建言献策专题化，提高参政议政水平】 2013年，民进清河总支针对社会热点、难点分别向清河区委统战部、市委统战部、市委会、民进江苏省委、中国民主促进会、统战报、团结报等上级部门建言献策投稿50余篇，分别被民进中央委员会采用1篇、民进江苏省委采用9篇、民进市委会采用15篇，淮安日报3篇，共计，28篇。在区两会期间，7名政协委员撰写《关于加强新区配套设施建设的建议》等八篇政协提案。2013年在调研的基础上撰写了《关于进一步促进清河区义务教育合理布局、均衡发展的建议》和《关于强化我区节约集约用地，着力打造长三角北部商贸名区的建议》两篇调研报告在区政协八届二次会议上作大会交流发言。

农工党淮安市清河区支部

【加强载体平台建设】 2013年，农工党淮安市清河区支部继续做好信息宣传工作。在农工党淮安市委会和中共清河区统战部的共同指导下，进一步做好向市级媒体以及农工党淮安市委刊物《淮安农工》投稿的工作，提高支部成员及宣传员的文章质量。重点抓好信息、文章的采报工作，在《淮安日报》发表文章一篇。在《淮安农工》发表两篇。

【进一步做好参政议政工作】 坚持把促进清河区卫生事业发展作为参政议政的第一要务，为促进清河经济和谐发展建有用之言，献务实之策。支部要把加强理论学习和深入实践两方面相结合，围绕清河区卫生大格局的建设和发展，组织成员通过参加国家医改政策的学习与实践、考察和调研，积极撰写调研报告、提案、议案和社情民意。在市、区两会期间，支部分别是市、区人大代表与政协委员的4名成员共撰写建议与提案5篇；11月，成员撰写社情民意一篇，发送至农工党淮安市委会。

【做好组织发展工作】 2013年，支部继续注重新党员的组织发展，在严格遵循中国共产党《组织发展工作规程》要求，严把审核、考察关的基础上，发展了两名新党员。

【成立清河专家工作站】 2013年7月，支部率先在清河区成立了农工党“同心助推淮安科学跨越发展行动”清河专家工作站，成为全市范围内首家县区专家工作站。市委会和区统战部领导参加了成立仪式并为工作站揭牌。

九三学社清河区委员会

【成立全市首批九三学社“专家工作站”】 2013年，为积极响应区委区政府人才战略，充分发挥九三科技界优势，九三学社清河区委员会在淮安澳洋顺昌光电技术有限公司成立全市首批“专家工作站”。挂钩专家涉及电子材料、元器件材料学、审计、项目建设、规划、特种设备、企业管理等多个领域。7月25日，九三清河区委员会主委带领专家站专家及支社领导班子成员赴企业进行指导交流，急企业之所急，想企业之所想，为企业提供全面细致的服务，为政府与企业之间搭建了良好的交流平台。

【支社升格为基层委员会】 为了更好地适应清河发展的需要、发挥参政议政职能作用、扩大九三学社政治影响力，2013年5月，九三学社淮安市委批复，同意“九三学社清河支社关于成立九三学社清河基层委员会的请示”。新一届九三学社清河区委员会构成情况：委员会设主任委员1人、副主任委员3人,委员4人。下设综合、经科、文教、老龄四个支社,各设主任委员1人,并由委员会的委员兼任。在此之前,经民主测评和社市委反复酝酿,特别是征求中共清河区委统战部意见,在九三市委和清河区统战部双方联合考察的基础上,推选出八名委员候选人,经全体社员会议无记名投票选举产生。会后,明确了各自工作分工。

【履行职能,积极开展各项调研课题】 根据社市委、区委统战部要求,2013年各支社加大调研力度,组织骨干力量开展调研,8月始,文教、综合支社分别就清河区社区文化建设和经济运行情况开展重点调研,并形成调研文章。主委陆宾带领九三清河区委员会全体成员多次讨论、研究、修改报告,力争在年底的民主党派总结报告会上,能够交出更高水平、更高质量的调研报告。

【密切交流扩大影响】 一是积极主动走出去参加与其他党派的联谊交流活动,不断丰富自身履职经验。二是发挥各支社社员的影响力,提升支社在地方的影响力。11月30日,市交通运输协会、市现代物流学会、市政协经济科技委员会、市公路学会、市交通工程学会等5家单位共同发起举办市首届"交通与物流发展论坛"。九三清河委员会委员程文挺的《洪泽湖航标防撞设计》获得一等奖。

无党派知识分子联谊会

【积极开展活动,凝聚全会合力】 2013年,组织全体会员认真学习贯彻落实中共十八大会议精神,提高会员政治理论水平。2月,组织开展国防教育、新春联谊等活动;7月,组织法律界会员进兴隆社区举办青少年保护讲座;10月,视察法院诉讼服务工作并旁听庭审现场;评议淮海街道城管工作;11月,组织部分会员河堤路警务室。通过加强会员之间的交流,同时进一步做好组织发展工作。

【加强调查研究,积极建言献策】 2013年,知联会组织会员开展了老旧小区管理工作、流动人口计划生育工作等涉及民生的调研活动。撰写了调研报告《清河区老旧小区长效管理工作调研报告》、《关于加强我区流动人口计生服务管理的建议》,为全区发展积极建言献策。

【发挥社情民意在履行职能中的重要作用】 2013年,知联会充分发挥社情民意在履行职能中的重要作用,鼓励、动员本会会员努力多反映有价值的社情民意。其中,关于健康东路改造建议的社情民意被市公安局采纳。

清河区工商联合会

【暖通行业商会正式成立】 2013年,经过积极筹备,淮安首家暖通行业商会正式成立,成为区工商联下属的第十四个行业商会。商会的宗旨就是"不说空话,多做实事",定期开展同行业交流活动,会长、副会长定期走访会员企业,以充满活力的态度开展商会活动,以务实的态度促成企业合作。截至年底,已经有多家暖通企业通过商会结成商业伙伴。

【加强街道商会建设】 街道基层商会是与广大企业家接触最多的商会组织,街道商会可以大大拓展工商联服务网络覆盖面,触及更多的基层企业,切实的帮助企业排忧解难。利用街道商会独到的地理优势,开展企业碰头会,汇聚街道区域资源,促进资源整合。尤其是要为街道商会中存在互补互助条件的企业创造彼此合作发展的机会,以商会为桥梁消除芥蒂,为企业之间的深度合作铺平道路。2013年下半年,通过几个月的努力,区工商联先后成立了长东街道商会和柳树湾街道商会,这两家商会都在积极建设五星级商会,做到成立一家争创一家。

【加强载体招商服务】 2013年,区工商联紧紧围绕旧城改造项目以及"四园一区"和三大产业园开展招商工作,充分发挥商会网络优势,积极邀请客商到清河参观,促成合作。在广告产业园设立常驻服务窗口,对新入驻企业给予装修、人才、税务、借贷等方面的咨询与帮助,确保新入驻企业最快速度开业经营。坚持每周出一期产业园情况简报,随时了解招商进度以及过程中遇到的问题。截止12月初,广告产业园入驻企业数为24户,2号楼已经基本完成招商工作,其中14家企业已经对外营业、4家企业正在进行装修、6家企业正在办理注册登记等手续。

【重点项目帮扶】 2013年,针对中澳大酒店项目和金鼎华庭项目,坚持专人负责、全程跟进、定期走访、随叫随到,经过几个月帮办服务,中澳大酒店项目年内正式开工建设,金鼎华庭项目即将完工。

【开展多种形式招商工作】 2013年,区工商联坚持多措并举,开展以商招商、行业商会招商、异地商会招商、网络招商等多种形式的招商活动。先后聘请十名企业家作为区工商联招商顾问,通过企业家形成网状覆盖,及时获取第一手经济资讯。区工商联始终立足行业商会开展招商工作,利用行业商会摸索上下游异地企业,以行业集聚优势鼓励外地企业来清河发展,促成上下游企业对接。同时,区工商联通过与异地商会联系,第一时间掌握异地企业情况,摸清企业需求,形成精确招商,提高招商成功率。而网络招商就是要利用发达的互联网资讯,了解招商地区企业情况,寻找有实力并且有投资需求的企业进行重点工作,提高工作效率。截至11月底,区工商联已经完成两个亿元项目任务,并已开工建设,上报7家总部企业,共完成注册资本金6358万元。

【多措并举,推动淮商崛起】 一是鼓励非公有制企业参与社会管理,引导企业树立良好的社会责任意识,鼓励非公有制企业参与社会管理。先后设立江苏省金象传动设备股份有限公司、淮安广济医药连锁有限公司、淮安远航船用设备制造有限公司、江苏淮阴船用机械有限公司、华龙医药公司等5家非公企业作为社会管理创新试点工作站。积极引导各试点单位通过市场化运作、契约保险等形式,解决典型培育过程中遇到的劳动力与资金问题,建立和完善典型建设挂钩联系制度。将试点企业分别纳入为所属街道综治成员单位,落实街道综治办进企业指导创建工作,帮助企业协调解决相关矛盾。全面推进具有清河特色的非公企业参与社会管理创新建设。二是开展多种教育活动。8月份,区工商联开展了"非公有制经济人士理想信念教育活动"邀请了广济医药连锁有限公司董事长现身说法。广大企业家深刻意识到自己今天的成就是和政府的扶持分不开的,企业积累的财富既是个人的,也是社会的,企业家有义务回馈社会,树立社会责任意识。同时,区工商联组织部分企业家参加市工商联在清华大学举办的《现代企业经营管理与资本市场运作》专题培训班,和"淮安—香港大学企业国际化运营及管理研修班"。组织了32位非公有制企业家参加了区政协和区工商联联合举办的题为"佛教与中国传统文化"的专题讲座,陶冶了企业家情操,帮助企业家"充电",始终保持头脑清醒,掌握企业航向。三是加强考察调研。上半年,区工商联组织企业家赴常州新北区工商联学习考察,缔结友好商会。通过不同区域商会的接触形成优势互补。又组织部分企业家赴金华、南京等地考察学习。参观了南京东八区创意产业园和金华国家级经济开发区孵化基地,以及南京智道元创业投资资本管理有限公司等多家企业,听取了相关的经验介绍,开阔了眼界,更新了观念。区委副书记带领区工商联企业家赴台湾进行商务考察和学习,同时开展系列商务洽谈活动,考察科技园区,拜会城光科技股份有限公司、立川集团以及济生化学制药厂股份有限公司等。

【积极开展"光彩事业"活动】 2013年,区工商联围绕"三进三解三促""光彩事业"活动,与诸位企业家走进柳树湾街道西安路社区困难家庭进行一对一帮扶,送去米油等生活必需品。4月20日,四川雅安发生7.0级地震,区工商联第一时间号召企业家捐款救灾,通过区慈善总会汇向雅安灾区,总额达3万余元。8月份,区政协、区委统战部、区工商联联合开展的光彩事业教育行、社区行活动,走访慰问了11户贫困家庭大学生,送去助学基金共计33000元,帮助他们解决暂时生活困难,鼓励他们树立理想、自强不息、勤奋学习。深入沈阳路社区,为社区捐助了15000元居家养老基金,帮助社区完善相关配套设施,为社区老年群体提供更优质的服务。8月底,区工商联和区关工委共同开展了针对新入学大学生的捐资助学活动,多位企业家慷慨解囊,共捐赠2万元现金,为20位学子解了燃眉之急。

【开展"三大社会保险"扩面工作】 2013年8月份,区工商联积极响应全区"三大社会保险"覆盖面推进工作突击月动员会的相关要求。立足各行业商会开展工作,于8月份在浩源汽车城开展了"三大社会保险"宣传活动,先后有70多位汽车行业商会企业家参与活动。专项负责服装业商会的工作人员拜访了家具行业协会,通过商会力量宣传"三大社会保险"相关知识,积极扩大"三大社会保险"覆盖面。

社 会 团 体

清河区总工会

【概况】 2013年,清河区工会工作以中共十八大精神为统领,紧紧围绕清河区"十二五"发展目标和上级工会目标任务,履行职责、凝心聚力,开拓进取、创先争优,以实施职工的"五心工程",为工作重点,充分发挥工会在组织职工、维护职工、服务职工、教育职工中的职能作用,工会各项工作迈上了一个新的台阶。全年新建独立(联合)工会24个,覆盖法人单位165个,发展会员2343人,工会组建率达98.5%,全面完成了市总工会下达的工会组建任务;清河区环卫事业处淮海广场清扫班被全国总工会授予全国五一巾帼标兵岗称号;清河区职工服务中心工会小组被江苏省总工会授予江苏省模范职工小家称号;清河区总工会职工维权中心被江苏省总工会授予江苏省工人先锋号称号;清河区总工会保障保护部被江苏省总工会、省安监局授予江苏省"安康杯"竞赛优胜班组称号;区总工会在2013年度工会目标考核中获得全市第一名。

【召开二届八次全委(扩大)会议】 2013年2月7日,淮安市清河区总工会召开二届八次全委(扩大)会议,区委相关部门负责人,区总工会二届全委会委员,经费审查委员会委员、女职工委员会委员;不是委员的区直机关、主管系统(主管局)工会主席列席会议;会议听取了题为《凝心聚力促发展、创先争优构和谐,团结带领全区职工为建设繁荣幸福新清河作出更大贡献》全委会工作报告,提出了全面实施职工"五心工程"(即:实施职工"信心工程",全面提升服务经济发展能力;实施职工"暖心工程",持续提升职工幸福指数;

区总工会二届九次全委扩大会议

实施职工“舒心工程”,着力构建和谐劳动关系;实施职工“核心工程”,全面推进职工文化建设;实施职工“凝心工程”,永葆工会组织不竭活力。)以及“组织建设、工资协商、服务发展、职工维权、扶贫帮困、劳动保护、关爱女工、职工文化、劳模管理、转变作风”等十大重点工作。会议调整、增补区总工会全委员会委员,表彰2012年度“两个普遍”(工会组建、工资集体协商)工作先进集体;会议还印发了《2013年基层工会目标考评办法》和《2013年全区工会工作要点》。

【“三带动,三促进”推动工会组织扩量提质】 2013年3月,中共淮安市清河区委组织部和区总工会联合下发文件,在全区党组织和工会组织中开展组织建设“三带动,三促进”活动,以此促进全区党工共建实效运行,促进工会组织建设扩量提质。一是以党工共建带动工会组织建设,促进工会外部环境优化。坚持目标同向、组织同建、机制同立、活动同办的“四同”原则,建立党工共建长效机制,以党建带工建,2013年,全区企事业单位“党工共建”建制率达到80%以上,工会组建力争实现全覆盖目标。二是以建家评家带动工会规范化建设,促进工会内在活力激发。坚持规范建会、规范建制、规范建家、规范评家的“三建一评”机制,重点突出“八有”建家标准,2013年实现全区工会规范化建设达标面60%以上,规模以上企业工会规范化建设达标面100%。三是以创先争优带动工会作用发挥,促进工会工作创新发展。突出典型带动、机制推动、特色驱动的“三动”举措,2013年实现全区工会组织开展创先争优活动面达85%以上,每个街道最少选树两个职工之家示范典型,区联合职工之家工作受到全总组织建设部领导到区调研时的充分肯定。

【“三建一评”工作机制推进基层工会组织规范化建设】 一是规范建会,夯实基层工会组织基础。主要以“八有”为标准,开展建会活动,即:一有组织:成立工会组织时,要求工会委员会、经费审查委员会、女职工委员会、劳动法律监督委员会、劳动争议调解委员会、劳动保护监督检查委员会“六会”同建;二有印章:工会委员会、女职工委员会、经费审查委员会的印章和工会财务章要具备;三有牌子:工会组织成立后,工会委员会、劳动争议调解委员会、劳动法律监督委员会、职工服务中心等牌子要悬挂在醒目处;四有办公场所:有工会办公室,有相应办公设施,有工会组织网络图,室内做到“三公开”即公开工会主席身份、工会工作职责、工会服务项目,(单位其他公共场所也公示“三公开”内容);五有活动阵地:有职工培训室、文体活动室、职工书屋、劳动争议调解室、阳光心灵工作室等活动场所;六有账户经费:有独立开设工会经费财务帐户、有工会财会人员、有相关管理制度、有财务收支账务,工会经费实行“一支笔”审批手续;七有计划总结:工会班子定期召开工会工作会议,研究部署工会各项工作,做到年初有工作计划,年中有检查,年末有总结;八有工作台账:建立工会开展各项工作台账资料。特别是创新推行工会“电子化”台账。制订了工会电子台账管理办法,以电子档案代替纸质档案,将工会工作的文字材料、影像资料,统一存入电子文档,需要了解查阅相关档案的,通过电子技术手段展示,方便快捷,形象生动,解决台帐内容过滥、制作烦琐的问题,提高工作效率,节约经济成本。

二是规范建制,优化工会组织管理机制。依照相关法律法规,建立和完善工会各项制度,制度主要分为工会外部服务制度和工会内部管理制度,外部服务制度包括:工会信访接待制度、职工服务接待制度、集体合同平等协商制度、劳动争议调解制度、劳动法律监督制度、劳动保护监督检查制度、工会干部值班制度、群体事件应急处置制度;内部管理制度包括:会员会籍管理制度、职工(会员)代表大会制度、民主管理制度、服务职工制度、工会财务经审制度、职工之家考评制度、职工学习培训制度、工会创先争优评审奖励制度等。以建度管会,以制度活会,使工会开展各项工作有章可依,有据可查,保证工会各项工作顺畅运行。

三是规范建家,展现工会组织特有魅力。把职工之家建设贯穿到工会各个环节,一是优化“家”的队伍。建立健全本单位工会组织机构,配齐配强工会班子,按期换届选举,建立职工服务、文体活动、法律援助等工会积子和志愿者队伍,定期开展实务培训,提高工会队伍整体素质;二是拓展“家”的阵地。积极争取党政对建家工作的政策和资金支持,争取社会捐助,整合社会和公共活动场所资源,推进基层单位职工之家的活动室、培训中心(室)、职工书屋等活动阵地普建化、前沿化、现代化、方便化;三是深化“家”的内涵,以开展“模范职工之家”和“星级职工之家”建设活动为主要载体,积极组织开展职工之家的各项活动,在活动的内容、形式、方法创新探索,努力建设和谐之家、温馨之家、平安之家、文化之家、品牌之家。

四是规范评家,提升工会工作整体水平。要求全区各级工会开展会员评家活动,以评家促建家,各基层工会每年最少组织一次职工(会员)代表对本单位工会主席履职情况和职工之家建设情况进行一次评议活动;对工会主席评议主要从“德、能、勤、绩、廉”五个方面进行评议,对职工之家建设情况的评议主要从组织建设、服务大局、服务职工、劳动保护、民主管理、法律维权、职工文化、女工工作、财务经审等方面进行评议。评议主要采取书面报告、百分制评分(分优秀、称职、不称职)个别访谈、调查问卷等形式,评议结果向职工会员公示,对好的进行表彰奖励,差的进行批评警告,也作为工会干部使用、提拔和职工之家升级的重要参考依据。

【首期“职工讲坛”为提升职工素质助力加油】 2013年4月27日,淮安市清河区近300名职工代表、劳模、工会干部在区政府七楼会议室参加了清河区第一期“职工讲坛”活动,江苏省总工会干部学校讲师、心理咨询师、劳动经济学研究生周虹琼老师应邀作以“如何做一名优秀的员工”为主题的辅导报告。

【举办“迎新春”联欢会、丰富职工精神文化生活】 2013年2月2日,清河区在新区红禧会馆举办“幸福清河情暖职工”

2013年迎新春职工联欢会，淮安市总工会副主席、党组书记张月武，区委书记王海平，区领导梁学文、顾晓芳、安毅之、高山等领导与1000多名来自区直机关各部门、单位，各街道、社区和企事业单位的职工群众欢聚一堂，共贺新春。

迎新春职工联欢会

【召开“五一”表彰暨建功立业竞赛活动动员大会】 2013年4月27日，淮安市清河区召开“五一”表彰暨“争当主力军，添彩清河梦”建功立业竞赛活动动员大会，庆祝全世界工人阶级和劳动人民的伟大节日，表彰为全区经济社会发展作出重要贡献的先进集体和先进个人，激励广大职工立足本职，干事创业，积极投身“争当主力军，添彩清河梦”活动，为建设繁荣幸福新清河再创佳绩、再立新功。

区四套班子有关领导；区总工会领导，各街道、区直各部门、区各直属单位分管负责人、工会主席，各社区、规模企业工会主席，部分职工、劳模代表；受表彰的先进集体负责人和受表彰的先进个人出席了会议。淮安市总工会党组书记、副主席张月武，清河区委书记王海平分别讲话。盐河生态科技城管委会、清河新区管委会工会、江苏顺泰包装印刷科技有限公司职工分别就开展“争当主力军，添彩清河梦”建功立业竞赛活动作出表态发言；会议对获得2012年度国家、省、市、区的五一劳动奖状、五一劳动奖章，五一巾帼标兵岗、“五一”巾帼标兵，工人先锋号和省模范职工之家，省模范职工小家的先进集体和先进个人进行了宣读和表彰颁奖。

【开展劳模主题教育实践活动、激发职工爱岗敬业正能量】 为学习周恩来精神，永葆劳模本色，进一步团结动员全区劳模和广大职工积极投身“争做主力军、添彩清河梦”建功立业活动，在第127个国际“五一”劳动节即将来临之际（2013年4月26日），清河区劳模办、区总工会在淮安市劳动模范教育实践基地——周恩来纪念馆，举办劳动模范“争当主力军，添彩清河梦”主题教育实践活动。

活动中，来自全区各条战线上的劳模代表30余人向周总理塑像敬献了花篮，并瞻仰了周总理纪念馆，聆听了总理的事迹介绍，重温了总理“中华崛起”的伟大梦想，交流和畅谈了爱岗敬业，争创一流，在各项工作中发挥骨干带头作用事迹做法，党员劳模举行了重温入党宣誓仪式，各位劳模也纷纷表示，参加教育活动深受教育和启发，表示一是要争当爱岗敬业先锋者，二是要争当科学创新领跑者，三是要争当稳定和谐维护者。积极践行周总理“五德”理念，发挥示范引领作用，为实现“清河梦”做出新的更大的贡献！

【承办首届职工广播体操大赛推动职工文体活动蓬勃发展】 由淮安市清河区委、区政府主办，区总工会、区体育局（教育局）、区卫生局联合承办的全区首届职工广播体操大赛于2013年10月19日，在清河区石塔湖小学运动场隆重举行。

活动主要内容为中华人民共和国第九套广播体操；活动主题为“迎省运、健体魄、展风彩”；活动宗旨是为了迎接省十八届运动会2014年在淮安举办，倡导科学健康的生活方式，进一步推动全区全民健身事业和职工文体活动的蓬勃发展，普及和推广第九套广播体操，激励广大干部职工以昂扬的风貌和高亢的激情投身全区经济与社会建设。来自全区机关、街道（新区）、系统（主管局）和企事业单位的25支职工代表队，1000多名选手参加了比赛，上级工会和区四套班子相关领导出席了本次大赛活动。正式比赛开始前，举行了简短开幕式：中共清河区委常委、宣传部部长漆宾、淮安市总工会副主席刘海弘分别致辞；评委及参赛队代表宣读了宣誓词。

为提高比赛质量，专门邀请了市相关部门专业评委，保证比赛公平公正进行；为使比赛更具有观赏性，在比赛中穿插了淮安节拍健身操、《24式简化太极拳》、少儿鼓舞等表演项目，本次比赛采用抽签上场，三个队一组，评委现场亮分的比赛办法，比赛中各参赛队伍精神抖擞，队列整齐、动作规范、英姿飒爽，充分展示了清河职工时代精神风貌和健康身体素质。比赛结束后，举行了隆重的颁奖仪式，市总工会、区四套班子相关领导和区总工会领导分别为获得一、二、三等奖和“最佳精神风貌奖”“最佳队形奖”单项奖的单位颁发了奖牌。

区职工广播体操大赛开幕式

【开通困难职工医疗绿色通道，倾力打造帮扶特色品牌】 建立完善区、街道、社区（企业）三级职工服务体系，全年为560多名困难职工提供了生活、医疗、子女入学、应急等救助35万多元；开通困难职工医疗绿色通道，为80名特困职工办理了医疗保险和免费购药卡3万元，为300多名困难女职工提供免费体检、两癌筛查；和8家医院和11家药店签订了工会会员优惠服务协议；奉行“无病我帮人，有病人帮我”医疗互助精神，组织动员8200多名职工加入淮安市职工特殊疾病互济会组织，清河区职工服务中心被评为“江苏省工人先锋号”；联合区委党校、市总工会为400多名困难、下岗职工举办免费技能培训班，为他们就业再就业提供帮助，清河区职工培训中心被授予“江苏省工会家政服务培训基地”称号。

创业就业培训会场

【协调劳动关系联合召开专题工作推进会】 2013年10月12日下午，淮安市清河区协调劳动关系三方委员会召开“工资集体协商、和谐劳动关系创建工作推进会暨2013年工资集体协商集中要约行动”启动仪式，新区管委会、各街道分管负责人、工会主席、劳动保障所长、经管办主任；全区各有关部门、企业、行业、区域工会主席；工资集体协商先进集体、先进个人代表；劳动关系和谐企业代表出席了会议。

会议全面总结了全区近年来的工资集体协商暨和谐劳动关系创建工作取得的成绩和经验，对下一步工作开展进行了安排部署；对2012年度全区工资集体协商工作先进集体、先进个人，以及劳动关系和谐企业表彰颁奖；新区、各街道、相关行业、企业的工会主席代表职工方与行政方（企业方）代表集中上台进行“要约”与“应约”。

【全国人大代表孙国庆做客“中工网”】 2013年3月，全国“两会”期间，全国人大代表——淮安市清河区环卫事业处党支部书记、工会主席孙国庆做客“中工网”“2013全国两会”特别节目——与代表委员面对面栏目，在该网演播大厅接受主持人采访：

孙国庆在接受主持人采访时说，政府工作报告关注民生、关注老百姓生活部分让人难忘。

环卫工人舍小家为大家，退休之后往往各种大病相继袭来，因此，呼吁相关部门，重点关注环卫职工的待遇问题，切实将环卫职工的薪资待遇提高。

长期以来，农村环卫事业得不到重视，农村环境脏乱差现象普遍存在，因此，要统筹城乡发展就必须要将农村环卫事业发展起来。

自己作为一名基层的环卫工人，能够当选为全国人大代表，自己感到十分的光荣，于此同时，又深感肩上的责任重大，在做好平日工作的同时，要深入调查研究，提出职工群众深切关注的议案。

（杨　忠）

共青团淮安市清河区委员会

【概况】 2013年，清河团区委在清河区委和上级团组织的领导下，认真贯彻落实中共十八大和团十七大精神，坚持以人为本理念为指引，以党委政府中心工作为方向，以活动开展为抓手，以载体创建为依托，以典型选树为支撑，各项工作扎实开展并取得一定成效。被共青团江苏省委、江苏省少工委评为江苏新疆少年儿童“手拉手”互助活动贡献奖，被共青团江苏省委、江苏省志愿者协会、江苏省项目办评为“江苏大学生志愿服务苏北计划优秀项目办”，被江苏省青少年发展基金会、江苏省希望工程办公室评为江苏希望工程二十周年“优秀公益项目”；被共青团淮安市委员会评为县（区）共青团目标考核先进单位一等奖；被区委区政府评为“希望工程”特色工作奖。今年信息工作也突飞猛进，国家级媒体报道5次，省级媒体27次。

【促进青年创业就业】 通过三把“火”，促进青年创业就业：一是健全组织，激发青年创业希望之“火”。形成组织领导、政策支持、创业培训、创业服务四大体系，实时更新《青年创业指导手册》，为青年创业特别是初始创业减轻了压力、降低了风险。建成“青春创业”QQ群、成立“创业宣讲团”、创业青年党员志愿者服务队等组织，开设23场政策宣讲和咨询会，吸引覆盖青年近6000人。二是平台搭桥，碰撞青年创业思想之“火”。2013年新建立青年就业创业见习基地17个，为青年搭建了功能完善、服务优质的创业平台。成立了“清河区青年创业培育中心”1个，为创业项目选择、创业选址、企业手续办理等提供一条龙服务。举办8次“创业培训班”，为有效提升青年创业技能提供条件和支持。通过“幸福吧、学习吧、公益吧”三项活动，搭建“青年人才联谊会”“青年读书沙龙”“青年志愿服务活动”等多样化平台，让青年人才交流创业心得、碰撞思想火花。三是榜样引领，点燃青年创业激情之“火”。通过“组团创业、导师带徒、你追我赶”等多种形式，为青年创业建立纽带，树立榜样示范，激发青年创业动力。组织区内外33名优秀青年企业家，成立“清河区青年商会”，通过每位会员与青年创业者结对帮扶，带动广大青年勇于创业。利用《淮水安澜》、《清河之窗》、微信等媒体平台，开设“青年企业家风采展示”专栏，分享交流青年企业家的创业经验与成果，不断激发青年创业的激情与动力。此项工作被淮安日报、淮海商报、《淮安直播县区》等媒体多次报道。

【“青春创业圆梦清河”——青年创业政策推介会暨淮安市青春创业培育中心揭牌仪式】 5月5日，由共青团淮安市委员会、中共清河区委员会和清河区人民政府联合主办，共青团清河区委员会、清河区人力资源和社会保障局和清河区科学技术局承办的“青春创业圆梦清河”——青年创业政策推介会暨淮安市青春创业培育中心揭牌仪式在淮安市大学科技园成功举行。团淮安市委书记沈晓红，清河区委书记王海平，清河区委常委、组织部长顾晓芳，团淮安市委副书记李义翠，清河区政府副区长高山参加了活动。

青年创业政策推介会暨淮安市青春创业培育中心揭牌仪式

【召开全区党建带团建工作推进会暨“青年党员进社区，志愿服务美清河”活动启动仪式】 5月22日，清河区召开全区党建带团建工作推进会暨“青年党员进社区，志愿服务美清河”活动启动仪式。淮安团市委副书记朱书文，清河区委常委、组织部长顾晓芳，清河区检察院检察长赵春虎，淮安团市委组织部长王长俊，以及各街道、区委各部委办、区各委办局、区各直属单位分管党务工作领导，各直属团组织负责人等近百人参加会议。

活动内容主要包括三个方面：一是“圆梦清河·青春服务”，做一天网格长。每个青年党员志愿者与网格挂钩，每月一次到网格，协助网格管理员广泛开展邻里纠纷、信访稳定、安全生产、社会治安等隐患排查工作，通过政策讲解、说服教育、协调解决等方式化解不稳定因素。二是“圆梦清河·青春献策”，做社区参谋者。每个青年党员志愿者与所服务的社区保持经常性联系，充分发挥青年党员政治素质高、思路清晰、思维活跃等优势，为社区工作出谋划策。三是“圆梦清河·青春奉献”，成立就业指导、法律宣传、爱心帮扶和医疗救护等四支志愿者服务队，每位青年党员根据自身特长、兴趣爱好加入某个或几个志愿者服务队，每支青年党员志愿者服务队每年组织不少于4次社区志愿服务活动。

清河区召开全区党建带团建工作推进会暨“青年党员进社区，志愿服务美清河”活动启动仪式

【举办“青春聚力筑梦淮安”新时期淮安精神大讨论启动仪式暨青年精英座谈会】 为响应市委“新时期淮安精神大讨论活动”，贯彻落实《全市共青团系统“青春聚力筑梦淮安”新时期淮安精神大讨论主题活动实施方案》的文件要求，共青团清河区委迅速成立了领导小组，制订了活动方案，并通过微博、微信、网站等媒体途径，扩大此次淮安精神大讨论活动的影响力，确保全区广大青年团员第一时间参与到此次大讨论活动中来。5月31日，与淮海街道联合举办“青春聚力筑梦淮安”新时期淮安精神大讨论启动仪式暨青年精英座谈会；6月25日，组织苏北计划志愿者团支部举行“新时期淮安精神大讨论”活动之“青春创业”思想碰撞会。7月5日，由组织青年精英新时期淮安精神观点“对对碰”座谈会在区政府南二楼会议室召开，15名近两年来公选的优秀青年干部参加了座谈会。

【开展“青春邀约走基层·服务青年听转办”活动】 8月16日，在清河区市民中心会议室召开了全区团干部专场“青春邀约走基层·服务青年听转办”动员部署大会，正式全面启动全区“青春清河·走听转办”活动。淮安团市委学少部负责人出席会议并给大家上了一堂生动的微团课，全区各街道、单位、学校团组织负责人40余人参加了此次会议。

8月20日，组织少先大队辅导员，中学团委书记，优秀中学生和准大学生代表等20余名青年在区市民服务中心三楼会议室开展以“青春邀约看学校·服务师生听转办”为主题的微心愿、微联系畅谈会。团省委学校部、团市委组织部等领导参加会议。

清河团区委将全区现有的7个街道结合本街道特色品牌优势，整合社会资源，面向街道、社区、企事业单位青年、外出务工青年和大中小学学生等不同青少年群体，针对青年交友、心理疏导、创业就业、爱心接力等不同主题，开展了特色主题系列活动，开创了“七彩街道，一街一品”的特色“走听转办”系列活动。

8月23日，在淮海街道举办“青春邀约聚来吧，关爱儿童听转办”。结合该街道“希望来吧”主阵地，重点围绕学业辅导、亲情陪伴、感受城市、自护教育和爱心捐赠5项内容开展各类关爱活动，倾听了孩子们的心声，陪孩子们进行了一次具有教育意义的暑期实践活动。8月27日，在水渡口街道举办“青春邀约牵红线，服务青恋听转办”。通过座谈会、相亲会等形式，掌握青少年在沟通交友上的思想现状和面临的实际问题，找寻解决问题的思路和对策，进一步提高街道团组织的吸引力和凝聚力。8月28日，在柳树湾街道举办“青春邀约身边人，心理疏导听转办”。通过专家心理疏导，青年心理交流，互动游戏等环节，帮助了青少年正确认识自己，接纳自己，并克服成长中的障碍，改变自己的不良心态和倾向。9月5日，府前街道举办“青春邀约绘七彩，爱心接力听转办”。此次活动，结合了“七彩小屋”揭牌仪式，以希望工程圆梦行动受助大学生为主力，聘请他们成为了首批“七彩小屋”青年志愿者，每位受助学子到“七彩小屋”，为外来务工人员和城市低保家庭中的儿童进行课业辅导、亲情陪伴、自护教育、心理疏导等。9月5日，白鹭湖街道举办“青春邀约进企业，最美青工听转办”。通过倾听青年职工们的心声，了解他们的所思所想，帮助解决他们的烦恼与困难。9月6日，长东街道举办“青春邀约进学校，引导学生听转办”。整合清河区学校团干部和各类典型学生代表，就学生的学习、生活等各方面开展了心理讲堂、“倾听我的中国梦”、“我的苦恼老师您知道吗”等环节，引导学生倾诉烦恼，正确面对困难，培养积极向上，努力学习的健康心态。9月27日，长西街道举办“青春邀约进社区，服务创业听转办”。为广大青年提供正确的创业指导，开展了创业政策宣讲团进校园、创业政策咨询会、模拟招聘面试会等活动。

“青春邀约看学校·服务师生听转办”畅谈会现场

【举行“青春自护，快乐寒假”主题教育活动】 1月28日，在检察院会议室举办了“青春自护，快乐寒假”主题教育活动，活动邀请了清河区人大代表、政协委员参加活动，共同关爱青少年的健康成长。

【开展廉政教育活动】 1月29日，组织团干部到清河区人民检察院接受了一次意义深刻的廉政文化教育，参观了清河区廉政教育基地。

【开展“把爱带回家——关爱外来务工人员子女”志愿服务行动】 清河团区委充分发挥共青团组织联系青少年、服务青少年的优良作风，2月1日，开展“把爱带回家——关爱外来务工人员子女志愿服务行动”。活动的主旨是让外来务工人员子女懂得感恩，更好的去爱父母、爱社会。让外来务工人员更安心地工作，为建设繁荣幸福清河贡献力量。

【举行“光盘行动，对浪费说NO”志愿活动】 2月23日，在淮安市民健身广场举行“光盘行动，对浪费说NO”志愿活动，“光盘行动”有着积极的意义，使厉行勤俭节约、反对铺张浪费在全社会蔚然成风。

【召开共青团清河区委五届二次全体（扩大）会议】 4月12日，清河团区委在清河区淮海街道健康路社区会议室召开共青团清河区委五届二次全体（扩大）会议。会议传达了江苏省省第十四次团代会领导讲话精神，学习2013年共青团、少先队工作要点，各基层团组织交流了2013年创新项目，筹划了“五四”系列活动，参观了“希望来吧”等。

【组织“心系雅安，祈福平安”活动】 4月20日，四川雅安发生7.0级重大地震灾害。清河团区委立刻第一时间发出了为“雅安祈福·爱心接力”的信息，动员全区团员青年为雅安受灾民众祈福。4月21日，在淮阴师范文通学院图书楼门前，组织志愿者服务队近百人手捧烛光围拢在烛光组成的“爱心”周围，一起为雅安地震中死难者默哀，为雅安地震灾区同胞祈福。

【开展“青春走基层，倾听中国梦”主题团日活动】 5月15日，清河团区委组织青年团干部走进清河区第六中学校园，以交流对话的形式，倾听学生们的中国梦。激发了团干部们对梦想的向往，重新树立远大理想，摈弃安于现状的精神状态，戒骄戒躁。在平凡的工作岗位上，为实现中国梦而努力奋斗。

【开展“我的中国梦，从社区起航”青年志愿者进社区月活动】 为引导青年志愿者服务社区、奉献社会，5月28日在夕阳红文化广场举办“消防、食品安全宣传暨科技进社区——“我的淮安梦，从社区起航”青年志愿者服务社区月活动”。区政府副区长高山致辞并向志愿者领队授旗帜。

【团中央专家到清河区健康路社区“希望来吧”调研】 6月7日，团中央关爱农民工子女志愿服务行动项目专家、北京师范大学卢德平教授，到清河区健康路社区“希望来吧”调研。团省委志工部部长林凤勇，团市委副书记朱书文以及团市委宣传部部长吴洋等领导陪同调研。

【开展2013苏北计划大学生志愿者工作】 7月24日，清河团区委在区政府南二楼会议室举行2013苏北计划大学生志愿者欢迎仪式，区委常委、组织部部长顾晓芳出席仪式并作讲话。清河团区委全体人员以及8名苏北计划大学生志愿者和相关用人单位分管领导参加活动。仪式由团区委书记叶楠主持。7月28日，清河团区委组织开展“走进清河——清河区苏北计划志愿者联谊会”，新一届苏北计划志愿者参观游览了清河新区淮扬菜文化博物馆、清河城市馆、西游记博览馆、郎静山摄影艺术馆、古淮河文化生态景区、中国城市化史馆、古淮楼等。看到淮安如此人杰地灵，以及逐渐展现出的城市魅力无不让志愿者们感慨万千，志愿者们纷纷表示要将自己的青春贡献给这块美丽而富饶的土地，为淮安的发展贡献自己的青春力量。

【开展“中国梦”自护教育公益活动之地震安全教育】 8月23日，清河团区委联合安利公益基金会开展“爱心手牵手，共圆中国梦”——自护教育进社区系列公益活动之地震安全教育。同时面向孩子宣传学习“中国梦”，紧紧围绕立德树人根本任务，紧密结合未成年人的思想实际、生活实际和学习实际，深入浅出地宣传社会主义核心价值观。引导孩子们自觉把个人成长与祖国未来发展联系在一起，树立远大理想，从小立志为实现“中国梦”而奋斗。同日志愿者向小朋友们赠送了安全自护教育系列图书。

【召开青年商会筹备大会暨青年企业家交流会】 10月22日，清河区青年商会筹备大会暨青年企业家交流会在清河区政府二楼多功能报告厅顺利召开。清河区工商联主席薛睿出席了会议，参加此次会议的还有30多位青年企业家。活动共有四项议程：一是团区委书记叶楠介绍青商会筹备情况；二是青年企业家相互交流；三是通过几项草案，进行选举；四是薛睿讲话。大会审议并通过《清河区青年商会章程（草案）》《清河区青年商会第一届理事会经费管理办法（草案）》《清河区青年商会第一次会员大会选举办法（草案）》等。随后选举出清河区第一届青年商会会长李增力、副会长王芳芳等六位青年企业家、理事王虎等8位青年企业家及秘书长董永逸。

交流会会场

【开展街道团组织格局创新工作“回头看”走访活动】 为不断巩固、深化团的基层组织建设和基层工作，进一步扩大团的工作有效覆盖面，增强团的吸引力和凝聚力，10月9日、10日，清河团区委到辖区7个街道开展街道团组织格局创新工作“回头看”走访活动，团市委挂钩领导参加了此次活动。

【开展“保护未成年，青春志愿行，共筑中国梦”主题活动】 12月1日，共青团淮安市委和共青团清河区委组织的“青春志愿行，共筑中国梦”主题活动，在向阳社区拉开帷幕。12月1日—2日，分别在健康路社区“希望来吧”、上海路社区、京北社区“七彩小屋”、沈阳路社区以及夕阳红广场联合淮阴师范学院、淮阴工学院大学生志愿者、萤火虫志愿者联盟、钵池山社区青年党员志愿者等志愿者队伍开展了一系列送服务进社区活动。

【开展“红领巾相约中国梦”建队纪念日主题活动】 2013年10月13日，是少先队建队64周年纪念日。清河团区委在全区7所小学少先队中组织开展“红领巾相约中国梦”主题队日活动。

主题队日活动演讲现场

【开展“希望工程”建设活动】 “希望工程，圆梦行动”是对家庭困难、品学兼优刚进入大学校门的学子进行的资助。对于这部分青年更应该注重保护其隐私、维护其自尊，让他们在“无色”的环境中更快乐的学习生活。一是青春助力，实施微走访，实现微心愿。在活动开始时，清河团区委深入社区网格，调查摸底，将“圆梦行动”的政策告知所有困难学子家庭，动员他们在网上进行报名，同时征集他们的微心愿。经过多方努力，筹得82000元的助学金及行李箱、篮球、台灯、电风扇、学习工具等实物微心愿，再次进行走访，将助学金和微心愿送至18位受助学生家中，不联系媒体，不拍照片，充分维护受助学生的自尊心。二是青春成长，常态微联系，服务微公益。以“爱心接力QQ群”为载体，引导受助学子之间互相交流。QQ群建立后，爱心学子有3个方面显著的改变，一是心态阳光，二是不断提高自身素质，三是乐于传递自己的爱心。这个群里同学背景相同，在建群的时候注重进行舆论引导，让一位心态积极乐观的同学担任管理员，在其他学子出现一些低落情绪时能进行关爱疏导。勇于正视目前的困难，在课余时间、暑假寒假时能主动联系团区委寻求一些勤工助学的岗位。

（董永逸　张盼盼）

清河区妇女联合会

【概况】 2013年，清河区抢抓妇儿发展“十二五”规划中期评估机遇，以学习贯彻中共十八大会议精神为主线，以“幸福梦·和美家”主题系列活动为抓手，在中国妇女十一大召开的热议中，开拓进取，创新实践，较好地完成了全年目标任务，取得了一定的成绩。

【夯实阵地建设，拓宽妇女参与社会管理渠道】 2013年，全区38个社区均成立“妇女儿童之家”，其中市级“妇女儿童之家”32家，省级“妇女儿童之家”9家。各地提倡一地一品，优化各种资源条件，培植亮点、打造示范点，推动"妇女之家"普遍用起来、动起来、活起来。抓住"两委"换届契机，加强与有关部门的协调与沟通，将女性进两委作为必要条件纳入换届工作《意见》，推荐优秀女性参加"两委"换届，把好女候选人质量关，提高女性进两委的当选比例。

【搭建服务平台，力推巾帼创业就业工程】 全区共举办各类培训班63期，培训妇女2142人次，各类妇女创业就业3159余人次，消除"零就业家庭"22户，援助"零就业家庭"人员19人实现就业。抓住省、市妇联推广"好苏嫂"家政服务品牌的有利时机，结合区情，实地走访，按照以点推面的思路，做好"好苏嫂"家政服务站点选址工作。

【优化巾帼队伍，加强妇女思想道德建设】 2013年，区妇联全年开展妇女思想教育实践活动5次，先后组织全区各级妇女干部参加"女性大讲堂"、座谈交流会、"妇女干部综合素质培训""中青年女干部培训班"等培训，累计210多个课时。全年新增巾帼志愿者2524人，建立各类巾帼志愿者队伍83支，妇联系统巾帼志愿者活动百余次。联合华东妇科医院，开展女性健康知识讲座进社区，为单亲特困母亲办理免费体检卡，针对需要大病救助的单亲特困母亲们予以费用减免，动态帮助特殊群体解决实际困难。3月2日，区妇联在沈阳路社区开展"与爱同行"关爱空巢老人集中行动启动仪式，志愿者结对空巢老人234对，全年各级妇联开展巾帼志愿服务集中性活动4次，服务受惠人群15716人次。

市妇联检察清河区一站式免费婚前医学检查工作

【规范信访流程，建立妇儿维权长效机制】 全区所有街道、社区均建立维权站（维权点），形成了覆盖全区妇女，上下联动的网络体系，做到层层有领导分管，有专人负责，确保为妇女群众提供及时、有效的维权服务。2013年，共接待来信来访31件，其中离婚纠纷上访17件，维护妇女儿童权益4件，家庭暴力6件，救助2件，其他纠纷2件，结案率100%。

【创新服务载体，力推儿童关爱教育】 "六一"期间，区妇联走访入户慰问清河区两名特困孤残儿童，送去每户1000元慰问金，带去节日的祝福；联合金鹰国际商城、联通公司在金鹰广场举办"童心绘就幸福梦"广场画活动，318名儿童参加活动，活动现场评出一等奖5名，二等奖10名，三等奖20名，35幅获奖作品在橱窗展览数月，让儿童感受美、表现美、创造美的同时，培养孩子们热爱自然热爱家乡的情怀。主动联合公安分局，排查出区16周岁以下流动留守儿童35名，巾帼志愿者、社会妈妈结对100%。

【狠抓宣传引导，突破一站式免费婚前医学检查难点】 区妇儿工委高度重视一站式免费医学检查工作，多次向上级领导汇报争取支持，联合各责任单位，成立由区政府分管领导为组长，卫生、民政、财政、人口计生、宣传、工会、妇联、共青团等部门为成员单位的免费婚检工作领导小组，出台《清河区一站式（一条龙）免费婚前医学检查实施方案（试行）》，明确各相关单位的具体职责和任务。针对上半年婚检率不高的现况，区妇儿工委办公室多次召开婚检推进会，由副区长高山带队，定期组织妇联、民政局、卫生局、妇幼保健所等相关单位主要负责人到现场督查项目进度。截至2013年12月底，全区婚前医学检查基本做到应检尽检，累计初婚登记2288对，累计婚检1693对，年婚检率73.99%，日均参检率达100%。

【协调部门联动，动态监测规划中期评估指标】 区妇联紧紧抓住妇女儿童发展规划中期评估及申报省级妇女儿童发展"十二五"规划示范区契机，进一步发挥妇儿工委办公室的职能作用，推进妇儿工委成员单位及时发现并解决规划实施中存在的问题。

加强沟通协调。多次牵头召开"十二五"妇女儿童发展规划中期评估会议，邀请人大代表、政协委员到教育局、卫生局、人社局、计生委、计生指导站等有关部门单位，沟通了解"两个规划"实施工作，协调推动"两个规划"实施。

注重评估督促。将两规划内容细化后，制定下发《清河区妇女儿童发展规划目标职责分解表》，把目标责任分解落实到各个部门，推动各部门把实施两规划与本部门的职能有机统一、同步落实。

健全例会制度。区妇儿工委办公室每季度召开区妇儿工委成员单位会议，针对规划的进度，根据两规划监测情况，查漏补缺。制定了妇儿工委工作进度安排表，落实工作进度，保障工作衔接，为顺利通过"两个规划"中期评估奠定坚实基础。

精确监测数据。召开妇儿规划中期监测评估推进工作会议，全面部署清河区的妇儿规划（纲要）在期监测统计评估工作，高度重视数据质量，确保数据的连续性、衔接性。做好《妇女儿童发展规划（纲要）中期评估主要量化指标统计表》《淮安市妇女儿童基本情况综合表》数据收集，完成《清河区妇女儿童发展"十二五"规划中期监测自评报告》、《清河区妇女儿童发展"十二五"规划中期评估报告》上报。

政法

- ◇社会管理综合治理
- ◇公安
- ◇检察
- ◇法院
- ◇法治政府建设
- ◇司法行政

社会综合管理

【概况】 在区委、区政府的正确领导下，牢固树立“以平安促发展、以稳定保和谐”的工作理念，倾力打造基础更牢、水平更高、人民群众更加满意的平安法治清河。社会管理服务、平安和法治建设工作得到中央、省、市的高度评价和充分肯定。网格化社会管理服务模式在全省全市持续推广，省委书记罗志军同志亲临调研指导，全国各地前来考察交流80多批次；获得两个“国字号”荣誉，被中央综治委表彰为“全国平安建设先进县(市、区)”，被全国普法办表彰为“全国法治城市、法治县(市、区)创建活动先进单位”。

【网格管理服务效能彰显】 健全“一人一格、一岗双责、条线分工、落实到格”的网格责任机制，做到守土有责、守土尽责。按照“实用、好用”原则，进一步升级社管信息系统，完善社管动态信息库，实现各部门的信息共享共用共管。研发社管e通手机平台，与电脑平台联网，进一步提高了事件排查处理的效率，全年共排查化解各类问题38640件。每月召开街道和相关部门参加的网格排查疑难问题会办会和社会稳定研判分析会，全年研判分析重大社会稳定问题72件，化解60件。

【平安创建深入推进】 扎实推进区、街道、社区三级调处中心(室)规范化建设，严格落实人员、经费、制度、办公场所、办公设施等保障措施。2013年，全区三级调处中心(室)新增办公用房面积1200平方米，新培训聘用专兼职调解员122人，进一步改善了办公条件，增强了基层调解力量。各类调解组织共受理矛盾纠纷2915件，成功调解2909件。深入开展社会治安重点地区排查整治，加大对盗窃、抢劫、黄赌毒、涉车等群众反映强烈、直接影响群众安全感的犯罪打击力度。全区可防性治安案件发案率同比下降24.5%，其中：盗窃电动车下降32.3%、入室盗窃下降32.8%。

【法治建设稳步提升】 树立“以公开促公正、以透明保廉洁”的理念，推进“阳光执法”，全面深化警务、检务、审务公开，保障群众对执法工作的知情权、参与权、监督权，群众对公正司法和法治建设满意率逐年提升。建立健全区、街道、社区三级法律服务体系，完善区法律援助中心、街道法律援助工作站、社区法律援助联络员三级服务网络，在全市率先推出“受援人选律师”服务模式，不断提高法律援助的惠及面、便捷性，共为群众提供法律援助2000余人次。通过法治的手段、法治的举措维护群众合法权益，区级规范完善残疾人、职工、妇女儿童等“八大维权中心”功能，街道设立维权工作站，社区成立维权工作岗，形成覆盖全区的维权网络。全区共受理维权事项714件，有效解决710件。

省政法委领导视察清河

【三级平台建设大力夯实】 区级40个综治委成员单位挂钩到社区(村)，与组织部、共青团联手出台文件，让机关35岁以下党员全部挂钩到网格开展平安共建活动，使基层综治力量进一步得到增强。街道以政法综治中心为依托，将综治办、信访办、司法所、计生办、民政办等部门，按职能相近重新进行整合归并，成立街道社会管理服务中心，实现社会矛盾纠纷、重点特殊人群管理、民生服务事项的联动联处。

公　安

【概况】 2013年，公安清河分局在区委、区政府和市公安局的坚强领导下，紧盯“争当全市公安工作排头兵”的总目标，以深化平安建设为主线，以省厅十大工程为抓手，以警务转型为依托，按照“平稳发展，稳中求进”的思路，全局上下顽强拼搏，积极作为，充分发挥公安机关职能作用，有力地维护全区社会稳定、有力地保障全区治安安定、有力地护航全区经济发展；目标考评再创新佳绩，实现四连优；软环境建设再进十佳，荣获全区软环境建设唯一标兵单位；队伍建设再展新气象，市局先后在分局召开队伍建设、窗口单位建设现场会，推广分局经验做法；档案工作高分顺利通过省五星级复检评估；禁毒工作被省禁毒委评为先进单位；分局和淮海路、闸北两个派出所荣获“江苏省文明单位”称号。分局还有多项工作受到市委、市政府，区委、区政府的批示表扬。

【维护全区社会大局稳定】 2013年，分局始终坚持维稳优先的方针，把维护稳定作为第一要务，不断完善维稳处突预案，加强情报信息收集研判，锤炼队伍处突应变能力，先后成功处置了清江商场职工、乐园集资户、涉军群体、金马广场业主、市政公司职工等群体上访事件，全年共处置群体性事件335起，由于处置果断有力，没有发生激化和转型。一是着力收集预警信息。以织密社区民警、社会信息员、虚拟空间三张信息网为基础，建立网上网下两个阵地，围绕重点领域、敏感问题、有影响事件，深入排查社会不稳定因素，及时收集预警性、内幕性、深层次的情报信息。二是着力运用法律手段。在处置突发事件中，始终坚持疏导在先，说理化解，同时，积极收集相关证据，对组织者和挑头闹事人员用足用好法律手段，坚决予以打击，保持高压态势，维护法律权威性和严肃性。三是着力打击邪教组织。积极开展防范和处理邪教违法犯罪活动。

【提升打击违法犯罪效能】 2013年，全局紧盯刑侦打处绩效不放松，攻坚克难，保持高压严打态势，相继开展了“冬季会战”“夏季百日专项行动”“打击暴力讨债违法犯罪”“打假”“冬季突出治安问题区域性打击整治行动”等战役，进一步震慑犯罪，破获了“6·19”、“11·27”故意伤害致死案，徐健黑社会性质组织案、李志系列入室盗窃案、全省首例套取百万余元移动商城币案、隆力奇传销案等一批大有影响的案件，全年刑事拘留494人，提待批准逮捕276人，查处嫖娼人员277人、涉赌人员467人，追回逃犯15人。

【遏制刑事案件高发势头】 2013年，分局为遏制刑事案件高发势头，大力加强治安防控体系建设，以区社管中心为平台，整合全区监控资源，小区新建监控探头283个，技防能力得到很大提升。为了提高市民的防范意识，分局先后在新亚商场、金马广场、万达广场等大型商贸中心，新竖立30块安全防范宣传牌，宣传有关防范被盗的内容。针对市区取消看车收费导致盗窃电动车案件上升的形势，分局主动与新亚、乐天玛特超市沟通，促成两家投资10万元、12万元，加大人防、技防力度，起到了辅助作用。通过建立以巡防、派出所为主，刑侦、治安为辅的多警种联动和路面、小区巡防机制，构建了基本覆盖全区的防控网络。全年刑事发案比上年下降了1.8%，其中盗窃电动车下降23.2%，两抢案件下降35.7%，高发案形势得到了有效控制，人民群众的安全感进一步增强。

【营造良好社会治安秩序】 分局始终坚持管理、服务两手抓，改进服务措施，简化工作流程，加强对场所行业的监督管理，加强社会面的治理，消除治安和安全隐患，整肃治安秩序，净化社会环境。一是强化治安重点整治。根据辖区治安特点，分局先后7次集中全局警力，开展了集中清查行动，全力整治重点复杂地区和场所治安秩序，形成严管治安、挤压犯罪的高压态势。二是强化游戏机室整治。一年来，分局加强对游戏机室的管理，不定期地对游戏机室进行检查，规范游戏机室管理，重拳打击游戏机室和彩票点摆放设置赌博机问题。三是强化收销场所整治。积极推进典当、废旧收购、旧货回收、二手车交易市场等行业的规范，实行收销登记报备制度，组织从业人员进行教育培训，增强从业人员守法经营意识，进一步堵塞销收赃犯罪渠道。四是强化缉枪治爆整治。深入开展了缉枪治爆专项行动，深入发动群众，动员群众提供线索，主动上交持有的非法危险物品；深入重点部位、重点单位、重点场所，排摸重点人员；同时登录网络平台比对，全面掌握涉及爆炸物品、枪支弹药的非法信息，进一步推进危险物品管控夏季会战。五是开展人口管控会战。在以暂住人口管控为中心的人口管控会战中，建立“政府挂帅，多方配合，齐抓共管，综合治理”的机制，全区新采集暂住人口信息81886条、出租房屋信息11480条；核对各类信息10万条；通过会战破获各类刑事案件124起，查获违法犯罪嫌疑人85人。

【增强警务运行保障能力】 以落实市局一号文件为契机，结合分局实际，强力推行社区警务“1+2+3”机制，即每个社区落实1名民警、2名辅警结合3名网格管理员综合基层基础工作，实现资源共享，信息共通，社会面治安管控能力得到明显提升。通过以证管人、以房管人、以网管人，实现了“见图知房、见房知人、见人知情”，辖区九类重点人员录入率和在控率达90%以上，2013年，警务室通过基础工作，获取破案线索30余条，协破案60多起，协助抓获在逃人员12名。特别是“7.15”警务转型会议后，分局迅速贯彻落实会议精神，围绕市局下达的六项重点任务，通过召开现场会、会办会，以点带面、典型示范，全面升级，打造了具有清河特色的警务转型“五战工程”、派出所“三互联勤”模式和辐射型动态警务，以警务转型促进打击效能的提升。

【锤炼队伍执行力战斗力】 2013年，分局始终坚持两个经常，即经常性政治思想工作和经常性行政管理工作，教育广大民警树立正确的人生观，价值观和世界观，寓小道理于大道理之中，从细微重养成，从小事立规范，严抓制度执行、严抓措施落实，形成了“以制度管人、按规矩办事”的良好氛围。一是狠抓思想教育，夯实思想根基。坚持教育引领、坚持岗位练兵、坚持文化育警。先后开展篮球、乒乓球比赛、千字文、精读励志书、晒晒幸福公式、关爱留守儿童、警营开放日等活动，丰富警营生活，提高了民警的文化素质和品位。二是狠抓制度建设，严防违法违纪。先后出台了《请假审批和考勤工作制度》《清河分局改进作风十项规定》《清河分局问题民警退回制度(试行)》等制度，杜绝了问题民警不服管理的退路，不断提升队伍的执行力。三是狠抓规范执法，提高执法水平。分局先后出台了规范取保候审等执法制度，利用分局自主开发的执法监督平台和省厅大平台强化执法过程的监督，加强民警执法培训，全年未发生执法过错被追究、执法引发行政复议行政诉讼和执法不安全等现象，在全市执法质量考评中，分局荣获了执法优秀单位。四是狠抓作风改进，树立良好形象。通过加强内部管理、教育整顿、典型引路，提升民警精、气、神，涌现出了“全国爱民模范、全国优秀人民警察”姜贵才、张建江等一批先进典型，全局上下形成了“学先进、赶先进”的浓烈氛围。

检 察

【概况】 2013年，清河检察院被江苏省精神文明建设指导委员会评为2010—2012年度江苏省文明单位。被市综委表彰为综治与平安建设工作先进单位。被清河区委、区政府表彰为2012年度机关作风建设优秀单位一等奖、综合目标考评先进集体。未成年人刑事检察科被区委区政府授予“巾帼文明岗”荣誉称号、民行科被中共淮安市清河区委、淮安市清河区人民政府评为“五一巾帼标兵岗”。在全省检察机关“百庭考核”暨“代表委员百庭评议”基层院优秀庭、全市“群众工作能手”、全市检察机关职务犯罪侦查部门首次讯问、全市检察机关检察辅助业务(书记员)技能竞赛等评比中均获得荣誉。

【惩罚各类刑事犯罪】 2013年，共受理提请批准逮捕案件263件389人,其中批准逮捕189件263人,不批准逮捕74件120人。共受理公诉案件513件795人,未出现无罪判决,提起抗诉案件3件7人,纠正漏诉3件6人,提出检察建议11件,被相关单位部门采纳7件。在审查批捕、审查起诉工作中,认真贯彻宽严相济的刑事政策,深入化解社会矛盾。

【加大查办和预防职务犯罪力度】 2013年,共立案查办职务犯罪案件19件19人,其中贪污贿赂14件14人,渎职5件5人。查处科级干部9人。通过办案,为国家挽回经济损失2000余万元。缓解和钝化了干群之间社会矛盾。

【努力发挥民事行政检察职能】 2013年,共办理各类民行案件67件,其中完成市检察院交办案件5件,提请抗诉案件3件(市院采纳2件),向法院发出再审检察建议1件(法院采纳1件),向法院发出执行监督检察建议9件(法院全部采纳并纠正)向法院发出纠正违法检察建议5件(法院全部采纳并纠正),向相关单位发出督促履行职责检察建议案件10件(相关单位全部采纳并履行),还完成支持起诉案件5件,息诉和解案件25件,努力维护司法公正。

【重视未成年人犯罪预防工作】 2013年,共受理未成年人公诉案件30件33人,其中15人为17岁,18人为16岁,小年龄犯罪所占比重较大;所受理案件中,盗窃罪14件,故意伤害罪6件、寻衅滋事4件,三种罪名案件占所受案件总数的73%。其他类型案件,如诈骗罪、赌博罪、盗窃罪、信用卡诈骗罪、介绍卖淫罪案件也有少量出现。今年以来,该院提起公诉25件32人、作出相对不起诉决定10件10人。

上半年度,受理未成年人批准逮捕案件8件13人,作出批准逮捕4件4人,作出不捕决定4件9人。对待未成年人犯罪,秉持保护、教育、改造的原则。

全力推进开展“春润”、“热爱”、暑期安全知识宣传、等主题活动,通过送法进社区、进校园,开设法律知识讲座,接待社区青少年参观,组织青少年参加烈士陵园祭奠活动,观看雷锋电影等形式对青少年进行警示教育,有效提高其自身的法律保护和遵纪守法的意识。

“1+2”关爱帮教活动是2013年市检察院与市关工委、团市委联合开展的一项活动。通过对涉罪未成年人进行关爱帮教,预防和减少未成年人犯罪。自2013年8月淮安市召开“1+2”关爱帮教推进会后,该院领导高度重视,全力推进“1+2”关爱帮教工作,在符合帮教条件的11名涉罪未成年人中,现已落实8名涉罪未成年人的关爱帮教工作。其中清河辖区的两名涉罪未成年人已经全部落实,另有开发区和淮阴区的6名涉罪未成年人也分别落实了关爱帮教。

2013年,未成年人刑事检察科被区委区政府授予“巾帼文明岗”荣誉称号。

【检察干警努力提升自身的职业能力】 2013年,清河检察院朱红权提起公诉的“被告人吴金利故意伤害案”在全省检察机关“百庭考核”暨“代表委员百庭评议”活动中被评为全省检察机关“百庭考核”暨“代表委员百庭评议”基层院优秀庭;邹山中《论辩护权检察保障的压力因素与规制》论文入选江苏省法学会刑事诉讼法学研究会论文选,并将作为基层院唯一代表参加省法学会刑事诉讼法学研究会年会;郭茜在全市检察机关检察辅助业务(书记员)技能竞赛中获得第一名;张浩在2013年9月下旬至10月上旬,市院举行的全市检察机关“群众工作能手”评比竞赛活动中,荣获“群众工作能手”荣誉称号;宦莉莉、宋成芳被清河区委、区政府评为“2013年度先进工作者”。

【检察干警努力提高自身的文化和道德修养】 2013年,郭维汉撰写的春联获中国检察官文联开展的第二届“迎新春、送文化”春联征集活动优秀奖;该院干警在全省政法文化艺术周书画摄影展中获奖。该院紧密结合工作实际,组织全院干警积极开展“道德讲堂”主题活动。

【利用科技手段提高执法服务水平】 2013年12月,区检察院建立远程视频接访系统,创新了控申接访新模式,便捷了来访群众,降低了来访群众的诉求成本,方便了百姓诉求。

【自觉接受外部监督进一步拓展监督途径】 10月18日,清河区院案管中心开通“案件自助查询平台”提高了工作效率,更有利于接受社会监督,维护涉案当事人的合法权益。12月27日下午,该院邀请了两名人民监督员对拟作不起诉的宗某交通肇事案进行监督。该院认真落实人民监督员监督制度,进一步拓展监督途径,增强执法办案的公开性和透明度,提高办案质量和规范执法水平。

(撰稿人:王源翔)

法 院

【概况】 2013年，清河区审判工作，自觉服从和服务于改革、发展、稳定大局,努力营造和谐稳定的社会环境和公正高效的法治环境。全年共新收各类案件12342件,办结11612件,同比分别增长18%和10.65%。2013年成功蝉联“省文明单位标兵”称号;院工会被省总工会授予“全省模范职工之家”荣誉称号;董坚被最高法院表彰为全国优秀法官。

【刑事审判】 2013年，共受理刑事案件426件716人，审结419件703人，同比分别下降21.4%和22.9%。切实贯彻刑法基本原则和宽严相济的刑事政策，依法对严重刑事犯罪被告人判处5年上有期徒刑63人，10年以上有期徒刑32人；判处缓、管、免刑232人；审结贪污、贿赂、渎职犯罪案件14件14人，其中科级以上6人；妥善审结利用计算机网络诈骗的李冲等10名被告人诈骗案、省公安厅挂牌督办的“新梦里水乡”组织卖淫案，取得良好社会效果。3名法制副校长深入学校举办青少年法制讲座13场，进社区、学校开展法制宣传教育28次、法律咨询39次。

【民商事审判】 2013年，共审结各类民商事案件9104件，同比上升12.93%，解决标的1.6亿元。加强对老人、妇女、儿童、残疾人等社会弱势群体的司法保护，审结涉及教育、医疗、住房等民生类案件3187件，同比上升16.6%；积极应对民间借贷、农民工讨薪纠纷上升较大的形势，审结民间借贷纠纷803件，同比上升20.7%；办理农民工讨薪案件2652件，为农民工讨薪3257万元。

【行政审判】 2013年，在审结的95件行政案件中，维持具体行政行为的46件，判决履行法定职责、确认具体行政行为违法或无效的4件。在区委、政府的支持下，积极推进行政机关负责人出庭应诉工作，区属行政机关负责人出庭应诉率达100%。

【强化执行工作】 执结案件1952件，实现债权2.3亿元；健全与公安、建设、工商、金融等部门的信息共享机制，限制诚信缺失人员经营活动，通过最高法院失信人员曝光平台披露失信被执行人信息482件；加强执行救助工作，向39名生活困难的当事人发放救助资金21.88万元。

【服务区委中心工作】 2013年，区法院制定《院领导挂钩联系全区重点项目方案》，开展“两联一挂”“金盾护航”和“三进三解三促”活动，院领导挂钩12家重点项目，联系22家企业，全院干警深入辖区7个街道、49家企业、21家重点项目开展走访调研135次，提供法律服务167次；积极支持旧城改造和重点项目建设，依法审理涉及旧城改造、房屋拆迁类案件48件，提供法律咨询36次，对长期阻碍南水北调工程的陈家模案依法强制搬迁，取得了良好社会效果。该项目上的其余搬迁户，主动签订了搬迁协议，保障了项目顺利推进。

【实施网格诉讼服务】 在构建法院诉讼服务中心、街道诉讼服务站、社区诉讼服务点“三位一体”网格化诉讼服务体系基础上，开通并运行“网上诉讼服务中心”，开展网上信访、预约立案、网上法律咨询、网上查询等服务；通过“网格诉讼服务”平台，对外委托各类案件327件，调解成功209件，调解成功率64.2%。全院4次集中开展“法官进社区”活动，在街道诉讼服务站、社区诉讼服务点指导民调97次，化解矛盾纠纷187起，接受居民法律咨询857人次，为群众提供诉讼服务221人次。

【扎实推进司法公开】 进一步扩大司法公开的范围和深度，以公开促公正、以公开树公信。开通“庭审提示告知”系统，进一步服务和方便当事人；全面推行庭审同步录音录像、同步记录、同步显示“三同步”，扎实做好网上“庭审直播”工作，普及法律知识、接受社会监督。开展网上直播庭审32次，其中视频直播2次；继续做好每月10日的“法院开放日”活动，一年来，共有614名群众走进法院，“零距离”接触法官，充分感受司法的公开与公正；深入推进司法民主，依法保障人民陪审员履行职责，人民陪审员参与审理、听证案件2145件，陪审率达99.95%。

【深入推进司法改革】 创新工作机制，积极探索审判流程、裁判文书、执行信息等“三大平台”建设。制定《强化审判流程节点管理和控制实施意见》，定期就审判流程节点、庭审监控情况进行通报，全年共发出预警221人次，有效提升了审判质量和效率；推进“全员能动执行”机制，加大“点对点”财产查控力度，通过查控平台执行标的600余万元；推进执行分权制约机制，将执行权划分为裁决权、实施权、异议审查权并交由不同人员行使，促进执行工作规范、高效；扎实做好裁判文书上网等工作，将司法裁决置于“阳光”之下。一年来，全院裁判文书上网1436件，上网率达82.8%。

【队伍建设取得新进展】 加强业务培训，坚持全员集中培训和个人自学相结合，干警参加上级法院培训活动755人次；总结“青年法官导师制”经验，开展“青年干警下基层锻炼”活动，规定凡新进公务员必须到社区进行不少于一个月的锻炼。10名新进法院的年轻干警分两批在街道、社区锻炼45天。与淮阴师范学院法学院共建学术研讨基地，聘任法学院9名教师为“专家咨询员”，法学院聘任清河法院10名审判人员为兼职教师，双方定期组织业务交流、研讨；加强警务培训工作，在省、市法院组织的法警理论知识考试中，以全市第一名的好成绩，受到省高院和市中院的通报表彰。省、市两级法院考试中的个人第一名均被清河法院法警斩获。

院校共建签约仪式

【文明创建活动硕果累累】 2013 年，法院成功蝉联“省文明单位标兵”称号；加强法院文化建设，结合建院三十周年纪念活动，组织第二届法院“文化节”，开展专题才艺表演、趣味运动竞赛、摄影书画展览、纪念征文比赛、健康知识讲座等系列活动；积极参加区“广播操比赛”，荣获最佳精神风貌奖和综合二等奖。

【充分发挥联络职能】 紧紧依靠区委领导，在区委、区政府的关心支持下，法院经费和物质保障水平得到了新的改善，领导班子结构得到了优化，干警职级待遇得到了有效落实。上半年，新任命了 3 位副院长、1 位纪检组长；解决了 6 位同志正科、副科职级待遇；加强与人大代表、政协委员联络工作，专题向区人大常委会、区政协法制委汇报了诉讼服务工作，向区人大代表第三组汇报了刑事审判工作，有力促进了诉讼服务和刑事审判工作水平的提升；办结代表、委员建议、提案 12 件，满意率达 100%；邀请代表、委员来院旁听庭审、视察工作 117 人次，受到代表、委员的充分肯定。

人大代表听取法院工作汇报

法制政府建设

【概况】 2013 年，根据区委、区政府的要求，区政府法制办以贯彻落实国务院《全面推进依法行政实施纲要》《关于加强市县政府依法行政的决定》和《关于加强法治政府建设的意见》为主线，从加强制度建设、强化法制监督、服务中心工作、化解社会矛盾等方面入手，全力推进依法行政工作。审核出台区政府及部门规范性文件 4 件；办理行政复议案件 1 件、处理区政府及部门涉诉案件 14 件、信访复查（复核）件 37 件；审查修改合同书、协议书及招标文件等各类法律文书 121 份；培训行政执法（监督）人员 863 人次，培训考试合格率 100%。2013 年度，清河区先后荣获“全国平安县区”“全国法治建设先进单位”，80%以上的村（居）获得市级以上民主法治示范村（社区），区境群众对依法行政工作满意度在 95%以上。

【建设高效透明的法治政府】 严格执行《清河区法治政府工作规范》《重大决策征求意见制度》《清河区政府常务会议议题办理工作规程》等民主决策、议事程序制度。推行服务承诺制、首问责任制、限时办结制等办事服务制度。完善政府决策咨询论证制度，发挥政府律师顾问团法律咨询作用，为政府各项重大决策提供法律方面的意见或建议，2013 年来开展重大事项决策论证讨论会 21 次，开展国有土地征收等社会稳定风险评估 8 件次，提出法律意见（建议）60 余条。审核规范把关各种执法文书、合同书、协议书、竞争性谈判文件等各类法律文书 121 份，确保了政府各种行为的合法性、合理性。依托政府网站、行政权力网上公开运行平台、政务公开栏等平台，及时发布政府最新政策、重大决策等信息，进一步畅通公众参与决策的渠道健全公众沟通协调机制。建立健全决策监督机制，支持人大、政协依法行使重大事项决定权和民主监督权。区人大常委会听取专项工作报告 6 次，并分别提出 5 篇审议意见。2013 年，人大代表、政协委员就依法行政提出的 32 件议案和 9 件提案的办复率达 100%，办复满意和基本满意率达 100%。

【规范性文件管理】 严格执行《江苏省规范性文件制定和备案的规定》，审核区政府规范性文件 1 件。进一步改进规范性文件制定工作方法和立规观念，做好立规的公正性、科学性、统一性和可行性。围绕区委、区政府促进经济发展的决策部署，制定解决涉及群众利益热点难点问题以及突出促进经济良好发展、改善民生和维护社会稳定等方面的规范性文件制定项目，科学合理安排规范性文件制订计划。切实加强规范性文件监督管理，及时向市政府法制办和区人大常委会报送备案，报送率及准确率达到 100%。在充分征求群众意见的基础上出台《清河区土地换社保人员纳入城镇职工基本养老保险实施方案》《清河区机关事业单位人员带薪年休假的规定》等制度。

【行政执法监督】 一是健全行政调解、行政指导机制。建立区级行政调解中心，探索建立劳资纠纷、医患纠纷、环保纠纷等专业调处工作站，坚持每季度召开一次行政调解工作协调机构会议，每半年进行一次行政调解工作通报，着力推进行政调解制度化、规范化。今年全区各单位成功调处行政争议 205 件。出台《清河区推行行政指导工作的意见》，对行政指导的基本原则、指导类型以及指导方式予以明确规定。二是全面推进行政审批清理和改革。按照“精减、统一、效能”的原则，2013 年清河区进一步全面清理行政许可和非行政许可等审批项目，确保在现有基础上再缩减 30%。此项工作经过部门自行清理、法制办审核，软建办督促，审核后征求各相关部门的意见，最后确定正式在区市民服务中心运行的审批事项只有 16 项，取消行政许可项目 15 项，其他暂时不用的行政审批项目全部挂起。同时要求审批缩短时限，能当场办理的当场办理，需要到现场调查勘验取证的也不能超过 5 个工作日。区政府出台《清河区市场准入与监管制度改革工作方案》，坚持“非禁即准”、实行“证照分离”，放宽场所限制，落实注册资本零首付，大大简化营业执照办理程序，门槛大幅降低。三是开展行政执法专项检查。针对食品药品安全、环境安全、劳动监察等领域的热点问题，继续开展专项检查和重点整治。5月，区纪委、区政府法制办联合在全区范围内开展规范基层行政执法专项行动，分别从执法程序、执法基准、执法制度等方面开展整治。同时区药监局开展放心厨房建设工程建设"透明厨房"，开展乳品专项检查行为确保乳品安全。区人社局、清河公安分局、清河工商分局等六部门开展农民工工资支付情况专项检查行动，确保劳资关系和谐；区文广新局开展网吧安全专项检查，区安监局开展安全隐患大排查，确保安全零隐患。四是开展行政执法案卷评查。会同区委政法委、区监察局组织两次行政执法案卷评查，共对89本处罚卷宗、40本许可卷宗进行评查，并根据评查情况发布了通报，评出10本优秀卷宗，通报案卷评查情况及存在的问题，并要求各执法单位将存在的问题整改到位。五是积极化解行政争议。始终把行政复议工作和息访息诉工作作为化解行政争议的重要手段，行行政复议公开听证庭审模式，秉公办理各类行政复议案件。区政府收到复议案件1件，经行政调解双方和解，申请人主动撤回而终止审理。区政府及部门行政诉讼案件共计14件，每个行政诉讼案件由区法院通报政府法制办，由政府法制办下达出庭通知督办单，由部门主要负责人或依法行政分管领导出庭，行政首长出庭率达100%。六是协调解决公民信访投诉。参与处理各类涉法信访投诉37件，其中包括奥林地块清河文化用品公司30多位股东因拆迁款未到位集体上访；协调处理枫丹白露回迁户因地下车库未规划上访事宜；协调处理柳树湾街道城市广场延迟交房屋信访问题。分别从法律、社会和谐稳定角度提出合法意见，并促使矛盾得以化解。七是开展依法行政考核。根据《清河区依法行政考核实施细则》，采取经常性的检查和督查进行考核，对22个行政执法部门及7个街道办事处开展依法行政考核，推动依法行政工作深入开展。

【行政执法教育培训】 要求各单位全年安排两次以上集中学法；"清河发展论坛"组织全区机关及社区干部学习如何提高干部依法行政能力及《国有土地上房屋征收与补偿条例》等法律法规；法院和社区联手，在社区开办青少年公开法庭。选拔优秀干警担任所有中小学法制副校长、辅导员。组织政府法律顾问进社区活动，近距离接受老百姓法律问题，解决法律问题；推行政机关科级干部"点菜式"学法新模式，今年重点增强了针对性和实用性；开展以"诚实守信企业"为主题的创建活动，加强对企业和外来人员的法制宣传教育工作，举办劳动合同法等知识讲座，增加他们的维权意识；各社区围绕"提高居民法治意识、解决居民现实问题、强化居民自我管理"三大主题，通过开展"法润心田、法惠家园、法促和谐"活动，进一步强化了居民学法、守法、用法的积极性。加强对行政执法（监督）人员的培训。要求各行政执法单位根据执法特点进行培训，培训的时间不少于15天，并将培训课程、图片报送区法制办。在2013年11月23日至24日，区法制办请六名老师分别进行《行政复议与行政执法》《努力推进依法行政不断弘扬法制精神》等课题培训。全区各街道、各部门400余名行政执法人员及32名监督人员参加培训，合格率为100%。

【法制宣传】 2013年，先后举办法制服务月、第五届"法治在我心中"卡拉OK大赛、法治书画摄影展、万人学法签名及文化志愿者等活动，共向群众赠送法治图书800余本，发放宣传材料4000余份，接受法律咨询10000余人次，全区干部依法行政水平不断提高，群众知法守法意识不断增强。同时，不断加大投入，先后建成了北京路法制文化广场、水渡口街道广场、清新花苑社区法治长廊等法制宣传阵地，通过制作法治宣传栏、志愿者提供法律咨询等多种形式，为广大市民提供便利的法治宣传。建设社区法律书屋，打造15分钟法律服务圈。

省法制办领导调研清河法制宣传日现场

司法行政

【概况】 2013年，清河区司法行政工作紧紧围绕区委中心工作和市下达的目标任务，坚持"面向基层、服务优先、强基固本、创新发展"的工作思路，以司法行政社区网格化社会管理创新为重点，切实加强司法行政工作进社区入网格接地气长效机制的建设，扎实推进各项司法行政工作取得突破性的进展。

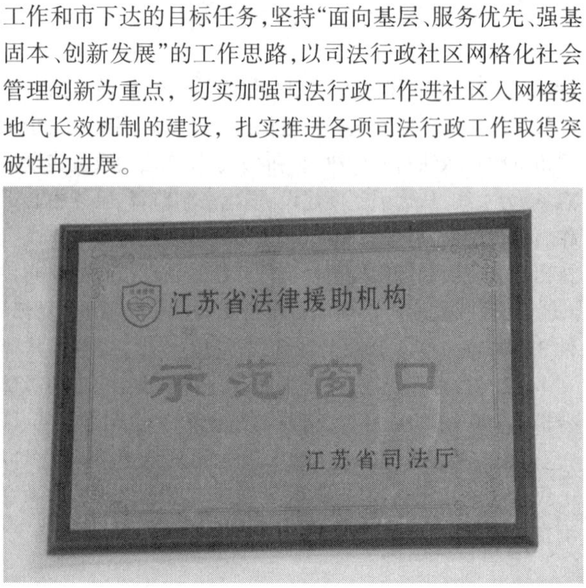

江苏省法律援助示范窗口奖牌

【法制宣传教育工作】

1月，区司法局被市司法局评为全市律师演讲比赛优秀组织奖；

1月15日，区“夕阳红”法治文化广场被命名表彰为淮安市第二批“法治文化建设示范点”；

3月7日，清河区被中宣部、司法部、全国普法办表彰为“全国法治县(区)创建活动先进单位”；

5月14日，西安路村、北新村社区、沈阳路社区被命名表彰为第八批省级“民主法治示范村(社区)”，截至2013年年底，清河区共有18个社区被评为“省级民主法治示范社区”，创成率达48%；

7月8日，区司法局组织开展“道文杯”普法短信有奖征集活动。

【法律援助工作】

1月29日，清河区司法局被省司法厅确定为“江苏省法律援助机构示范窗口”。

截至2013年年底，清河区98名法律服务工作者，共担任法律顾问单位226家，代理诉讼案件1501件；共办理各类法律援助案件486件。

【基层工作】

2012年12月18日，淮安市清河区淮海法律服务所左干同志被司法部表彰为第四届全国法律援助工作先进个人。

10月29日，省委书记罗志军视察矛盾调解工作。

罗志军书记视察司法行政工作

2013年，清河区司法局共排查并处理成功各类矛盾纠纷有效事件14435件，其中符合各级人民调解组织受理并调处的各类矛盾纠纷2915件，经全市科学发展目标考核，清河区矛盾调处成功率指标考评成绩，位列第一。

【社区矫正工作】

全区累计接收社区矫正人员937人，年末在矫人员174人，刑释人员283人，全部建立了文书档案和电子档案，社区矫正人员全部实行GPS手机定位监管，没有发生一例脱管、漏管和重新犯罪现象发生。

人武·人防·双拥

◇人武

◇人民防空

◇双拥

人　武

【概况】 2013年，区人武部贯彻落实省军区、军分区党委扩大会议精神，紧贴使命任务，狠抓工作落实，全面建设保持了健康向上发展的良好势头。先后被评为省征兵工作无退兵单位、省精神文明先进单位、省爱国卫生工作先进单位。

【民兵接受军分区首长点验】 4月15日，清河区民兵点验大会在区人武部作战室举行。淮安市委常委、军分区政委刘伟率机关干部对区民兵应急分队110名进行点验，到点率100%，区委常委、人武部部长俞新昌，政委张文兵陪同参加点验。

2013年4月14日，军分区首长对清河区民兵应急分队进行点验。图为，新入队民兵进行入队宣誓。(崔雪萍摄)

【军分区首长参加部党委民主生活会】 4月15日，淮安军分区政委刘伟带领机关干部参加清河区人武部党委民主生活会。会议在部党委会议室召开，党委书记张文兵主持，党委副书记俞新昌、党委成员陈春泉、陶安庆、单昌胜参加会议。会议主要结合"学习贯彻党章、弘扬优良作风"学习教育活动，联系部党委及班子成员的思想和工作实际，联系部队和民兵预备役建设存在的不足，围绕军分区政治部通知要求，重点对照4个方面问题，深入查找、分析原因，认真开展批评与自我批评，制订切实可行的整改措施。刘伟对此次民主生活会质量进行了点评，对下一步党委班子建设、民兵预备役工作提出了明确要求。

【召开专武干部资格认证集训大会】 6月20日，清河区专武干部资格认证集训大会在区人武部召开。参加会议的有：区人武部政委张文兵、副部长陈春泉、军事科科长陶安庆、全体专武干部。副部长陈春泉主持会议并传达学习上级关于专武干部资格认证的有关文件和要求。政委张文兵就做好专武干部资格认证工作提出具体要求。

【开展一日军营活动】 7月26日，清河区委常委议军会在区人防地面指挥中心举行，会议召开前，区国动委组织参加会议的领导开展一日军营活动，在区人武部作战室进行模拟靶射击比赛。

【参加"淮防—2013"军地联合实兵演习】 9月17—18日，清河区国动委成员单位领导、区人武部机关干部在区人武部作战室参加"淮防—2013"军地联合实兵演习。

【荣获"2010—2012年度江苏省文明单位"荣誉称号】 10月，江苏省精神文明建设指导委员会授予清河区人武部"2010—2012年度江苏省文明单位"荣誉称号。

区人武部在加快全区国防动员后备力量建设创新发展的同时，积极开展社会主义精神文明单位创建活动，专门成立创建工作领导小组，形成"党委抓总、主官挂帅、上下联动、全员参与"的创建模式。因地制宜制定文明创建规划，落实创建工作责任制，健全创建工作机构。按照江苏省文明单位创建管理规定的要求，对干部职工的学习、工作、生活进行规范。建立健全党建工作的规章制度，深入贯彻民主集中制原则，保证党员的合理化意见和建议得到及时反映和落实。积极开展创建学习型服务型创新型党组织活动，其做法得到上级充分肯定，上级领导以及友邻单位多次来观摩。围绕"能打仗、打胜仗"这一目标，着力抓了战备工作、民兵组织建设、人武部机关按纲施训、民兵军事训练、街道人民武装委员会建设以及年度征兵工作，圆满完成了上级赋予的城市防卫作战、动员支前、人民防空等各类演练任务。在年度的征兵工作中，严格执行廉洁征兵的有关规章制度，以兵员质量为中心，高质量地完成了征兵工作任务，连续13年无政治和身体责任退兵。狠抓安全管理，人武部全面建设稳步前进，连续30年安全无事故。大力开展"学雷锋、学硬六连、学好八连"活动，组织部机关全体党员和基层民兵走上街头，开展保持共产党员先进性主题实践活动，为群众做好事千余件。结合"双带双扶"活动和挂钩联系点，加大帮扶力度，积极开展军营助学助残活动，坚持重大节日慰问特困户、义务兵困难家庭，从2010年到2012年，共向贫困户、贫困生捐款总计十万余元，捐衣捐物百余件，为淮安市创建全国双拥模范城和清河区创建省级双拥模范区"三连冠"作出了应有贡献，受到地方党委政府的充分肯定。被市、区表彰为双拥工作记功集体和先进单位。

【被江苏省军区表彰为"安全管理工作先进单位"】 2013年，清河区人武部被江苏省军区表彰为"安全管理工作先进单位"。

区人武部贯彻落实上级安全管理工作的一系列指示精神，从严治部，狠抓经常性基础性工作落实，安全管理工作呈现良好发展态势，已连续30年安全无事故。区人武部把防范重大安全问题作为"政治工程"来抓。做到党委统揽、主官主抓、常抓常议。逐级签订安全工作目标责任书。上级关于安全工作指示精神做到了第一时间传达、一人不漏学习。安全形势分析作为每月办公会的第一项议程，针对形势任务变化、季节变化、人员变化和敏感时期等特点，自下而上查找安全隐患、并采取得力措施加以整改解决。区人武部围绕“科学指导、综合施策、齐抓共管”的思路，从严格制度落实入手，着力提高“四个管理”的执行力，确保“保底工程”不触底。扎实开展“学法规、明职责、正秩序、严纪律”活动，解决作风纪律、车辆管控等方面存在的问题。坚持日常监督、自我监督、组织监督和家庭监督相结合。针对干部职工居住分散，加强所属人员“八小时以外”的掌控。搞好季节性事故预防。每月和逢重大节假日前组织安全保密和武器仓库专项检查。严格保密办公秩序。严格车辆派遣手续，落实车辆“二证一匙”集中保管制度。定期对车辆进行保养维护，确保车辆良好的技术状况。注重对驾驶员的教育管理。严格执行参谋每周、部首长每月查库、双人双锁等基本制度，做到万无一失。投入10万余元对营区视频监控、消防安全智能控制等系统进行完善更新，建立起了一套由室内到室外、由营区到辖区，覆盖所有重要目标的安全技术防范网络，确保了单位安全稳定。

【被江苏省政府办公厅、省军区司令部联合表彰为“征兵工作无退兵单位”】 区人武部坚持求真务实的工作作风抓好一年一度的征兵工作，严格从兵役登记的基础工程抓起，拓展登记渠道，深入调查摸底，从源头上择优选取适龄青年。征兵工作全面展开后，成立兵役征集领导机构，强化组织领导；采取灵活多样的形式，广泛宣传发动；严格体检、政审标准，把好兵员质量关；严格征兵程序规定，确保廉洁征兵。坚持“谁签字，谁负责”的原则，连续13年无责任退兵。2013年，清河区人武部被江苏省政府办公厅、省军区司令部联合表彰为“征兵工作无退兵单位”。

【上级首长莅临检查】 1月31日，江苏省军区副司令员朱淮清少将莅临清河区人武部检查指导。5月21日，江苏省军区副司令员戴陆伟少将率省军区安全工作检查组莅临清河区人武部检查指导，淮安军分区司令员张正军、政委刘伟陪同检查。10月8日，江苏省军区副司令鞠华大校率工作组莅临清河区人武部检查指导，军分区司令员张正军等陪同检查。12月5日，江苏省军区政治部主任吕先景少将率工作组莅临清河区人武部检查指导工作。

1月31日，江苏省军区副司令员朱淮清（左二）莅临区人武部检查指导。（涂汪红摄）

2013年度清河区人武部被省级以上表彰情况

单位：

被江苏省政府办公厅、省军区司令部联合表彰为“征兵工作无退兵单位”。（2013年7月2日）

被江苏省精神文明建设指导委员会表彰为“江苏省文明单位”。 淮文明办〔2013〕48号 （2013年10月29日）

被江苏省爱国卫生委员会表彰为“江苏省爱国卫生先进单位”。 苏爱卫〔2013〕10号 （2013年12月25日）

个人：

张文兵：被江苏省委、省政府、省军区表彰联合表彰为“学雷锋先进个人”。（2013年12月23日）

被江苏省双拥办表彰为“双拥工作先进个人”（2013年12月）

被江苏省双拥办表彰为“部所挂钩先进个人”（2013年12月）

人民防空

【概况】 2013年，在区委、区政府和市民防局的正确领导下，按照夯实基础、重点突破、整体推进、善于与创新、持续发展的科学思路，各项工作在新起点上实现了高水平发展。荣获市民防局综合目标考核第一，单项工作两个第一。

【指挥体系建设】 2013年3月27日，召开指挥所成员单位联络员会议，建立了联络员和替代人制度，明确各成员单位工作职责。根据省国动委《关于修订城市人民防空袭方案的通知》和市民防局《关于修订城市人民防空袭方案的通知》文件要求，委托省城市应急协会，已形成初稿，并加以修订，并通过最终评审。

【民防进社区工作】 2013年5月28日，全市民防进社区推进会观摩上海路社区民防工作站建设情况，并观看了社区幼儿园应急器材使用暨防火疏散演练，得到参会者一致好评。十月初为社区配备防化、治安、通信、抢险救援应急器材箱、民防志愿者应急包、志愿者展示模特、清河人防安全头盔及折叠担架等应急器材。一系列措施为创建“示范社区”创造条件。10月23日，全省社区主任民防工作培训班观摩向阳社区，得到了省局领导及与会代表的高度肯定及赞扬，认为清河民防工作内容最多、亮点突出、要素最齐。12月，全市示范社区验收结束，7个民防工作示范社区获得通过，其中清河区创成3个示范社区。

【民防志愿者实践活动】 2013年2月23日，清河区民防志愿者队伍参加在市民健身广场举行的“学习雷锋好榜样”大型志愿者活动。活动中志愿者们向参与群众分发法规宣传资料、灾害应急救援手册及家庭应急包，同时现场讲解并演示家庭应急包中各类救援装具的使用方法，实地开展创伤急救培训。2013年5月13日，区防办组织民防志愿者对辖区内42家社区进行应急包巡回培训。培训利用理论知识讲解与实际操作相结合、通过视频会议学习家庭应急包的使用方法。

民防志愿者参加学雷锋日活动

【民防宣传工作卓见成效】 抓住“5·12”全国防灾减灾日、“9·18”警报试鸣日区防办通过“十个一”开展防空防灾宣传周，即社区更新一期宣传画廊。召开一次街道人防办主任、民防工作站站长会议。为机关举行一次应急包发放。举办一次社区应急包培训班，示范社区开展一次演练。邀请区诗词协会开展一次看工程赞人防。组织一次电影周放映。组织一次街头咨询，制作一期防空防灾及江苏省新物管条例展板。重要经济目标单位、学校开展一次防震减灾演练。5月14日，北京路中学开展防震减灾紧急疏散演练。5月15日重要经济目标单位联通公司开展防火演练。5月20日上午，在市金鹰门口结合清河区政府组织的行政执法服务月活动开展街头咨询活动。其间制作6块活动展牌宣传新物业管理条例中人防工程使用相关规定和防空防灾小常识。现场共发放《人民防空知识》《清河区居民防空防灾应急使用手册》600多份，《江苏省实施办法》宣传单800多份及个人应急盒200个，现场接受群众咨询20人次。9月18日富强社区进行人防工程使用演练。2013年媒体宣传取得全面突破，民防进社区特色工作被《中国人民防空》《华北人防》《江苏民防》报道。

【进一步加强人防工程规范管理】 2013年，淮安市实施人防工程“属地管理”模式，清河区人防办按照市人防要求对全区人防工程进行拉网式普查，认真筛选，仔细检查，坚定执行市局关于工程安全生产的要求，将各种安全隐患消灭在萌芽状态。自工程移交以来，已对外承租人防工程3处：利苑新村六区防空地下室、万达广场1号地住宅项目、茂华·璟都园小区一期人防工程1和茂华·璟都园小区一期人防工程3，已经与工程承租人签订承租合同。

【创建医疗救护专业队指挥中心】 2013年6月25日依托区卫生局、区疾病预防控制中心、机关医院医疗设备场所和资源，创建医疗救护专业队指挥中心。其中视频控制中心60平方米，专业队活动室20平方米，医疗物资储备中心20平方米，完成八站一中心建设任务。（八站：区疾病预防控制中心，淮西、淮海、市中、钵池山、淮东、白鹭湖、长西社区卫生服务中心；一中心：医疗救护专业队指挥中心）现有工作人员485名，组建医疗专业队员300名，志愿者120名，远远满足战时30名专业队1比10的扩充任务。目前在全市乃至全省属于首家。民防应急救助网络视频控制中心作为医疗应急单位具备视频会议、卫生应急决策、远程指挥等多项功能。平时训练、演练可通过该中心发挥作用，根据任务派出相应的医疗救护保障队员遂行完成任务。同时，将视频信号接入民防地面指挥中心实现互联互通，更有效的发挥“防空防灾”的医疗救助保障工作。应急救助视频控制中心与区卫生监督所，淮东、长西、淮西、市中、钵池山5家社区卫生服务中心实现互通，可以实时进行视频对话，各社区卫生服务中心预防接种也可实时监控。平时指挥中心主要承担视频会议、应急培训等功能，在灾害发生、重大演练保障时，可以第一时间参与伤员的救助、分流、现场保障等工作，并可迅速上传下达，及时掌握处置信息，协调各单位应急资源。

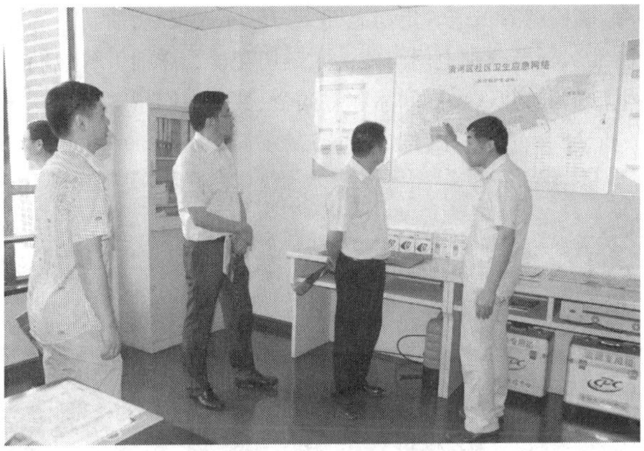

领导参观医疗救护专业队指挥中心

双 拥

【概况】 2013年，清河区“双拥”工作紧紧围绕省双拥模范区创建“三连冠”验收工作为中心，认真实践“两个第一”的思想和“三个转移”的思路，不断巩固“双拥”基础，落实“双拥”政策，开展了形式多样的军民共建活动，进一步增强了军政军民团结。

【清河开展春节慰问子弟兵活动】 为发扬清河区拥军优属的优良传统，巩固和发展军政军民“同呼吸、共命运、心连心”的良好局面，在春节来临之际，1月25日，区委副书记朱维佳，区委常委区人武部部长俞新昌，区人大副主任孙勤，副区长祁素娟等区四套班子领导走访慰问了驻区某部、清河消防大队、干休所等部队官兵，向部队官兵送上了新春的问候和祝福，并为他们送去了慰问金和慰问品，受到了部队官兵的欢迎。区委朱维佳副书记代表区四套班子领导和全区30万人民感谢驻区部队为清河跨越发展、和谐发展所作出的贡献。驻区部队官兵纷纷表示，新的一年，将深入贯彻落实科学发展观，积极推进部队全面建设，继续发扬拥政爱民的优良传统，维护社会稳定、保障人民安居乐业，为推动清河，乃至淮安跨越发展作出应有的贡献。

【清河区举行军地迎春座谈会】 1月25日，清河区军地领导欢聚一堂举行军政迎春座谈会，区委副书记朱维佳、区人大副主任安毅之、区政协副主席孙亚昌、区人武部政委张文兵及73821部队、军分区干休所、武警支队、清河消防大队、73682部队通信营等驻区部队首长参加了座谈会。座谈会上，军地领导共同回顾了2012年以来清河区经济社会发展、部队建设和双拥工作所取得的丰硕成果，畅谈了2013年如何进一步增进军政军民团结、推动"双拥"工作再上新台阶、再取新佳绩，座谈会气氛亲切、融洽、和谐。

【驻清河区部队官兵情系残疾群体】 1月24日，淮安市清河区人武部、区残联、双拥办组织带领驻区部队官兵赴淮海、柳树湾等街道等走访慰问十户残疾人家庭，俞新昌等驻区部队领导分别上门与残疾人亲切交谈，详细了解他们的生活情况，并送去慰问品和慰问金，鼓励他们乐观生活。祝他们过上一个欢乐祥和的春节。

驻清河区部队官兵慰问残疾人

【清河区领导赴淮安军分区慰问】 2月6日，区委书记王海平赴淮安军分区慰问，向部队官兵致以节日问候，并畅叙军地情谊，共谋发展大计。区领导张冲林、梁学文、朱维佳、俞新昌、安毅之、祁素娟及有关部门负责人参加慰问活动。

王海平说，2013年以来，在淮安军分区的关心和支持下，清河经济社会发展继续保持了良好的发展势头，在全市目标考核中取得了较好成绩，规模以上固定资产投资、规模以上工业企业开票销售收入、公共财政预算收入等主要经济指标增幅位居全市前列，其中，公共财政预算收入在全省又进位7名。淮安军分区在服务地方经济建设、军事斗争准备、拥政爱民等方面做出显著成绩，对清河的人武工作、民兵建设等给予了悉心的指导和帮助，衷心祝愿淮安军分区在发展中取得更大业绩。

淮安军分区领导对清河区经济社会发展取得的成绩表示热烈的祝贺，希望清河区在新的一年里实现更大发展。他说，清河区委区政府高度重视国防建设，在组织建设、物质保障、军属就业等方面做了很多工作，特别是征兵等工作走在全市前列；淮安军分区将努力加强自身建设，为清河经济社会发展做出更大贡献。

清河区领导与淮安军分区干部联欢

【清河区人武部召开新兵家长迎春座谈会】 春节临近，清河区组织部分家境困难的新兵家长在区人武部欢聚一堂，并为他们送上米、油等春节慰问品和慰问金。张鹏是2012年年底刚入伍的新兵，他的家是"低保户"，其父母二人双双下岗，母亲身体不好，家庭生活十分困难，张鹏的父亲捧着人武部送来的500元慰问金，感动得热泪盈眶，连声说一定要告知在四川武警服役的孩子，让他在部队好好干，安心服役，不辜负部队首长的期望。为了让部分新兵困难家庭过好春节，区人武部共捐资2万余元对20余户新兵困难家庭进行了走访慰问，并协调地方政府发放优抚补助金660多万元，义务兵家属优待金400多万元，帮助解决现役军人的后顾之忧，为义务兵安心服役创造了良好的后方环境。

【清河区全力做好优抚对象春节慰问工作】 为确保优抚对象过一个欢乐祥和的春节，淮安市清河区全面开展优抚对象春节慰问工作，让每位优抚对象充分感受到党和政府的温暖。一是为优抚对象发放各类优抚金276万多元；二是向每位重点优抚对象增发300元过节费；三是为享受抚恤补助的优抚对象每人增发360元春节生活补贴；四是向全区7个街道办事处下拨临时防寒救济专款2万元；五是全面开展走访慰问优抚对象活动，对家庭生活困难的优抚对象、军队离休干部、入伍新兵、清河籍立功受奖现役军人和驻区部队，送钱送物上门，慰问款物折合人民币8万多元；六是积极组织全区7个街道办事处召开优抚对象座谈会，加强军民鱼水深情。

【淮安军分区干休所开展学雷锋便民义诊活动】 3月5日，在毛主席亲笔题词，号召大家"向雷锋同志学习"50周年纪念日之际，淮安军分区干休所组织医学专家到清河区水渡街道沈阳路社区为群众义诊，社区居民在家门口就能享受到病症诊断、测量血压等医疗服务。对于病症较轻的群众，医务人员现场发放药品对症治疗；对于病症较复杂的，则提出治疗建议，嘱咐注意事项，现场共发放治疗炎症、感冒、心血管等疾病的常用药品价值5000多元，义诊人数200多人。

【解放军八二医院开展"学雷锋，阳光共享"义诊活动】 在毛主席亲笔题词，号召大家"向雷锋同志学习"50周年纪念日之际，解放军八二医院积极开展以到社区送医送药为主的"学雷锋，阳光共享"义诊活动。3月5日上午，八二医院医学专家到清河区柳树湾街道富丽花园社区为群众义诊，为社区居民提供病症诊断、B超检查、测量血压等医疗服务，并现场共发放治疗炎症、感冒、心血管等疾病的常用药品价值5000多元；对于病症较复杂的，则提出治疗建议，嘱咐注意事项；当天义诊人数300多人，受到社区居民一致好评。

解放军八二医院开展"学雷锋，阳光共享"义诊活动

【清河区召开双拥工作领导小组成员单位(扩大)会议】 4月24日，清河区"双拥"工作领导小组成员单位(扩大)会议在区人武部六楼会议室召开，区委副书记朱维佳、区政府副区长祁素娟、区人武部政委张文兵，各街道分管领导，区各双拥工作领导小组成员单位分管负责人，各村(居)主任，区属各中小学主要负责人，驻区部队有关领导等60多人出席了会议。会上，副区长祁素娟总结了2012年全区"双拥"工作情况，部署了2013年"双拥"工作及创建"双拥"模范区"三连冠"工作任务；区"双拥"工作领导小组成员单位递交了2013年"双拥"工作目标责任状；区人武部政委张文兵对驻区部队进一步做好拥政爱民工作提出了要求。最后，区委副书记朱维佳作了重要讲话，他要求大家一要统一思想，深化认识，切实增强做好"双拥"工作的紧迫感和责任感；二要突出重点，明确思路，推动清河区双拥工作再上新台阶；三要加强领导，狠抓落实，努力形成军地合力推进双拥工作的良好格局，确保清河区省级双拥模范区"三连冠"创建成功。

【驻区部队参加清河区第二届法治文化艺术节】 4月24日，2013年"幸福清河"社区文化艺术节、"书香清河"市民阅读节、清河区第二届法治文化艺术节在市委东大院文化广场隆重开幕，区双拥办组织驻区部队40余名代表参加了开幕式。活动中，与会领导向驻区部队代表赠送法治图书；还组织部分书店在活动现场进行优惠图书展销，为市民阅读、普及法律常识提供便利。开幕式活动结束后，组织了一场精彩的文艺演出，本次开幕式为法治文化艺术节的顺利举办营造了浓厚的社会氛围，有效推进了全区法治文化建设繁荣发展。

【老红军唐建能病榻前向地震灾区捐款】 4月26日，淮安市八二医院内，老红军唐建能向雅安地震灾区捐款5000元，淮安市清河区红十字会专职副会长卓明到老人病榻前接受了捐款。

唐建能老人是淮安市唯一一位健在的老红军战士，2013年11月就整100岁了。老人平常关心国家大事，雅安地震发生后，非常关心灾区人民的情况，不停和老伴念叨要捐款给灾区，当年汶川地震的时候，老人就捐了一个月的工资。老人说，当年他们长征经过四川的时候，当地老百姓自己不吃也要给他们吃，现在那里的人民需要帮助，我们也要支持他们重建家园。

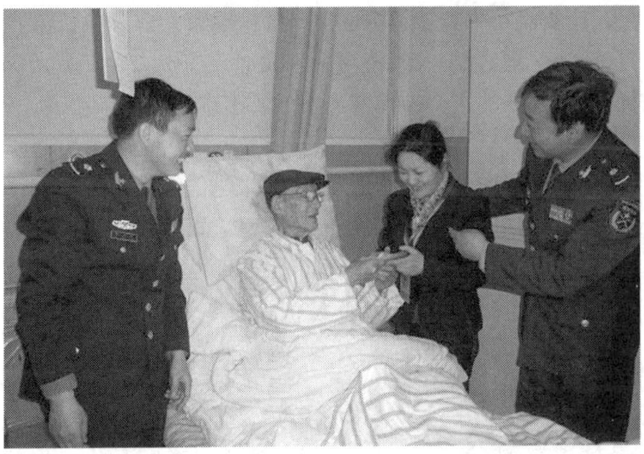

老红军唐建能病榻前向地震灾区捐款

【清河团区委举行"青春有约"军地青年联谊会拉开五四系列活动序幕】 为进一步激发团员青年的创造热情和建设激情，为军地青年人搭建相互交流、学习的平台，引导广大军地青年在推动清河在江北率先基本实现现代化中充分发挥生力军作用，4月28日下午，淮安市清河团区委在清河新区淮安运动乐园举行了清河区"青春有约"军地青年联谊会活动。60余人来自全区各直属单位、街道、学校、非公企业以及部队官兵参与了此次活动。

【清河区举办庆"五·一"军地老干部中国牌比赛】 在"五·一"国际劳动节即将到来之际，为进一步丰富军地老干部节日文化生活，4月28日，清河区委老干部局与部队共建单位联勤部淮阴干休所共同举办了庆"五一"军地老干部中国牌比赛活动，军地老干部共有30多人参加了比赛。通过比赛，进一步加强了军地老干部的相互了解，增进了他们之间的友谊。

【清河区开展消防安全大演练】 5月10日,清河区在朝阳社区组织益兴名流物管人员、大学生志愿者、街道安监办及社区工作人员约60人,在益兴名流B区广场举行了消防安全演习,驻区消防部队官兵现场进行消防安全知识讲解、演练过程指导以及正确使用灭火器方法。

【清河区开展残疾人幸福生活计划——"圆梦军营"行动】 为加强残疾人对人民军队的了解,增强残疾人的自信心和幸福感,近期清河区人武部、区残联、区双拥办联合组织区残疾人托养中心、区残疾人康复中心、区与光同行儿童康复训练中心等近200名残疾人及其家属前往驻军某部,开展清河区残疾人幸福生活计划——"圆梦军营"行动,让残疾人朋友切身感受军营生活。在驻区部队营区,残疾人及其家属参观了精美的旅史广场、宽敞的食堂和整洁的内务,并观看了官兵们精彩的高炮操练、威武的队列展示。残疾人及其家属深受感激,纷纷表示:"感谢驻区部队给我们提供这样一个难得的机会,我们感到无比的自豪和温暖;我们将尽量减少国家的负担,做一个对社会有用的、自尊自爱自信自立自强的人,以回报社会、回报解放军对我们的关怀。"

市委副秘书长、市双拥办主任陈暄,市残联理事长苗开昌,清河区副区长高山,清河区人武部政委张文兵以及区双拥办、区残联的主要领导同志参加了本次活动。

【清河区开展送法进军营活动】 为推进法律拥军工作的深入开展,提高广大基层官兵依法维权的意识,切实维护好军人和军属的合法权益,5月28日,淮安市清河区司法局、区双拥办联合区民政局和江苏益新律师事务所在驻区73821部队开展了"送法进军营"活动,为部队官兵们带去了一堂丰富多彩的法律盛宴。

安全讲座会场

【健康路社区与八二医院举办军民心连心庆"七一"党建双拥活动】 为纪念中国共产党成立92周年,进一步推进社区党建和双拥共建工作,6月26日下午,淮安市清河区健康路社区与解放军第八二医院开展了以军民心连心庆"七一"为主题的党建和双拥共建活动。

参加活动的八二医院各位领导听取了社区工作情况介绍,参观了社区居民服务中心、文化活动中心和居家养老中心等服务居民场所,并与社区工作人员和基层党支部老党员同志们进行了面对面的交流。

活动中,社区老党员们向八二医院赠送了一幅自作"共建新淮安"字画,八二医院领导向105名社区党员发放健康服务卡。凭此服务卡社区党员在八二医院就诊可享受免收门诊挂号费和八折诊疗费的优惠待遇。此次活动,进一步增进了军地之间的相互了解,密切军民之间的鱼水之情。

官兵向社区赠送字画

【清河区领导走访慰问驻区部队】 在中国人民解放军第86个建军节即将到来之际,7月25日上午,清河区委副书记朱维佳,区委常委、区人武部部长俞新昌,区人大副主任孙开明,区政府副区长祁素娟等区领导走访慰问了解放军驻淮某分部、联勤部淮阴干休所、军分区干休所、解放军第八二医院、清河消防大队等驻区部队官兵,为他们送去了电脑、数码相机等慰问品和慰问金,受到部队官兵的欢迎。

【清河区召开庆"八一"军地座谈会】 为庆祝建军86周年,共商军地建设大事,共叙军民鱼水深情,7月25日,清河区召开庆"八一"军地座谈会,区委常委、区人武部部长俞新昌,区人大副主任孙开明,区政府副区长祁素娟,区政协副主席孙亚昌及驻区部队首长参加了座谈会。

【清河区委常委会召开议军暨党管武装述职会议】 7月26日,清河区委常委会召开议军暨党管武装述职会议,传达学习省委新形势下加强民兵工作意见,听取全区人武工作汇报和各街道党工委书记党管武装工作述职报告。区委书记王海平主持会议并作重要讲话,区委常委、各街道党工委书记、区直有关部门负责人出席会议。

【清河区四套班子领导走访慰问驻区部队】 7月29日,在八一建军节即将来临之际,清河区委书记王海平赴淮安军分区、武警消防支队慰问,向部队官兵致以节日问候,并畅叙军地情谊,共谋发展大计。区领导张冲林、梁学文、朱维佳、俞新昌、安毅之、李海波及有关部门负责人参加慰问活动。

【军营惠残 端午共享】 "粽叶飘香"迎端午,传统佳节民俗浓,在中国传统节日——端午节来临之际,6月9日,驻淮安市73821部队、武警支队和八二医院官兵到清河区富丽花园社区,同社区居民、老年协会会员、拥军志愿者和残疾人朋友共同举行"军营惠残、端午共享"系列活动,共迎端午佳节。

军营惠残　端午共享

【解放军八二医院与清河法院举行庆八一篮球友谊赛】 7月27日,为推动"双拥"共建活动的开展,增强军民团结,增进军民鱼水情,淮安市清河法院与驻区解放军八二医院举行庆八一军地篮球友谊赛。解放军八二医院院长杜云翔与清河法院院长卢正苏为比赛开球。

【清河区举行庆"八一"送演出进军营活动】 7月30日,"情深谊长"——淮安市清河区庆"八一"送文化进军营专场文艺演出在解放军第82医院文化中心举行,驻区部队官兵、军队离休老干部和全区各街道优抚对象代表等近500名社会各界人士观看了文艺演出。区委常委、人武部部长俞新昌,区委常委、宣传部长漆宾,区人大副主任孙开明,区政府副区长张平,区政协副主席孙亚昌,区人武部政委张文兵,解放军第82医院院长杜云翔、政委刘中山及驻区部队有关领导参加了本次活动。

区政府举行庆"八一"送演出进军营活动

【清河区开设军营流动图书服务点】 7月30日,清河区军营流动图书服务点授牌仪式在解放军第82医院文化活动中心举行,清河区人民政府张平副区长宣布:清河区军营流动图书服务点正式开通,并向73821部队、73682部队、82医院和清河消防大队等4家首批设立流动图书服务点驻军单位授予"清河区图书馆——军营流动服务点"铜牌。

区政府开设军营流动图书服务点

【清河区召开创建省级双拥模范区"三连冠"迎检工作会议】 8月27日,清河区创建省级双拥模范区"三连冠"迎检工作会议在区人武部六楼会议室召开,区委副书记朱维佳、区政府副区长祁素娟、区人武部政委张文兵,各街道分管领导,区各双拥工作领导小组成员单位分管负责人,各村(居)主任,区属各中小学分管负责人及驻区部队相关领导等出席了会议。

【驻清河区部队开展捐资助学活动】 9月26日,清河区人武部和驻区73682部队在淮海路小学举行捐资助学仪式,向该校16名贫困学生赠送了价值近5000元的书籍和学习用品。区人武部副部长陈春泉、73682部队教导员居永池、区双拥办及淮海路小学领导参加了本次活动。

【驻区部队开展爱心捐赠活动】 10月23日,驻军73821部队、联勤部淮阴干休所、淮安军分区干休所和清河区人武部首长来到清河"与光同行"自闭症儿童康复中心,开展爱心捐赠活动,现场捐赠10000元现金及42寸液晶电视一台,表达驻清河部队官兵对清河区残障儿童一片浓浓的爱心。驻军73821部队直工科协理员石磊;南京军区联勤部淮阴干休所政委郭道来;淮安军分区干休所副所长卢国利;清河区委常委、人武部部长俞新昌;清河区人民政府副区长高山等军地领导参加了捐赠仪式。

【清河区举办双拥奖学金暨国防双拥知识竞赛颁奖仪式】 12月13日,清河区第六届"双拥奖学金"暨国防双拥知识竞赛颁奖仪式在北京路中学举行,来自区属中小学的120名学生分别获得了"双拥奖学金"和国防双拥知识竞赛优胜奖,区委副书记朱维佳,区委常委、人武部部长俞新昌,副区长祁素娟及驻区部队领导参加了颁奖仪式。

(撰稿人:李　宓)

教育·科技

◇教育

◇科技

教　育

【概况】 2013年,清河区教育工作继续坚持教育资源均衡配置,推进教育公平。完成了白鹭湖中、小学、清江浦中学、清河实验学校(一期工程)、清泓幼儿园建设任务。各中小学教育装备配置全部达到省教育现代化二类学校标准,10%的教师、教干进行了轮岗交流;公办学校施教区适龄学生全部免试免费就近入学,进城务工人员随迁子女与施教区学生享受同等待遇,绝大部分孩子在家门口就能免费上学。全区义务教育巩固率、残疾儿童义务教育入学率达100%。

2013年度,清河区继续建立和完善教师、校长培训和继续教育制度,大力实施"名师名校长培养工程",鼓励教师在职攻读学位、参加自考和函授学习。安排教师出国培训13人次,国家级培训5人次,省级培训230人次,市级培训350人次以上。新招考中小学教师32名,新招聘幼儿教师20名。初步形成了以5名特级教师为核心,26名市基础教育专家组成员、学科带头人为骨干,300多名省内外优秀教师、优秀大学生为中坚的教师团队,教师队伍的整体素质显著提升。

2013年度,清河教育坚持把特色建设作为深入实施素质教育、提升清河教育影响力的重要载体。在推进区域教育优质均衡发展中,实施"一校一特""一校一品"战略,有计划、有步骤地开展特色创建活动,初步形成了一批有一定影响的特色项目。师院附小"体育教育"、淮海路小学"艺术教育"、繁荣小学"经典诵读"等特色教育品牌影响力不断扩大。

2013年,清河区教育局被评为"江苏省级关工委工作常态化建设合格单位""淮安市平安学校创建工作先进单位"、"淮安市财务审计工作先进单位"、"淮安市心理健康千场宣讲先进单位"、荣获 "淮安市科技创新大赛优秀组织奖"、"淮安市'共筑中国梦'中华经典诵写讲系列活动优秀组织奖"、"淮安市初中物理学生实验操作技能竞赛优秀组织奖"。

【推进"周恩来班"创建和优秀班集体评选活动】 2013年6月,区教育局对84个申报区级优秀班集体的班级进行了验收,差额评选出区级优秀班集体69个。推进"周恩来班"创建工作,评选出90个校级、33个区级"周恩来班",创成10个市级"周恩来班"。7月8—9日组织全区德育分管校长、主任、团队负责人、级部主任、年级组长、全体班主任参加"2013年清河区班主任工作专业技能培训"。9月12—13日,清河区组织首届中小学班主任基本功大赛,择优选派6位选手参加市班主任基本功大赛,取得优异成绩。清河实验小学林慧老师代表淮安市参加江苏省基本功大赛获二等奖。11月,组织40名骨干班主任参加"全国名班主任工作室建设成果展"。12月初,区教育局组织部分德育教干、优秀班主任参加全国中小学第二十二届班集体建设理论研讨会,选送了269篇论文参加全国评比,淮阴师院附属小学张竹芳老师在大会主题论坛 "班主任专业自觉与现代班集体建设"演讲中获全国特等奖。

【开展多种"主题教育"活动】 根据全省、全市统一安排,深入开展"向伟大领袖学习"主题教育活动,认真组织全区中小学生阅读《伟人故事——毛泽东让中国人民站起来》一书,开展读书征文活动和网络知识大赛。2013年,为增强教育的实效性,将主题教育活动与"学在淮安"、"学习雷锋"、"周恩来班"创建等活动深度融合,在"向伟大领袖学习"专题教育网络知识竞赛中,有30多名学生获奖,区教育局、北京路中学荣获"优秀组织奖"。在"学习雷锋,做一个有道德的人"活动中,邀请雷锋生前的战友赵明才老先生为全区中小学生作"宣讲雷锋故事"报告会,在《清河之窗》以《弘扬雷锋精神,争做时代新人》做专题报道。加强遵纪守法教育,在全区中小学开展"法治文化进校园"活动,营造了浓厚的法制宣传氛围,增强了师生法律意识、法制观念和依法办事水平,有力地推进了依法治校工作进程。在江苏省宣传部、江苏省教育厅联合组织的"童声里的中国,放飞中国梦"活动中,淮阴师院附小、淮海路小学在全省合唱比赛中分获省级一、二等奖。在"红领巾读书征文"比赛中,完成校级评奖1000余份,有近20位同学荣获省、市级一、二等奖。

【开展法制教育活动】 2013年,区教育局把预防和减少青少年学生违法犯罪工作作为重要目标任务列入学校年度目标考评,在全区中小学开展"零犯罪学校"和"普法教育示范学校"创建活动,明确要求各校全年开展4次法制教育,确保不发生有较大影响的在校生暴力犯罪案件。4月初,区教育局联系区委政法委对各校的法制副校长进行了轮换、调整和充实。全区中小学于4月、11月开展了集中法制教育活动。10月,开展"法治文化进校园"活动,在省级报刊《江南时报》和《淮安日报》以《推进法制教育构建和谐校园》为题作专版宣传。全区中小学法制教育实效明显,义务教育阶段在校生继续保持零犯罪,区教育局被表彰为区综合治理法治建设先进集体。

【创建平安校园活动】 2013年,区教育局将平安校园创建作为年度目标任务下发到各中小学,组织开展了多次全区中小学安全工作检查和周边环境整治活动,在区委政法委的牵头组织下,为各中小学和幼儿园配备专职安保人员,全区多家单位对中小学周边环境进行了联合整治。全系统全年未发生有较大影响的安全责任事故。清河实验中学、清河实验小学、清河幼儿园创成省级平安校园,清河机关幼儿园、石塔湖小学幼儿园、老坝口小学幼儿园、承德路小学幼儿园、淮海路小学新区幼儿园、凤凰新村幼儿园、师院附小新区幼儿园、清河实验小学幼儿园创成市级平安校园。平安校园建设工作在省、市验收中受到高度评价,被表彰为淮安市平安学校创建工作先进单位。

【推进关工委工作】 2013年,区教育局成立由一把手局长任主任、分管局长为副主任,2名离退休老同志为副主任、局机关相关科室为委员单位的关工委工作机构。全区各中小学都成立关工委,实现关工委组织全覆盖。区教育局安排8万元作为关工委工作专项经费,对局关工委办公地点进行了调整,配备了常务副主任办公室、秘书长办公室、会议室、活动室,配置了办公设备、娱乐和运动器材。各中小学及时根据人事变动情况对关工委组成人员进行调整,设立了专门办公地点,配备相关办公设备,基本做到有牌子、有人员、有经费、有办公场地。清河实验中学、清河实验小学、承德路小学顺利通过市关工委工作常态化建设合格学校验收。区教育局被表彰为区关心下一代工作先进集体。

【创建优秀家长学校】 2013年,区教育局对各校家长学校建设提出了新的要求,以开展新一轮区级优秀家长学校创建活动为抓手,各中小学家长学校、网上家长学校办学率均达100%。各学校加强家长学校建设,提高家长学校办学水平和家庭教育水平,形成了家校共同促进青少年健康成长的完善体系和预防青少年违法犯罪的牢固防线。12月6日,在老坝口小学举行全区第十届家长学校观摩研讨活动。北京路中学、第六中学、老坝口小学、繁荣小学、承德路小学幼儿园创建成市优秀家长学校。

【各类创建活动成效显著】 2013年,区教育局创成省关工委常态化建设合格单位,清河中学创成江苏省"国家版图意识宣传教育示范学校",清河中学、淮海路小学创成省"防震减灾科普示范学校",淮海路小学创成省"依法治校示范校",北京路中学创成市"禁毒预防示范校",师院附小创成市"诗香校园",繁荣小学创成省级"科技教育特色学校",清河开明中学、承德路小学创成市"科技教育特色学校",淮海路小学创成省级"绿色学校",淮海花园幼儿园、石塔湖小学幼儿园等6个幼儿园创成市级绿色学校,全区市级以上绿色学校创建率达80%,提前两年实现生态区创建要求。淮海路小学"湖畔毕加索"书画社团创建成市"十佳社团",淮阴师院附小美猴王剧社、北京路中学"翔宇文学社"、第六中学"鹿鸣广播站"创建成市优秀学生社团。《构建区域德育体系促进学生持续发展》在淮安市教育系统创新创优项目展评会上获一等奖。

【召开清河区教育工作会议】 2月22日,清河区教育局在淮海路小学报告厅召开2013年度全区教育工作会议。总结2012年全区教育工作,对2013年教育改革与发展任务作出部署与动员,提出把"优质均衡发展、突出内涵建设、深化课程改革、全面提高质量"作为清河教育的长期坚持目标与方向,努力让清河百姓都能在家门口享受优质教育。副区长高山在会上作重要讲话,区人大、政协相关部门领导出席会议,区人大代表、政协委员,教育局机关和直属事业单位全体人员,区教师进修学校、各校中层以上干部、幼儿园园长参加了会议。

【繁荣小学通过"江苏省中华经典诵读基地学校"资格认定】 1月15日,淮安市繁荣小学顺利通过江苏省第二批中华经典诵读基地学校认定。

【镇江市政协主席郭礼荣参观考察繁荣小学经典诵读】 2月21日,镇江市政协主席、镇江市诗词协会会长郭礼荣,在淮安市诗词协会荀德麟会长等领导的陪同下,到繁荣小学参观考察经典诵读创建工作。

嘉宾漫步在校园

【2万多名师生为四川·雅安献爱心】 雅安地震以后,清河区2万多名师生,自发组织赈灾募捐,为灾区人民献上爱心。第六中学设计"为雅安祈福"文化墙,为雅安人民送上祝福,组织以"与爱和责任同行"为主题的爱心义卖活动,共筹得善款13099.2元。承德路小学全体师生共同发起一场"心系雅安,爱在承小"的捐款活动,共筹得7000余元善款。清河实验小学团支部组织所有团员举行"情系灾区,心暖人间"向地震灾区献爱心捐款祈福仪式。老坝口小学幼儿园组织全体师生以"雅安——我们和你在一起"为主题,开展献爱心活动,家长和孩子积极捐款、捐物。

【区委书记王海平到白鹭湖中学调研】 3月13日,区委书记王海平到白鹭湖中学调研,听取学校工程建设等情况汇报后,王海平对该校工程建设和学校发展提出具体要求,常务副区长王建军、区人武部部长刘可壮、副区长高山及有关部门负责人一起陪同调研。

3月13日,区委书记王海平到白鹭湖中学指导工作

【举办安全知识讲座】 3月5日，在第18个全国中小学生安全教育日来临之际，应白鹭湖中学邀请，武警淮安边防检查站张东坡连长到该校作安全知识讲座。讲座的宗旨就是告诫学生："生命是宝贵的，生活是美好的，而拥有宝贵的生命，享受美好的生活的前提就是安全。要做平安家庭的维护者，做平安校园的建设者，普及安全知识，确保生命安全，与平安同行！"

【淮安市副市长王红红视察白鹭湖小学】 3月25日，淮安市副市长王红红在淮安市教育局局长朱亚文、清河区委宣传部部长漆宾、区教育局局长施建邦的陪同下到白鹭湖小学视察工作。

【南京市委宣传部副部长曹劲松参观考察繁荣小学经典诵读】 3月14日，南京市委宣传部副部长曹劲松在清河区委领导陪同下，参观考察了繁荣小学的经典诵读情况。

【市委书记姚晓东视察清河开明中学】 3月25日，淮安市委书记姚晓东，在市委常委、市委秘书长肖本明陪同下视察了清河开明中学，听取了该校办学情况汇报。清河区委书记王海平、区长张冲林、淮阴中学校长张元贵、清河开明中学校长魏清陪同视察。

市委书记姚晓东视察清河开明中学

【苏州青年教师张元媛到清河开明中学开观摩课】 3月29日，江苏省优课一等奖获得者、苏州市青年教师张元媛应清河开明中学邀请到该校开设阅读教学观摩课。淮安市开明中学和淮阴中学新城校区的语文教师参加了观摩活动。

【区委书记王海平到第六中学调研】 3月29日，区委书记王海平到淮安市第六中学，对该校旧楼改造和新校区建设问题进行专项调研。

【淮安市"共筑中国梦"中华经典诵写讲系列活动启动仪式在繁荣小学举行】 4月25日，淮安市语委、淮安市教育局在繁荣小学举行了"共筑中国梦"中华经典诵写讲系列活动启动仪式。仪式由淮安市政府教育督导室副主任刘磊主持。淮安市教育局语工科科长、各县区语委办主任、中小学诵读指导教师、市直学校、中等职业学校等300余人参加了启动仪式。

【"洪泽·清河共话少先队"活动在淮阴师院附属小学举行】 4月2日，洪泽、清河"共话少先队"主题活动暨清河区少先队工作例会在淮阴师院附属小学新区分校举行。共青团淮安市委副书记李义翠、淮安市少先队总辅导员许长春、洪泽少先队工作代表团、清河区教育局领导及各校辅导员老师参观了校园，观看了五(2)中队以"向阳花开，梦想飞扬"为主题的中队会与大课间活动。

活动主会场

【淮海路小学通过省艺术特色学校验收】 4月17日，江苏省艺术特色专家验收组一行，到淮海路小学进行学校艺术特色验收，专家组观看了《弟子规》韵律操表演、《大美清河》朗诵表演以及六年级全体学生的阳光操表演。该校顺利通过了省艺术特色学校复审验收。

【清河中学举办同课异构活动】 2013年4月26日与11月28日，清河中学举办了两次全省范围的同课异构活动，全省近1000名教师参加了同课异构活动。

【白鹭湖小学举行少先队入队仪式】 4月26日，白鹭湖小学举行了主题为"飘扬红领巾争当好少年"的少先队入队仪式。淮安市少工委副主任、少先队总辅导员许长春，清河区共青团委副书记王程远等参加了活动。

【老坝口小学开展"赛珍珠文学社"成果展示】 4月28日，老坝口小学开展"享受阅读快乐成长"赛珍珠文学社成果展示活动，活动展示了各年级的读书成果，并对优秀的"书香班级""书香家庭""书香个人"等进行了表彰。该校1000余名师生，近900名的家长观摩了展示活动。

【第六中学举行淮安市"幸福教育"管理育人模式研讨会】 5月22日，淮安市基础教育管理育人模式研讨会在第六中学举行。研讨会由淮安市教育局副局长薛祝其主持，江苏省教科院杨九俊副院长、《江苏教育》主编张俊平、淮安市教育局局长朱亚文、上海格致中学校长王钰、浙江宁波东海实验学校校长毛遂军、江苏镇江实验学校校长夏建平、淮安市各县、区教育局及部分学校代表近150人参加了研讨会。

研讨会会场

【清河区委区政府祝贺清河中学高考佳绩】 2013年,江苏省清河中学高考二本以上达线373人,实际录取271人,文化本科达线率突破百人大关,清河区委、区政府发来贺信,向取得优异成绩的清河高考学子和清河中学表示祝贺!

【江苏省初中校长培训班盐城市学员参观开明中学】 5月17日,参加江苏省初中校长培训班的100位来自盐城市农村初中校长,参观了清河开明中学的校园、教室、图书馆、多功能室及食堂,该校校长魏清作了如何加强学校德育工作的专题报告。

江苏省初中校长培训班成员到清河开明中学参观考察

【区委副书记、区长张冲林视察白鹭湖中学】 5月10日,区委副书记、区长张冲林到白鹭湖中学视察,对该校加强育人环境建设,以高标准的配置为周边居民提供最优质的教育服务提出要求。

【新疆生产建设兵团农七师学员考察白鹭湖学校】 5月17日,新疆生产建设兵团农七师义务教育专题培训班学员到淮安市白鹭湖中学、小学及幼儿园参观。学员们与该校领导就学校管理、小班化教学等问题进行了研讨。白鹭湖中学校长颜廷发为学员们做了《努力为辖区百姓提供最好的教育服务》的专题报告。

【省诗词协会领导考察繁荣小学诗教工作】 5月21日,原江苏省副省长、江苏省诗词协会会长凌启鸿,副会长周道中到繁荣小学考察诗教工作。淮安市政协副主席王士高、诗词协会副会长张惠修、清河区副区长高山、诗词协会会长金长海、区教育局局长施建邦陪同考察。

【清河实验小学开展大队会暨特色展示活动】 5月28日,清河实验小学开展大队会暨艺体特色展示活动,师生同乐共迎"六一"儿童节。淮安市少工委副主任许长春、区关工委常务副主任陆焕孝及教育局关工委有关领导、部分家长代表参加了活动。

【淮海路小学举行"少年中国梦"六一主题队会暨第13届艺术节文艺汇演】 5月30日,由淮安市团委、淮安市少工委、淮安市教育局主办,淮海路小学承办的"少年中国梦"主题队会暨第13届文艺汇演在石塔湖小学体育场举行,清河区委组织部部长顾晓芳、副区长高山,淮安市各县区小学、淮安市直属小学少先队总辅导员等有关人员出席了活动。

淮海路小学举行"少年中国梦"六一主题队会暨第13届艺术节文艺汇演

【淮安市委副书记练月琴视察白鹭湖小学】 5月31日,淮安市委练月琴副书记在区委王海平书记、副区长高山及区教育局施建邦局长陪同下,到白鹭湖小学及幼儿园视察,听取了白鹭湖小学校长张元国的汇报,走进课堂和小学生一起做手工,观看学生表演,并向白鹭湖小学发放三万元"六一"慰问金。淮安市人大副主任刘华,淮安市政协副主席朱友冬,淮安市教育局副局长陈波,淮安团市委副书记李义翠等陪同视察。

【江苏省教科院专家到开明中学调研指导】 6月4日,江苏省教科院院长杨九俊,江苏教育报刊社副总编丁昌桂,南京师范大学教授、课程研究中心副主任、博士生导师吴永军一行到清河开明中学指导"生本课堂"改革实验工作。淮安市教育局副局长薛祝其,基础教育处处长陈东、教研室主任魏惠、区教育局局长施建邦陪同调研。

【央视《新闻联播》播报开明中学"中国梦青春梦"主题团日

活动】 6月3日,中央电视台摄制组到开明中学采访“中国梦青春梦”主题团队活动。开明中学组织了“我绘我的梦想”“我说我的梦想”“我写我的梦想”“我秀我的梦想”“我想我的梦想”等主题活动及相关作品展示活动。6月15日,中央电视台《新闻联播》栏目以题为《共青团:正能量为中国梦凝聚力量》播报了本次采访活动内容。

【《江苏教育报》刊载清河开明中学课堂改革纪实】 6月21日,《江苏教育报》在第A2版综合新闻刊载以题名:《从理念到行动要走多久?——江苏省淮中教育集团清河开明中学课堂改革故事》报道清河开明中学课堂改革情况。

【常务副市长王正喜视察白鹭湖学校】 6月27日,淮安市委常委、常务副市长王正喜在区委书记王海平,区长张冲林,区教育局局长施建邦陪同下到白鹭湖学校视察。

常务副市长王正喜检查学校建设工作

【开展学校食品安全培训】 8月22日,清河区学校食品安全培训班在石塔湖小学举行开班仪式。区各中小学校长、幼儿园园长、后勤主任、食品安全管理员、食堂负责人及教育局机关科室负责人约300人参加了培训。

【区长张冲林慰问清河实验中学教师】 9月9日,区长张冲林、副区长高山、区教育局局长施玉明一行,到清河实验中学慰问教师,并向教师送上慰问金。

【高山副区长慰问淮阴师院附属小学】 9月9日,副区长高山在区教育局局长施玉明陪同下,到淮阴师院附小看望并慰问了教师代表,向学校全体教职工致以节日的祝福,并向他们送上慰问金。

【融侨集团在白鹭湖学校举行捐赠仪式】 9月10日,融侨集团在白鹭湖学校举行“爱心捐赠,传递梦想”的捐赠仪式。淮安融侨房地产有限公司、白鹭湖学校相关领导及广大师生们参与捐赠仪式。

【淮安市市长曲福田慰问开明中学教师】 9月10日,淮安市市长曲福田,常务副市长王正喜,淮安市人大常委会副主任刘希平,淮安市政协副主席王士高等领导到清河开明中学慰问教师。

【淮安市“千师送教·经典诵读进社区”活动在繁荣小学举行】 9月15日,淮安市“千师送教·经典诵读进社区”活动在繁荣小学报告厅举行。淮阴师范学院副校长、校语委主任纪丽莲,淮安市语委副主任、淮安市教育局局长朱亚文,副局长宋民军,清河区副区长高山,清河区府前街道社区居民等400余人参加了活动。

【“千师送教·经典诵读进社区活动在繁荣小学举行】 9月15日,在淮安市“千师送教·经典诵读进社区”活动中,淮安市教育局局长朱亚文、淮阴师院副校长纪丽莲为繁荣小学“中国传统文化教育基地”揭牌,淮安市教育局副局长宋民军、副区长高山为淮安市繁荣小学“中华经典诵读基地”揭牌。

【淮安市清河中学更名“江苏省清河中学”】 10月29日,江苏省机构编制委员会、江苏省教育厅联合发文,将“淮安市清河中学”正式更名为“江苏省清河中学”。

【淮安市“小学数学中心教研备课组专题备课研讨会”在繁荣小学举行】 10月31日,淮安市“小学数学中心教研备课组专题备课研讨会”在繁荣小学举行。淮安市教研室副主任卞永成、小教科科长方学法、区教研室主任徐万田出席研讨会。

【开展廉政教育警示活动】 10月25日,清河区教育局组织机关、学校80多名干部赴洪泽湖监狱参加警示教育活动,参观了监狱的生产现场、监舍,听取了两名职务犯罪人员的现身说法,在现场召开了警示教育大会。

【淮海路小学举行省际三校联谊活动】 11月1日,由淮海路小学、无锡市雪浪中心小学、无锡市东绛实验小学联合举办的《新课程标准下小学数学学习方式有效性》专题研讨会,在淮海路小学石塔湖校区举行,江苏省特级教师贲友林、东绛实验小学教师尤静斐、淮海路小学教师陈敏、雪浪中心小学教师王晓分别上了示范课。淮安市教研室、清河区教研室有关领导及各小学数学骨干教师200余人参加了活动。

淮海路小学举行省际三校联谊活动

【在“共筑中国梦”中华经典诵写系列活动中获奖】 在淮安市语委、淮安市教育局组织的2013年淮安市“共筑中国梦”中华经典诵读写大赛和规范汉字书写大赛中，繁荣小学的《少年中国说》和《我们爱你呀，中国》分别荣获小学组及教师组“一等奖”，《初入淮河》和《我爱读书》分别荣获方言组“一等奖”和公务员家庭组“二等奖”；淮海路小学《中国少年》和《青春中国》分别荣获小学组“三等奖”及讲解员组“一等奖”；清江浦中学荣获中学组“一等奖”。规范汉字书写大赛分为中小学软笔和硬笔共6组，小学组获奖共10人，其中5人荣获“一等奖”，中学组获奖共11人，其中2人荣获“一等奖”。

【在淮安市“教具城杯”大赛中获奖】 11月14日，在淮安市教育局组织的“教具城杯”初中生物实验教学技能竞赛中，清河区获团体一等奖。

【在江苏省少儿合唱比赛中获奖】 11月15—18日，在南通市如皋举行的江苏省第五届“童声里的中国，放飞中国梦”少儿合唱比赛中，淮阴师院附小代表淮安市参加比赛，获比赛一等奖。

【淮海路小学获“江苏省优秀少先队集体”称号】 11月18日，在淮海路小学举行的升旗仪式上，淮安市少工委为淮小颁发了“江苏省优秀少先队集体”荣誉证书。

【江苏省清河中学启动订单式培训工程】 12月1日，江苏省清河中学举行了“订单式培训”活动的启动仪式，利用江苏省教师培训中心的专业培训学术优势、专家团队优势、教育资源优势等，从教学素养、写作水平、课题研究三个方面提升教师的综合素质，构建一种从课堂教学到课题研究的“两课”双优型教师队伍。

【中央电视台编导到繁荣小学调研】 12月6日，中央电视台少儿频道编导陈鑫一行在淮安市宣传部和淮安市教育局领导陪同下到繁荣小学调研经典诵读特色教学开展情况，观看了校园内中华传统文化长廊等环境布置，听取了学校的简要汇报，观看了历次活动的部分视频。

【在江苏省青年教师教学基本功大赛”中获奖】 在江苏省基础教育青年教师教学基本功大赛中，清河开明中学教师张宏亮获初中物理一等奖、清河中学教师蔡洁获高中音乐二等奖、淮海路小学教师李岩获小学科学三等奖。

【举办第十届中小学家长学校观摩研讨会】 12月17日，清河区第十届中小学家长学校观摩研讨会在老坝口小学举行。区关工委常务副主任陆焕孝、区妇联主席金建浩、区教育局党委书记王加金、关工委常务副主任陈永伟、各中小学关工委常务副主任、德育副校长、德育处主任、班主任以及家长代表参加了活动。

【举办“和美之韵”音乐会】 12月27日，淮海路小学“和美之韵”音乐会在淮安市广播电视台演播大厅举行。淮安市教育局副局长席文武、淮安市宣传部处长夏开峰、清河区副区长高山、教育局局长施玉明、党委书记王加金、各中小学师生代表及学生家长参加了音乐会。

【社区教育读本获奖】 2013年，清河区社区学院组织编写的社区教育读本，《淮扬菜》《地方民俗文化》《淮安城市风情之名片》等被江苏省社会教育指导中心评为社区教育优秀乡土课程二、三等奖。

部分书籍

【第六中学“幸福教育”荣获省教学成果二等奖】 12月，第六中学“普通初级中学幸福教育的研究与实践”荣获江苏省教学成果二等奖。

幼儿教育

【概况】 2013年，清河区有成型幼儿园26所，24所公办幼儿园，2所民办幼儿园，每所幼儿园覆盖常住人口1.21万人，其中省级优质幼儿园占80.77%，市级优质幼儿园占15.39%，合格幼儿园占3.84%。区域内在园幼儿11450人，其中，在园流动儿童4413人，占比38.54%。幼儿园有教职工1135人，其中有专任教师635人，大专以上学历教师占98.07%。

表 1　　清河区幼儿入园情况统计表

单位:人

幼儿园	托班		小班		中班		大班		总数	
	班级	人数	班数	人数	班数	人数	班数	人数	班数	人数
淮海路小学幼儿园	0	0	5	186	5	217	5	246	15	649
机关幼儿园	0	0	3	88	3	101	2	80	8	269
深圳幼儿园	1	29	3	100	3	103	3	124	10	356
淮海花园幼儿园	1	28	2	70	3	104	3	122	9	324
师院附小新区实验幼儿园	0	0	2	59	3	106	3	113	8	278
清河幼儿园	0	0	5	179	5	194	5	235	15	608
石塔湖幼儿园	0	0	2	74	2	85	2	88	6	247
凤凰新村幼儿园	0	0	2	71	2	76	2	93	6	240
淮海路小学新区实验幼儿园	1	30	3	113	3	128	3	119	10	390
繁荣小学幼儿园	0	0	5	156	4	163	4	188	13	507
承德路小学幼儿园	1	11	3	97	3	109	3	142	10	359
老坝口小学幼儿园	1	30	2	83	2	95	3	117	8	325
清河实验小学幼儿园	0	0	3	90	3	99	3	120	9	309
白鹭湖小学幼儿园	0	0	5	197	4	161	3	121	12	479
金太阳幼儿园	5	154	2	52	1	44	1	39	9	289
和达雅苑大地幼儿园	3	90	2	80	2	55	2	55	9	280
总　　计	13	372	49	1695	48	1840	47	2002	157	5909

小 学 教 育

【概况】 2013 年，清河区有区属小学 8 所，小学生 11511 人。小学学业合格率点 96%；入学率、巩固率和毕业率均达 100%；外来务工子女入清河区小学有 2833 人，入学率 100%；择校学生 144 占一年级招生的 6.9%。小学严格执行省课程计划，课程开设全面，小学 1—2 年级体育课每周 4 节，3—6 年级每周 3 节，开展每天 1 小时阳光体育活动。

表 2　　清河区小学入学情况统计表

单位:人

学校	一年级		二年级		三年级		四年级		五年级		六年级		总计
	班级	生数	班级	生数	班级	生数	班级	生数	班级	生数	班级	生数	
师院附小	13	573	14	618	15	639	15	688	14	605	14	595	3718
淮海路小学	6	261	6	253	6	270	6	331	5	254	4	122	1534
石塔湖小学	5	226	6	274	6	286	7	314	7	332	7	327	1776
繁荣小学	6	253	6	251	6	256	6	252	7	289	6	246	1547
清河实验小学	6	241	6	276	6	268	4	154	3	120	3	131	1190
老坝口小学	4	146	3	112	5	210	4	157	4	166	4	155	946
承德路小学	4	148	4	164	5	195	3	123	3	92	2	78	800
白鹭湖小学	6	267	6	192	/	/	/	/	/	/	/	/	459
合　　计	50	2115	51	2140	49	2124	45	2019	43	1858	40	1654	11511

初中教育

【概况】 2013年，全区有公办初级中学5所，民办中学1所；区属公办教学班146个，在校学生6198人，其中初一年级1995人，初二年级2091人，初三年级1804人。初中入学率100%，巩固率100%，毕业生升学率99.75%，初中专任教师617人。

表3　　清河区中学入学情况统计表

单位：人

学校	一年级		二年级		三年级		总计
	班级	生数	班级	生数	班级	生数	
第六中学	13	429	14	553	15	537	1519
清河实验中学	6	200	6	237	7	275	712
北京路中学	14	739	17	802	16	870	2411
清河开明中学	10	384	10	425	10	430	1239
白鹭湖中学	6	243	2	74	/	/	317
合　计	49	1995	49	2091	48	2112	6198

高中教育

【概况】 10月29日，"淮安市清河中学"正式更名为"江苏省清河中学"。江苏省清河中学现有教学班40个，2152名在校学生，其中高一年级693人，高二年级780人，高三年级679人；有教职工209人，专任教师192人，校园占地面积72721.62平方米，建筑面积33346.68平方米。

表4　　清河区高中入学情况统计表

单位：人

学校	一年级		二年级		三年级		总计
	班级	生数	班级	生数	班级	生数	
淮安市清河中学	13	693	14	780	13	679	2152

表5　　2010—2013年度清河区教育经费统计表

项目			序号	2012	2013
财政收支情况（万元）	财政一般预算收入			258923	300000
	财政经常性收入		A1	164062	192952
	财政总支出		A2	189582	195898
教育经费收入情况（万元）	教育经费总收入		A3	54878	61627.2
	1.财政预算内教育拨款		A4	47553	56471
	2.各级支付征收用于教育的税费		A5	2050	2000
	其中：教育费附加		A6	2050	2000
	地方教育附加		A7		
	3.事业收入		A8	2927	2850.9
	其中：学杂费收入		A9	2442.5	2606.5
	4.社会捐资收入		A10	112.1	228
	5.其他收入		A11	2235.9	77.3
教育经费支出情况	教育经费总支出（万元）		A12	54878	61627.2
	其中：教育事业费支出		A13	23494	25027.2
	基建支出		A14	31384	36600
	年生均教育事业费支出（万元）	小学	A15		
		初中	A16		
	年生均财政预算内教育事业费支出（元）	小学	A17	9950	10748
		初中	A18	15417	16045
	年生均财政预算内公用经费支出（元）	小学	A19	550	600
		初中	A20	750	800

续表 5

项　　目		序号	2012	2013
财政预算内教育经费占财政支出(%)		A21	26.16	29.85
财政预算内教育拨款占教育经费总支出(%)		A22	86.65	91.6
义务教育阶段杂费收支情况(万元)	收取总数(万元)	A23		
	用于学校公用经费支出数(万元)	A24		
	用于发放教师工资等货调拨他用数(万元)	A25		
教师工资	教师人均月工资收入数(元)	A26		
各级政府征收用于教育的税费	财政实际收入数(万元)	A27		
	其中:用于人员经费支出	A28		
	用于改善办学条件支出	A29	2050	2000
	用于其他支出	A30		
	实际用于义务教育支出	A31		
	实际用于非义务教育支出	A32		
	其他支出	A33		

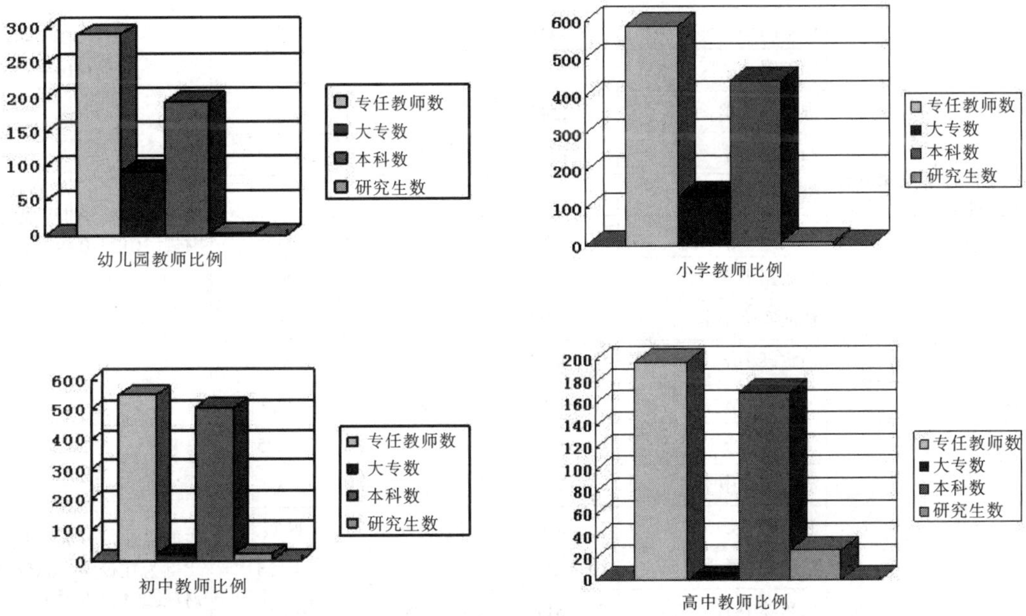

2013 年清河区各学校、幼儿园教师学历统计示意图

表 6　　2013 年清河区资助各类学生情况统计表

单位：人、万元

序号	资助项目	学校	学生总数	资助人数	资助金额	资助标准
一	学期教育家庭经济困难儿童资助	师院附小幼儿园	606	55	5.5	资助标准 1000 元/生·年，比例为在园儿童总数 12%。（苏财规〔2011〕44 号）
		淮海花园幼儿园	325	12	1.2	
		清河机关幼儿园	269	12	1.2	
		深圳幼儿园	356	6	0.6	
		附小新区幼儿园	278	16	1.6	
		淮海路小学幼儿园	659	18	1.8	
		凤凰新村幼儿园	240	29	2.9	
		石塔湖小学幼儿园	247	10	1	
		淮小新区幼儿园	390	18	1.8	
		繁荣小学幼儿园	507	36	3.6	
		老坝口小学幼儿园	326	32	3.2	
		承德路小学幼儿园	360	36	3.6	
		实验小学幼儿园	309	13	1.3	
		白鹭湖小学幼儿园	478	33	3.3	
	小　计		5350	326	32.6	
二	义务教育学校家庭经济困难学生生活补助	师院附小	2852	184	18.4	资助标准：小学 1000 元/生·年，比例为在校学生总数 10%。（苏财规〔2012〕10 号）
		师院附小新区分校	878	34	3.4	
		淮海路小学	1547	54	5.4	
		石塔湖小学	1776	59	5.9	
		繁荣小学	1547	74	7.4	
		老坝口小学	940	78	7.8	
		承德路小学	800	57	5.7	
		清河实验小学	1200	133	13.3	
		白鹭湖小学	480	56	5.6	
	小　计		12020	729	72.9	
		清江浦中学	1540	154	19.25	资助标准：中学 1250 元/生·年，比例为在校学生总数 10%。（苏财规〔2012〕10 号）
		清河实验中学	715	64	8	
		北京路中学	2411	239	29.875	
		清河开明中学	1281	33	4.125	
		白鹭湖中学	317	28	3.5	
	小　计		6264	518	64.75	
	合　计		18284	1247	137.65	
三	普通高中助学金	清河中学	2275	318	47.7	资助标准：1500 元/生·年，比例为在校学生总数 15%。（苏财教〔2011〕6 号）
	资助合计		25909	1891	217.95	
四	家庭经济困难考取公办大学一次性资助	清河区		25	7.6	标准：本科 4000 元/生；专科 2000 元/生。（淮办发〔2009〕15 号）
五	考取高校家庭经济困难学生助学贷款	清河区		314	179.87	贷款标准人均不超过 6000 元。

科 技

【概况】 2013年,清河区科技工作围绕科技支撑经济社会又好又快发展方向,提升传统产业、培植发展高新技术产业,增强企业核心竞争力。围绕人才引进培养、产学研促进、创建新载体、高新产品开发、科技创新项目和专利推进科技“六大工程”目标任务,立足清河的产业发展定位,以科技人才工作为支撑,产学研合作为纽带,平台载体建设为抓手,加大高新产品开发和科技计划项目管理工作力度,加快推进专利申请与成果转化步伐,出台了《关于规范专利资助工作的意见》,全面提升科技综合指标水平、增强科技服务经济工作的能力。组织20家企业与近35所院校进行挂靠洽谈,签订科企合作项目40个,开发新产品81个,申请专利1351件。与南京大学、南京工业大学、淮阴工学院、吉林大学、浙江大学等5所院校签订合作协议。全年实现高新技术产值30.7亿元,占工业总产值的51%,全社会R&D(研究与试验发展)投入占GDP比为1.2%。

【落实各级科技项目】 2013年共落实国家、省、市级各类科技项目42项,争取无偿扶持资金622万元(含高层次人才资助),获市立项成果转化项目2个,获资助150万元。包括:赛来昔布生产关键技术合作项目获省科技支撑计划立项,江苏省多肽类生物工程技术研究中心,江苏省企业研究生工作站,180LM/V大功率LED芯片、外延片产业化,低压智能配电执行器产业化,淮安市骨科药物重点实验室等。

【签订一批合作项目】 组织企业与浙大、南大、江苏科技大学、中科院及驻淮高校进行紧密性、常态性的合作。共组织参加市产学研活动2次,组织20多家企业参加北京科技招商活动、省第四届科洽会、泰州生物医药博览会等一系列产学研活动。全年与国内外各相关单位正式签约40个科企合作项目,总投资1.3亿元,1000万元以上的项目4个。

【新产品开发】 2013年,全区共开发新产品81项,其中重点新产品12项;认定省高新技术产品13项,认定省高新技术企业2家。

表7　2013年通过认定的省高新技术产品一览表

序号	企业名称	产品名称	省级
1	江苏正大清江制药有限公司	益肾蠲痹丸	★
2	江苏正大清江制药有限公司	头孢克洛片	★
3	江苏正大清江制药有限公司	盐酸氨基葡萄糖片	★
4	江苏正大清江制药有限公司	清开灵滴丸	★
5	江苏正大清江制药有限公司	克洛己新干混悬剂	★
6	江苏正大清江制药有限公司	克洛己新片	★
7	江苏正大清江制药有限公司	盐酸吉西他滨	★

续表7

序号	企业名称	产品名称	省级
8	淮安利安科技发展有限公司	水溶性聚氨酯灌浆材料(WPU)	★
9	淮安利安科技发展有限公司	聚氧丙烯甘油醚(GP)	★
10	淮安澳洋顺昌光电技术有限公司	抗静电GaN基发光二极管外延片	★
11	淮安澳洋顺昌光电技术有限公司	GaN基发光二极管外延片用衬底	★
12	淮安澳洋顺昌光电技术有限公司	设置MQS发光层的氮化镓基发光二极管外延片	★
13	淮安澳洋顺昌光电技术有限公司	设置N--SLS层的GaN基发光二极管外延片	★

表8　2013年通过认定的省高新技术企业一览表

序号	企业名称	省级
1	淮安苏能电动车有限公司	★
2	江苏顺泰包装印刷科技有限公司	★

【搭建技术创新和产学研平台】 帮助企业建立省、市级工程技术研究中心5个,包括:淮安麦德森制药有限公司的省级企业研究生工作站和江苏省多肽类生物工程技术研究中心,江苏正大清江制药有限公司的淮安市骨药物重点实验室,江苏苏益电器的淮安市低压智能配电终端工程技术研究中心,淮安亿唐生物工程有限公司的淮安市生物发酵饮料工程技术研究中心。其中,江苏省减速机蜗杆传动工程技术研究中心在省考核中被评为优秀,江苏省骨科药物工程技术研究中心获省重点企业研发机构认定。

【开展科普活动】 开展多种形式科普宣传活动。组织科技“三下乡”,通过张贴画报发放资料,现场讲解,播放科幻电影等形式吸引群众参与活动。开展“科普进社区”活动,提高社区居民素质,丰富居民群众精神文化生活,引导居民群众养成科学文明健康的生活方式;2013年科普周和科普日活动期间,围绕“科技创新·美好生活”“保护生态环境,建设美丽江苏”主题,通过开展内容丰富、形式多样的群众性科普活动,营造爱科学、学科学、用科学的社会氛围。

【科普画廊建管】 把科普画廊作为科技宣传重要阵地,维护科普画廊形象,卫生保洁包干到社区,宣传内容更换责任落实到个人,定期更新和丰富宣传内容,对辖区的19个科普画廊做到一月一更新、两月一更换,重点宣传健康知识、文明创建、节能减排、创卫等内容,提高群众的科普意识,增强群众的阅读兴趣。

【淮安市城市化史馆被命名为省级科普教育基地】 2013年12月，省科协、省科技厅、省教育厅联合下发《关于命名江苏省科普教育基地的通知》，位于清河新区的淮安市城市化史馆被正式命名为江苏省科普教育基地。

【组织科技进社区活动】 2013年9月，为提高居民的环保意识，树立良好的环境道德和行为规范，倡导绿色文明，提倡绿色消费。组建科普志愿者宣传小组走进新区各个社区进行宣传，在社区内各主要道路、路口设立科普展板。倡导保护环境、合理利用与节约各种资源的意识，提高绿色消费意识，培养可持续消费观念，如节水节电、拒绝白色污染、尽量少用一次性制品、提高物品的重复利用率、积极鼓励居民购买和使用绿色产品等。

【举办知识产权专场执法宣传】 2013年5月，在金马广场门前，举办了知识产权专场执法宣传活动，对科技法律法规进行宣传，宣传了《中华人民共和国科普法》《中华人民共和国科技成果转化法》《中华人民共和国专利法》等法律法规，现场发放知识产权宣传手册100多本，接受群众咨询建议10多条。

（撰稿人：周　媛）

文化·体育·卫生

◇文化

◇体育

◇卫生

文 化

【概况】 2013年，清河区文化工作坚持以科学发展观为指导，贯彻落实中共十八大和十八届三中全会精神，围绕建设幸福清河和文化名区目标，坚持“将公共文化服务建成保障全民、服务全民、覆盖全民、全民共建、全民受益、全民共享”的文化工作理念，以创建第二批省级公共文化服务体系示范区为抓手，统筹协调，推进公共文化服务工作，保障群众的基本文化权益，共享改革发展成果，促进文化大发展大繁荣。清河区被表彰为全省创建书香之县（市、区）先进单位（全市唯一）、第二批省级公共文化服务体系示范区创建单位（全市唯一），2013年淮安市周恩来读书节、全市群文新作调演、乡村法治文化建设等活动优秀组织奖。清河区图书馆被文化部命名为国家一级公共图书馆；文化行政综合执法大队获2013年江苏省“扫黄打非”先进集体称号。区文化馆副馆长、文化创作组组长程永华被吸收为中国美协会员。

【文化惠民活动】 围绕“建设文化名区，打造幸福清河”主题，组织“幸福清河”社区文化艺术节、“书香清河”全民阅读节、法治文化艺术节各项活动，唱响“文化清河四季歌”。利用传统节日，开展各类群众性文化活动。元旦、春节期间共组织各类民间民俗节目展示展演活动30余场次。年内，开展百场演出进社区和百场电影进社区活动，“情深谊长”庆八一双拥演出进部队。全年共组织举办各类公益性文艺演出活动80余场次。先后组织了“爱在清河”专场文艺演出，“舞比幸福”群众民间舞蹈展演，新创文艺节目汇演以及“唱响清河梦，网格颂和谐”卡拉OK比赛，贯彻落实《中华人民共和国旅游法》暨第四届“法治在我心中”专场文艺演出。

社区广场演出

【文化基础设施建设】 2013年，清河区围绕打造“城市15分钟公共文化服务圈”，加快推进14个500平方米以上的街道、社区文化活动中心建设，向阳、富强、东郊等13个社区文化活动中心建成并免费对外开放。出台了《清河区公共图书馆、文化馆（站）免费开放的工作方案》，进一步落实国家关于推进美术馆、公共图书馆、文化馆（站）免费开放工作的相关要求，逐步完善服务项目和服务内容。积极开展图书馆总分馆制建设工作，在全区统筹建设了16个社区分馆和4个军营流通服务点，社区分馆图书实行统一采购、统一编目，建立了图书借阅网络管理系统，实现了总、分馆之间通借通还。为社区书屋更新图书2700多册、送书刊2519册、订阅报刊68种。全区三级文化场馆全部免费向社会开放。

【群众文艺创作】 2013年，清河区获淮安市群文新作调演和“周信芳戏剧节”淮安市第三届戏曲票友大赛优秀组织奖；清河区文化馆获淮安市少儿书画展优秀组织奖。新创小品《就想请主任吃顿饭》在市纪委、市文广新局联合主办的淮安市勤政廉政文艺汇演中荣获一等奖和全市群文新作调演优秀创作奖、优秀表演奖，全省小戏、小品大赛二等奖；工笔画《情伴秋露》入选国家级展览；诗朗诵《我的梦、清河梦、中国梦》、歌曲《我们追逐太阳》、《我的梦，清河梦》、《这一片天地叫淮安》获淮安市群文新作调演优秀创作奖。为庆祝清河建区三十周年，创作音诗画《我的名字叫清河》，组织开展书画家“走清河、看变化、绘成就”和“百姓同参与，共筑清河梦”书画笔会活动5次，举办清河区建区三十周年专题书画展、阳光清河摄影展等各类主题书画展摄影展7次，并在全区进行巡展。

【文化遗产保护】 加大对文物及非物质文化遗产保护的宣传推介力度，开展以“人人都是文化遗产的主人”为主题的“文化遗产日”宣传活动，组织非物质文化遗产项目传承人参加全省乡村旅游年以及2013年中国文化遗产日暨第六届江苏省文物节开幕仪式现场展示、展演。组织清河区非遗传承人华禹谟、吴小琦走进学校开展“非物质文化遗产进校园”宣传活动。召开地方民俗研讨会，收集清河区大闸口周边民俗、民风、民情，定期对全区不可移动文物点进行安全巡查，全年无一起文物安全事故；完成了大运河申遗候选点记录档案和省级以上文保单位信息录入工作；完成了大运河申遗候选遗产点环境整治工作，该项目已通过联合国教科文组织安排的世界文化遗产专家现场考核和验收。组织实施了市级文保单位仁慈医院旧址修缮保护工程。开展全国不可移动文物普查工作，收集5个国有单位上报的各级不可移动文物32634件，包括淮阴师范学院11854件、淮安运河博物馆400件、周恩来童年读书处旧址260件、淮安市博物馆12438件、淮安市图书馆7682件（其中未定级7235件）。

【文化行政监管】 坚持“一手抓繁荣，一手抓管理”的工作方针，建立和完善文化市场长效管理机制，开展“净网”“清源”“秋风”等“扫黄打非”和文化市场各类专项整治行动，共出动780多人次，对960家文化经营单位进行监督检查，全年共立案查处各类违法案件30件，结案30件，取缔无证经营娱乐场所2家；核发行政许可申请事项5件，完成239家文化经营单位的年检换证工作。加大对全区文化经营场所的安全隐患整治力度，全区文化经营场所无重特大消防安全事故发生。完成105件著作权作品的申报登记工作。推进企业软件正版化工作，完成了淮安金格润科技有限公司、苏果超市淮海东路店、苏果超市北京路店三家企业软件正版化。开展文化市场执法"大练兵、大比武"，提高文化市场执法人员的综合素质。文化市场管理工作机构向街道延伸，覆盖率达 100%。

【发展特色文化产业】 落实《清河区鼓励和扶持文化创意产业园区发展的若干意见》《清河区促进旅游业发展的若干规定》等产业配套政策，大力扶持具有发展前景和导向意义、自主创新、具有良好经济社会效益的文化创意产业项目。组织 5 个文化产业和园区项目参加 2013 淮安(杭州)文化产业招商推介会暨项目签约活动。优化文化产业发展环境，实施重点项目引领战略，不断完善以"淮扬美食、婚庆旅游、动漫游戏、文化创意"为重点的文化产业项目，加快建设创意产业园、动漫科技园、工业设计园、总部经济园等文化产业项目，推动产业结构优化，提升清河区文化产业综合竞争力。新华印刷厂被命名为市级文化产业示范基地，83 文创园(淮安工业设计园)获江苏省工业设计园示范园称号。组织开展省级文化旅游产业发展专项引导资金项目申报，共组织了 7 个项目申报省级专项资金，其中"古淮河文化生态旅游开发项目" 获省文化 150 万元补助、"淮安万达影城建设及 IMAX 改造"项目获得 60 万元补助，"古淮河文化生态景区绿化景观提升工程" 获省旅游 70 万元补助资金、市旅游资金 20 万元，其他各类发展资金 45 万元。

【创建省级公共文化服务体系示范区】 2013 年 5 月，清河区被省文化厅确定进入第二批省级公共文化服务体系示范区创建名单。7 月 5 日，在全省示范区创建工作座谈会上，清河区作了创建工作经验交流发言。《中国文化报》、《新华日报》、《江苏文化》、《淮安文化》、《江苏电视台》"江苏新时空"和《淮安电视台》"直播县区"栏目等媒体进行了多次系列报道。

档案管理与利用

【开展档案行政执法检查】 9—11 月份，清河区档案局对区属部门和单位开展档案执法检查，帮助各单位档案工作制度化、规范化。检查前细化检查标准、突出检查重点，引起各单位领导的重视，收到较好效果。

【国际档案日宣传活动】 6 月 9 日，清河区档案局以"档案就在你身边"为主题，采取多种形式开展宣传活动。利用宣传板报、网站、手机短信等形式宣传档案法，在区市民服务中心设立咨询台，发放《档案知识宣传手册》及印有档案标识和档案宣传标语的环保袋，同时在办公集中区，利用电子屏或横幅宣传，并向机关干部和群众发放档案宣传资料。

【开展档案业务指导工作】 清河区档案局按照转变机关作风的总体要求，积极转变工作职能，不断增强服务意识，主动开展对各单位的业务指导。鉴于清河区各单位人员调换频繁，档案人员不固定等原因，清河区档案局采取手把手教、一对一学、一家一家过关的方法，先后指导、帮助整理区委办、区政府办、区政协办、区人社局等 40 多家档案，全面提升全区基层档案管理水平。11 月，公安清河分局档案工作顺利通过省五星级复审。档案局还提供场地、设施设备，确保区人社局的医保中心、社保中心、事保中心档案工作分别通过省人社厅验收并获得优秀等级。

【接收档案进馆】 清河区档案局加大对民生档案接收力度，将再生一孩档案、退伍军人档案、社会保险类档案等优先接收进馆。2013 年共接收区委办、区政府办、人口计生委、民政局、淮海街道办事处、水渡口街道办事处、府前街道办事处、柳树湾街道办事处、长西街道办事处、白鹭湖街道办事处、财政局、汇通办、人社局等 13 家单位纸质档案 8660 件、1210 卷，奖牌档案 9 块，收集《清河诗声》《清河之窗》《清河 30 年文丛》等资料 118 册。

【档案信息化建设】 将婚姻档案重新加以整理核对，确保计算机录入信息准确完整。新增目录 20840 条，馆藏档案电子目录共计 16 万多条，所有档案全部实现计算机检索。完善档案馆网站建设，增设政务公开栏，档案信息及时发布，使之成为一个档案工作对外宣传交流及服务的窗口和平台。

【档案安全体系建设】 清河区档案馆将馆藏档案目录进行备份并另行保存，做好档案馆日常安全管理工作，定期投放防霉防虫防鼠药品，根据实际情况调节温湿度。每天对库房进行安全检查，每周对库房进行清扫，每季度进行一次卫生大扫除。

【档案利用服务】 2013 年，清河区档案馆接待社会各界档案利用者 816 人次，复印 1936 页，为工龄、工资待遇、房屋产权、婚姻状况等提供第一手资料。为做好《清河 30 年文丛》丛书编辑出版工作，清河区档案馆提供 300 多卷(册)的文件资料和照片档案供查找利用，并全程参与《清河 30 年大事记》的资料收集、编辑等工作，为丛书的完成出版作出积极贡献。

【大事记编发工作】 2013 年，按季度编发清河区大事记 4期，共计 6 万字，以此为平台扩大档案工作在全区的影响力。

【档案人员队伍建设】 4—5 月，组织清河区基层单位档案人员参加省、市档案业务培训。7—10 月，接收市工学院、市财经学院学生实习，帮助他们了解和掌握有关档案业务知识。

体 育

【概况】 2013年，清河区体育工作继续坚持面向基层、服务社区、服务居民的宗旨，广泛开展群众性体育活动，推进全民健身。加强社区体育设施建设。已建成14个500平方米社区文体活动中心、各类运动健身场馆100个，所有社区实现健身路径、体育活动(场)室全覆盖。

【实施学生体质健康促进行动计划】 2013年，清河区积极组织实施《淮安市学生体质健康促进行动计划(2013—2015)》，实行学校体育报告和学生体质评价制度。建立健全《中小学生田径运动会比赛制度》《篮球比赛制度》等六项评比制度，下发了《关于切实加强教体结合，体育项目布局任务分解的通知》，组建了田径、健美操、乒羽和三大球运动队。推进清河区各校"名校办名队"工作，组建了24支(不含幼儿园)教体结合队伍。落实教育部《切实保证中小学生每天一小时校园体育活动的规定》，组织开展"阳光体育"运动，确保学生每天锻炼一小时。

【体育中考工作】 2013年，淮安市中考体育学科的分值40分，占中考总分的5.2%。清河区认真组织，严格考风考纪，实现了连续5年零投诉。

【体育特色创建工作】 2013年，清河区建成国家级体育传统学校2所、省级体育先进学校2所、体艺"2+1"高水平示范学校2所、省级青少年体育俱乐部3个、市级体艺特色学校5所。实验中学和繁荣小学成功创建体艺"2+1"高水平示范学校，开明中学、老坝口小学、承德路小学成功创建体艺特色学校。

【体育竞赛活动】 2013年，清河区举办、承办各类大型体育赛事4次，组织学校参与省市艺体竞赛，在市级以上获奖人次1000人。

【开展全民健身活动】 2013年，清河区积极推进"10分钟体育健身圈"建设，广泛开展各类全民健身活动。9月，通过淮安市"10分钟体育健身圈"验收。开展工间操活动，普及大众广播体操和"淮安节拍"健身操，组织参加淮安市举办的一系列全民健身活动；自行组织大型健身活动、竞赛2次，引导、组织、支持民间健身团体，全区民间健身项目有太极系列、木兰系列、健身球、健身操、功夫扇、风筝、空竹、石锁、腰鼓、军鼓、舞蹈等。

【培养体育后备人才】 组织年度选材活动，做好参赛运动员注册工作，确保人才不埋没、不流失，邀请省内一流跳水队教练、专家指导训练，从幼儿园中班开始选才和基础训练。2013年，共选拔120名优秀学生，组建了清河区跳水人才梯队。

【胡谷安清全国大赛夺冠】 2013年，在全国跳水冠军赛和全国少儿跳水比赛中，清河区选手胡谷安清夺得3项冠军。

在江苏省青少年跳水锦标赛上，清河区共获得5枚金牌、3枚银牌、8枚铜牌，金牌排名全省第二，总分全省第一。运动员秦佳莉和卓越被江苏省体育局授予体育道德风尚奖，运动员胡谷安清、董智恒获得"优苗"奖。

江苏省跳水教练冯康为胡古安清颁发金牌

【备战省第十八届运动会】 2013年，清河区成立了备战省第十八届运动会工作领导小组和跳水项目训练小组，建立了由区教育局指导协调、学校具体实施的工作机制。区有关领导多次到南京慰问清河区跳水训练队员，并多次邀请南京体育学院领导和教练到清河指导训练，共商赛事。

【清河区"两操"比赛在繁荣小学举行】 5月10日，清河区首届"舞动淮安，健康清河"小学生健美操、啦啦操比赛在繁荣小学举行，全区6所小学代表队参加了比赛。繁荣小学、师院附小、淮海路小学获得啦啦操比赛一等奖，老坝口小学、师院附小、繁荣小学获得健美操比赛一等奖，清河实验小学、承德路小学被评为优秀组织奖。

【淮阴师院附小承办淮安市第29届小学生运动会】 5月24～25日，淮安市第29届小学生运动会在淮阴师院附属小学的新区实验校举行，淮阴师院附属小学在开幕式上表演了大型足球操、游泳操、江南Style广场舞和教师健身操，向来宾展示了师院附小游泳教学和足球文化、大课间等方面特色项目成果。

【举办第九套广播操比赛】 10月19日，清河区在淮海路小学举行了第九套广播体操比赛，全区各街道、部门共27支代表队约1000人参加了比赛，淮阴师院附属小学、清河区文体局获第一名，淮阴师院附属小学获最佳队形奖。

【淮安市教育局长乒乓球比赛在繁荣小学举行】 11月2日，淮安市第十三届"中国人寿杯"教育局长乒乓球比赛在繁荣小学体育馆举行。活动由淮安市教育局副局长席文武主持，清河区副区长高山致欢迎词，淮安市教育局长朱亚文宣布比赛开始，淮安市各县区教育局共12支代表队参加了比赛。

【繁荣小学获淮安市篮球操比赛一等奖】 11月23日，淮安市小学生篮球操比赛在洪泽湖实验小学的体育馆举行，繁荣小学代表队获小学组一等奖。

【市体育局领导慰问淮阴师院附小跳水运动员】 12月29日，淮安市体育局副局长卞玉、在清河区副区长高山、教育局局长施玉明等陪同下，前往淮阴师院附小跳水队外训基地——南京体育学院跳水馆慰问跳水队员，并与晓庄师范学院江宇院长签订了协议，聘请江宇院长为淮安市跳水队心理健康辅导教师。

卫 生

【概况】 2012年创成全省首批、全市唯一的省餐饮服务食品安全示范区、省慢性病综合防控示范区；钵池山、市中社区卫生服务中心分别荣获"全国示范社区卫生服务中心"和"省示范社区卫生服务中心"的称号，淮西中心创成中国社区卫生协会培训基地，淮西和淮东中心成功创建省中医药特色社区卫生服务中心。荣获市委市政府2012年创新创优项目二等奖。

【医疗机构管理得到新加强】 一是规范执业行为。将医疗机构现场校验与医疗质量、医疗安全检查相结合，深入开展医疗质量月月查活动，严格执行《医疗机构不良执业行为记分办法》，对检查发现的6个领域21个医疗隐患进行扣分并整改。二是强化核心制度。为进一步强化临床用药管理和考核，严格落实抗菌药物临床应用分级管理制度，利用HIS系统对不同医生处方权限进行限定，每个月由药事委员会对处方进行审核点评，规范医生处方行为，提高合理用药水平，切实保障广大居民就医安全。三是坚持例会制度。每月15日为医疗机构例会日，由医政牵头，监督、疾控、妇幼保健所和医疗机构协会等参与，通过每月例会平台，统一思想、分析病案、通报考核、部署工作，进一步规范各医疗机构的管理。四是加强业务培训。年初对面向社会公开招录的22名专业卫生技术人员，开展了为期五天的封闭式岗前培训。年内，安排4名中心负责人参加国家和省社区卫生服务主任培训班，分6个批次安排30余名业务骨干参加国家、省和市级业务培训，区内开展各类业务培训15期；在"5·12"护士节期间，举办了全区护理"三基"技能竞赛活动，切实提高了基层医疗机构服务水平。五是创新工作思路。将传染病防控、打击非法行医、死亡信息报告、重性精神病人管理等医疗卫生工作融入全区网格化社会管理平台，大大提高了管理和服务效率。六是有效防范和处置医患纠纷。清河区制定下发了《清河区医患纠纷预防及处置应急预案（试行）》文件，明确了公安、街道、信访、司法等部门的职责，保护医患双方的合法权益，保证医疗卫生机构的正常工作秩序，维护社会和谐稳定。同时，为了提高患者、医疗机构及医务人员防御医疗风险能力，全区各医疗机构和医务人员医疗责任保险参保率100%，保险额度比去年提高50%，年内妥善处理了9起医患纠纷。

【基本药物制度迈出新步伐】 为全面加强基本药物制度，下发了《关于进一步规范基本药物工作流程的通知》文件，调整和优化了基本药物计划申报、网上采购、药品配送、药款支付等环节，做到责任更明确，流程更顺畅，大大提升了工作效率。同时，积极探索非政府办中心实施基本药物制度。经过学习调研，广泛征集意见，拟定了《非政府办社区卫生服务机构实施基本药物制度的实施方案（试行）》，并采取多种宣传形式（LED显示屏、宣传橱窗、宣传折页），广泛深入的向广大群众宣传基本药物零差率等优惠政策，9月底白鹭湖中心正式实施基本药物制度，让新区的老百姓实实在在地享受到医改带来的实惠。

【基本公共卫生服务跃上新台阶】 非政府办中心基本公共卫生服务工作稳步提升。为了切实解决好部分非政府办中心基本公共卫生服务工作薄弱问题，年初，重新调整制定了《清河区基本公共卫生服务项目考核办法》，以"政府购买服务"的方式，定期对工作数量和质量进行考核，引导非政府办医疗卫生机构转变服务模式，确保每一个居民在家门口就能享受到优质的基本公共卫生服务，彰显社会和谐与公平正义。家庭医生制度有效落实。全区组建40支全科责任医生团队，深入社区签订家庭医生契约式服务协议，免费为居民提供健康体检、慢性病管理等12项服务。截至9月底，全区共建立居民健康档案20.1万份，计算机动态管理19.1万份，动态管理率达95.08%。其中，建立65岁以上老人健康档案2.6万份。年内，开展健康教育周周行活动122次，惠及约15万居民。慢性病人与老年人管理进一步规范。结合"淮医惠民大行动"，深入推进慢性病人规范化管理与60

6月24–25日，省卫生厅专家组杨光泽主任一行8人，对清河区创建"国家慢性病综合防控示范区"工作进行省级现场考评

岁以上老人免费健康体检工作。全区高血压患者建档管理1.6万人，糖尿病患者建档管理5339人；重性精神疾病患者登记管理232人；为2.5万名老人免费健康体检。预防保健服务体系更加完善。长期以来，淮海、白鹭湖中心预防保健工作未能开展。经过多次上门沟通、协调，于今年3月份起淮海、白鹭湖中心相继增设了预防接种与妇儿保健门诊，解决了淮海与白鹭湖街道范围内儿童就近免疫接种和妇女保健问题，极大地方便了周边居民。2013年，为新生儿预防接种建证2213人，建证率、五苗基础免疫率、加强免疫接种率均达到98%以上。开设孕妇学校81期，孕产妇免费建册并管理2365名。

【疾病控制和卫生应急能力取得新成效】 结合禽流感疫情防控，全面加强传染病控制工作。面对来势汹涌的人感染H7N9禽流感疫情，迅速成立疫情防控工作领导小组，制订应急预案，及时召开疫情联防联控工作会议。并针对全区各医疗机构、各社区网格管理员等重点人群组织了4次专题培训，面向社区居民发放宣传资料5万余份。清河区共检测9例流感样病例，结果均为阴性。同时，进一步加强对霍乱、手足口病、肝炎、不明原因肺炎、肺结核病、艾滋病等重点传染病的监测，认真落实各项防控措施，有效控制发病率。截至目前，清河区无甲类传染病发生，乙、丙类传染病共发生730例，死亡2例（艾滋病和肺结核各1例），发病率为222.56/10万，低于国家标准。以慢性病综合防控示范区创建为抓手，完善了疾病防控工作机制。按照创建标准，充分整合街道、社区、学校、机关、企业等资源，逐步完善疾病联防联控机制，进一步建立了“政府主导、部门合作、社会参与”的新格局，形成了“以生活干预为抓手、公共卫生医疗服务为核心、健康环境营造为支撑”的疾病综合防控模式。全区已创成省级命名健康促进银牌学校1所、铜牌学校9所；市级示范社区2个、示范食堂2个、示范单位1个。6月下旬，国家慢性病综合防控示范区省级考评组对清河区疾病预防控制工作予以高度认可。以卫生应急培训和演练为平台，增强居民卫生应急能力。一是与人防部门联合设立专门工作室，将人防救援与医疗救治相结合，成立了人防医疗救援队。二是积极与消防大队、药监局合作开展消防安全、食品安全应急演练，进一步增强卫技人员应急救援的技能。三是以社区卫生服务中心业务骨干为师资，面向广大社区居民开展了30多场心肺复苏、医疗急救等培训和演练，受益群众达数万人。

【卫生监督工作彰显新特色】 2013年初，餐饮服务监管职能移交后，立即调整工作思路，转变工作重心，将强化医疗市场整治与公共场所卫生监管作为工作重点来抓。一是开展医疗机构专项整治行动。对区内91个医疗机构开展监督检查，突击检查可疑非法行医点17个，取缔非法行医点4个，处理超范围执业5例，规范了医疗市场秩序，保障了居民的健康安全。二是开展公共场所卫生整治活动。对全区450多家公共场所采取了拉网式排查、脸谱公示、专项整治行动等一系列“组合拳”，大大提高了公共场所基础条件，强化了业主责任和卫生意识，确保了清河区公共场所守法、规范、有序、健康经营。

【妇幼保健工作有了新提升】 严密实施艾滋病、梅毒、乙肝母婴阻断工作。进一步完善阻断药物领取、发放以及随访服务流程。1—9月，共随访梅毒感染孕产妇所生儿童6人，结案4人，转出管理1人。为17名乙肝表抗阳性孕产妇所生儿童免费接种乙肝免疫球蛋白。强化托幼机构卫生保健管理。对全区12所托幼机构卫生保健工作进行评审，为新入园儿童和小学生提供免费健康体检，共体检1.45万人次。积极配合市妇幼保健院，对430余名0—6岁儿童进行免费血铅检测。全面做好“三网”监测工作。定期到综合性医院采集活产数、围产儿死亡、出生缺陷儿、0—5岁儿童死亡（包括自动出院患儿）、孕产妇死亡等详细信息，并与相关部门及时核对，及时上报。

【爱国卫生工作取得新突破】 健康教育工作扎实推进。全区深入开展以“我行动、我健康、我快乐”为主题，以合理膳食、适量运动、戒烟限酒、心理平衡为内容的全民健康生活方式行动，倡导健康生活方式和理念。建成全国首家“全民健康宣教基地”，先后开展了三期全民健康教育大讲堂活动，分别邀请北京大学胡大一、首都医科大学刘玄重、卫生部健康巡讲团万承奎教授等知名健康教育专家来清河区为广大居民普及健康知识，树立健康生活新理念。今年又在区政府网站开辟了“健康清河”新专栏，通过网络向广大居民传播健康知识，利用短信平台向广大居民发送健康知识短信20余条，受益群众达10万余人。同时，对已建成的石塔湖、七九大院等健康教育十个园和十条街的内容及时更新。病媒生物防制进一步加强。2013年3、4月份，对辖区内的450个公共场所、760个餐饮单位、13个农贸市场等重点单位、重点场所进行专项督查指导。举办了病媒生物防制业务知识培训班；各街道、单位投放鼠药600余公斤；2013年又为各街道统一配备了电动喷雾器，加强对卫生死角等蚊蝇孳生地的消杀，努力将全区的四害密度控制在国家标准范围内。控烟工作有效落实。各单位广泛开展有针对性的健康教育控烟宣传，张贴禁烟标志、建立控烟制度。全区91个医疗卫生机构、47所学校、幼儿园已全部建成无烟单位，并实行公开挂牌，主动接受社会监督。

【区域卫生信息化呈现新面貌】 清河区将区域卫生信息化列为“十大惠民工程”内容。目前，已完成区域卫生信息化平台第一期工程，各中心的信息系统均切换成功，实现了居民健康、慢病管理、就诊等信息与市级医院间的对接，还将逐步实现远程读片、远程会诊等高端医疗服务功能。

【党风廉政建设工作进一步加强】 基层组织建设全面加强。先后成立了市中、钵池山中心以及妇幼保健所党支部，完善并加强了局机关、淮西中心党支部；成立了市中、钵池山工会,及时对局机关、疾控中心工会进行换届选举。完善各项工作制度。针对财务管理、国有资产登记、工程设备招标采购、重大事项集体研究,出台了《关于加强卫生系统国有资产清查的通知》《清河区卫生局机关工作制度》等一系列文件,弥补了管理上的漏洞,有效避免了因管理不规范而造成的损失。狠抓工作作风转变。制定下发了《清河区卫生系统机关作风建设考核问责办法》,结合"五德教育""警示教育""淮安精神大讨论""三好一满意"等活动,严格执行中央"八项规定"、省委"十项规定"、市委"十二项规定"、区委"十项规定",认真落实党风廉政责任制考核办法、公务用车"四统一""三公"经费备案申报等规定,狠刹中秋、国庆等节假日期间公款购买月饼和送礼等不正之风。

清河区卫生系统作风建设大会

【安全生产、信访稳定工作常抓不懈】 一是健全安全生产防范机制。通过签订安全生产目标责任状、定期召开安全生产例会、明确重点岗位实行一岗双责和AB岗制度,强化内部安全防范措施。二是强化安全生产监督检查。开展医疗机构平安医院创建工作监督检查,强化对医疗信息、重要物资设备、X光室等重点部门的管理,增强防患意识,落实防患措施。组织开展了春节、五一、中秋、国庆等节日期间的安全生产大检查。共查出158余处安全隐患,整改到位154处,还有4处正在落实整改措施。三是狠抓信访稳定工作。将信访稳定工作纳入各单位、科室综合考核内容,各单位主要负责人为第一责任人,分管领导为直接责任人,坚持把矛盾问题解决在当地,化解在基层,解决在萌芽状态。1—9月,共调查处理各类信访件26件,均在规定时间内办结。

【积极服务于全区经济建设】 一是做好招商引资服务工作。按照区委、区政府部署,卫生局与白鹭湖街道共同引进了1.2亿元项目——淮安协和医院,并帮办服务淮安美福瑞诺体检中心、淮安丽人医疗美容医院等两个亿元项目。目前,三个项目均已经进入审批环节,有关事宜还需进一步协调。二是做好企业帮办服务工作。主动与正大清江制药有限公司对接,积极帮助协调市卫生局、药监局等单位,努力解决企业在运营和发展中存在的困难和问题,并要求各医疗单位在考虑社区居民用药需求的情况下,优先选择本地企业生产的药品,既帮助本地企业发展,又给广大患者带来更多的实惠。三是做好"三大社会保险"推进工作。成立了"三大社会保险"推进工作领导小组,坚持每日例会督办。截至目前,养老、医疗、失业保险分别完成488、200、171人,总完成率为154.77%,超额完成各项指标。

社会生活

◇民政
◇劳动和社会保障
◇人口与计划生育
◇民族宗教

民 政

【概况】 2013年,清河区民政工作坚持以科学发展观为统领,践行"以民为本,为民解困,为民服务"的工作宗旨,求真务实,开拓进取,较好地完成了各项任务。成功创成2个国家级"综合减灾示范社区"、3个省级"综合减灾示范社区"。清河区民政局被表彰为江苏省民政工作先进集体,淮安市平安边界创建工作先进集体。清河区婚姻登记处被省民政厅表彰为全省婚姻登记工作先进单位。

【规范城市低保管理】 2013年7月1日起,清河区将居民最低生活保障标准由原来的380元/月提高到410元/月,同时,进一步规范城市低保管理,组织实施省低保工作新规程,简化低保审批程序,实行低保申请街道直接受理,开展低保信息化比对工作,落实低保信息长期公示,实现了动态管理下的应保尽保、应出尽出。全年新增低保182户,退出低保247户,共有低保3324户、6982人,月发保障金166.37万元,人均月补差238元,共发放低保金1911.3万元。

【实施"580"慈善援助工程】 排查特困群体,慈善救助办法,扩大帮扶面,加大救助力度,对因病、因灾等突发事情发生而导致家庭困难的低保边缘户提供救助,全年共救助333人次,发放救助金71.63万元。

【特困帮扶工作】 继续实行城乡低保家庭帮扶全覆盖,2013年,清河区纳入市、区两级特困帮扶的城乡特困家庭共有3594户,其中市直单位帮扶清河区741户城市低保家庭,区直机关单位共帮扶城乡特困家庭2853户。

【城乡医疗救助工作】 建立医疗救助与城乡居民基本医疗保险服务平台共用、信息资源共享、结算支付同步、监管及时有效的运行机制,实现了一站式结算平台,服务"一站式"、报销"零时限"。2013年,共救助3488人次,发放救助资金233万元。

【特殊重度精神病人救助】 2013年7月1日,清河区出台了《清河区特殊重度精神病人医疗救助实施办法》,对困难家庭特殊重度精神病人实施医疗救助。2013年共计救助6人次,救助金额8万元。

【节日慰问工作】 2013年春节、中秋节,组织开展走访慰问困难户,开展扶贫济困活动。春节为低保户、优抚对象发放节日慰问金296万余元;春节、中秋上门慰问特困难家庭3000余户,慰问款、物240余万元。

【居(村)委会换届选举】 2013年,根据省、市部署和要求,清河区出台了《关于做好清河区第十届村民委员会换届选举工作的意见》《关于做好清河区第五届社区居委会换届选举工作的实施意见》文件。从2013年10月至12月,历时两个月,共有38个社区11个村进行了换届选举。

【创建和谐社区】 组织、指导街道、社区创建省、市和谐示范街道、社区,2013年,清河区创成省级和谐示范社区1个,市级和谐社区3个。

【社区社会组织建设】 长西街道上海路社区成立了全市首家专业社工组织——心苑社工服务社。该社会组织面向空巢和独居老人、残疾人开展"情暖夕阳红""自立之家"服务项目,已入选江苏省公益创投扶持项目。2013年,清河区新增备案的社区社会组织46个,累计登记备案的社区社会组织302个,平均每个社区约8个。

【社区工作人员退休管理】 规范社区工作人员退休管理,建立"到龄即退"管理机制,2013年,清河区出台了《关于进一步规范社区(村)工作人员退休工作的通知》,依据劳动法的相关规定,规定社区、村干部凡到达法定退休年龄的,实行"到龄即退"。退休后的社区干部自愿从事社区、村工作的,街道根据情况返聘。2013年,共办理8人社区工作人员退休。

【开展拥军优属活动】 组织开展春节、"八一" 两大节日拥军优属活动,走访慰问生活困难家庭优抚对象、军队离休干部、入伍新兵、清河籍立功受奖现役军人和驻区部队,送钱送物上门,慰问款物15万余元。组织部分重点优抚对象到盐城参观新四军纪念馆,重温新四军在华南抗战历史;关爱优抚对象身体健康,组织80名参战参核退役人员、无军籍退休职工参加健康体检。

【落实各项优抚政策】 及时足额发放优抚金和义务兵家庭优待金,2013年,共发放优抚金398万元,发放义务兵家庭优待金357.8万元;落实优抚对象医疗优惠政策,为115名在乡重点优抚对象发放医疗门诊补助经费2.3万元;为10余名重点优抚对象救助住院医疗费用3万余元。

【组织退役士兵技能培训】 2013年,共接收退役士兵138名,转业士官6人,共发放一次性经济补助金和待安置期间生活补助费357.6万元。组织退役士兵参加中高级技能培训123人,复学4人;131人取得职业技能培训"双证"("毕业证书"和"职业资格证书"),"双证"获取率100%,就业、创业率100%。

【无军籍退休退职职工接收安置工作】 根据国家、省有关文件规定,2013年,淮安市下达清河区无军籍退休、退职职工安置人员24名,清河区对照政策,审核档案,签订三方安置协议,完成了接收安置工作。

【落实老年人优待政策】 做好老年人优待证与免费乘车卡的办理工作,加大对尊老金的规范化管理力度,实现动态管理。全年共为1036位老人办理了老年人优待证,为17783位老人办理了免费乘车卡,尊老金发放标准翻番,提标到每月100元、200元、500元,(具体标准)共为3645位高龄老人累计发放尊老金466.49万元。

【养老服务平台建设】 加大居家养老服务中心(站)建设,完成淮安市政府下达的建设7个3A级社区居家养老服务中心任务。富强、清隆家园、车站、工农兵、京南、长西、繁荣等7个社区居家养老服务中心均已建设到位并对外开放。开展省级示范性居家养老服务中心创建工作。2013年,富强、繁荣、京南、清隆家园4个社区居家养老服务中心创成省级示范性居家养老服务中心。

【政府购买为老服务工作】 2013年,清河区享受政府购买为老服务项目的老人共163人,购买标准为每人每月286元,由南京建宇物业有限公司负责为老年人提供每周平均不少于7小时的家政服务、生活照料、精神慰藉等基本服务项目。

【政策扶持民办养老机构】 2013年4月,清河区出台了《淮安市清河区非营利性民办养老机构运营补贴暂行办法》《关于进一步规范社区居家养老服务中心(站)运行管理的通知》。对民办养老机构收住本区户籍、年满60周岁的老人,对于能自理或半自理的老人按每人每月给予80元的床位补贴;失能老人按每人每月给予150元的床位补贴。对于社区居家养老服务中心(站)实行运行活动经费补贴,每年每个站点给予1万元补贴,并为各中心(站)配备1名管理人员,每人每月给予800元岗位补贴。

【沈阳路社区居家养老服务站获国家级荣誉称号】 2013年,清河区积极开展"敬老文明号"创建工作,沈阳路社区居家养老服务站获全国"敬老文明号"荣誉称号。

【社会组织管理】 积极培育发展公益慈善类、城乡社区服务类社会组织,充分发挥社会组织服务经济社会发展的重要作用。2013年共批准登记民办非企业单位8家,社会团体5家,截至2013年年底,清河区累计批准登记民办非企业67家,社会团体43家。

【开展公益创投活动】 做好2013年入选省、市社区公益服务创投活动项目的跟踪指导和服务工作,2013年,清河区4个社会组织入围2014年省级公益创投项目;7家社会组织入围2014年市级公益创投项目。

【婚姻登记工作】 完善婚姻登记流程,创新婚姻登记服务,2013年共办理婚姻登记7432对,出具各类婚姻证明10000多份,婚姻登记合格率达百分之百。

【创建活动】 开展"综合减灾示范社区""地震安全示范社区""防震减灾科普示范学校"创建活动。2013年,清河区西安路、健康路社区创成国家级"综合减灾示范社区";朝阳、车站、河堤路3个社区创成省级"综合减灾示范社区";京北社区创成省级地震安全示范社区,淮海路小学创成省级防震减灾科普示范学校。

【王凌获省优秀慈善工作者称号】 2013年11月,清河区慈善总会办公室主任王凌被省政府表彰为十佳"全省优秀慈善工作者"。《中国社会报》《新华日报》《现代快报》"人民网"(江苏视察)、国家民政部网站等多家媒体报道了她的事迹。《淮安电视台》制作专题片,在"新闻综合"栏目进行了综合报道。

该同志原系清河区社会福利厂留守下岗工人,2007年6月到慈善总会从事慈善救助工作,不拿慈善总会一分钱工资,却承担了慈善总会全部日常事务。几年来共募集善款580多万元,救助困难群众10000多人次。慈善总会连续4年获得"清河区区特色工作奖"。

劳动和社会保障

【就业再就业工作取得新突破】 2013年,全区城镇新增就业11456人,完成目标任务的143%;安置下岗失业人员就业再就业5300人,其中帮扶困难群体再就业680人,分别完成目标任务的212%和227%。城镇登记失业率为2.07%,辖区登记失业的被征地农民就业率达100%,均高于市区下达的目标。城乡劳动者职业技能培训3722人,其中城乡新成长劳动力技能培训1066人,分别完成目标任务的372%、213%;企业职工岗位技能培训6350人,完成目标的218%。创业培训1098人,完成目标任务的366%;新增创业户2756户,创业带动就业12516人,分别完成全年目标的121%、209%;新扶持创业成功1976户,其中扶持被征地农民自主创业121人,培育创业典型113人,分别完成全年目标的395%、242%、565%;开发创业项目125个,推介企业贷款400万元,分别完成年目标的417%、133%。组织未就业

就业服务进社区

高校毕业生开展见习活动81人，完成目标的270%。

【社会保障工作取得新成效】 2013年，养老、医疗、失业、工伤、生育保险参保人数分别达到47736人、30228人、21550人、20624人、20039人，分别完成目标任务的132%、126%、127%、129%、125%，城乡基本社会保险覆盖率完成98.86%。五项保险基金征收分别达21919万元、6440万元、1059万元、357万元、421万元，分别完成目标任务的199%、137%、265%、119%、120%。为全区6132名企业离退休人员100%发放养老金11554万元，从未发生拖欠；养老保险参保净增14535人，完成全年任务的485%。2013年城镇居民医保参保11.53万人，参保覆盖率达99.8%。全区2726名农民参加“土地换社保”，发放各类生活保障金556.97万元。城乡居保参保2583人，参保率达100%；60岁以上领取基础养老金人数4041人，其中缴费并到达领取养老金人数为425人。全区1031名事业离退休人员养老金100%社会化发放5036万元。基金管理规范有序，社保基金要情报告及时率、网上监管覆盖率均达100%。

【劳动保障维权得到新改善】 2013年，用人单位信息采集2220户，新增入库245户，信息采集率92.3%，完成目标任务的115.4%；主动监察用人单位1526户，人均主动监察190户，完成目标任务的237.5%；开展年度书面审查1839户，审查率92.3%，完成目标任务的115.4%。为职工追讨工资485万元，其中农民工工资400多万元，责令用人单位与职工补签劳动合同400余份。受理举报投诉案件159件，举报投诉录入率、案件按期运行率均达100%。立案处理劳动争议案件170件，案件受理率达100%。其中：已裁决81件，调解撤诉86件，立案处理案件结案率达98%，完成目标任务的104%；仲裁案件按期结案率达100%。各类基层调解组织调解案件365件，占案件总数68%，完成目标任务的136%；调解撤诉451件(其中案外调解365件)，调解撤诉率达84%，完成目标任务的120%。仲裁管理信息系统全面联通使用且三级联网运行，案件信息录入准确完整，完成目标任务的100%。一裁终局案件撤销率为0，完成目标任务的100%。于2011年率先建成省级示范仲裁院，完成目标任务的100%。

【进一步提高养老保障待遇】 2013年1月起，清河区企业退休人员基本养老金水平再次上调10%，目前全区人均养老金达到1547元/月；城乡居民养老保险基础养老金标准从每人每月70元提高到每人每月80元。清河区自2006年开展土地换社保工作以来，已经连续8次调增新区被征地农民基本生活保障待遇。从起初第二、三、四年龄段待遇标准120元/月、100元/月、180元/月分别调增至现在的380元/月、360元/月、460元/月。通过持续提高参保人员的保障待遇，有效缓解了城乡收入差距。

【进一步完善医疗保障制度】 2013年5月份，清河区调整了2013年度城镇居民医保筹资标准，将城镇居民医保筹资标准每人每年由360元提高到420元，低保、重残等人员个人交费部分由政府补贴，提高部分由区财政全额预算，全年将增加财政补助560万元。对全区1026家参保单位实施工伤保险浮动费率制度，目前有一类行业949家；二类行业77家，其中34家新参保单位按行业基准费率征收，38家费率下调，5家费率上浮，减轻企业负担的同时，促进企业对工伤预防的重视。

【实施“六位一体”劳动关系管理工程】 将劳动监察全面前移，建立健全宣传培训、指导服务、监测预警、应急处置、巡视检查、行政处理等“六位一体”劳动关系预防管理机制，对各类劳动纠纷矛盾第一时间作出反应，将矛盾化解在企业内部、萌芽状态。通过“六位一体”劳动关系管理机制成功处置苏宁广场工地农民工讨薪、沃尔玛超市职工群体性事件等重大案件，全区劳动争议案件量同比下降26%。

【创业载体建设取得突破】 不断完善“淮安市大学生创意创业大厦”“淮安市大学生科技创业园”“淮安万达金街”等27个省、市、区级创业基地建设，精心打造淮安市大学生科技创业园，被省人社厅批准为江苏省创业示范基地淮安基地大学生创业园，是今年淮安唯一获此殊荣的大学生创业基地。

清河区优秀创业项目推介巡回展

人口与计划生育

【概况】 2013年，清河区人口计生工作围绕创建“十二五”省人口协调发展先进区的工作目标，加大政府投入，加快优质服务体系建设，提升流动人口计划生育管理服务水平，2013年，清河区人口计生委被评为淮安市人口和计划生育工作优秀单位、江苏省免费孕前优生健康检查工作先进集体、“江苏省文明单位”；柳树湾街道办事处被省人口计生委表彰为全省人口和计划生育依法行政示范乡镇(街道)。

【召开创建推进会】 3月21日，清河区召开人口与计划生育工作暨“十二五”省人口协调发展先进区创建工作推进会，动员全区上下进一步振奋精神，围绕创建目标，抓好落实，为清河在江北率先基本实现现代化创优人口环境。

大会会场

【洪浩到清河调研】 5月22日，省人口和计划生育委副巡视员洪浩到清河区考察调研城市人口和家庭公共服务体系建设工作，市人口计生委主任蔡莉、清河区副区长高山、人口计生委主任刘玉梅等陪同考察。

【王巧梅调研清河区特色项目建设】 8月23日，国家卫生和计划生育委员会妇幼健康服务司副司长王巧梅到清河区调研人口计生服务特色项目建设，江苏省人口计生委科技处处长王京玲、淮安市人口计生委主任蔡莉、清河区委副书记朱维佳、人口计生委主任刘玉梅陪同。王巧梅对清河区人口计生公共服务特色项目建设给予肯定。

【淮安市政协领导视察清河】 11月4日，市政协主席王维凯，副主席朱毅民、王士高一行视察清河区社会事业大厦、水渡口街道人口和家庭公共服务中心，指导清河区人口和计划生育工作。

民族宗教

【概况】 2013年，清河区区民族宗教工作坚持以科学发展观为统领，贯彻中共十八届三中全会精神，落实民族宗教政策，坚持民族宗教工作“特别慎重、十分严谨、周密考虑”的十二字工作原则，确保民宗领域的和谐稳定，创建平安清河，加快清河“三个文明”建设。

【组织宗教教职人员培训】 2013年，清河区邀请淮安市民宗局和基督教“两会”有关领导到清河授课，全区基督教教职人员及各堂点场所负责人共60余人参加了培训，通过培训，提高宗教教职人员的综合素质。

【清江古清真寺文化活动中心建设历史遗留问题解决】 2013年，历时8年的清江古清真寺文化活动中心建设历史遗留问题，经过淮安市、清河区两级政府的协调、支持，终于得到解决。清江古清真寺文化活动中心建设工程项目于2008年立项，2010年5月开工建设，2011年6月主体竣工。原计划投资170万元，由于建设周期长、设计漏项、材料价格上涨等原因，实际总投资需305万元，资金缺口太大，主体工程扫尾和配套设施工程无法进行，造成古清真寺文化活动中心无法交付使用。

【省支持宗教场所维修资金】 2013年，清河区三自爱国会积极向上申请争取宗教活动场所维修资金，获得省民族宗教局维修补助经费5万元。

【宗教信访工作】 2013年，共接待来访120余人次，答复省、市、区信访案件10件，答复政协委员提案3件，答复率、满意率均100%。在信访工作中，坚持热情接待，虚心倾听，耐心解答，赢得信任和理解。对来访者的不同诉求，能解决尽快解决，不能解决的，认真给以政策解释，并恰当地加以引导，做到不激化、不拖延、不上交，心平气和，因势利导。

【学习宣传民族政策法规】 2013年，清河区加强《民族区域自治法》及党的民族理论、民族政策和民族基本知识的学习、宣传工作，组织干部群众，特别是民族宗教系统干部职工、民族宗教团体班子成员、宗教教职人员以及民营企业员工等参加了民族政策法规知识竞赛。

【解决少数民族子女在清河区入学问题】 2013年，清河区落实民族宗教政策，解决了3名甘肃、宁夏、青海等地少数民族外来人员子女在清河区入学问题，享受区域内适龄儿童入学同等待遇。

【做好宗教慈善活动】 2013年9月，清河区组织基督教三自爱国会和清江古清真寺管委会两个宗教团体，开展扶贫、济困、助残、支教等慈善慰问活动，共收到捐资7万余元，资助30多人。

【落实少数民族子女入学考试政策】 2013年，为36名少数民族考生进行成分审核变更；审核把关39份少数民族考生有关入学考试材料，无一差错，准确率、满意率均为100%。

【开展平安、和谐寺观教堂创建活动】 2013年，清河区组织动员区基督教三自爱国会、清江古清真寺管委会两大宗教团体开展平安、和谐寺观教堂创建活动，全区有3个宗教活动场所、2名宗教界人士被推荐表彰为淮安市先进集体和先进个人。

街 道

◇水渡口街道
◇柳树湾街道
◇淮海街道
◇长东街道
◇长西街道
◇府前街道
◇白鹭湖街道

水渡口街道

【概况】 水渡口街道属城郊结合型街道，地处淮安市区东部，东至宁连路，西至翔宇大道，南至珠海路—丰收河—深圳路，北至古黄河，是淮安市委、市政府建设淮安特大城市规划的中心区域。2010年7月，经过区划调整，街道由下辖健康路、东郊、东方丽景、新建、洪福、果园、果林场、团汪、清新花苑9个村(居)变更为下辖东方丽景社区、杭州路社区、合肥路社区、沈阳路社区、东郊村、洪福村、新建村、果园村8个村(居)，它们由西向东呈带状分布在古黄河南岸。辖区内共有8200多户居民，30000多人口，土地面积约6平方公里。街道地理位置优越，交通便利，新长铁路、宁连一级公路穿境而过，宽广的翔宇大道、水渡口大道以水渡广场为起点向邻区、县延伸，钵池山公园似一颗明珠镶嵌在这方土地上，清河新区西片区建设正呈蓬勃之势，大连万达广场、茂华国际汇、融侨华府、香格里拉国际花园进驻水渡口中央商务区，周边的淮安商贸区正在兴起，经济地位凸显，发展后势强劲。街道办公场所3000余平方米，为辖区群众提供劳动、法律、民政救助等多方位服务。近年来，在区委区政府的正确领导下，为配合区“一城、两区、两带”的建设与发展，街道坚持以经济建设为中心，扎实做好各项工作，突出重点、突破难点、求真务实、锐意进取，扎实工作，大力支持和参与新区建设，维护社会稳定，促进了辖区内经济社会各项事业协调有序健康发展。

【荣誉栏】 2013年，水渡口东北角2、3号地被中共淮安市委、淮安市人民政府表彰为“2012年度中心城市建设市直进度表扬项目”；水渡口街道被中共淮安市委、淮安市人民政府表彰为“2012年度市区城市长效综合管理先进基层单位”“2012年度市区城市长效综合管理工作目标先进单位”“2012年度全市人口计划生育工作先进乡镇”；被江苏省妇女联合会表彰为“‘十二五’妇女儿童发展规划省级示范街道”“巾帼文明岗”；被江苏省统计局表彰为“统计规范化创建达标单位”；谈竹珂同志被中共淮安市委、淮安市人民政府表彰为“2012年度中心城市建设先进个人”；樊占云同志被中共淮安市委、淮安市人民政府表彰为“全市法治城市创建个人二等功”；合肥路社区被淮安市人民政府表彰为“2012年底淮安市和谐示范社区”等。

【经济指标圆满完成】 2013年，完成公共财政预算收入任务37790万元，完成全年任务的100.52%。其中：基本户完成2200万元，房地产及建安22400万元，总部经济完成13190万元。全年完成招商引资项目2个，协议引资额约2.2亿元。具体包括：由茂华置业有限公司投资1.2亿元的茂华商业街项目、投资约1亿元的珠宝商务会所项目。

【重点项目全力开展】 全年共实施市金融中心、市演艺中心、华尔街商贸广场等重点项目13个，计划总投资额达140余亿元，其中枫丹白露小区、清泓花苑三期、中天优诗美地、茂华国际汇、云梦清河、茂华国际汇、小容量注射剂生产线等项目均达时序，其余项目主体施工正稳步推进。

【拆迁征地有序进行】 街道围绕区委、区政府提出的加快新区西片区建设的要求，抽调全办精干力量组织开展拆迁工作。2013年已完成：(1)水渡口东北角2、3号地块扫尾工作；(2)华尔街商贸广场拆迁工作；(3)清泓花苑三期分房工作；(4)枫丹白露分房工作。截至2013年年底，水渡口2号地块上143户民房、3户公房以及3号地块上63户民房、4户公房的征收工作基本完成，除光学仪器厂已签约待交房外，其余房屋均已签约并完成交房。

【社会保障工作不断加强】 2013年，共实现下岗失业人员再就业605人，其中就业困难人员再就业完成81人，新增公益性岗位和灵活就业392人，新增家庭服务业从业人员103人，完成城乡劳动者职业技能培训346人，新成长劳动力技能培训151人，企业职工岗位技能提升培训1021人；全年举办招聘会10次，开发辖区内各类就业岗位11532个，其中公益性岗位343个；开展GYB、SYB、IYB创业培训127人，创业培训成功86人，成功率达68%，完成新培育带动5人以上就业创业典型10个，扶持创业成功260人，新增创业户375户，创业带动就业1898人，均超额完成上级部门下达的年度目标任务。

【城市长效管理成绩显著】 2013年，水渡办事处积极组织开展各类市容市貌、环境卫生综合整治行动，先后清理城市卫生死角9处，清运零星垃圾26吨，清理乱堆乱放228处，清理覆盖牛皮癣1400多处，清理杂草4次，达6万平方米。与此同时，街道着力抓好住宅小区环境整治，先后对辖区内8个成型小区配备117名保洁员，配足保洁车辆，制定保洁制度、奖惩考核制度，安排专人督查，一天一督查，一天一交办，有效改善小区内外环境。按照城市综合环境整治实施方案，投资3.5万元对丰收河、洪福河实施整治，做到水体清洁。

【社会管理创新工作扎实做好】 建立健全网格队伍建设，将社区的五老人员、志愿者、物管、保洁等力量充实到网格队伍里，努力实现有问题及时发现、有矛盾及时化解、有需求及时服务的“三有”格局；建立阳光信访综合服务中心，通过建立阳光信访视频接访室、电子网络信访服务室，拓宽、畅通信访渠道，逐步实现市、区、街道及社区四级联动，更为便捷地及时化解矛盾纠纷，将信访矛盾化解在基层一线；实现街道一站式维权服务，成立维权工作站，构建了“线连线、点对点、面对面、屏对屏”四个维权通道；有效整合各类资源，将政法综治、阳光信访、劳动保障、民政计生等19个与群众生活息息相关的服务窗口有效整合，实行服务窗口联合办公。同时，相继推出各种特色工作法，如“六送”工作法、“老带新”工作法、“调解工作进网格”、“青少年零犯罪”社区创建、“四心”工作法以及以关爱式、预约式、跟踪式、提醒式、代办式为特色的“五种特色服务”等,受到群众的一致好评。

【国家信访局领导视察水渡口街道信访工作】 6月25日,国家信访局穆司长一行20余人,在市委常委、秘书长肖本明等市、区领导陪同下,莅临水渡口办事处观摩阳光信访工作。穆司长实地察看了水渡口街道接访服务、电子网络信访、视频接访等事项,详细询问了信访案件的办结与反馈情况。

【江苏省军区领导调研人武规范化建设工作】 8月13日,江苏省军区情报处处长、淮安军分区参谋长顾云翔一行在区人武部部长余新昌、政委张文兵的陪同下,调研人武规范化建设工作,听取了关于人武规范化工作的情况汇报,察看了街道武装工作平台及历年备战工作资料。顾云翔处长对水渡口街道的人武规范化建设和创建工作给予了高度评价。

【江苏省法律援助中心领导察看司法工作】 8月13日,江苏省法律援助中心副主任孙元明一行5人在市司法局副局长陈升业及区司法局局长汪和生的陪同下,实地察看了水渡口街道司法所,听取了街道司法所关于信息化工作的情况汇报,并详细了解了水渡口街道社区矫正、法律援助、人民调解等工作信息化建设及司法行政平台使用的情况。孙元明主任对水渡口街道司法行政信息化建设和创建工作情况给予了充分肯定。他指出,司法行政信息化工作任重道远,希望清河区司法行政系统充分利用现有资源,再接再厉,实现数据共享。

【国家信访局领导观摩水渡口街道阳光信访工作】 12月2日,国家联席办副主任、国家信访局副局长李皋、省政府副秘书长、省信访局局长沈城一行6人,在市委常委、市委副秘书长肖本明、市委副秘书长、市信访局局长邱金义、区委书记王海平、副区长祁素娟、区纪委书记蔡绍忠的陪同下,莅临街道观摩调研阳光信访工作,并实地察看了水渡口办事处的阳光信访综合服务中心,详细询问了阳光信访视频接访室、电子网络信访服务室的建设及开展工作情况,对街道的阳光信访工作给予了高度的评价。

检查组现场询问信访工作

【水渡口街道牵手孩子王共同举办“童乐会”】 5月24—25日,水渡口街道计生办、妇联牵手万达“孩子王”将一站式欢乐呈现给淮安地区0—14岁的有孩子家庭。活动现场看点颇多,1000余名来自各大幼儿园、专业学校的专业小演员们的演出助阵,给大家献上一幕幕精彩纷呈的优质节目与互动活动。活动现场,独生子女保险宣传点、亲子培训、免费红娘服务站都惹人眼球;100余家一线婴童品牌、知名早教、才艺展示等培训机构抱团参与;“灰太狼、喜羊羊、可爱虎、大脸猫……”等知名卡通明星玩偶随时准备与小朋友们合影留念,将精彩珍贵的欢乐瞬间留存,让孩子们在活动中不断拓展自己的智慧,在快乐中成长。

【沈阳路社区开展“文明祭祀、平安清明”宣传活动】 4月3日,为了倡导辖区居民通过文明、环保的祭祀方式悼念亲人,寄托哀思,沈阳路社区结合网格化管理工作,通过张贴、发放宣传材料,黑板报等方式开展“文明祭祀、平安清明”宣传活动,倡导辖区居民用网上祭扫、家庭追思、献花等文明、环保、绿色的方式代替传统的习俗来表达自己对于逝去亲人的追思和缅怀。同时,向辖区居民大力宣传文明节俭办丧事、国家殡葬管理相关法规、政策禁止的行为以及殡葬惠民新政策、殡葬新风尚。通过此次活动,让辖区居民对于清明节有了更多新的认识和了解,确保清明祭祀活动安全进行。

【东郊社区举办免费婚检和孕前优生健康知识讲座】 9月26日,东郊社区组织开展了一次优生优育科普知识讲座,辖区20余名新婚夫妇、待孕夫妇及居民听取了讲座。采用具体事例和图片深入浅出的进行讲解,宣传免费婚检、免费孕前优生健康检查政策,全面细致地介绍了“免费孕前优生健康检查”的重要意义以及预防出生缺陷、减少先天缺陷和残疾儿出生率等方面基本知识。通过此次讲座,既宣传了免费孕前健康检查,又提高了群众的优生优育知识水平,使之树立了正确的优生优育观念,大家纷纷表示受益良多。

【东方丽景社区开展“学雷锋文明交通志愿服务”活动】 为深入开展学雷锋志愿服务活动,大力传播“学习雷锋、奉献他人、提升自己”的志愿服务理念,壮大志愿者服务队伍,推进志愿服务常态化,东方丽景社区于2013年6月15日组织开展“学雷锋文明交通志愿服务周周行”活动。社区志愿者队伍在北京路苏果站东、西两站协助维护交通秩序,引导乘客文明排队、有序乘车,引导车辆有序停放,活动中志愿者服务意识强、劝导有耐心,在炙热的阳光下,热情饱满。此次活动,有利于提高志愿者服务队伍的服务意识,增强市民的秩序意识,提升城市的文明交通形象。

【杭州路社区积极开展H7N9禽流感防范工作】 随着H7N9禽流感疫情的发生,为了做好疫情防控,保证辖区居民安全,4月15日,杭州路社区在辖区范围内开展了一系列宣传活动。一是在各小区的LED屏上开展宣传,让居民了解人禽流感发病症状、传播途径及预防措施,提高居民对禽流感的认识。二是充分发挥网格员在一线工作的优势，深入到居民家中去，发放宣传材料，告知居民尽可能减少与禽类不必要的接触，吃禽肉要煮熟、煮透；勤洗手，避免用手直接接触自己的眼睛、鼻、口，发现有类似流感症状要及时就诊；尽量不要去人多拥挤的地方，保持良好体质。三是对于已经饲养家禽的业主，网格员上门做好宣传工作，规劝业主将家禽宰杀。

【合肥路社区开展企业职工道德与法制教育讲座】 10月9日，合肥路社区邀请辖区劳动培训学校的王讲师开展企业职工道德与法制教育讲座，进一步引导辖区内企业职工掌握相应的道德规范和法律法规，自觉约束自己的言行，并深入讨论，查改结合，提高整体管理水平。讲述目前职工爱岗敬业和遵纪守法的现状、存在问题、不足形成原因等问题进行了研究，让大家提出了意见建议，为进一步抓好职工教育起到了有力的促进作用，使辖区企业职工得到了一次深刻的职业道德和法制知识教育。

【合肥路社区做好高温季节预防火灾工作】 7月20日，为了加强合肥路社区的消防安全管理，认真贯彻“预防为主，防消结合”的方针，杜绝重大伤亡事故和重大经济损失、减少火灾事故的发生，社区特加强宣传与管理，制定以下要求：提高防火安全意识宣传，以预防为主；进一步加强对社区内易燃、易爆物品的管理与排摸；认真落实与宣传各项用火、用电、用气管理规定；宣传加强自我保护的意识与方式等等，坚持做到不留死角，不留隐患，建立健全“消防安全自查、火灾隐患自除”的工作机制。

柳树湾街道

【概况】 柳树湾街道，东至淮海北路—健康西路—北京路、西北至废黄河和西安路、南至里运河，下辖朝阳社区、富丽花园社区、城西社区、富强村、西安路村、西郊村，总面积7.4平方公里，人口约5.4万人，因柳树湾风景区在此区域而得名。近年来，在区委、区政府的坚强领导下，在区人大的监督指导下，柳树湾街道突出招商引资、项目建设、财税征收工作中心，以民生至上为宗旨，以维护社会稳定为基石，进一步解放思想，抢抓机遇，攻坚克难，狠抓落实，各项工作取得了较好成绩，街道被表彰为2013年度全区综合目标考评一等奖，重点项目、工业经济、服务业工作、社会管理服务、房屋征收、安全生产、民生保障等多项工作被表彰为先进集体。

【工业经济及财税收入】 街道全年实现规模工业产值7.96亿元，同比增长52%；实现销售收入7.25亿元，同比增长51%；实现利税0.59万元，同比增长52%；入库税金实现全年目标。申报规模服务业和贸易业54户。实现税收入库22757.84万元。

【强化招商选资】 成功签约外国语小学北侧地块商业开发、温州王朝酒店2个亿元项目，引进各类服务业项目54个，完成注册资本金2.47亿元，实现外资到账50万美元。

【旧城改造进展顺利】 全年完成扫尾项目1个，顺利将康居花园二期土地交付使用；同时启动新征收项目3个，其中西安路11号地块在奖金期内100%完成签约和拆除，保证了项目顺利开工；苹果国际二期在春节前顺利完成年初制定的目标任务。另有电厂煤灰厂地块二期（社管大厦南侧地块）还有17户正在紧张扫尾。

【全力促进就业再就业工作】 利用社区的宣传栏、自助服务系统等载体，宣传就业再就业相关政策，发放就业帮扶宣传册2000余份。积极与辖区西安路工业园区、新区产业园等联系合作，及时掌握和更新各类用工信息。组织用工招聘活动，先后在六个村居组织招聘活动36次，开展就业培训13期650人次，推荐用工654人，新增就业再就业456人。

柳树湾街道开展实业人员技能培训

【扎实做好民政优抚和低保工作】 最低生活保障保实行应保尽保，2013年新增低保户54户，105人；同时对辖区内低保对象进行全面核查，将不符合条件的20户及时退出；切实做好低保提标工作，截至目前，辖区城市低保户531户，1227人，月发放保障金264079元。结合“三进三解三促”活动，认真组织困难群众结对帮扶，春节、七一、八一、中秋节分别组织形式多样慰问活动；开展”580”慈善救助，共救助57户、救助资金130900元，认真做好老年生活补助发放、困难居民医疗救助等工作。在中天花园二期建成居家养老活动中心，为辖区老人提供日间照料服务，解决双职工家庭的后顾之忧。

【大力繁荣社区文化】 加大投入，建成富强、西郊两个文体活动中心，建成4个文化活动室，和辖区单位共建共享一批健身活动场所。整合队伍，各社区均建立了1—3支文化志愿者队伍，城西社区俏夕阳艺术团、京剧社等在全市有一定影响。开展活动，不断满足群众精神文化需求。

【努力提供优质计生服务】 为辖区322名育龄妇女提供免

费孕前优生健康检查，1327 名育龄妇女提供两癌筛查。加强人口和家庭公共服务体系载体建设，在中天花园打造以早教育为特色的人口和家庭公共服务中心；加强对流动人口计划生育、优生优育、奖励优待、便民维权等服务，实现流动人口基本公共服务均等化。2013 年，街道被国家卫计委授予人口和计划生育依法行政示范街道。

柳树湾街道计划生育服务进企业

【强化网格化管理】 依托街道搭建的社会管理服务中心为平台，以村(居)综治网格化管理为基础，以“四室一厅两触角”为标准，推进街道和社区社会管理服务工作的规范化建设，同时建立部门联动的工作机制，组织社区综治专干、辖区派出所民警、社管协管员进门入户进行摸底调查，加强对重点人员、流动人口、房屋租赁户的管理，确保将影响稳定的突出矛盾和问题解决在基层、化解在萌芽状态。

【落实城市长效管理】 街道开展集中整治 7 次，取缔流动摊点 126 个、整治乱拉乱挂 165 处、清理店外店、占道经营 87 户，清理小广告、乱涂乱画 742 处。接到市、区城市长效管理交办单 181 件，及时整改、回复 181 件，交办件办结率 100%。组织防违治违队伍实行 24 小时、全方位巡查，发现一处，拆除一处，辖区各类违章建设得到有效控制。

【建立健全食品和药品安全监管体制】 街道针对辖区 4 家食品加工企业，116 家餐饮、超市，3 家农贸市场、16 家诊所、17 家药店，共组织食品安全检查 24 次，对检查出的问题，逐一进行整改，全年未发生食品安全和药品安全事故。

【全面化解信访矛盾】 街道接待群众上访 90 余起，受理信访 50 余件，按期结案率达到 100%。截至目前，街道未发生一起因工作失责引发的重大群体性事件和重大信访事项。

【全面落实安全生产责任】 认真落实街道、社区、企业单位三级安全生产责任制，完善监管组织体系，坚持企业每日自查、社区每月检查、重大节日和重大活动集中排查，开展“火患清剿”“专项整治”“安全月” 和大市场整治等形式多样的活动，全年排查企业 1300 余家次，整改安全隐患 240 余处，实现安全生产无重大事故。

【综合减灾—全心全意为民】 西安路社区始终坚持把社区防灾减灾作为工作的重中之重，切实做到提高居民群众应对突发事件的能力、提高居民群众的防灾意识和技能。定期和社区共建单位召开共建联席会，把综合减灾工作做实做好。从加强舆论宣传、建立应急机制、进行实战演练着手，来提升社区应急管理的水平，增强居民的民防意识和自救互救能力，为打造平安和谐社区奠定基础。2013 年，获得国家级综合减灾示范社区

【西安路社区加强妇女儿童工作】 社区计生积极为居民及流动人口育龄妇女建立健康档案，免费提供健康咨询、就医指导服务，发放避孕药具。为社区妇女共举办免费咨询活动 8 次、就业指导服务 4 次、免费发放避孕药具 6000 多份、发放宣传资料 2000 余份。社区开放儿童快乐家园，配置 5000 多本图书、4 台电脑、及部分玩具。为广大妇女儿童提供学习、娱乐的场所。

【民主理财、监督双重保证实行财务公开】 2013 年，西安路社区调整的理财监督小组，由村民投票选举组成，在民主理财小组一年四次理财的基础上，不定期对社区每月的收支账目进行一笔笔清查，坚决剔除不合理的支出。透明的民主理财，严格的理财监督双重体系使得村集体财务管理越来越规范化，减少了集体资产的流失，更减轻了村民的负担。

【网吧监督管理创出新模式】 2013 年 1 月开始，西安路社区活跃着一支“五老”网吧义务监督员队伍，这支队伍中有老党员、老干部、老教师，他们每天在辖区内巡视各网吧，引导和监督网吧业主不得接纳未成年人，以高度的责任感和实际行动关注着下一代的健康成长。

【富强社区获多项市级以上荣誉】 2013 年，富强社区认真履行自治职能，不断完善社区居民自治组织，在社区全体人员的努力下，社区获得了“全国综合减灾示范社区”“江苏省示范妇女儿童之家”称号、2010—2012 年江苏省文明社区、江苏省委组织部党员干部现代远程教育示范站点、淮安市全民健康示范社区、淮安市劳动保障工作站先进集体。

【成立社区志愿者服务站】 富强社区专门成立了社区志愿者服务站，根据辖区居民和社区资源的分布情况，本着便于管理、便于联系、便于开展工作的原则，专门成立了社区志愿者服务站。同时制定了一整套的志愿者管理的职责和制度。建立了由专人负责的信息采集、整理、传送及服务联系的工作平台，并且定期召开志愿者会议，采取走访、调查的服务流程，实行社区志愿者与服务全覆盖。

【扩建社区居家养老服务中心】 2013 年 10 月，富强社区在原有基础上，在中天花园二期的 14 幢南侧扩建社区居家养老服务中心，该中心占地面积 140 平方米，门前有近 2000 平方米园林式活动场地，社区成立了专门的工作领导

小组，建立了各种规章制度，工作流程完善规范并上墙。投入了近20万元的资金健全配备各种设施，也设有老年日间照料室、棋牌室、健身康复、文化活动室、图书阅览和老人活动等设施。

2013年10月25日，社区居家养老服务中心揭牌仪式

【发挥党组织的核心作用】 西郊社区以"清河人、中国梦"主题宣教活动为契机，扎实推进党组织建设，抓好全体党员的政治理论学习。组织社区党员干部赴刘老庄举行纪念建党92周年活动。全面推行党风廉政建设，严格落实作风建设十项规定；顺利完成新一届党组织换届工作。

【做好服务工作】 西郊社区耗资10万余元装修社区活动用房，总面积达300多平方米，现已正式投入使用。社区共有享受低保家庭153户，375人。日常困难救助52户，慰问金累计3120元。全年累计调解矛盾纠纷37起，调解成功率超过90%。辖区内未发生重大刑事、治安案件。全年整治脏乱差地段超过4万平方米，增种绿环面积近2万平方米，清理清运各类垃圾70余吨。

【富丽花园社区成立柳树湾诗社】 为了弘扬国粹、普及和繁荣诗词文化，富丽花园社区在广大诗词爱好者的积极支持下于2013年10月28日举办了柳树湾诗社成立会议，参加会议的都是诗词爱好者，约有30人。社区诗词协会旨在宣传中华传统美德，丰富社区居民的业余文化生活，为栽培下一代，打造更加和谐、文明的"诗词之乡"贡献一份力量。

【富丽花园社区计生宣传服务进企业】 2013年2月，富丽花园社区网格人员来到辖区江苏天成建设工程有限公司，开展计生上门宣传服务活动。通过分发了计生服务、计生系列保险、免费保健筛查服务流程、孕前检查等相关知识的宣传资料30多份；让企业员工了解现行生育政策；免费发放避孕药具，使企业人员真正感受到党和政府的关怀，营造良好的人口环境。

【社区居民马春花喜获"筑梦清河—最美身边人"荣誉称号】 在清河区委宣传部组织开展的2013年度"筑梦清河—最美身边人"评比活动中，富丽花园社区居民马春花获此殊荣。

【为民服务取得突破】 城西社区组建由老党员、老干部为骨干的"我爱我邻"志愿者服务队，发展个人会员480人、团体会员6个，初步形成了一张覆盖社区、功能齐全的社区服务网络，通过为社区居民开展志愿服务，激发了居民热爱社区、关心社区、共建社区的积极性和创造性，被市授予淮安市十佳优秀社区社会组织"。组建由150名文艺骨干组成的"天天乐"民间文艺宣传队，在社区演出100余场，并参与"沪淮京剧票友大赛""百场文艺进社区"等省、市、区重大演出活动，连续3年被市委宣传部、市文广新局、市文联授予优秀业余文艺团队。

【社区共建取得突破】 城西社区与驻区单位开展"八联共建"活动，动员驻区单位参与社区建设，实现互动双赢。近3年，社区梳理公交院路灯不亮、水建宿舍下水道老化等15类民生难题，通过共建帮扶全部得以解决。以清河机关医院"卫生服务进社区"为契机，为社区50岁以上老人全部建立健康档案，并免费进行体检。在与工学院15名大学生志愿者、市环保局结对共建中，所做工作赢得群众满意，中华义工网、淮安日报等媒体多次予以报道。

【对外宣传取得突破】 近年来，城西社区在国家级媒体发表社区报道120篇，其中影响力较大的中国共产党网、中国党建网、中国社区、社区党建杂志多次刊登城西社区事迹。江苏经济报、中国江苏网、淮安电视台多次报道城西社区工作，提升了社区知名度、美誉度。

【朝阳社区关心辖区青少年成长】 2013年，利用寒暑假和周末时间，先后在校外辅导站和市民学校，举行周恩来精神宣讲报告、青少年法制知识、安全知识、学子成才报告会等活动，举办各类报告30余场，受益青少年100余人次。关工委定期和不定期对辖区内4家网吧进行督查，尤其是周末和寒暑假期间，加强网吧督查，对沉迷网吧的青少年进行劝导教育，为辖区青少年健康成长营造良好的社会环境。2013年朝阳社区关工委获得清河区关心下一代工作先进集体、优秀校外教育辅导站、青少年零犯罪创建先进集体荣誉称号。

【朝阳社区开展省级节水型小区创建工作】 为进一步增强辖区居民节水意识，朝阳社区于2013年3—10月开展新东南公寓省级节水型小区创建工作，通过张贴节水宣传标语、制作节水宣传栏、开展节水宣传系列活动，开展了节水达人家庭评比、六一趣味运动会、节水有奖猜谜活动、节水书画比赛等活动，多形式、多渠道地宣传节水，取得了很好的成效，受到了区、市级领导的高度认可，12月份顺利通过省级验收。

【认真做好省级城市管理示范社区创建工作】 2013年11月，朝阳社区积极开展环境综合整治，创建省级"城市管理示范社区"。对所辖范围全面排查、分类梳理、逐项整治，整治内容包括清理绿化带小菜园、积存垃圾、更换小区破损垃圾桶、添置绿化缺株、清理小广告、路面破损修补、健身器材维修、油漆出新、维修大门等,全方位、多角度、无缝隙的进行环境整治。得到了所辖群众的一致好评。12月份顺利通过市级验收。

淮海街道

【概况】 淮海街道成立于1983年，地处淮安市中心区域，得名于1958年开始修建的"淮阴第一路"——淮海路,是全市经济、文化、商贸、交通、通讯中心和对外交流的重要窗口。街道行政区域为:东至翔宇大道、西至淮海北路、南至淮海东路、北至废黄河,面积约3.7平方公里,人口约8万人,其中常住人口近7万人。街道下辖车站社区、向阳社区、交通社区、健康路社区、北新村社区、黄河南社区、新村社区和立新社区。辖区内汇集国家税务局、省公路管理处、地税局、市政法委、市经信委、市财政局、市民政局、淮阴师院学院等国家、省、市属单位100多个。商贸流通业十分活跃,形成了以苏北地区最大的小商品集散地——汇通市场为龙头,与金鹰国际购物中心、中央新亚国际购物广场、沃尔玛超市、乐天玛特购物中心、华润苏果超市等大型商场相依托的淮安市现代商贸物流圈。交通枢纽位置十分显要。淮海路、健康路、承德路、翔宇大道等城市主干线贯穿围绕。国家一级客运站——淮安汽车客运站(总站)位于辖区,是苏北地区公路客运的枢纽,拥有客运班线300余条,年运输旅客400多万人次。通讯、金融业基地十分集中。街道是中国电信、中国移动、中国联通等三大电信运营商分公司及中国建设银行、交通银行、中国人寿等淮安分行(部)所在地,淮安市区农村信用合作联社、中国银行、工商银行、江苏银行、农业银行在街内设有支行和办事处,是全市电信、金融的中心,通讯、金融业服务十分完善。餐饮休闲娱乐业十分发达。曙光国际酒店、淮安迎宾馆、淮州宾馆、幽兰都等星级酒店分布其中,麦当劳、必胜客、星巴客及各具特色的茶艺馆、咖啡馆、KTV坐落有序，是全市人民休闲娱乐和夜生活的理想去处。现代化城市气息十分浓厚,淮海第一城、天山华庭、康城明珠、中鑫上城、盛和名都、机关北大院、金马大厦等一批别具特色的住宅商务楼宇,汇聚着人气、财源,洋溢着时代特色,吸引了众多海内外人士居住、置业和发展。街道经济发展十分强势,2013年完成入库税收3.68亿元，成为清河区连续五年财政收入过亿的街道办事处；辖区内规模企业实现总产值超亿元,新亚国际广场、苏宁电器广场、金旺快捷酒店、康普五金灯具城、淮安龙游城、嘉和国际广场等重点项目在这里落户生根。

【财税收入健康发展】 年初街道制定并落实了一系列强有力的措施。一是摸清底子。对重点纳税企业进行全面摸底,实行重点企业党政领导联系责任制。二是加强宣传。配合税务部门,通过发放宣传资料、上门走访等方式增强纳税户的纳税意识。三是加大税收征管力度,在为企业搞好20项菜单式服务的同时,加强征管力度,堵塞税收漏洞,做到应收尽收,颗粒归仓。四是开展专项整顿,一方面深入挖掘潜在和漏征漏管税源,另一方面创新亮化工作,对辖区的教育、餐饮等机构开展专项联合调查工作,加强宣传。五是加强房产税征收,街道制定详细工作方案,安排精干的人员队伍,深入到各社区进行房产税征收工作。至2013年年底,公共财政预算收入3.68亿元,超额完成区下达3.5678亿元任务。

【全力推进项目建设】 年初根据目标责任状,对街道10个重点项目分别明确由班子成员、部门、社区挂钩帮办,落实责任到人。对淮安新天地、恒荣国际大厦等达序时项目定期跟踪帮办,确保项目稳妥推进;对苏宁电器广场、嘉和国际广场、九龙汇等项目全力协调市、区相关部门及开发商,加快建设步伐;对电信大楼北侧、检察院东侧、新亚北侧等地块加大推介力度,全力招商;对奥林大厦、新天地花苑等拆迁项目,组织精干力量,加大扫尾力度,取得显著成效。

【招商引资成效显著】 坚持领导靠前,突出重点,开展产业招商、专业招商、以商引商,利用好清河区的扶持政策,进一步加大招商引资力度,提高招商引资质量,扩大招商引资规模。2013年共签约亿元项目3个,新开工亿元项目2个,上报新引进总部(楼宇)经济企业共25个。

【社会管理着力创新】 健全街道矛盾调解机制，及时处理网格报送的各类矛盾问题，完成区社会管理中心交办的任务,指导社区做好社会管理服务工作,着重加强对网格队伍考核管理。按照扁平化的要求,整合街道综治、司法、民政、计生、城管、劳动等岗位职能,推进街道社会管理服务流程再造。建立健全以社区党组织为核心,以社区自治组织为主体、以物业管理机构和社区社会组织为补充,驻社区单位和社区群团密切配合、社区居民广泛参与的新型社区服务管理体系。以向阳社区为试点,重点打造社区社会管理服务中心,在健康路社区建立了社区居家养老服务站。2013年,街道成功化解处理事件300余起。

【信访工作持续好转】 明确专人、倒排进度、落实措施,加大信访积案化解力度。并定期到各挂钩社区进行下访,逐一落实化解方案或稳控措施。成功调处山鹰大厦火灾、沃尔玛超市、金马广场、温州花苑、市文化用品公司等群体上访事情,成功做好重要节日活动的信访稳定工作,没有发生一例赴省进京上访事件。

【城市管理确保长效】 坚持长效综合管理不放松，健全考核制度,加强环境治理,做到日常管理和重点整治相结合,明确工作要求、工作内容、责任人及承办人,限时督查,及时整改。对物管小区综合管理,重点抓牢对物业公司的考核力度,每季度开展主题月活动,全面提升物业管理服务水平。突出做好防治违法建设工作。按照要求成立相应的防违治违工作网络，确保做到网络全覆盖，做到及时发现、及时上报、及时拆除，不留一处死角，全年共拆除违法建筑39处，面积达600多平方米。2013年，街道城管工作获得了3次第一名，2次第二名，1次第三名的成绩。

【计生工作有序开展】 加大免费孕前优生检查、非从业人员独生子女奖励等各项惠民政策的宣传力度，确保计划生育家庭及时享受应有的政策，截至目前，孕前优生检查完成335对，免费健康检查完成1350人，独生子女奖励金发放1576人，54480元。加强对特扶家庭的帮扶和救助力度，26户43人缴纳了国寿绿洲团体综合保险，3人获得了保险公司理赔金额合计17500元，3户失独家庭获得居家养老服务。

【加强基层组织建设】 按照区委、区政府的统一部署，分别于2013年8月底、10月底顺利完成了社区党组织、社区居委会的换届选举工作，将一批有思想、有能力的优秀人才选到社区组织中来，进一步提升了基层为民服务的水平。

【加强社区基础建设】 将社区建设工作摆上重要议事日程，进一步整合社区规模，促进社区发展。向阳社区获得区委区政府全力支持购买了天山华庭综合楼近800平方米办公用房，车站社区在市、区领导关心下扩建了办公用房近400平方米，黄河南社区办公用房新址正在积极协调中，交通、立新、健康路等社区办公用房都得以改善。

【拓展社区服务功能】 进一步深化社区建设，提升社区基础服务的范围和功能。继续推广社会化居家养老服务工作；扶持民间文艺团体发展，加强文体工作，推进街道文化大发展。

【社会保障扎实推进】 街道积极拓展社区就业服务渠道，有针对性地开展下岗失业人员职业指导和技能培训，累计培训人员2000多人次，下岗失业人员实现再就业300多人。深入开展创业孵化工程，成功打造新亚、曙光、中鑫三个淮商崛起三大创业基地，在康城明珠小区打造了创业淘金街，累计扶持创业户300余户，涌现创业典型15个，创业带动就业2000多人。

【安全生产常抓不懈】 强化责任意识，健全组织网络，制定目标考核办法，与8个社区及339家辖区责任单位签订目标责任状，建立长效防范和督查的机制，采取每月一次安全防范会议和执法检查，每季一次安全生产隐患专项整治和重大危险源的调查摸底，有效地遏制了安全事故的发生，全年共排查整改安全隐患241件，全都整改到位，化妆品一条街"三合一"安全隐患、康泰食品厂锅炉隐患、金马广场电梯消防安全隐患、中鑫商城电梯隐患等重大安全隐患得到有效整治。

【民生保障全面进步】 规范低保管理工作，全力打造公平低保、阳光低保、诚信低保，顺利完成了低保提标工作，为全办679户，1389人进行了全面提标，当月发放低保金32万余元。开展特困家庭重大节日帮扶慰问工作，实现全覆盖，帮扶金额达35万元以上。积极落实优抚政策，诚心服务街道优抚对象，今年发放优待金累计30万余元。继续开展红十字"三救""580"慈善救助工作，累计救助96人次，14万元。廉租房补贴上报16户，审批10户；实物配租上报48户，审批35户；共有产权房审批通过8个。

【扎实推进"三进三解三促"活动】 街道党工委坚持将"三进三解三促"工作落到实处。机关人员全部挂钩联系辖区企业，每月走访企业不少于2次，为企业排忧解难；同时领导班子成员挂钩帮办重点项目，全力协调解决项目问题。全力支持社区建设，协调解决了车站社区、向阳社区的办公用房，积极支持健康路社区、北新村社区活动用房打造。结合社会网格化管理，广泛深入群众家庭积极宣传党和政府的惠民政策、法律法规和区委区政府的决策部署，以更好地为民服务为重点，以群众满意为导向，深入开展活动，推进街道科学发展、促进社会和谐。

【邻里心连，和谐一家亲】 车站社区充分挖掘辖区的文体资源和人才资源，积极发挥骨干带头作用，开展形式多样、丰富多彩的文化体育活动。社区把每年举办社区邻里节和体育运动会作为社区共建的平台和纽带，围绕"邻居情""邻里和""邻里帮""邻里展""邻里乐"五个板块，开展形式多样的活动，举办趣味运动会、家庭才艺展示、厨艺大赛、文艺汇演等活动，每次历时10个月，参加活动的共建单位职工累计达2000多人次。同时，通过以共建单位冠名赞助各项文体活动方式，帮助其扩大知名度和美誉度，极大调动了他们参与和谐社区建设的热情，做到了组织活动联搞、和谐社区联创、公益事业联办、困难对象联帮。

【北新村社区成立刘金文谈心室】 针对刘金文同志热心公益事业、群众工作经验丰富的特长，社区成立了刘金文谈心室，重点进行矛盾调解、青少年帮扶、法制宣传、心理疏导等各种工作。谈心室墙上贴着刘金文同志个人简介、工作风采、工作制度以及刘金文同志亲笔书法、绘画等，布置得庄重温馨，竭力让每一个到来的群众享受到最贴心的服务。

【健康路社区开展关爱残疾人行动】 以服务残疾人为主要内容的关爱行动，建立了残疾人餐厅，每天组织残疾人就餐，组织了残疾人梦想合唱团。淮阴师院大学生志愿者定期参与互动，培养残疾人自力更生能力，建立了残疾人手工作坊，定期组织义卖活动，为残疾人创收。

【健康路社区积极开展综合减灾活动】 以提升居民防灾能力为主的居民综合减灾活动。社区抓住重点节日，加大宣传力度，打造了城明珠与军营路沿线的宣传路线，以隐患比较集中的化妆品一条街，开展重点消费宣传活动。积极组织每季度的消防演练活动、"11·9"和"5·12"等重大节日活动。

【黄河南社区挖掘文化资源，积极开展文体活动】 积极挖掘具有群众基础的文化资源，充分发动社区居民，积极投身社区文化建设。在重大节日，社区都会为广大群众安排丰富的文娱活动，活动形式多种多样：2013年，社区依次举办了迎新春文艺演出、元宵猜灯谜、端午节包粽子等活动，群众积极参与，场面恢宏壮观。

【交通社区组织多种文化宣传活动】 举办和谐文化进社区文艺汇演、书画门联到户等活动；建立社区文化宣传长廊，新增6处社区文化宣传栏；组织退休党员开展学习恩来精神，争做优秀共产党员活动；积极开展党员干部创先争优活动；开展节日帮扶慰问活动；拥有市民学校，党员学习活动室等阵地。组织社区离退休干部学习、宣传中共十八大精神，丰富他们的精神文化生活，激励他们保持先进本色、奉献社区建设的政治热情，为社区全面建设发挥助推作用，开展了“学习十八大、奉献在社区”主题演讲活动、夕阳红“情系中国梦”离退休人员才艺展示。

【立新社区成立“四员一宣传”社区组织】 立新社区在设立网格化管理后，组织淮海诗社的几位老人成立了“四员一宣传”社区组织。在工作中，一是让老年人当好方针政策法规和社区工作的宣传员、舆论道德评议员和传统文化的引领者。经常性的开展各种活动，不仅宣传了先进文化，还使老年人身体得到了锻炼。二是让老年人当社区事务的“支持者”，支持社区事务管理，当好社区支持员和社情民意的反映员。有情况及时反映，有效地促进了社区工作的开展。三是让老年人当好矛盾纠纷的“协调员”，当好赡养问题的调解员和群众思想。四是当居民找社区谈话时充当社区的“疏导员”，取得了不错的效果。五是当好社区管理的“监督员”，发挥老年人威信高、敢于直言的优势，让老年人参与社区内卫生监督，使社区卫生环境的长效管理得到进一步加强。

【创新网格服务，推进安定和谐】 向阳社区为了打造“平安新向阳”，社区建成“党政管理、社管信息、矛盾调处、研判分析、指挥应急”五个网格化服务中心，做到相互配合，整体联动。按照“前台受理、后台处置、一次登记、内部分流”开展“一站式”服务。通过日常巡查，发现问题，及时处理，做到处理身边矛盾不出网格，处理中度矛盾不出社区，处理重大矛盾不出街区，从而促进了社区的安定和谐。

【新村社区整合辖区单位资源，晚上志愿者服务工作】 新村社区充分发挥辖区单位资源优势，进一步完善志愿者工作的管理，推行志愿者注册制度工作的实践，完善志愿者档案管理，建立了注册志愿者电子档案、对志愿者个人概况、服务情况详细记录，成立了以社区干部、党员、居民组成的志愿服务小组，建立了文化教育、计生新风、科普宣传、消防安全、便民服务、党员治安巡逻、环保护绿、爱心医疗、普法维权、文体娱乐10支特色志愿服务队，并在此基础上充分挖掘，成立了日常巡逻、健身、合唱等8支个性志愿小分队，壮大志愿者队伍。通过深入家庭、小区的形式，向居民发放志愿者招募调查表，挖掘居民的特长，征求居民对社区工作的意见和建议，为社区志愿服务工作的开展打下了良好的基础，提出了“有困难找志愿者，有时间做志愿者”的口号。

【荣誉榜】

2013年淮海街道获市委市政府以上表彰

1. 市委、市政府表彰淮海街道2012年度全市人口和计划生育工作示范乡镇；

2. 省综治委预防青少年违法犯罪工作领导小组、省社会管理综合治理委员会、省关工委表彰为全省“未成年人零犯罪社区(村)”创建工作先进集体；

3. 省妇联表彰为江苏省“三八”红旗集体江苏省第六次全国人口普查先进集体。

2013年淮海街道各社区获市委市政府以上表彰

车站社区

1. 中共江苏省委、江苏省人民政府授予《2010–2012年江苏省文明社区标兵》。

新村社区

1. 江苏省精神文明建设指导委员会授予：“2010–2012年度江苏省文明社区”荣誉称号；

2. 江苏省妇女联合会评为：“江苏省示范妇女儿童之家”；

3. 江苏省民政厅评为：“江苏省和谐社区建设示范社区”。

健康路社区

1. 全国综合减灾示范社区。

北新村社区

1. 淮安市委组织部、淮安市妇女联合会授予“淮安市示范妇女儿童之家”称号；

2. 江苏省依法治省领导小组评为江苏省第八批“民主法治示范社区”；

3. 淮安市精神文明建设指导委员会办公室、淮安市教育局、淮安市关心下一代工作委员会评为“优秀校外辅导站”；

4. 江苏省文明办、江苏省关工委评为“全省优秀校外教育辅导站”。

长东街道

【概述】 2013年，长东街道认真落实中共十八大精神，紧紧围绕区委、区政府的整体工作部署和目标任务，带领街道上下，解放思想，争先创优，巧干实干，使街道的经济社会事业达到长足发展，取得了比较好的成绩，在区综合目标考核中，获得三等奖。财政税收超额完成年目标任务，在区考核获得第二名，城管工作被市政府授予“零违建”创建先进单位称号。街道自身综合经济实力显著提升。在2013年的工作上，街道狠抓党的建设和民主政治建设，注重抓好理论学习，强抓作风建设，使党建工作全面提升。根据“社区共驻、优势互补、文明共建、整体推进”的思路，夯实民主政治建设的基础，与共建单位和辖区单位实行资源共享，在社区党组织和居委会换届选举中充分发扬民主，体现公开、公平。另外加强社区作风建设，为关注民生、维护民意提供更好的服务。认真做好人民来信来访工作，积极化解社会矛盾，维护了社会的稳定。全年接受群众来访600余人次，办理信访案件90余起，成功化解多年信访积案6件，集访、越访、赴省进京明显减少。狠抓经济建设不懈怠，注重做好招商引资工作，突出大项目、重点项目和楼宇经济项目。引进外资完成300万美元，亿元签约项目达到3个。做好财税工作，实现了财政税收节节攀升。狠抓社会事业建设工作，注重做好城管工作，实现城市长效管理，街道城管工作一直处于全区领先地位。做好民生及保障工作，落实民生保障惠民政策，在做好低保工作的同时，街道全年投入资金60余万元，帮扶困难家庭，积极创新劳动保障为就业再就业人员提供就业的条件，动态消除了“零就业家庭”，使近1000余人实现了就业。狠抓旧城改造，为经济发展提供了助推力。另外安全生产、文化体育、社区教育、人口计生、人武双拥等各项工作稳步推进，有力地推动了街道经济及社会事业的发展。

【扎实开展“119”宣传活动】 为深入贯彻落实《全民消防安全宣传教育纲要》，广泛宣传普及消防安全常识，提高群众消防安全意识，全面推动火灾隐患整改工作，积极营造全民关注消防、参与消防的浓厚氛围，根据上级安监部门要求，工农兵社区在辖区范围内全面开展“119”消防宣传月活动。社区通过拉横幅，更新宣传栏等方式营造消防月的宣传氛围，同时，社区联合市安居消防教员，对辖区内生产经营单位进行了一次主题鲜明的宣传活动，宣传以“三提示”为活动主题。“三提示”即：在公众聚集场所开展以“提示公众所在场所火灾危险性；提示公众所在场所安全逃生路线、安全出口的具体位置，遇到火灾等紧急情况如何正确逃生、自救；提示公众所在场所内简易防护面罩、手电筒、灭火器等灭火、逃生设备器材具体放置位置和使用方法”。通过这次别开生面的宣传活动，切实提高了民众消防安全意识和单位自防自救能力。

【照顾孤寡老人】 越河小区8号楼1102室是越河社区孤寡老人储秀英的家，由于老人耳朵听不清楚，一只眼睛看不见，给老人生活带来极大不便，并隐藏着安全隐患，为了方便社区工作人员查看老人的生活情况，社区工作人员就和储秀英老人一道将家防盗门猫眼倒装过来，使社区工作人员隔三差五上门查看提供方便。另外工作人员每周帮助老人打扫卫生，收拾家务。孤寡老人最怕的就是寂寞，在逢年过节上门慰问及照顾老人。

【整治环境，迎接八届台商论坛召开】 第八届台商论坛于9月23日在淮安市国际会展中心举办，为向国内外嘉宾展示淮安良好形象，确保会展中心周边卫生环境达标，在论坛举办前夕，长东街道城管办利用一周时间组织全体城管人员对会展中心周边一公里范围内所有道路，工地进行拉网式排查，对排查出的问题立即整改，跟踪督查，确保全部整改到位，在整治中共清理卫生死角30多处，清理垃圾23车，清理周边杂草400平方米、清理各类小广告110余处。为第八届台商论坛顺利举办做出了贡献。

【加强整治力度、迎接申遗验收】 中国大运河申报世界遗产，9月份接受世遗组织审查，清江大闸等运河遗产就位于长东街道辖区，长东街道按照区政府要求，全力配合做好清江大闸等运河遗产周边环境的综合整治。6—9月，清理卫生死角400多处。做好清扫保洁工作，加大清扫保洁频次，确保垃圾日产日清。另外做好中洲公园、大运河风光带的缺损绿化补植工作，在整治中共补植绿化面积450平方米。对里运河北岸乱搭乱建进行清理，组织城管队员150余人次，清理违章搭建3处，共15平方米。对运河北侧美食街内破损设施进行维修，更新垃圾桶15个，维修破损路面5处，墙面粉刷出新615平方米，清理各类小广告2640余处，清理杂草4000余平方米。

【庆“三八”女性专场招聘会】 为使关注民生落到实处，解决好女性就业难的问题，在庆祝“三八国际妇女节”之际，3月8日下午，街道妇联联合有关用工招聘单位在圩北路上举办“三八架金桥、春风送岗位”女性专场招聘会，吸引不少周边妇女前来咨询和洽谈。用人单位也提供了不同需求的女性用工信息，为就业难的妇女提供了就业机会，半天时间，现场就有近50余名妇女和用工单位达成初步意向。

【元宵节搓汤圆比赛】 2月23日下午，正值传统佳节元宵节来临之时，为了弘扬传统文化，长东街道清淮路社区在社区篮球场举办“庆元宵搓汤圆”比赛，参加居民达上百人。比赛共分十组，经过激烈角逐，最终评出一、二、三等奖及纪念奖，赛场气氛热闹非凡。赛后，社区工作人员将搓好的汤圆煮熟，分送给社区的困难群众、孤寡老人、残疾人士等，并进行走访慰问活动。

【参观中山陵、接受爱国主义教育】 4月27日，长东街道清淮路社区组织社区各党支部书记和优秀党员一行共16人到庄严肃穆的中山陵，邀请挂钩单位市体育局领导和长东街道党建工作人员共同瞻仰中山先生的丰功伟绩。到达目的地首先映入眼帘的是“博爱”牌坊，孙中山先生“天下为公”的大爱精神永世长存。沿着台阶拾级而上，两边的雪松整齐排列，青翠欲滴。穿过雄伟壮观的陵门，等上碑亭，仰望庄严的祭堂，祭堂门檐上是先生亲笔手书的“天地正气”四个字，先生一生忧国忧民，苦苦寻求救国救民之路，他博大的胸襟、高洁的人品、浩然的正气，为后人所仰慕。置身于这宁静肃穆的境地，党员们的思想境界得到了生化，对先生的敬仰之情和爱国情怀油然而生。通过参观学习，党员们纷纷表示，这是一场生动的爱国主义教育，它在教育不忘先辈们甘愿牺牲的同时，也为今后更好的生活、工作树立了信心。

大家将以自己的实际行动,投入到基层党建工作中去。此次活动,不仅让参观者开阔了眼界,也为党员们提供了交流的平台,进一步增强了社区党组织的凝聚力。

【组织居民篮球赛】 12月中旬,街道、清淮路社区会同郦城国际小区物业管理部门,以迎省18届运动会为主题,组织了一场居民篮球赛。运动员由辖区单位和居民组成,共有6支代表队参加了比赛,历时一天。由郦城国际小区居民组织的代表队获得第一名,参赛队员年龄最大的67岁,最小的17岁,通过比赛既丰富了社区文化体育活动,也增进了居民之间的友谊。

【组织“欢乐‘六一’童心童悦”公益活动】 6月1日儿童节,清淮路社区网格员携手麦穗志愿者、《淮安善行》举办了“东城Ehouse‘欢乐六一同心童悦’”公益活动。此次活动由清淮路社区网格以及志愿者主办,东城Ehouse赞助,主要带领老张集宏盛幼儿园的25名留守、单亲、贫困儿童到淮安市动物园进行欢乐六一活动。活动中带领小朋友们到淮安市动物园参观了老虎、长颈鹿、羊驼等动物,并组织小朋友观看了精彩的5D电影;下午,又和孩子们观看了动物园里的动物表演,小朋友们都表现的兴致盎然。孩子是未来的希望,在活动中孩子们露出天真的笑容。

【儿童义卖物品,款赠贫困儿童】 2013年11月30日,清淮路社区利用休息日组织儿童在万达广场三楼参加了由街道妇联举办的义卖活动。参加儿童在其家长的带领下,带着自己的物品,兴致勃勃进行义卖活动。义卖活动后,将全部义卖款捐赠给贫困儿童,此次活动参加儿童达30人,所卖物款现场全部缴给有关部门转赠贫困儿童,这次活动旨在为贫困儿童献爱心,也让孩子们在自己付出的过程中受到一次爱心教育。

【让居民掌握高层建筑安全知识】 清淮路社区95%以上为高层建筑,安全工作尤为重要,为使居民增强安全意识,提高防灾救灾以及逃生自救能力,清淮路社区针对高层特点,大力加强高层安全宣传,多次组织安全讲座和演练,收到比较好的效果。在今年5月12日全国第五个“防灾减灾日”前夕,开展了一次消防安全暨防控灾宣传教育活动。在活动现场,相关人员现场向居民讲解安全知识,示范自救逃生,并向居民发放《防震避震常识》《消防安全常识》等科普知识宣传手册达120多份。在亿力未来城小区居民举办高层消防安全知识培训,主要对灭火器的种类,使用要领、危急时刻人员如何从高层建筑安全疏散等消防安全知识进行讲解。在掌握理论知识的同时,社区还在亿力未来城小区组织居民进行防灾减灾演练,内容主要有紧急疏散演练,社区医疗服务站的医护人员还现场教授居民自救、互救基本常识,使居民掌握了灾害发生时,正确的逃生方法和自救手段。总之通过一系列的活动,使广大居民受益匪浅,深受居民群众的欢迎。

【开展科普周活动,让科普深入人心】 9月14—20日,街道围绕活动主题,开展了系列丰富多彩的科普活动。科普周活动期间,共向居民发放科普资料500多册,知识问答卷100份,参加人员达200多人。举办义诊进社区活动,9月17日上午,三门社区在水韵天成小区门前,开展义诊进社区活动,为社区居民群众免费测量血压、血糖,现场发放知识问卷和科学生活常识宣传册,受到了群众的广泛好评。举办科普知识讲座达5场。邀请专家进街道,进社区,为社区群众讲解科学健身、饮食、生活知识,倡导绿色、低碳、健康、文明的生活方式。加强科普周宣传活动,在科普活动周期间,各社区利用板报、橱窗、标语、展板、发放宣传资料、张贴宣传标语等形式,向群众宣传了防震减灾、少儿沙画、卫生保健、科学健身、环境保护等方面的科学知识,共计悬挂横幅5条,更新科普画廊5处,发放宣传资料2000余份,参与活动超过5000人次,在辖区内营造出了崇尚科学,人人参与的良好氛围。壮大科普志愿者队伍,今年共招募科普者250人,建立档案,切实把科普志愿者队伍组织好、管理好,充分发挥科普志愿者在科普工作中的主体作用。

【打造文化硬件,丰富文化生活】 积极打造街道社区文化活动中心阵地建设,街道社区文化活动中心以及工农兵社区文化活动中心、清淮路社区文化活动中心,于2013年底前全面建成投入使用,至年底街道及五个社区全部建成了文化活动中心。清淮路、工农兵、兴隆三个社区文化信息资源共享工程基层服务点建设到位,通过验收。利用节日开展活动,丰富节日文化生活。春节文化活动纷呈。2月2日下午,清淮路社区举办“红红火火过大年”联欢活动,健身操展演,舞蹈教学,书画展,写春联,包汤圆,趣味运动等,丰富的内容吸引了众多群众前来参加。2月6日,工农兵社区举办“迎春接福送春联”活动,邀请书法家、书法爱好者走进社区,现场挥毫泼墨,现场送出春联500余副。2月10日上午,街道文化站在和平路丰惠广场门前举办文艺演出,传统的花船、热情的舞蹈、欢快的歌声、经典的戏曲、搞笑的小品,为节日增添了喜庆气息。2月11日,三门社区举办迎春活动,现场共悬挂了100多条彩纸制成的谜语,吸引了不少社区老人和孩子参加。2月13日,兴隆社区文化活动志愿者在中意服饰门前,为社区居民表演一场自编自导的文艺演出。2月24日,兴隆社区举办庆元宵猜灯谜活动,吸引了社区居民踊跃参与。2月19日,越河社区在越河小区举办迎新春文艺演出,居民自编自演的10余个文艺节目深受群众喜爱,现场不时响起笑声、掌声、喝彩声。端午节清淮路社区举办端午文化知识竞答活动。“六一”儿童节街道联合工农兵、三门两个社区举办趣味知识抢答、蒙眼画鼻子、小手绘蓝天等活动,吸引了40多名小朋友参加。重阳节举办民间文艺汇演,汇同老年体协,组织民间文艺健身团体进行汇演,共有9支团队,100余人参加了汇演。开展百场演出、百场电影进社区活动,共承办了两场百场演出进社区,6场百场电影进社区的任务。

【搞好第八个文化遗产日的宣传】 2013年6月8日是全国第八个文化遗产日，为搞好第八个文化遗产日的活动，街道一是编制宣传拆页，内容包括辖区内有哪些文物、文物保护的法律法规以及与如何保护文物相关的知识等；二是组织文化志愿者走上街头，深入社区宣传保护文物的意义，发放相关的宣传资料，使广大居民群众了解文物以及保护文物的意义，增强了文物保护意识。

【第一次可移动文物普查结束】 2013年9月中旬，国家开展第一次国有企事业单位可移动文物普查工作，普查历时15天，期间，街道抽调专人，成立普查班子，深入辖区机关单位、查资料、查实物，先后普查企事业单位14家，未发现一件可移动文物，按时保质保量地完成了普查任务。

【为社区老人开办健康讲座】 在重阳节到来之际，长东街道清淮路社区为了老年人的身体健康，特邀请第三人民医院专家开展了"帕金森专题"的健康教育讲座。专家用即生动形象语言详细地讲解了帕金森的病理原因和症状，并就如何及时发现和处理病人。在面对疾病的时候，居民应及时发现自己身边的朋友及老人，注意病情，及时治疗和早期预防等方面做了科学提示。长东街道清淮路社区针对社区老人举办形式多样的健康教育活动，得到了社区居民的认可和积极参与，不少中老年朋友表示，经过讲座，提升了自己的健康意识，在以后的生活中将注重培养健康的生活理念，养成合理科学的生活习惯，以促进自身身体健康。

【部门、社区获市级以上殊荣】 2013年6月，街道团委被共青团江苏省委授予"江苏省五四红旗团委"。街道安监办，2013年3月被淮安市安全生产委员会授予"安全生产先进集体"。街道劳动保障所，2013年6月被淮安市人社局授予"劳动保障先进集体"。清淮路社区、越河社区，2013年1月被江苏省减灾委、江苏省民政厅授予《江苏省综合减灾示范社区》。越河社区2013年11月被淮安市委组织部、市妇联授予《淮安市示范妇女儿童之家》。兴隆社区、工农兵社区，2013年9月被市教育局和市关工委联合授予《淮安市优秀校外教育辅导站》。兴隆社区社区2013年10月被江苏省精神文明建设指导委员会授予《2010—2012年度江苏省文明社区》。工农兵社区2013年9月被市妇联授予《巾帼文明岗》、2013年12月被市民防局授予《淮安市民防示范社区》、2013年11月市民政局授予《淮安市AAA级社区居家养老服务中心》。

【工农兵社区多功能社区用房落成】 工农兵社区为了更好地服务居民娱乐百姓，积极迎难而进，多方筹措资金打造多功能的社区用房。经过努力于6月落成。该社区用房总面积720平方米，集社区办公、便民服务、文化体育活动于一体，一楼设有一站式行政服务大厅，社会管理服务大厅；二楼设有会议室、荣誉室、图书阅览室、调解室、居民网吧、志愿者服务站；三楼设议事室、活动室、舞蹈房等，总投资达60万元左右。

【走访失独家庭温暖孤独的心】 为进一步落实"失独家庭"关怀扶助工作，让失独家庭感受到党和政府的关爱。1月26日，长东计生协和区计生委领导对辖区内9户"失独"家庭进行了走访。让"失独"家庭时刻感受到党和政府的关心及社会大家庭的温暖。在走访过程中，通过与"失独"家庭面对面的交流，深入了解这些家庭的生活情况，除了在精神上给予安慰疏导外，还制定切实有效的措施，切实解决失独家庭面临的实际问题。还嘱咐他们有困难要及时反映，照顾好自己的身体，重拾生活的信心和勇气。一份关怀、一份爱心，让每一户"失独"家庭都感受到党和政府的浓浓情意。兴隆社区一户"失独"夫妇深有感触的说道，在他们刚失去爱子的痛苦日子里，曾有打算离开这伤心之地。但党委政府给予了他们无微不至地关怀，积极引导他们走出家庭的阴影，融入社会，让他们重新树立了健康乐观的生活信念，这份恩情，将会永远铭记于心。街道还结合市、区"生育关怀"专项活动，对"失独"家庭介入心理咨询、治疗服务、及时了解"失独"家庭所需、所想，真正帮助他们重新回归社会大家庭。同时，各社区将多多邀请他们参加社区公益活动，帮助他们寻找生活的乐趣。

【区领导检查指导大运河"申遗"工作】 8月12日，清河区委常委、副区长王建军带领区城管办、区住建局、长东街道等有关部门和单位的主要领导，检查、指导大运河"申遗"工作。王区长一行先后视察了美食街、中洲公园、大运河风光带，对沿途存在的市容环境卫生问题进行了现场会办。对下一步工作，王区长要求长东街道办事处继续加大美食街、中洲公园、大运河风光带及周边市容环境卫生整治力度，务必使市容环境保持干净整洁，确保"申遗"工作顺利过关。

【残疾人喜获辅助器具】 为落实好残疾人辅助器具进家庭这一为民办实事工程，11月8日，长东街道残联在街道康复中心为有需求的残疾人集中发放辅助器具。区残联黄怀友理事长亲临现场并与残疾人亲切交流，鼓励残疾人要自强，用积极地心态迎接每一天，并祝福残疾人的明天会更美好。此次集中发放，共为50人发放了71件辅助器具，这将进一步推动残疾人"人人享有康复服务"的目标早日实现。

【为困难女职工提供免费体检】 为建立健全女职工定期妇科普查制度，切实增强女职工的自我保健意识，长东街道工会以庆祝"三八"节为契机，在"三八妇女节"前夕，开展身心健康关爱活动，组织辖区内困难女职工参加免费体检。关爱活动范围广泛，凡是辖区内困难女职工都可以参加，体检项目包括妇科常规检查、宫颈刮片检查、乳透等，内容丰富的体检为辖区内的困难女职工们献上了节日的心意。此次免费体检惠及困难女职工达30余人。

【残疾人喜领技能资格证】 街道社区视力一级残疾人周兆

红以自强不息的精神参加了由市盲人按摩指导中心举办的盲人保健按摩培训班，通过为期半个月的学习，周兆红熟练地掌握了推拿按摩基本的理论知识和常用的按摩手法，并顺利地通过考试，于12月2日领取由市劳动局颁发的“盲人按摩师初级资格证书”，这是街道视残人获此证书的第一人，使周兆红自己得到了自信，为自主就业自强自立创造了条件。

【社区党委换届选举顺利结束】 从2013年8月1日起，到2013年8月28日近一个月时间，街道五个社区顺利完成社区党委换届选举工作，这是社区首次通过选举大会进行党组织换届选举。之前社区党组织均为任命制，通过选举产生五个社区党委，有25人分别当选为书记、副书记和委员。选举采取“公推直选”方式进行，党员个人可以自荐为候选人，社区民主推荐候选人，经街道党工委票决确定后，再由社区党员大会进行无记名投票，产生首届社区党的基层委员会。为保证换届选举工作顺利完成，街道党工委围绕强化组织，抓好民主推荐，积极营造氛围，规范选举程序等方面开展工作。经过选举产生的社区新一届党委班子的文化程度、年龄结构、女性职数均有较大改变，新当选的25名班子成员中，具有本科以上学历达10人，占班子成员的40%，女性职数达13人，占班子成员的52%。班子成员平均年龄为44岁，其中80后就达8人，占32%，实现社区党委班子年轻化、知识化，为开展社区工作、创建和谐社会提供了组织保证。

【抓好建筑工地的安全检查】 为进一步提升建筑工地安全生产意识，提高安全生产能力，1月9日，长东街道与市住建局、区住建局、区安监局一同，对辖区范围内所有建筑工地进行联合检查。检查组先后对雨润工地、南通建工工地、福建建盛工地和龙信建设集团工地进行细致的安全检查，尤其加强了对特种设备使用的检查，对使用未经检测和未办理使用登记证的特种设备，并对工地存在的5处隐患当场下发了《建设工程施工安全隐患整改通知书》，独处各工地及时整改，确保施工安全。

【省安委会考核街道安全生产工作】 1月5日，省安委会安全生产责任目标综合考核组在省安监局党组副书记、副局长赵利复带领下对清河区长东街道2012年安全生产工作进行检查考核。考核组首先听取了张冲林区长对全区安全生产工作的情况介绍和长东街道办事处吴蓉主任对街道安全生产的工作汇报。考核组还对街道安全生产工作台账进行了认真细致的检查，对街道安全生产工作给予了充分肯定，建议继续加强基层基础建设工作，强化安全标准化建设推进力度，加快安全生产隐患排查治理体系建设。副市长仲柯、市政府副秘书长、安监局局长赵权等参加了汇报会。

【安全生产、常抓不懈】 2013年，街道安全生产工作，受到省安委会和省消防总队的充分肯定，11月26日、12月9日，省消防总队、省统计局分别对街道消防安全工作进行考核，对街道及越河、清淮路两个社区所辖单位消防安全等进行了调研，实地察看，街道、社区及单位消防工作固定办公室，职责制度以及消防器材配置点，宣传画廊等。通过考核和调研，他们对街道高度重视消防安全工作给予充分肯定和极高评价。省委安委会以以奖代补的形式，奖励街道10万元。在安全生产上，街道首先做到落实安全责任，在年初就与五个社区签订了安全生产（消防安全），特种设备监管目标责任状，五个社区与辖区126个单位签订安全生产（消防安全）责任书。街道制定了安全生产（消防安全）奖惩考核办法。其次对安全生产实行网格化管理，按照社区区域划分，共划分18个安全生产（消防安全）网格，对街道辖区内713个单位及居民居住小区等全部纳入网格化管理，另外加强日常检查，排查事故隐患，在坚持检查中，做到全面检查和重点检查，定期检查和随机检查相结合，真正做到防患于未然，全年共检查1559个（次）单位查出隐患567处，已整改561处，尚有6处正在整改中，仅新世纪花园（五星电器所在地）屋顶稳压泵损坏，消防栓污水等隐患，经检查发现后，隐患存在单位就及时投资10万元进行整改，使安全隐患得到排除。

【做好退休人员社会化管理服务】 街道范围纳入社区社会化管理服务的企业退休人员共有2333人，另有城乡居民社会养老保险净增企保参保达865人，助保209人，做好这部分人员的管理服务工作，对于关注民生，维护稳定意义重大。为此街道准确及时掌握退休人员的基本情况，建立退休人员“企业退休人员社会化管理服务台账”，向市退管中心及时反馈辖区退休人员的增减情况。认真做好退休人员养老金领取资格确认工作，做好生存状况调查，并记录在册。确保退休人员按时领到养老金，全年街道共办理各类退休人员资格认证达2980人，分别开展“万人康乐工程”，及时为退休人员办理免费体检工作，全年安排体检达944人次，并在重阳节对510名75周岁以上企业退休人员进行慰问。

【做好就业再就业工作】 长东街道着力深化就业帮扶，加强创业服务，优化创业环境，进一步激发了就业再就业人员的创业热情，较好地解决了下岗失业人员、无业人员就业再就业的问题。2013年安置就业再就业1021人，就业困难群体再就业121人，培育创业典型7户，扶持创业成功191人，新增创业158户。在做好就业再就业及创业工作方面，街道积极加大宣传，充分利用网络、报纸、横幅等形式开展宣传，其次积极开展指导和服务，向有就业创业意向人员提供政策支持、信息咨询、项目推介、就业培训等方面的指导和服务，全年共举办创业推介会、咨询会、座谈会共7次，新开发编制创业项目16个，开办职业技能和创业免费培训，共培训人员达546人，其中新成长劳动力培训177人。另外，积极开展就业岗位，帮助困难人员实现就业、再就业。开展以“实现就业、稳定就业”为主题的“就业再就业援助月”“春风行动”等专项活动，广泛收集企事业单位招聘信息，分析市场需求，并及时发布给就业再就业人员，街道还专门举办招聘会达13场，开发辖区内各类就业岗位10860个，其中公益性就业岗位345个，为解决就业再就业提供了极大方便。

【塔吊倒塌，两死一伤】 1月6日，街道范围内水韵天成小区建设工地上，一名正在吊运货物的塔吊轰然倒塌，事故造成两人死亡，一人受伤。据调查，事故发生系塔吊吊运货物超载而致，事故发生后公安、安监、街道等部门的人员及时赶到事故现场，现场处理相关事务做好死伤者属的安慰工作以及相关的善后事宜，使事态得到了控制，并尽快做好了事故的善后处理工作。

【居民自发举行贺新春文艺活动】 为喜迎2013年新春，丰富社区居民群众的文化生活，正月初十，越河社区居民业余文艺队迎新春文艺演出在越河小区热热闹闹地上演了。由越河社区退休的老同志自行组织的文艺表演队倾心打造的10余个文艺节目闪亮登场，演员们用音乐传递着新年的喜悦，用舞蹈表达着共同的祝愿，演出内容丰富多彩，现场不时发出热烈的掌声和喝彩声。欢快的舞蹈，嘹亮的歌声，尽情地展现了社区居民的朝气蓬勃、积极向上的精神风貌。特别是歌舞剧“喜迎十八大”，将十八大主要精神和内容放进歌词里，向辖区居民宣传“十八大”的精神。舞龙表演《欢聚一堂》、玩花船《赶上毛驴逛越河》，独唱《卓玛》《淮安是个好地方》《淮安处处好风光》，整场活动歌舞交融，气氛热烈，高潮迭起，掌声雷动。也融洽了居民的邻里关系，使和谐的气氛更浓了。

【消防员演练进社区】 2013年5月12日，是我国第五个“防灾减灾日”，为贯彻区委领导关于对防灾减灾的工作的指示精神，越河社区于5月12日上午在越河小区内开展了消防演练进网格活动。活动现场消防队员现场讲授，着重讲解了在火灾、地震等大灾来临之时的如何应对与选择最佳的逃生方式，接下来在消防人员的指引下分别开展了现场人群疏散，以及逃生现场模拟等等。居民反映良好，活动取得了积极的成果，大批小区居民踊跃参加，现场气氛热烈。

【端午粽飘香鱼水情更浓】 农历正月初五是中国民间传统节日端午节，在端午节即将来临之际，越河社区为传承文化习俗、增进地方和部队友谊，6月7日，越河社区举办“端午粽飘香，鱼水情更浓”为主题的包粽子活动，社区工作人员和企业退休人员一起去驻区部队为官兵们包粽子，在活动现场，不会包粽子的官兵也借此机会学习，现场呈现一派其乐融融的节日气氛。让退休人员在娱乐放松的同时收获喜悦，同时也让企业退休人员过上一个开心又快乐的端午节，让退休人员亲身感受并体会到老有所为、老有所乐。

【校居联合开展消防安全演练】 为了全力推进消防安全进社区进校园，进一步加强学校安全工作，增强学校师生消防安全意识，本着坚持“安全第一，预防为主”的方针和“以人为本”的思想，提高师生自救防范能力，做到在发生火警火灾时，能临危不乱，有序、迅速地按照消防逃生路线安全疏散，确保生命安全和学校的消防安全，工农兵社区于5月16日下午与辖区内的第六中学联合举办了“安全撤离，防火防灾消防演练”活动，参加此次活动有工农兵社区全体工作人员，第六中学的全体师生，社区的大学生志愿者和辖区医院的医疗队伍，参与演练者近千人。活动首先由学校的顾校长强调了学习消防知识的重要性，并讲解了灭火器的使用方法。随后，社区志愿者们演示了干粉灭火器的使用步骤，学校教职员工代表和学生代表依次对干粉灭火器进行了实际操作，在实际演练中加深了对消防知识的理解，提升了运用消防设施的实践能力。消防灭火演练让大家更深刻地认识到学习消防知识、正确使用消防器材的重要性。消防知识的普及有利于杜绝消防隐患，提高大家学习、生活环境的安全性。

【志愿者美化小区】 9月26日，工农兵社区组织志愿者参与清理社区垃圾、清除杂草、修理杂树的活动。志愿者共计20余人，一大早，志愿者们便早早地就来到小区，一人一个垃圾袋，并带着水桶、洒水壶、大剪刀等劳动工具来到了和平小区的绿化带上，为树木松土、除杂草，并对路旁的白色垃圾进行了清理，附近的居民在志愿者的带动下也纷纷加入到此次活动中来。“这是一项有意义的活动，既让我们学习了雷锋同志，又让大家在这个过程中明白了社区环境的重要性。”一个志愿者这样说道。此次活动激发了居民爱护社区卫生的热情，提高了居民绿化家园、美化环境的生态文明意识。活动现场，志愿者们有的清理垃圾，有的清除杂草，有的修理杂树，忙得不亦乐乎，一片欢声笑语。工农兵社区此次活动旨在培养居民爱护社区环境卫生的责任心，增强居民的环保意识，为绿色文明社区建设奠定了群众基础。

【心系雅安，爱心在行动】 自四川雅安发生地震后，长东街道工农兵社区不少居民纷纷自愿要向灾区捐款、献爱心，为使爱心行动形成氛围，工农兵社区党组织及时于4月25日在和平小区出入口设置捐款箱，让更多居民参与献爱心捐款活动。短短半天时间就募集到款项达2455元，虽然捐款有多有少，但都表达了人民群众对灾区人民的关爱，真情感动人心，在捐款人流中，社区的低保户献出一片情，有买菜经过的老大妈也把仅有的10元钱捐了出来，使心系雅安爱心在行动在纷纷捐款中体现出来。

【居家养老服务中心挂牌】 10月25日，工农兵社区居家养老服务中心揭牌仪式在和平新村正式举行。长东街道办相关领导和居民代表参加了揭牌仪式。工农兵社区居家养老服务中心坐落于和平新村小区内，占地面积750余平方米，共投资55余万元改建，内设老人日间照料室、报刊、图书、电子阅览室、才艺展示室、棋牌室、社区影院、健身活动室、市民学校、心理关爱室、法律援助站、志愿者工作站、多媒体功能室及民主议事室等12个高配置专用室场，配备了较先进的多媒体投影机、高清晰数字电视机、影碟机、接通宽带的电子计算机等电化教育设备……精心的设计、合理的布局充分体现了对老年人的尊重和关爱。服务内容主要有为居家老人提供生活照料、医疗保健、心理关爱、生活资讯、文化教育、体育活动以及法律援助等多种服务的社会养老服务。同时服务中心还有为老服务志愿队，医疗服务志愿队等，为老人提供全方位的服务。中心秉承“让居家的老人舒心，让外出的家人放心”的服务理念，认真打造真挚、贴心、快捷、周到的特色居家养老服务，真正做到让社区老人老有所学、老有所医、老有所帮、老有所为、老有所乐。

【瞻仰台儿庄战役先烈】 为纪念中国共产党成立92周年，2013年6月23日，兴隆社区党组织20多名共产党员赴台儿庄爱国主义教育基地，瞻仰台儿庄战役的先烈，进行革命传统和党的信念教育。在瞻仰中，党员的参观了台儿庄大战纪念碑、展览馆、影视馆、台儿庄火车站、李宗仁史料馆等，重温革命先烈为了民族的解放和国家的复兴，英勇奋战，不怕牺牲的精神，缅怀先烈的丰功伟绩，使党员受到了一次深刻的爱国主义、集体主义和革命传统教育，心灵上达到一次净化，使之不忘党员的历史使命，努力为伟大祖国的复兴而奋斗。

【身残志坚，勇于夺魁】 2013年9月4日至9月6日举办的淮安市第六届残疾人运动会上，长东街道低视力残疾人陈亚宁作为清河区的运动员，参加了女子100米、200米、400米短程项目的比赛，在赛中她们坚强的意志和顽强的毅力克服自身的障碍勇往直前，分别获得短跑100米、200米、400米第一名的好成绩为清河区代表团荣获总分第三名贡献了自己的力量。

【举办“生养教”讲座】 针对80后年轻家长及80后准父母缺乏“生养教”经验的特点，街道计生办会同三门社区于2013年3月20日，在三门社区举办了0—3岁宝宝家长和80后准父母“生养教”讲座，由育婴专家围绕健康、婴幼儿生长各个阶段应注意的问题以及如何做好家庭护理等知识进行了讲座，通过知识的传授，使年前的家长对育儿的理念，有了新的认识，科学的教育方法达到初步的掌握，从而让年轻父母能理性地、科学地教育下一代，为提高人的素质而努力。此次讲座使40多名家长达到受益。

【退休工人有了电子阅览室】 经过努力，长东街道兴隆社区于2013年6月25日建立了退休工人电子阅览室，并正式对社区退休人员开放。兴隆社区为进一步加强社区的精神文明建设，丰富退休人员业余生活，使退休人员社会化更富有实际意义，利用社区现有的电脑资源，并适当投资补充了部分电子器材在社区阅览室建立了电子阅览室，为退休人员和社区老人上网浏览时事新闻。通过与远在他乡工作的子女聊天，以及学习和练习打字提供了方便。为退休人员及社区老人集聚交心、互相学习、相互沟通提供了平台，深受广大退休人员及社区老人的欢迎。

【开展法制宣传周活动】 长东街道三门社区从2013年5月25日起，到5月31日止，利用一周时间，在社区范围开展法制宣传周活动，本次宣传周活动以“创建平安三门”为主题，以服务居民为宗旨，着重宣传了《中华人民共和国人民调解法》《法律援助条例》《中华人民共和国食品安全法》等法律法规，同时进行有关“远离毒品、真爱生命”“认清邪教本质、看清邪教危害、坚决抵制邪教”等方面的宣传教育，以进一步增强居民的法律意识、提高防范和抵制能力。在宣传活动中主要采取电子屏标语、发放宣传单、图片展、讲座等，形式多样的宣传方式，并向居民发放各类宣传资料达200多份，收到比较好的效果。

【落实好城市最低保障工作】 长东街道低保工作已逐步走上了规范化、制度化、低保审批程序规范、透明。资金发放足额、及时、真正做到了应保尽保、能进能出、动态管理，及时地保障了困难家庭的基本生活。至2013年12月，街道享受低保家庭有531户，1120人，保障金额达295860元。在解决困难家庭最低生活保障的同时，积极做好宣传相关帮扶政策，配合教育、医疗等部门落实好低保家庭就学、就医等其他相关优惠政策，使城市最低保障工作落到实处。

【省人口计生委领导到长东街道调研】 5月22日，省人口计生委巡视员洪浩到清河区长东街道调研人口和家庭公共服务体系建设工作，走访了长东街道三门社区人口和家庭公共服务室，对人口和家庭公共服务室转型工作进行调研，先后察看了公共服务大厅、亲子乐园、药具巴、心理咨询室、政策巴、幸福讲堂等于一体的一站式家庭公共服务平台，详细了解社区人口服务大厅的办证办事流程，与前来办事的居民群众进行交流。对下阶段工作提出了指导性意见。并要求长东街道继续保持争先创优的工作作风，在规定期限内圆满完成转型工作。

【清淮路社区举办迎新春书画展】 2月4日，清淮路社区携手社区书画爱好者共同举办迎新春书画展，与社区居民一道共迎新春的到来。此次展出包含书法、绘画、剪纸、民间工艺品等各类作品，多达百余幅，作品或飘逸潇洒，或意趣高雅，或描绘了祖国的大好河山，或抒写心中的无限深情，一幅幅书画作品表达出对中共十八大胜利召开的喜悦之情和对美好生活的无限憧憬，展览现场吸引了许多社区居民和周边群众前来观赏留影。大家一边欣赏画作，一边交流学习。前来参观的市体育局鲍其美局长等领导现场写“福”字赠送居民，更为喜迎新春营造了浓厚的节日喜庆氛围。

【残疾人喜获捐赠】 3月5日，街道6名残疾人居民在区社会事业大厦喜获捐赠，6名残疾人分别获赠到电视机和收音机，这是“残疾人幸福生活推进计划”，在江苏省实施的一项民生幸福工程，其宗旨是逐步使广大残疾人和全省人民一道享受改革开放带来的精神文明和物质文明的成果。

【超额完成财政收入任务】 长东街道2013年，实现公共财政收入2.79亿元，占年目标任务2.61亿元的107%，超额完成了前年目标任务，在区财政综合考核中排名全区第二名，在抓财政收入上街道做到"五抓"。

抓考核激发工作活力。街道进一步完善了税源考核办法，加大考核力度，营造"税源经济，人人有责"的浓烈氛围。将考核结果作为评优评先的重要依据。

抓招商扩大税源税基。对丰惠广场、会展中心等楼宇为载体，鼓励其整合现有资源，注重引进科技含量高、企业形象好、税收贡献大的企业。对颐高数码等年内有望建成的楼宇商业载体，鼓励其展开定位招商，打造独具特色的楼宇品牌，进一步做优做强总部楼宇经济。

抓项目增强税收支撑。快速推进雨润中央新天地、力宝广场等在建项目的建设进度，严格落实领导挂钩帮办项目制度，帮助项目解决存在问题，全面优化项目建设环境。实行项目合同登记备案制度，确保税收入库进度符合工程建设序时进度，强化重点项目对辖区财税收入持续的支撑作用。全年累计实现房地产建安税收1.23亿元，占年目标1.21亿元的102.1%。

抓服务留住辖区税源。针对年纳税10万元以上重点税源企业，进一步抓好挂钩服务工作。在丰惠广场成立楼宇服务办公室，加强楼内入驻企业帮办服务。主动做好新落户中小企业的服务工作，围绕证照办理、创业贷款审批等方面开通绿色通道，培植中小企业做大做强。2013年由于服务到位，使入驻丰惠广场内的企业产生了500多万元税收。

抓征管堵塞税收漏洞。紧紧依靠街道社区综合治税力量，通过财政税收管理平台，做到辖区税源全监控。定期联合税务、工商、公安等相关职能部门对辖区经营业户进行全面排查，加大对外注内营、偷税漏税等情况的治理力度，强化社会化征管，牢牢把握税收工作主动权，确保应收尽收，促进财政税收持续不断增长。

【创新社会管理，净化社会环境】 街道在区政法委的具体指导下，创新社会管理，以网格化管理建设工作为载体，按照"打防并举、标本兼治、重在治本"方针，进一步建立健全"大防控""大调解"机制，强化基层基础建设工作，全面落实社会管理服务创新工作的各项措施。充分整合社会资源，做好居民服务和纠纷调处工作，寓管理与服务中，确保普通事件处理不超过72小时，特殊事件处理不超过7个工作日，将矛盾纠纷化解在萌芽状态。街道今年已累计处理各类事件3080件，处理完结事件3080件，事件完结处理率为100%。充分调动各方参与平安建设活动积极性，全办干群对创建活动都给予了极大的配合、支出和关注，治安形势较以前有了大的改观，为街道的经济发展净化了社会环境。

【社区居委会顺利换届】 三年一度的社区居委会换届工作，从2013年10月起拉开序幕，街道辖区内工农兵、三门、越河、清淮路五个社区居委会分批于2013年10月10—12日三天顺利召开了居民代表大会，选举产生了新一届社区居民委员会，区民政局出场为新当选的居委会成员颁发当选证书。这次选举共选出居委会成员26人，其中专职16人，兼职委员10人，新当选的五名居委会主任当中有2名是首次当选为主任。经过换届选举，社区居委会成员文化程度、年龄结构均发生了较大的变化。当选的16名专职居委会干部，本科以上9人，占专职居委会干部的52%。年龄较以往下降4岁，现平均年龄36岁，80年后6人，占专干总数的35%。为做好居委会换届选举工作，街道及时成立了换届选举领导小组及其办公室，负责选举工作实施方案、日程表的制定，主要领导亲自抓，分管领导具体抓，实行办事处领导包片负责，民政办具体负责。抽调一定人员成立了选举指导队伍，及时督促检查、指导社区开展工作。街道出台了《长东街道办事处第四届换届选举工作实施方案》，对社区居委会的选举工作做了动员和具体部署，并在社区成立换届选举委员会，具体负责选举工作的实施，从而确保了换届选举工作在街道党工委、办事处的领导下有条不紊的进行。

【做好住房保障工作】 2013年来，街道住房保障工作紧紧围绕市、区住建局关于该项工作的要求，规范申请流程，加强审核力度，积极宣传政策，努力做到应保尽保、公平公正。全年，新增享受租金补贴保障家庭21户、实物配租34户、经济适用房3户，通过一年的努力，有效保障了辖区低保、低收入家庭的住房需求，为辖区的经济发展和社会稳定做出了应有的贡献。

【580慈善救助】 2013年，街道对于辖区居民患有大病、重病的困难群体，为他们解释慈善救助，收集材料，上报区慈善总会，一季度一次救助。截至2013年年底，该街道共有38人获得救助，总金额为95500元。

【做好双拥优抚工作】 2013年，街道按照上级文件精神，及时为复员退伍军人、伤残军人、烈军属发放补助和优待金。另外采取多种形式，广泛开展拥军优属活动，共建共育军民鱼水情，利用在春节、"八一"街道组织优抚对象参加座谈会，并组织优抚对象参观了周恩来少年读书处。春节期间，街道与其他共建单位，到共建部队进行慰问活动，为部队送上慰问品。在端午佳节前夕，街道组织社区居民前往共建部队，与部队官兵一起包粽子、开展联谊活动，其乐融融。在"八一"建军节，街道牵头与多个共建单位一起购买卡拉OK等音响系统，给共建部队官兵送去节日的问候，为丰富部队官兵文化生活提供条件。

【服务全面创业工作】 为做好全民创业工作，街道于9月份成立长东街道全民创业淮商崛起工作领导小组，下设办公室，街道和各社区便民服务中心、服务大厅均设立了"住所(经营场所)产权证明窗口"和"全民创业淮商崛起服务窗口”。为全民创业工作开绿灯、畅通道。

【做好人民调解工作】 2013年，街道司法所进一步抓住机遇，整合资源，继续发挥居委会人民调解委员会的防线作用。该街道共有街道调委会1个，社区调委会5个，街道专职人员调解员3人，社区专职人民调解员15人，社区对一些突发性事件进行排查，预防、处理，由司法所具体实施，如阻碍施工、集访等事件，则直接通知分管领导及相关部门，并在第一时间接入进行现场处置。其次加大矛盾纠纷排查工作力度，年初，司法所结合今年工作实际，进一步完善各个社区信息联络员排查工作网络，建立信息排查工作报告制度。另外建立与信访部门、派出所的联动机制，提高对各类矛盾纠纷的快速反应能力和调处能力，实践证明，采取上述联动方法，有效地优化了资源配置，明显提高了办案的效率和质量，突现了公正、及时、效率的原则，畅通了处理的渠道。全年来，全街道共调解民间纠纷154起，其中街道调解委员会直接调解82起，调解成功率100%，社区调解委员会调解72起，调解成功率98.7%，有效维护了社会稳定。

【城市管理成绩显著】 2013年，在全区城市管理评比中街道城管工作又获得先进。防违治违效果突出。全年，街道共计处理区防治违法建设6起，有效地维护了城市的容貌和居民的健康生活。市容景观改造升级。街道配合市相关部门，积极落实市容景观提升改造工程，继续推进淮海花园提升工程业态提升，实施和平小区提升工程，进一步提升了城市精细化管理水平。物业管理服务水平提高。扎实建好“两站一中心”，完善小区服务功能，最大限度地方便群众生活，本着“预防在先、疏堵结合、及时发现、有效化解”的原则，协调解决了物业管理中的疑难问题，及时化解物业纠纷。处理日常电话投诉98起，区长公开电话转办单41起，阳光纪检转办单42起，市城管办交办单10起，区城管办交办单21起，避免了多起群众上访事件的发生，促进和谐社区建设。

【民生保障落到实处】 街道以“惠民、富民”为宗旨，深入社区、企业、家庭，加强调研，认真落实各项民生保障的惠民政策。首先做到劳动保障落实。坚持以人为本、服务居民的方针，开展健全组织体系服务和谐劳动关系创建活动，做好用工单位信息采集工作，做好劳动仲裁调解和简单劳动纠纷调解工作；加大寻岗储岗工作力度，积极拓展就业渠道，掌握失业、就业情况，切实做好就业实名制动态管理工作，以再就业援助对象为重点，强化培训和职介工作，动态消除了“零就业家庭”。充分利用资源，设立创业扶持资金，扶持创业，培训创业典型，实现创业带动就业。组织各类培训和公益活动20余次，1100余人次，全年举办招聘会13场，开发辖区内各类就业岗位9860个（其中公益性就业岗位345个），安置下岗失业人员就业再就业972人，就业困难群体再就业11个，城镇登记失业率控制在2.5%以内，企业职工养老保险全员参保，居民社会保险医疗保险参保率达98%以上。另外做到民政救济与保障落实。组织人员对街道各社区的低保档案进行全面清查，确保低保档案的完整和准确，对低保家庭进行逐一入户调查；提高审批程序规范、透明度，资金发放足额、及时，做到低保应保尽保、动态管理、能进能出，及时地保障困难家庭的基本生活。街道目前共有低保家庭529户、1118人，保障金月295177元；实施大病救助18人，发放救助金4.55万元。积极落实医疗救助、临时救济、重残救助政策，安排节日慰问，配合教育、医疗等部门落实了低保家庭就学、就医等其他一系列优惠政策。

【帮助孤寡老人迎新春】 春节即将来临，为帮助孤寡老人做好迎新春的准备，工农兵社区工作者与辖区单位的员工于2月4日上午，一起到和平新村一区八号楼103室孤寡老人周玉青家里，帮助老人打扫卫生、整理室内环境、贴对联，并带老人包饺子。社区工作人员还为老人换上新买的貂绒帽子，乐的老人合不拢嘴。周亚青老人当年已93岁，丈夫已去世多年，无儿无女，社区的关爱更让老人感受到和谐社会的幸福。

【独居老人辞世，社区料理后事】 关玉琴系孤寡老人，是工农兵社区居民，居住在和平新村一区6栋。6月26日中午被人发现倒在厨房，已经没有了气息，享年81岁，社区知道这不幸的消息后，因老人无儿无女，身边也无其他亲人，社区就主动担起料理其后事的任务，当时天气较炎热，社区首先将老人的遗体移至殡仪馆冻存，然后在律师的见证下，对老人的所有财产进行清点，列入清单进行存封。在收拾老人的遗物时，从她的日记中发现她有个妹妹在台湾，并想方设法联系上，在征得其妹妹对其后事的处理意见后，社区对其后事进行了妥善处理，让老人尽早入土为安。

（撰稿人：宗玉堂）

长西街道

【概况】 长西街道辖区东起淮海北路，西至北京北路，南临里运河，北到淮海西路，面积2.88平方公里。下辖人民路、上海路、长西、引河、河堤路5个社区，居民13690户、3.79万人。街道党工委下辖5个党委、38个党支部、912名党员。辖区内有南京军区十五分部干休所、淮安市青少年宫、周恩来童年读书处、海事局等126个驻区单位。辖区现有淮海路小学、石塔湖小学和清河实验中学三所学校，位于人民北路8号的市青少年宫，是市区校外教育的中心基地，为社会和学校输送一批批有艺术特长的青少年。

街道办公地点位于漕运西路88号，现有行政人员12人，其中班子成员9人，事业人员17人，共计在编人员29人。

新中国成立之初，境内设永宁镇，1954年，与铜元镇合并为长西镇。1958年，成立清江公社，属长西管理区。1962年起，属新成立的城北公社。1981年，属城北街道。1983年，城北街道一分为三，“长西”为其中之一。

上海路由东向西贯穿全境，清河路、人民南路穿境而过，交通便利，景色宜人。石塔湖小区、富华园小区、华能小区等26个居民区。

辖区内有一代伟人周恩来童年读书处，院内绿树成荫，花香四溢，周总理亲手浇培的梅花生长茂盛，人品、花香相互映衬，正所谓“人中一品，花中一品”。

近年来，街道紧紧围绕全区工作大局，突出加快发展主题，主攻税源建设、招商引资、服务重点项目及信访稳定等工作重点，关注民生帮扶，狠抓城市长效管理，街道经济社会保持快速、健康、协调发展的良好势头，街道经济社会保持良好的发展态势。

2011年，街道石塔湖小区“绿地认领”经验被全市推广。街道司法所荣获省基层优秀司法所称号，所辖5个社区均创成市以上绿色社区，其中河堤创成省级绿色社区，上海路在2007年率先创成省级后，又获全国仅3家江苏唯一首届远洋环保示范社区一等奖。2012年，探索形成了“以党建为龙头，把支部建在网格上”的总体工作思路，社会管理服务取得新成效，“钱大姐服务队”网格服务品牌得到居民群众的广泛认可。河堤路社区创成全国科普示范社区，上海路社区有望创成全省充分就业示范社区。2013年，成立全市首个社工组织(心苑社工服务社)得到市、区广泛认可，安全稳定工作中的隐患、苗头和信访积案得到有效化解，街道经济社会各项工作再登新台阶。

【招商引资】 全力推进招商引资工作，建立完善了由党政一把手为组长的招商引资领导小组，并建立健全了相关组织机构，抽调精干力量从事招商引资工作。新签约亿元项目3个，新引进总部(楼宇)企业68个，已缴纳税收200万余元，完成注册资本金2.3亿元。

【税源经济】 按照“抓机遇、抓发展、抓落实”的理念，重点抓好主体税种、重点行业和纳税大户的排查和年纳税在20万元以上的企业、辖区重点项目、新引进的企业等跟踪服务工作。当年街道完成公共财政收入21269.8万元，其中企业基本户收入2363.71万元，房地产及建安收入6127.26万元，总部经济及其他收入12778.83万元，工程环节税收1472.18万元。

【项目建设】 2013年，街道辖区共有重点项目12个，其中纳入年底市级亿元开工考核项目5个。中环国际广场通过市亿元竣工项目验收。茂业时代广场通过市2013年新开工项目验收。中信商务中心与府前的锦绣步行街一起通过了市亿元竣工项目验收。2013年，街道共有房屋征收当年项目4个，市追加项目1个。已100%完成华能小区西北角地块房屋征收和漕运西路东段拆迁扫尾工作。烟厂大学生公寓项目、和润国际广场项目(非住宅)、人民剧场地块等三个项目，分别完成了前期调查等准备工作，正在积极落实投资主体。

【信访稳定工作】 2013年，区里共交办辖区信访案件24件，全部办结，办结率100%，办事处自办案件5件，办结率100%。矛盾纠纷排查共排查出44件，全部及时上报化解，化解率100%。2013年，区联席办交办信访积案三件，分别是吴义兵、王春年、梅永明三户，其中王春年吴义兵均已成功化解，梅永明正在化解中，化解率全区排名第一。

【城市长效管理工作】 街道以“标准化建设、精细化管理、人性化服务”为准则，认真落实长效管理工作。当年共计组织30余次环境卫生大扫除，居民居住环境明显改善。上海路小吃城整治工作投资约8万元，目前已通过市里验收工作。对上海路农贸市场投资400多万元进行改造升级，现工程已竣工，并通过市里验收。当年共计拆除5起违建，为创建“零违建”街道打下基础。截至2013年11月份，街道长效管理工作在全区综合考评中排名第一。

【依法行政工作】 一是健全决策机制，全面推行政务公开。建立健全了街道党委议事、理论中心组学习等工作制度。在基层推行社区书记述职述廉制度、居委会财务管理制度、居务公开和民主管理工作实施方案等4项工作制度，全办上下形成了自觉运用法律、制度来指导和管理经济、社会事务的氛围。二是坚持依法行政，积极推动权力阳光运行。街道加强监督检查，落实执法责任，街道执法人员均持证上岗，按章执法、文明执法，2013年来无执法不作为、乱作为等造成严重后果事件发生。街道对辖区居民反映的各类问题在第一时间深入群众当中，了解情况，一一给予关注、解决，并给居民讲解相关政策和法律法规，深得群众拥护。三是加强阵地建设，扎实开展法制宣传教育。组织各社区采取街头宣传、法制讲座、标语等灵活有效的形式，广泛开展社会治安、婚姻家庭、计划生育、义务教育、土地管理等与居民工作、生活密切相关的法律、法规的教育，开创了上下联动，互相呼应，丰富生动的法制宣传教育新局面，营造了普法氛围，提高了居民的法律意识和法律素质。

【社会事业工作】 2013年，在就业再就业方面：安置下岗失业人员688人，其中就业困难人员再就业96人，分别完成全年目标任务600人的115%和80人的120%；城镇登记失业率控制在1.5%，新增公益性岗位和灵活就业人员215人，完成年目标任务200人的108%；创建上海路社区为省级充分就业示范社区；基层公共服务公益性岗位重点帮扶困难家庭和就业困难高校毕业生13人，年目标10人；新增家庭服务业从业87人，是年目标任务60人的145%；城乡劳动者职业技能培训710人，是年目标任务300人的237%；新成长劳动力技能培训181人，是年目标任务150人的121%；企业职工岗位技能提升培训512人，是年目标500人的102%；开发辖区内各类就业岗位4258个，其中公益性就业岗位362个，分别完成年目标任务4000个、300个的106%和121%；城镇登记失业控制在1.5%。建立利苑六区、上海路美食城创业孵化基地2个；全年举办招聘会6

次，完成目标任务6次的100%；帮助符合政策条件的下岗失业人员办理社保补贴审核157人。新《就业失业登记》核发无差错，全年共发放181本。建立了农民工综合服务中心1个，健全并完善发展家庭服务业协调机制。按时完成富士康、旺旺集团等大企业招工任务。全年组织创业沙龙、项目推介会、创业座谈会等6次；及时准确报送就业创业工作台账、创业简报信息和工作总结。在创业型城区创建方面：开展创业培训92人，完成年度目标任务70人的131%，创业培训成功率达61%；新开发创业项目10个，培育带动5人以上就业创业典型8个，分别完成年目标任务10个的100%和5个的160%；扶持创业成功182人，创业带动就业1095人，分别完成年目标180人的101%和900人的122%；新增创业户374户，其中大学生创业户37户，分别完成年目标350户的107%和20户的185%。在社会保障方面：新增助保贷款签订人数为100人，是目标任务40人的250%。企业退休人员养老金资格认证4591人，认证率达100%；继续开展万人康乐工程，为企业退休人员进行第三轮免费体检1446人；辖区内帮办项目、新开企业工作人员五项保险在清河参保368人；当年新增就业人数参加社保扩面368人；城镇居民基本医疗保险参保9402人，完成年目标9300人的101%；城乡居民社会养老保险新增52人，是年度目标50人的104%。在社区救济方面：2013年，街道共登记发放独生子女父母奖励金2125人42500元，为32名独生子女伤残死亡家庭发放了特殊扶助金。共组织144对目标人群参加了免费孕前优生健康检查，超额完成全年目标任务；并对已怀孕及生育的夫妇做好随访服务。有742名已婚育龄妇女在区计生指导站参加了RTI防治。有586名已婚育龄妇女参加宫颈癌筛查。参保低保家庭284户570人，做到了低保对象有进有出，标准有升有降，真正实现动态管理下的“应保尽保，应出尽出”。对街道233名残疾人开展入户调查，了解服务需求，全年共对组织31名残疾人参加了就业再就业技能培训，实现就业10人，帮扶14人，享受助听2人，助明3人，助行17人，精神病免费给药10人，康复四进家庭15户。

府前街道

【社区教育硕果累累】 2013年度，街道社区教育工作取得了可喜的成绩，街道参与的中国科学院心理研究所心理健康促进研究中心承担的，中国教育学会“十一五”科研规划课题《学校心理教育体系的理论建构及心理技术在教育中的应用》的子课题《市民培训心理需求研究》，在2010年12月立项，于2013年1月完成了研究与实验工作，取得了预期成果，经中国教育学会“十一五”科研规划课题《学校心理教育体系的理论建构及心理技术在教育中的应用》总课题组评审，获得课题科研成果一等奖。(1)社区教育工作的理论支撑就是课题研究，是以基层社区的实践经验为抓手，立足基层，抢抓机遇，择机而上，街道已经连续多年，一直坚持搞社区教育课题研究，目前已初具成果，现编撰了一本《社区教育实践论文集》；(2)社区教育中心还动员各部门、社区积极参加江苏学习在线的网上学习活动，并向省级、市级网站“学习在线”栏目投稿，涌现了一大批投稿能手，其中淮西社区的陈玉媚因为投稿的质量高、数量多，获得省级“标兵奖”称号；社区教育中心卫军主任在“江苏学习在线”在线学习的学分已经超过了3000分，为清河区的第一名，遥遥领先于清河区内的其他学员。

【社区名人录】 2013年1月，京北社区78岁的退休教师郝宇铭，光荣地成为中国共产党党员，他爱好文学，关心文史，颇有成绩，被淮安市政协聘为淮安市政协文史委特邀文史委员；11月，郝宇铭的文章《旅瑞世代华强梦》，在中央电视台中文国际频道“全球侨胞中国梦”征文活动评选中荣获“三等奖”。

【北京北路社区共创“和谐社区】 北京北路社区充分利用社区教育的资源，2013年度发动驻区的高等院校和社区居民，共同创建“和谐社区”活动：社区组织开展“和谐社区”创建文艺的文艺演出、开展“学雷锋，树新风”活动文艺演出、组织“喜迎十八大”志愿者活动，另外，还注重开展“关注国防建设，踊跃报名参军”活动和对“特困户和困难家庭”帮扶活动。

【淮西社区为民办实事：与民同乐】 为弘扬民族传统文化，欢庆2013元宵佳节，淮西社区精心准备了800余条谜语，悬挂在加州城小区道路两旁，供居民来揭晓谜底，让居民过一个欢乐、喜庆、祥和的元宵佳节，更让居民在欢乐中得到了一次很好地学习——本着重在参与的根本目的。

【淮西社区共创幸福家园】 为丰富居民的文化生活，促进社区和谐，增强社区与居民之间的凝聚力。2013年2月4日，社区利用春节之际，在社区的活动室举办了“我的社区·我的幸福2013老少同乐展才艺”活动，辖区30多位社区书法、绘画、剪纸、唱歌爱好者们不顾天气寒冷，相聚在这里，当众展示自己的才艺。此次活动既丰富了居民的文化生活，又增添了浓浓的节日的气氛。

【淮西社区加强爱国主义教育】 为加强对社区党员、青少年进行爱国主义教育，让他们了解历史，珍惜今天的美好生活。淮西社区于4月20日，组织党员青少年赴淮海战役纪念馆、徐州博物馆参观学习。

【工农社区举办中共十八大成果图片展】 为了进一步宣传中共十八大的思想、路线和方针、政策，特别是取得的社会成果，社区党支部举办了“学习十八大，放飞中国梦”的专题图片展，组织学生和辖区的务工人员到社区进行图片展的观摩活动，让中共十八大的精神得以进一步的贯彻和落实。

【工农社区加强法治教育活动】 社区一贯重视辖区的法制教育工作，7月25日，社区组织青少年及“五老人员”到清河区法院参观，大家一起聆听了政法委领导对清河区法治概况的简单介绍，会后又参观了法制教育图片展，对与会的青少年和五老人员进行了一次比较深刻的法制宣传教育活动。

【工农路社区举办《勤奋学习立志成才》报告会】 7月27日，社区居委会特邀离休老干部张水镜老人举办了一场别开生面的青少年励志活动。离休老干部张水镜老人为在场的20多位青少年进行了《勤奋学习，立志成才》主题演讲，讲述了“什么是立志、为什么要立志、怎么样立志”等三个方面问题，他用周恩来、毛泽东等伟人少年立志的故事，很快就调动起了在场所有人的注意力。张水镜老人在演讲的最后还慷慨激昂地现场演唱了一首《少年壮志不言愁》，将报告会推向了高潮。通过这次活动，让学生和家长深刻地感受到了立志的重要性，为下一代的健康成长提供了帮助。

【工农社区举办少儿书画展览活动】 7月28日，社区举办了少儿书画展览活动。此次参展的一共有21幅作品，其中有素描、硬笔书法、书法、国画等等，书画老师现场从二十几幅作品中评出了一、二、三等奖。此次展览活动是对孩子们努力学习的成果肯定，也是让他们有更多的动力积极地参与到今后的各项活动中去，既是对孩子们建立自己的兴趣爱好的一种鼓励，更是激发他们能够全面健康的发展。

【淮西社区举办“邻里互助节”】 为弘扬端午文化，促进邻里和谐。淮西社区于6月9日下午在社区活动室举办了“浓情端午粽飘香，社区和谐凝亲情”——2013迎端午包粽子比赛活动。36名社区居民报名参加，此次活动还吸引了10名外来的务工人员的家属参加，一片片粽叶为居民之间架起了心与心交融的桥梁，加强了邻里之间的亲情交流。

【淮西社区加强对青少年道德教育】 为青少年思想道德教育，预防青少年违法犯罪，让孩子过一个平安、快乐的暑假生活。淮西社区居委会于7月16日下午在社区活动室举办送法进社区、暑期法制大讲堂。社区法治指导员、清河区人民检察官朱霞为青少年及学生家长授课。朱检察官还把自己所办理的真实案例讲给孩子听，还与孩子们进行互动，考考他们的法律知识，孩子都说朱检察官给他们上了一堂很好的法制课，让他们铭记在心。

【劳保所举办招聘会】 府前街道劳动保障所为了更好的服务大型企业用工需求，同时促进辖区内大中专毕业生、下岗失业人员、残疾人等就业困难对象就业与再就业，不定期举办招聘会，2013年4月18日，街道劳动保障所在北京路苏果超市前举办第四场招聘会，邀请了用人单位与求职人员面对面交流，进行双向选择。

【劳保所为“特殊”人员办实事】 2013年11月，街道劳动保障所邀请市人社局养老处工作人员到街道办事处大厅，为辖区内有困难的失业、特困人员做助保政策宣传。2013年度，街道劳保所共为五十多位新参人员办理了助保手续。助保真正解决了他们的后顾之忧，提供了晚年的生活保障。

【劳保所上门办理认证手续】 “有情、有序”是府前劳动保障所工作中退休认证这块工作的最大特点。街道辖区内共有近6000名企业退休人员，每年4月到5月份的退休人员养老金资格认证工作中，对于那些年迈行动不便的老人，工作人员上门看望并当面为他们做认证工作。

【劳保所举办创业政策专家指导咨询会】 2013年3月26日开始至4月上旬，街道劳动保障所积极响应区人社局创业型城区创建的工作精神，在全街道开展全民创业宣传月暨万人创业培训工作。由劳保所牵头，在各社区和辖区内的两所高校举办创业政策专家指导咨询会八场次，咨询会邀请市区创业指导专家以及工商税务专家进行现场答疑解惑，发放创业扶持政策宣传单。通过各种形式的培训已达千人，扎实开展创业型城区创建。

【街道民政部门为群众排忧解难】 街道民政部门积极与区、市的相关部门和志愿者联系，积极主动地为辖区的困难群众排忧解难，他们利用节假日为困难群众免费送米、面、油，以及发放轮椅等，帮助他们努力提高自己的生活质量。

【妇联积极行使“关爱行动”】 在街道妇联的积极倡导下，街道各社区积极采取关爱行动，对辖区内的困难儿童、空巢老人等积极进行“关爱行动”，帮助开展困难儿童、空巢老人、进城务工子女、妇女维权等关爱活动，以及举办妇儿活动中心暑期培训班等，努力丰富她们的文化生活。

【城管队员转变工作态度，变“被动”为“主动”】 街道城管在新一届街道领导的带领下，队员们积极转变自己的工作观念，变以往的“被动”为“主动”，他们积极参与清理墙体上众多的小广告、拆除各社区里的违章建筑、在辖区内悬挂的条幅进行整治、在马路上清扫积雪、利用晚间对占道经营的大排档进行整治等。

【司法所积极配合区司法局，做好社区服刑人员的转化工作】 街道司法所平时利用一切机会组织社区服刑人员进行公益劳动、集中教育和入矫宣告，以及受法院委托做庭前调查活动，司法所还积极与区相关部门举办“12·4”法制宣传活动。

【市、区人大代表接待选民活动】 淮安市、区的人大代表2013年5—11月，到府前街道的服务大厅进行接待选民的活动，他们就淮安市涉及民生的“敏感问题”不厌其烦地一一加以解释说明，给来访的选民都有一个满意的答复，这样的做法，既方便了选民的知情权，又起到了稳定民心的效果，更为和谐社会的创建起到了无可比拟的实际效果。

·越河社区居委会·

【建置地理、基本概况】 越河社区居委会位于长东街道南部，南靠越秀路，由玉兰苑小区向东延伸至市中级人民法院，东邻翔宇大道，由市中级人民法院向北延伸到力宝广场工地。北至和平路，由力宝广场向西延伸到市中医院。西到市中医院西侧区间路，由市中医院向南延伸至玉兰苑小区，面积约0.5平方公里。社区范围目前有辖区单位4家，市中级人民法院、中国人民银行淮安分行、市卫生局、市中医院均为省市属单位，较大餐饮企业——神旺大酒店也坐落在社区范围。淮安小学位于社区中心地段，其他商铺仅可数不到10家，均分布在淮安小学南边的区间路边。位于社区东北部的力宝广场项目正开工建设，总建筑面积达24万平方米。至2013年年底，完成50%基础工程，该项目竣工后将为水渡口中央商贸区增添一彩，社区内有玉兰苑、越河小区两个新建的居民小区，均为高层建筑。目前尚有18户旧城改造户等待房屋征收，被征收后，社区将属新建的新型的社区。至2013年社区多次受到省、市、区有关部门的表彰，2012年被省民政厅授予江苏省"防灾减灾示范社区"，2010年获得省级"充分就业社区"称号，2008年被评为江苏省和谐示范社区，2011年被评为国家首届远洋社区，2012年被评为淮安生态创建示范社区，2012年被评为市绿色社区，2011年被评为清河区十佳社区，2006年被淮安市评为无双下岗无双失业基层党组织，2004年、2006年、2007年都被清河区评为先进基层党组织，2006年被清河区评为六有六好创建工作先进集体，2010年被评为清河区文明社区，2012年、2013年被评为清河区计划生育先进集体，2012年被评为淮安市民防示范社区，2012年被评为清河区双拥先进集体。

【基础设施】 社区2004年左右自有社区用房近300平方米，位于越河街上。因旧城改造，于2008年被拆除。目前社区没有自己的社区用房，暂借用宏丽大厦三楼约40平方米作为临时办公场所。社区目前有健身路径两处，一处在越河小区，一处在玉兰苑，占地面积均为200平方米左右。拥有篮球场一个，社区文体活动中心一个，面积有200多平方米。社区现除有18户待改造老居民户外，其他均为新建住宅小区，玉兰苑和越河小区，水电气设施齐全、先进，小区居民都使用管道燃气，通信设施、网络设施全部铺设到户，为居民提供了较大的方便。

【经济发展】 社区没有自己的经济实体，辖区内经济实体仅有神旺大酒店，零星店铺仅有几家，分布在淮安小学南边、区间道路边。社区经济来源仅靠财政拨款，每年有万元，其他方面支持资助每年约万元。

【社会事业】 扶助困难家庭，帮助弱势群体，积极为困难户中的符合最低生活保障的人员办理最低生活保障。目前已办理低保的居民有116户、246人，月支出低保金额达69687元。为残疾人中的重度残疾人办理重残补助，计13人，每人每月享受重残补助410元。另外办理了15人的重残补贴，对困难家庭实施单位帮扶，每年中秋节春节两大节日，市、区有关部门都对困难家庭实行帮扶，社区内共有帮扶对象90人，帮扶金额达10200元，市交通局帮扶15人，支付金额达9000元，清江浦中学帮扶60人，支付金额达24000元。社区积极做好劳动保障工作，规范劳动保障平台建设，为社会下岗失业人员提供就业再就业服务，提供免费技能培训和法律法规及政策咨询服务，帮助失业人员实现就业，为退休人员做好社会化管理和服务工作。仅2013年就安置失业人员就业达200人，其中就业困难人员就达31人，帮扶6人，灵活就业及公益性岗位123人，举办4次专场招聘会，免费进行技能培训，开发岗位达1800个。做好企业离退休人员领取养老金资格认证工作，全年共认证344名，为保证认证如期完成，确保离退休人员能够及时足额领到退休养老金，在资格认证上，社区采取现场当面认证，上门认证，委托认证及其他认证等形式，为便于管理服务，及时做好离退休人员相关信息的搜集、输入和变更等工作，以进一步完善退休人员的基本信息，为退休人员建立了详细的个人档案。做好居民医疗保险的统筹工作，2013年为1120名居民办理城镇居民医保手续。

居家养老目前正在建设中，预计将在2013年年底建成使用。老年人的其他事业正积极去做，2013年为2名60周岁以老人办理城乡居民养老保险。

【人民生活】 社区除玉兰苑小区属新迁入的购房户，越河小区原越河地块拆迁回迁房安置小区，外加待拆迁老城区户，总的说来收入水平在中等偏下，低保和困难户有259人，占总人口的9%，约十分之一是贫困人口，其他老居民收入水平也不高，决定了社区居民生活水平总体偏低的，具体收支数字无法统计。

【治所及变迁】 社区居委会现办公地点借用宏丽大厦3楼，原治所在越河街，属社区居委会自有近300平方米二层小楼，因越河地块拆迁，在2008年前后被拆除，最早即在2004年前，社区居委会办公地点是在越河街，属租赁区房产公司的房屋，约40平方米。

【人口及构成】 社区总人口3568人，其中常住人口2856人，流动人口188人，已婚育龄妇女750人。居住区内居有汉族、回族两个民族，汉族人口居多、回族人口极少，60周岁以上老年人约499人，占总人口的14%。

2001—2013年，社区居委会历任主任有：陈建民、鲍玉芳、罗国华、秦秋华。

白鹭湖街道

【概况】 2013年，白鹭湖街道在区委、区政府的正确领导下，紧盯目标、扎实苦干，以招商引资、项目建设、税源经济、房屋征收、社会稳定安全和各项社会事业发展为重点，经济社会发展保持平稳较快的增长态势。清新花苑社区被中国妇女联合会授予"全国妇女儿童之家示范点"；清隆家园社区被江苏省住建厅授予"江苏省节水型社区"，被江苏省妇女联合会授予"江苏省妇女儿童之家示范点"。

【招商引资取得新业绩】 招商引资工作是街道经济发展的重点，更是街道加快发展、跨越式发展的必然选择。一是突出亿元项目和新兴产业招商。二是主要领导亲自带队，集中精力、集中人力，走出去，请进来。三是对在谈项目，锲而不舍，紧盯不放。对可行性项目，多方联络，积极争取。四是确保主要领导和专来招商人员每月在外招商不少15天。五是召开小型招商推进座谈会。1—12月完成新签约亿元以上项目2个，一是健康体检中心，位于淮安万达中心大厦八、九楼，项目面积3000多平方米，计划总投资约1.2亿元。二是淮安产科医院项目，以妇、儿专科为特色，项目面积约为1.4万平方米，计划投资1.6亿元，目前已开工建设，建成后将成为淮安市区最大的民营医院。新招设立公司14家，新增注册资本金为9401万元。

【重点项目建设工作扎实推进】 街道把服务重点项目放在全办工作的首位。2013年，街道帮办的亿元以上重点项目7个，其中纳入市考核的亿元项目有3个。一是成立领导小组，明确工作分工。抽调精兵强将，成立重点项目办，专门负责帮办重点项目。二是全力做好项目帮办和服务工作。全天候无缝隙对接，101%的服务及时帮助企业协调解决建设中遇到的难题。三是帮办领导深入一线，推进项目建设进度。主要领导坚持每日深入施工现场，了解项目进度和困难。对纳入市考核的地源热泵、健康产业园、润东汽贸3个亿元以上项目确保通过检收，其中健康产业园后润东汽贸通过验收并于12月份投入试运营。

【健康产业园项目试运营】 健康产业园项目是由南京医药股份有限公司投资建设，2013年12月份试营业，2014年6月份正式营业。是苏北地区最大的医药物流中心。公司注册资金3000万元，计划项目总投资为12200万元，实际完成投资24000万元，项目占地33447平方米，建筑面积约24000平方米，其中医药物流仓库12725平方米，综合办公区11852平方米，医药物流库房、综合楼均已竣工，已具试运营能力。预计2014年年销售额16亿元，税收1600万元。中远期规划年销售额达35亿元，税金4000万元。

【税收工作稳步推进】 街道办事处坚持发展是第一要务，以重点项目建设为抓手，全力促进经济持续健康发展。一是加强对税源重点户的调查摸底，今年以来，街道组织人力对辖区内企业逐一走访，了解企业的基本情况。二是密切联系纳税大户，跟踪企业动态，掌握企业纳税情况，加强与税务部门的沟通，尽力为纳税企业做好各项服务工作。三是印发并完善街办税收征收工作奖惩办法，促进和鼓励全办同志参与增收财税工作的积极性。1—12月全办完成税收17280.47万元，同比增收12849.15万元，增长289.96%。其中公共财政收入15771.97万元，同比增收12493.58万元，增长381.09%。完成全年目标任务的87.96%，完成全年14948万元目标的105.51%。

【房屋征收扫尾工作成绩显著】 坚持主动出击，创新方法，完善激励机制，着力破解难题的思路，集聚一切资源，加大了房屋征收工作力度。一是抽调办事处及村组的精干人员充实拆迁工作组力量。二是对被征用房屋村民，在政策法规允许的情况下，一户一策，发挥多种社会关系作用做拆迁工作。三是班子领导带组拆迁，宣传政策、细致工作，周到服务，发扬"5+2""白＋黑"精神，深入细致地做好房屋征收工作。四是规范操作，阳光拆迁。对拆迁扫尾户，按照政策规定，结合家庭实际情况，逐户研判实施方案，阳光操作，要拆得净、拆得稳，不发生新的遗留问题。1—11月完成14户房屋签约拆除和15户遗留问题处理工作，完成了口岸办、创意产业园、汽车生活广场、水渡口大道北侧等4个地块房屋拆迁任务。保障口岸办、汽车生活广场、城开御园等8个重点项目的顺利施工。

【多措并举做好信访稳定工作】 近几年的新区的征地拆迁和建设遗留下了一些矛盾，信访问题比较突出。街办多措并举，着力解决拆迁群众的信访问题。一是成立信访工作小组。由街道书记和主任任组长，分管信访副书记主抓，协调村组干部，形成齐抓共管的组织体系。二是切实落实"五包责任制"(即包调查、包化解、包教育、包息访、包稳控)。三是明确了"三个集中"(即集中排查去省赴京上访问题因素，集中化解矛盾纠纷，集中攻克化解进京重访老案)思路。四是创新了"白天见人、早晚定位、晚上进站"的立体全方位稳控措施。五是进一步社会管理工作机制积极创新，充分发挥网格化服务平台，排查安全生产和食品药品隐患，积极做好防范工作。1—12月发现135起事故隐患，消灭在萌芽状态；解决矛盾纠纷102起，化解多年信访积案3件；21名在编人员与90户居民开展"心连心交友"活动，全力维护社会稳定和谐。

【城管工作水平不断提升】 街道多次召开专题会议听取和研究部署城市长效综合管理工作，做到一月一点评，一月一考核，一月一兑现，当天交办，当天回复，当天复查，办结率、回复率均达100%。截至11月清理小区中存在的建筑垃圾、生活垃圾、绿化带乱扔垃圾以及其他遗弃物298多吨，各类旧木板、破衣服140多车，清理各类废弃车辆294余辆，清除各类小广告19500多条,清洗店面89余个,拆除各类棚子36户,加强对徐州街等3处地段的整治工作。环境卫生状况得到明显改善,市容市貌焕然一新。

【社会事业协调发展保障和改善民生】 一是居民就业稳步增长。坚持让有就业愿望和有就业能力的群众都能就业,增加群众收入,促进社区和家庭和谐。截止12月份召开招聘会10场,达成意向134人,对接成功40人;开发各类就业岗位6398个,完成年目标的128%。满足群众的就业需求。二是民生保障水平不断提升。全年共计为962人发放60岁老人新型农民养老保障金共71万元,为402名居民发放"土地换社保"养老金共641.7341万元,完成社保扩面任务。今年新增参加社会养老保险2365人。关心弱势群体,帮扶困难群众。为15户特困群众办理了低保手续,为113户困难家庭解决临时救济金9.4万元。春节、中秋两节走慰问困难群众263户,发放慰问金和物品计17.2万元。三是关心救助残疾人。1—12月,为残疾人办理残疾证85人次,发放53辆残疾车,康复进家庭16户,发放重残疾补贴、护理补贴、燃油补贴共计6.8万元,建成2个康复站,1个康复中心。四是创新计生工作新机制,着力解决计生工作面临新问题、新情况。今年实现计划生育率99%,优质服务率达到100%以上,季度服务参检率达100%。五是开展丰富多彩的社区文化活动。1—12月,组织近45场文艺演出,充分发挥2个社区文化活动中心功能,服务广大居民,为居民提供文化和健身活动场所,丰富居民的精神文化生活,不断提升人民群众满意度和幸福系数。

【基层党建工作显成效】 一是领导班子团结奋进,工作尽职,充分发挥每位领导的特长和优势,有效推动街道工作有序开展。二是坚持党政领导班子每周例会制度,对重大问题集中讨论、集中决策,解决了涉及房屋征收、经济发展、群众生活等各类问题。三是街道党工委和村、居党组织定期组织基层干部学习,学习中共十八届三中全会及相关社会知识,了解社会发展趋势,适应社会发展新要求。提高工作水平和能力。坚持以服务群众为第一导向,从就业创业、社区文化道德建设、小区物业管理服务、扶贫济困、稳定安全等各个方面主动为群众服务。四是完成2个社区党委、4个村级换届选举工作,配强配优基层班子,选出符合上级要求、群众信任的基层党组织领导班子。李银新同志当选为清新花苑社区党委书记兼主任;王春风同志当选为清隆家园社区党委书记兼老坝村党支部书记,土任张会生;老坝村村委会土任翟从春。张艳兵同志当选为三坝村党支部书记;村民委员会主任赵正美。李荣刚同志当选为团汪村党支部书记兼村民委员会主任。尹亮同志当选为果林场党支部书记兼场长。五是加强党员干部廉政教育学习,特别对村、居干部的廉政教育,管好用好集体财产,有效预防在征地、拆迁中可能会出现的损害国家和群众利益的行为,树立良好的基层干部形象。六是严把党员"入口关"做好党员发展工作,1—12月共计发展党员6名,转正10名。

【关心下一代工作上台阶】 2013年街道党工委十分重视关心下一代工作,从书记到分管领导都支持并且亲自过问街道和各社区村的"五有五好关工委"创建工作。全办五个基层关工委都达到了"五有"。

2013年的结对帮教工作中,关工委与派出所、司法所和综治办联合成立了帮教小组8个,参加结对帮教的"五老"有20人,八名帮教对象的转化率为100%。结对帮扶问题青少年4人,转化率为100%。在"老少共话中国梦"主题教育活动中,全办各级关工委2013年总计有"五老"宣讲员32人,书写宣讲材料26篇;听讲人数1020人;参加"中国梦我的梦"征文活动是中小学生990人;组织图片展览、文艺演出16场次,参加人数达8000余人;演讲比赛10场次,参加"五老"25人次,听讲人数达4350人次。全办2013年有校外教育辅导站5个,辅导点14各正常参加校外辅导的"五老"骨干有35人,志愿者19人,2013年总计辅导学生2.64万人次。2013年全街道扶贫助学26人,帮助孤残弃青少年儿童5人,共筹集助学助困资金3.07万元。8月22日由街道关工委牵头,妇联、共青团、民政部门联合清隆家园社区,在街道二楼多功能厅隆重举行了成才学子报告会及金秋捐赠仪式活动。这次捐赠仪式一改之前奢华浪费之风,一人一本手写笔记本,一个行李箱。礼轻情意重,体现党工委重视教育的同时,也彰显了新一届领导班子节俭办活动的主张。参加这次两个活动的有街道、各社区(村)关工委主任常务副主任、2013年苏北计划志愿者和16所新大学的学生及家长,部分初高中学生50余人。

2013年9月,清隆家园社区校外教育辅导站、果林场校外教育辅导站被市文明办、教育局、关工委表彰为"优秀校外教育辅导站";街道关工委被市关工委表彰为2013年度先进乡(镇、街道)关工委。

【省文化厅王世华巡视员视察指导白鹭湖街道文化站工作】 11月29日,江苏省文化厅王世华巡视员在区委书记王海平陪同下到白鹭湖街道文化站视察工作。

【国家新闻出版广电总局党组成员宋明昌视察街道文化工作】 2013年11月27日,国家新闻出版广电总局党组成员宋明昌一行在省、市、区文广新局领导陪同下,到白鹭湖街道办事处清隆家园社区书屋视察工作。参观了社区书屋和文化信息资源共享工程服务点,询问了书屋和电子阅览室的运营情况。

(姜锦美　周永成)

人物

◇领导人物

领导人物

【中共淮安市清河区委常委会成员】

王海平 男，汉族，1961年3月出生，1982年8月参加工作，1985年6月加入中国共产党，研究生学历，江苏淮安人。现任清河区委书记，区人大主任、区人大党组书记，区委党校校长。

1980年9月入淮安师范学校普师专业学习；1982年8月任淮阴县实验小学教师；1985年8月任淮阴县教育局教研室教研员；1989年7月在淮阴县教育局秘书股帮助工作；1990年6月起先后任县委组织部干事、组织员、基层组织科副科长、科长；1994年3月明确副科级；1995年1月任淮阴县委组织部办公室主任；1996年1月起先后任淮阴市委组织部办公室干事、副科级组织员、副主任；1997年9月任淮阴市委组织部研究室主任；1999年12月任淮阴(安)市委组织部办公室主任；2001年3月任淮安市委组织部部务委员、办公室主任；2001年9月任金湖县委常委、组织部长；2002年11月任金湖县委副书记、常务副县长；2003年11月任清河区委副书记、区长；2011年6月任清河区委书记、人大党组书记；2012年4月任清河区委书记、人大主任、党组书记；2012年10月任现职。

张冲林 男，汉族，1971年1月出生，1995年8月参加工作，1994年6月加入中国共产党，研究生学历，江苏南通人。现任清河区委副书记、区长。

1991年9月入扬州大学政法专业学习；1995年8月任扬州大学商学院党委办公室办事员；1996年8月任淮阴财经学校教务科办事员；1997年5月任淮阴市委宣传部理论科办事员；1998年8月任淮阴市委外宣办(市政府新闻办)办事员；1999年3月任淮阴市委宣传部文艺科副主任科员；2000年12月任淮阴市委宣传部文艺科副科长；2001年12月任淮安市委宣传部文艺处处长；2003年12月任淮安市委宣传部新闻处处长（其间：2000.03至2002.12参加省委党校政治经济学专业在职研究生学习)；2005年5月任淮安市文明办副主任；2006年5月任金湖县委常委、纪委书记；2010年6月任金湖县委常委、常务副区长；2011年6月任清河区委副书记、代区长；2012年4月任现职。

吴锦虎 男，汉族，1962年9月出生，1984年7月参加工作，1988年4月加入中国共产党，本科学历，江苏淮安人。现任清河区委副书记、调研员(援疆)。

1982年9月入江苏省淮阴财经学校工业会计专业学习；1984年7月任淮阴市市级机关行政处财务科会计（其间:1987年5月至1988年6月下派涟水县小李集乡支持乡镇企业工作)；1990年11月起先后任淮阴市纪委干事、副科级纪检员、正科级纪检员；1997年7月任淮阴市纪委纪检二室副主任；1997年9月任淮阴市纪委纪检三室副主任(主持工作)；2000年7月任淮阴(淮安)市纪委纪检三室主任；2003年12月任清河区委副书记、纪委书记；2004年2月任清河区委副书记、纪委书记、兼政法委书记；2006年5月任清河区委副书记、政法委书记；2007年11月任现职；2010年6月任现职。

朱维佳 男，汉族，1963年10月出生，1981年11月参加工作，1995年5月加入中国共产党，研究生学历，江苏泰兴人。现任清河区委副书记。

1981年11月任清江市财政局郊区税务所办事员；1984年4月任清河区财政局办事员；1989年6月任清河区财政局农财股副股长；1992年9月任清河区财政局农财股股长；1997年4月任清河区财政局副局长；1999年12月任清河区西安路街道党委副书记、主任；2001年6月任清河区经委党委书记；2001年9月任清河区水渡口街道党委书记（其间:2002年3月至2003年1月在省委党校青年干部培训班学习)；2002年12月任清河区副区长；2007年11月任清河区委常委、政法委书记；2012年2月任现职。

蔡绍忠 男，汉族，1963年12月出生，1983年7月参加工作，1991年12月入党，党校研究生学历，江苏宿迁人。现任清河区委常委、纪委书记。

1981年9月入盐城商业学校财会专业学习；1983年7月任清江商场财务部会计；1985年4月淮阴市商业局计划业务科工作人员；（其间：1991.02-1992.02下派淮阴县丁集乡任工业助理；1991.12自学考试经济管理专业大专毕业)1993年1月任淮阴市商业总公司(局)驻上海办事处副主任；（其间：1995.01-1996.01下派洪泽县岔河

镇任党委副书记）1996年4月任淮阴市商业局正科极纪检员；1998年1月任淮阴市贸易局团委书记；1998年4月任淮阴市贸易局纪委副书记、监察室主任、团委书记；2000年7月任淮阴（淮安）市贸易局纪委副书记、监察室主任兼华侨友谊总公司党支部书记、副总经理；2001年7月在淮安市委市级机关工委帮助工作；2002年1月任淮安市委市级机关工委主任科员；2002年4月任淮安市委市级机关工委办公室主任；2002年9月任淮安市委市级机关工委副书记；（其间：2002.03-2003.03下派楚州区茭陵乡扶贫；2001.08-2003.12参加中央党校经济管理专业本科函授学习）2006年5月任淮阴区委常委、纪委书记（其间：2004.09-2007.07参加省委党校行政管理专业研究方向学习）；2011年5月任现职。

顾晓芳 女，汉族，1971年1月出生，1990年8月参加工作，1996年11月加入中国共产党，本科学历，江苏淮安人。现任清河区委常委，中共淮扬菜文化产业园（淮扬菜集团）委员会书记。

1987年9月入淮安师范学校普师专业学习；1990年8月任涟水县小李集中心小学教师；1992年7月任涟水报社记者、编辑；1993年10月任淮阴市青少年宫办事员；1995年12月任共青团淮阴市委办事员、干事（期间：1992年4月通过中国人民大学行政管理专业大专自学考试）；1998年8月任共青团淮阴市委宣传部副部长、《淮阴青年》副主编；2000年5月任共青团淮阴（淮安）市委宣传部部长，《淮阴青年》副主编、主编（期间：1997年9月至2000年7月参加省委党校行政管理专业本科函授学习）；2003年2月任共青团淮安市委学少部部长、《淮阴青年》主编；2004年6月任淮安市招商局投诉受理处处长；2006年4月任淮安市委宣传部宣传教育处副处长、主任科员；2006年6月任淮安市委外宣办副主任；2007年11月任清河区委常委、宣传部长；2011年5月任清河区委常委、组织部长；2013年9月任现职。

王建军 男，汉族，1971年2月出生，1995年8月参加工作，1993年1月加入中国共产党，党校研究生学历，江苏淮安人。现任清河区委常委、副区长。

1991年9月入扬州大学师范学院中文系学习；1995年8月任清浦区城南乡党委办公室办事员、乡团委书记；1996年2月任清浦区委组织部办事员、组织员；1996年11月任市委组织部帮助工作；1997年2月任市委组织部办公室办事员；2000年2月任市委组织部办公室副科级组织员；2001年10月任市委组织部办公室副主任；2002年7月任市委组织部县区干部处副处长；2003年9月任市委组织部县区干部处副处长、正科级组织员；（其间：2004.01起主持县区干部处工作）2005年3月任市委组织部县区干部处处长；（其间：2007.09—2010.07参加省委党校区域经济学专业在职研究生学习）2010年12月任市委组织部部务委员、县区干部处处长；2011年5月任现职。

李海波 男，汉族，1963年8月出生，1983年7月参加工作，1990年8月加入中国共产党，大专学历，江苏金坛人。现任清河区委常委、政法委书记。

1981年9月入常州物资学校财会专业学习；1983年7月任清河区物资公司统计会计；1984年9月任清浦区统计局统计员（其间：1985年9月至1988年9月在南京粮食经济学院统计专业自考学习）；1987年9月任清浦区统计局科员；1995年3月任清浦区统计局副局长；1997年11月任清浦区统计局局长；1999年12月任清浦区武墩乡（镇）党委副书记、乡（镇）长；2000年11月任清浦区清安乡党委副书记、乡长；2001年10月任清浦区武墩镇党委书记；2002年12月任清浦区武墩镇党委书记、人大主席；2004年1月任清河区副区长；2012年2月任清河区委常委、政法委书记。

俞新昌 男，汉族，1968年6月出生，1986年11月参加工作，1989年12月加入中国共产党，本科学历，浙江德清人。现任清河区委常委、清河区人民武装部部长。

1986年11月为南京军区定远武器仓库战士；1991年3月任南京军区霍山武器仓库二分库排长；1992年9月任南昌陆军学院汽车士官训练大队发动机教研室教员；1993年11月任南昌陆军学院汽车士官训练大队二分队副队长；1994年2月任南京军区汽车技工大队学兵二队一分队分队长；1994年10月任第十五分部司令部战勤科参谋；1996年12月任后勤第十五分部司令部战勤科参谋；1999年12月任联勤第十五分部司令部战勤科参谋；2001年12月任联勤第15分部教导队队长兼教员；2002年12月任联勤第15分部司令部战勤科参谋；2005年3月任联勤第15分部司令部战勤科科长；2009年6月任江苏省军区后勤部战勤处副团职参谋；2010年5月任江苏省驻军后勤保障社会化工作领导小组办公室专职副主任；2011年3月任淮安市清河区人民武装部部长；2012年5月任现职。

漆　宾　男，汉族，1983 年 4 月出生，2009 年 7 月参加工作，2001 年 5 月加入中国共产党，硕士研究生学历，重庆江津人。现任清河区委常委、宣传部长。

2002 年 9 月入四川大学行政管理专业学习；2006 年 9 月入清华大学公共管理专业硕士研究生学习；2009 年 7 月为清华大学党委研究生工作部教师；2009 年 11 月任清华大学党委研究生工作部教师、楚州区区长助理（挂职）；2010 年 11 月任清华大学党委研究生工作部部长助理（副处级）、楚州区区长助理（挂职）；2011 年 4 月任共青团淮安市委副书记、党组成员；2012 年 8 月任现职。

马乃骏　男，1970 年 9 月出生，1989 年 8 月参加工作，1993 年 10 月加入中国共产党，研究生学历，江苏淮安人。现任清河区委常委、组织部长。

1986 年 9 月入泗洪师范学校普师专业学习；1989 年 8 月任清浦区黄码乡严卓中学教师、团总支书记、教导副主任（其间：1990.09-1993.07 参加淮阴教育学院汉语言文学专业大专函授学习）；1994 年 12 月任清浦区武墩乡团委副书记、党委秘书（其间：1993.09-1996.07 参加南京师范大学汉语言文学专业本科函授学习）；1996 年 10 月任清浦区委组织部干部科组织员，综合科副科长、科长；2000 年 3 月任清浦区委组织部副科级组织员、办公室主任；2000 年 11 月任清浦区政府办副主任（在市委组织部帮助工作）；2001 年 12 月任淮安市委组织部研究室副科级组织员、副主任；2005 年 9 月任淮安市委组织部研究室副主任、正科级组织员（主持工作）（其间：2004.12-2005.07 抽调淮安市先进性教育活动办公室综合组工作）；2007 年 2 月任淮安市委组织部研究室主任（其间：2005.09-2008.06 参加河海大学工商管理专业硕士研究生在职学习，2008.03-2008.10 在中央组织部帮助工作；2009.02-2009.09 抽调淮安市科学发展观教育活动办公室任综合组副组长）；2009 年 12 月任淮安市委组织部机关干部处处长；2011 年 6 月任楚州（淮安）区委常委、组织部长；2013 年 9 月任现职。

【清河区人大常委会主任、副主任】

王海平　清河区人大主任、党组书记（简历见前）

安毅之　男，汉族，1957 年 3 月出生，1976 年 6 月参加工作，1985 年 2 月加入中国共产党，本科学历，江苏淮安人。现任清河区人大副主任、党组副书记，调研员。

1976 年 6 月任淮阴县红旗中学民办教师；1978 年 10 月入淮阴师范专科学校物理系学习；1981 年 6 月任淮阴县袁集中学教师；1983 年 7 月任淮阴县淮海中学团委书记；1990 年 1 月任淮阴县第一职业中学副校长；1991 年 10 月起先后任清河区委宣传部办事员、副科长、科长（其间：1991 年 9 月至 1994 年 6 月参加省教育学院函授行政管理系学习）；1997 年 4 月任清河区委宣传部副部长；2001 年 6 月任清河区教委党委副书记、纪委书记（正科）；2001 年 11 月任清河区建设局局长、兼房产管理局局长；2002 年 6 月任清河区长西街道党委书记；2003 年 2 月任清河区水渡口街道党工委书记；2004 年 6 月任清河区水渡口街道党工委书记、人大工委主任；2007 年 1 月任清河区政协副主席、党组成员；2012 年 4 月任清河区人大副主任、党组副书记；2012 年 8 月任现职。

孙开明　男，汉族，1959 年 12 月出生，1976 年 8 月参加工作，1976 年 12 月加入中国共产党，本科学历，江苏泗阳人。现任清河区人大党组成员、副主任。

1976 年 7 月任泗阳县庄圩公社王荡小学教师；1980 年 9 月入徐州师范学院历史系学习；1984 年 9 月任淮阴师范专科学校组织部教工团总支书记；1986 年 11 月任清河区委办公室秘书；1987 年 5 月任清河区委组织部干部科科长；1990 年 2 月任清河区团委书记；1993 年 3 月任清河区政府办公室主任、区政府党组成员；1996 年 6 月任清河区淮海街道党委书记；1999 年 1 月任清河区政协副主席、区委统战部部长；2002 年 2 月任清河区政协副主席；2006 年 1 月任现职。

徐乃明　男，汉族，1962 年 10 月出生，1983 年 7 月参加工作，本科学历，江苏宿迁人。现任清河区人大副主任。

1983 年 7 月任清河区百货公司会计；1985 年 4 月任清河区商业局会计；1988 年 10 月任清河区商业局计财股副股长；1991 年 4 月任清河区商业局计财股股长；1995 年 3 月任清河区商业局局长助理；1996 年 6 月任清河区商业局副局长；1996 年 9 月任清河区蔬菜局副局长；1997 年 9 月任清河区政府办副主任；1997 年 12 月任清河区政协副主席，区政府办副主任；1998 年 1 月任清河区政协副

主席，区审计局局长；2002年7月任清河区政协副主席，区建设局局长；2003年12月任清河区政协副主席，兼区工商联合会会长、商会会长；2006年10月任清河区政协副主席；2007年1月任现职。

孙　勤　女，汉族，1959年9月出生，1977年7月参加工作，1993年3月加入中国共产党，本科学历，江苏淮安人。现任清河区人大副主任、党组成员。

1977年7月在城北乡新建大队插队；1978年11月任清江市第八中学教师；1988年3月任清浦区妇联办事员、秘书；1993年8月任清浦区妇联副主任；1995年9月任清浦区清安乡党委副书记；1997年1月任清浦区清安乡党委副书记、乡长（其间：1998年8月至2000年12月参加中央党校经济管理专业本科函授学习）；2000年11月任清浦区清安乡党委书记；2001年12月任清浦区清安街道党工委书记；2002年12月任清浦区副区长；2006年5月任清河区副区长、党组成员；2012年4月任现职。

【清河区人民政府区长、副区长、区长助理】

张冲林　清河区人民政府区长（简历见前）

王建军　清河区人民政府副区长（简历见前）

高　山　男，汉族，1971年6月出生，1993年7月参加工作，2002年11月加入民建，研究生学历，江苏淮安人。现任清河区人民政府副区长。

1989年9月入苏州大学财经学院财政专业学习；1993年7月为中国银行淮阴市分行会计科会计；1996年8月任中国银行淮阴市分行国际结算科科员；1999年12月任中国银行淮阴市分行公司业务部国际贸易结算科副科长（副科级）；2001年2月任中国银行淮安市分行公司业务部国际贸易结算科副科长（副科级）；2004年2月任淮安市审计局副局长；2007年11月任涟水县政府副县长；2012年1月任现职。

邓爱华　女，汉族，1965年11月出生，1985年7月参加工作，1997年3月加入中国共产党，本科学历，江苏大丰人。现任清河区人民政府副区长、党组成员。

1985年7月任清河区钵池供销社统计员；1989年7月任清河区审计局办事员；1991年2月任清河区审计局综合

股副股长；1992年3月任清河区审计局综合股股长；1999年8月任清河区审计局综合股股长、局长助理；2000年6月任清河区审计局副局长；2003年9月任清河区审计局局长、兼区担保公司监事；2004年10月任清河区审计局局长；2006年3月任清河区财政局局长；2008年3月任清河区财政局局长、区总工会主席；2008年7月任清河区财政局局长、党组书记，区总工会主席，区国有资产监督管理局局长；2008年12月任清河区财政局局长、党组书记，区总工会主席，区国有资产监督管理局局长，副调研员；；2009.09清河区财政局党组书记，区政府党组成员、新区管委会主任，景区管理处主任，新区投资公司董事长；2012.02任现职。

祁素娟　女，汉族，1975年11月出生，1997年8月参加工作，2001年10月加入中国共产党，研究生学历，江苏淮安人。现任清河区人民政府副区长、党组成员。

1994年9月入扬州大学水利学院财务会计专业学习；1997年8月为涟水县堤防管理所（城区排涝管理所）会计、县财政局会计管理中心会计（其间：1999年8月至2001年12月参加中央党校行政管理专业本科函授学习）；2002年10月为淮安经济开发区会计管理中心会计；2003年6月任淮安经济开发区团工委副书记；2007年2月任淮安经济开发区妇工委主任、团工委副书记；2007年5月任淮安经济开发区钵池乡党委副书记、乡长；2011年1月任淮安经济开发区东湖办事处党委书记（其间：2008年9月至2011年7月参加省委党校国民经济学专业在职研究生学习）；2012年2月任现职。

李仁明　男，汉族，1965年11月出生，1984年8月参加工作，1993年4月加入中国共产党，研究生学历，江苏淮安人。现任清河区政府副区长、党组成员，清河区政协党组成员，新区管委会党工委书记。

1984年8月为清河小学教师；1991年1月为区物价局办事员（其间：1988年9月至1991年6月参加淮阴教育学院政史专业大专函授学习）；1994年1月起先后为区委组织部办事员、组织员，区委组织员、组织部组织科副科长、科长（其间：1992年8月至1994年12月参加中央党校经济专业本科函

授学习);1997年10月明确副科级;1999年12月任西安路街道党委副书记、纪委书记;2001年7月任区委组织部副部长;2002年8月任区委组织部副部长、区委党校校长;2003年12月任区委组织部副部长、正科级组织员;2004年3月任区委组织部副部长、长东街道党工委副书记、主任(其间:2001年9月至2004年7月参加省委党校科学社会主义专业在职研究生学习);2004年12月任长东街道党工委书记;2007年6月任区政府党组成员、办公室主任;2007年7月任区政府党组成员、办公室主任、区级机关事务管理局局长;2008年10月任区政府党组成员、办公室主任、区级机关工委委员;2008年12月任区政府党组成员、办公室主任,区级机关工委委员,区政协副主席;2009年2月任区政府党组成员、办公室主任,区级机关工委委员,区政协副主席、党组成员;2009年9月任区政府党组成员、办公室主任,区级机关工委委员,区政协副主席、党组成员,区市民服务中心主任;2010年6月任区政府党组成员,区政府办主任、党组副书记,区外侨办主任,区级机关工委委员,区政协副主席、党组成员,区市民服务中心主任;2012年2月任区政府党组成员,区政府办主任、党组副书记,区外侨办主任,区级机关工委委员,区政协副主席、党组成员;2013年1月任区政府党组成员,区政府办主任、党组副书记,区外侨办主任,区级机关工委委员,区政协副主席、党组成员,新区管委会党工委副书记;2013年3月任区政协副主席、党组成员,区政府党组成员,新区管委会党工委副书记;2013年6月任区政协副主席、党组成员,区政府党组成员,新区管委会党工委书记;2013年12月任现职。

【清河区政协主席、副主席】

梁学文 男,汉族,1963年1月出生,1986年7月参加工作,1992年10月加入中国共产党,本科学历,山东荣成人。现任清河区政协主席。

1982年9月入西北电讯工程学院电磁场与微波技术专业学习;1986年7月任淮阴电子工业学校教师;1988年11月起先后任淮阴市委保密办公室办事员、助理秘书,市委办公室调研二科助理秘书;1994年11月任淮阴市委办公室副科级秘书;1997年6月任淮阴市委办公室综合三科副科长(其间:1997年5月至1998年6月下派淮安钦工镇任党委副书记);1998年12月任淮阴市委组织部参照办副主任(其间:1998年12月至1999年12月在盱眙县仁集乡参与园区建设);2000年2月任淮阴(淮安)市委组织部参照办副主任、正科级组织员;2001年10月任淮安市委组织部干部监督处处长;2004年1月任涟水县委常委、组织部长;2007年4月任清河区委常委、组织部长;2010年6月任清河区委副书记;2012年2月任现职。

王应标 男,汉族,1964年11月出生,1984年8月参加工作,民盟,本科学历,江苏淮安人。现任清河区政协副主席、清江中学副校长,中学数学特级教师、教授级中学高级教师。

1980年9月入徐州师范学院数学系学习;1984年8月任江苏省淮阴中学教师;1993年4月任江苏省淮阴中学教研组长和高三年级组组长;1996年10月任江苏省淮阴中学教科室副主任;1998年7月任江苏省淮阴中学教科室主任;1999年9月任淮阴市清江中学副校长;2000年9月任江苏省清江中学副校长(升格前);2004年6月任江苏省清江中学副校长;2007年1月任现职。

陆　宾 男,汉族,1965年8月出生,1986年7月参加工作,九三学社,大专学历,江苏泰兴人。现任清河区政协副主席、新区管委会主任、新区投资公司董事长。

1986年7月任淮阴工业专科学校教师;1988年12月任市建行营业部建筑经济科工程师;1994年6月任淮阴大众塑料厂基建科工程师;1996年6月任清河区审计局审计事务所办事员;1996年11月任清河区审计局审计事务所副所长;1999年8月任清河区建设局业务股股长;2000年9月任清河区建设局副局长;2001年10月任清河区审计局副主任科员;2002年4月任清河区审计局经济责任审计科科长、副主任科员;2002年8月任清河区审计局副局长;2005年12月任清河区审计局副局长、清河中心商业区开发投资公司监事;2006年7月任清河区审计局副局长、清河城市资产公司监事;2006年10月任清河新区管委会副主任;2007年11月任清河区政协副主席、新区管委会副主任;2012年2月任现职。

薛　睿 女,汉族,1973年1月出生,1992年10月参加工作,2005年1月加入民盟,研究生学历,江苏淮安人。现任清河区政协副主席,工商联主席、商会会长。

1992年10月在涟水县科委工作;1997年4月为涟水县人才中心办事员;2000年11月任涟水县人才中心副主任;2004年3月任清河区水渡口街道办副主任;2004年7月任清河区淮海街道办副主任;2006年10月任清河区工商联(商会)副会长、秘书长;2008年10月任清河区工商联副主席、秘书长,

商会副会长；2012年2月任现职。

【清河区人民法院院长、检察院院长】

卢正苏　男，汉族，1963年3月出生，1979年1月参加工作，1992年1月加入中国共产党，研究生学历，江苏淮安人。现任清河区人民法院院长，党组书记。

1979年1月任清江市食品公司工人；1983年4月任区食品公司工人；1985年9月任泗洪县人民法院书记员；1988年11月任市中院办事员、书记员；1990年3月任市中院助理审判；1998年3月任市中院副科级审判员；2000年3月任市中院监察室副主任；2002年9月任明确正科级；2003年12月任市中院监察室主任；2007年11月任市中院副处级审判员、监察室主任(其间：2007年9月至2008年9月挂任楚州区人民法院党组副书记、副院长)；2010年2月任市中院副处级审判员、执行局实施处处长；2010年4月任市中院副处级审判员、执行局副局长、实施处处长；2011年1月任清河区人民法院院长；2011年6月任现职。

赵春虎　男，汉族，1962年9月出生，1981年7月参加工作，1988年8月加入中国共产党，本科学历，江苏淮安人。现任清河区人民检察院检察长、党组书记。

1979年9月入常州财经学校基建财务与信用专业学习；1981年7月为淮阴地区建设银行办事员；1982年3月为淮阴地区人事局办事员；1982年10月为洪泽县人事局办事员；1983年2月为洪泽县商业局会计；1984年6月为洪泽县检察院书记员；1986年2月任洪泽县检察院助理检察员、检察员；1992年7月任洪泽县检察院经济检察科副科长，刑事检察二科副科长(主持工作)，控申科长，批捕科科长、检察委员会委员；1999年7月明确副科级；2003年3月任洪泽县检察院侦查监督科科长、副科级检察员、检察委员会委员；2003年9月任洪泽县检察院副检察长、党组成员、职务犯罪侦查局局长；2005年2月任洪泽县检察院副检察长、党组成员；2009年1月明确正科级；2010年7月任洪泽县检察院副检察长、党组副书记（正科级)；2012年2月任现职。

【清河区其他县处级以上领导干部】

汪　冲　男，汉族，1970年11月出生，1992年7月参加工作，1992年4月入党，研究生学历，江苏淮安人，现任柳树湾街道街道党工委书记，副调研员。

1992年7月任涟水高沟镇组织干事；1995年2月任涟水建安总公司党委委员、组织委员、副总经理；1995年12月任涟水团县委副书记；1996年12月任涟水城东林场党委副书记、场长；1997年11月任涟水河网乡党委副书记、副乡长(正科)；1998年6月任涟水东胡集乡党委副书记、乡长（1999.08-2001.12参加中央党校函授学院本科班学习)；2000年2月任涟水东胡集镇党委副书记、镇长；2001年1月任涟水经委党委委员、副主任(正科)；2002年1月任涟水时码办事处党委书记；2004年7月任清河区北京路街道副书记、主任；2005年10月任清河工业园区副书记、副主任；2006年1月任清河区建设局局长、党委书记，兼房管局局长(2003.09-2006.07参加省委党校研究生学习)；2007年1月任清河区委办副主任、台办主任；2007年6月任清河区北京路街道党工委书记；2009年5月任清河区北京路街道党工委书记，副调研员；2009年10月任清河区西安路街道党工委书记、人大工委主任，副调研员；2010年6月任现职。

张增元　男，1969年5月出生，1992年8月参加工作，1998年11月加入中国共产党，本科学历，江苏泗阳人。现任清河区长西街道党工委书记、副调研员。

1992年8月市清江棉纺织厂助工；1994年1月任市地方工业供销公司秘书；1995年3月任江苏洪泽县综合开发公司水产品加工厂副厂长、洪泽湖综合开发公司湖南省安乡分公司副经理；1996年9月任清河区城北乡（繁荣服装厂)办事员；1999年9月任清河区纪委纪检员；2000年9月任清河区政府办副主任；2003年12月任水渡口街道党工委副书记、办事处副主任；2004年7月任水渡口街道党工委副书记、办事处主任；2006年5月任京沪路办党工委书记，新区管委会党工委副书记、副主任；2007年11月任长西街道党工委书记、人大工委主任；2010年4月任长西街道党工委书记、人大工委主任，副调研员；2010年6月任现职。

张长青　女，1966年4月出生，1987年7月参加工作，1998年7月加入中国共产党，研究生学历，安徽安庆人，现任清河区总工会主席、党组书记，副调研员。

1987年7月区财政局会计；1993年6月任区财政局综合股副股长；1996年1月任区财政局综合股股长；1998年6月任区财政局预算股股长；1999年12月任区会计中心主

任；2001年6月任区财政局副局长；2003年7月任区财政局副局长、支付中心主任；2005年1月任区财政局副局长、主任科员，兼支付中心主任；2006年1月任区财政局副局长、主任科员，兼支付中心主任，新区投资公司监事；2006年3月任区审计局局长，新区投资公司监事（其间：2005.09—2008.07参加省委党校在职研究生区域经济学专业学习）；2009年9月任区总工会副主席、党组书记；2010年6月任现职。

高寿江 男，汉族，1962年10月出生，1981年8月参加工作，1995年6月入党，本科学历，江苏淮安人。现任区政府党组成员，区政府办主任、党组书记，区外侨办主任，副调研员。

1981年7月任淮阴县三树小学教师、三树中学教师、棉花中学教师；1992年10月任淮阴县民政局办事员；1995年3月任区法院秘书；1998年10月任区法院助理审判员；1999年6月任区法院审判员、办公室主任助理；1999年8月任区法院办公室副主任；2000年9月任区法院政治处副主任、明确副科级；2003年8月任区法院监察室主任；2003年10月任区政府办副主任；2005年1月任区委组织部副部长；2006年10月任区委组织部副部长、主任科员；2007年6月任区委组织部副部长、组织员办主任；2011年6月任区委组织部副部长、组织员办主任、副调研员。2011年9月任清河区委组织部副部长、组织员办主任、督查室主任、副调研员；2013年3月任现职。

夏海明 男，1962年2月出生，1983年7月参加工作，1986年1月加入中国共产党，本科学历，江苏淮安人。现任清河区长东街道党工委书记、副调研员。

1983年7月任省农垦职大教师、团委副书记；1993年3月任清河区人大办秘书；1997年1月明确副科级；1997年8月任清河区人大内司委副主任；1999年12月任清河区经委副主任；2001年6月任清河区体改办副主任；2003年10月任清河区体改办主任；2005年6月任清河区发改委主任；2010年6月任清河区长东街道党工委书记；2012年2月任现职。

金中保 男，汉族，1959年6月出生，1976年12月参加工作，1989年11月加入中国共产党，大专学历，江苏淮安人。现任白鹭湖街道党工委书记，副调研员。

1976年12月起苏州市武警队中队服兵役；1981年1月为清江市糖果厂统计员；1981年9月为清江市土产公司会计；1983年4月为区供销社办事员；1984年10月为区物价检查所办事员；1990年6月任区物价检查所副所长；1995年4月任区物价检查所所长；1999年8月任区物价局局长助理；1999年12月任水渡口街道组宣委员，明确副科职级；2000年9月任水渡口街道办副主任；2002年7月任水渡口街道办副主任、人武部部长；2003年10月任水渡口街道副书记兼纪工委书记、人武部长；2006年5月任京沪路办副书记、办事处主任；2007年11月任京沪路办事处党工委书记、兼新区管委会副主任；2008年3月任水渡口街道党工委书记、人大工委主任，兼新区管委会副主任；2009年7月任水渡口街道党工委书记、新区管委会副主任；2012年2月任白鹭湖街道党工委书记；2013年6月任现职。

施寿民 男，汉族，1954年4月出生，1970年8月参加工作，1972年4月加入中国共产党，大专学历，江苏淮安人。现任清河区政协副调研员。

1970年8月任淮阴发电厂工人；1970年12月起在部队先后任战士、技工、清江市人武部军械员、清河区人武部军械员；1984年8月任清河区城北街道人武部干事；1986年10月任清河区长东街道人武部部长、党委委员；1989年9月任清河区长东街道办事处副主任；1990年4月任清河区长东街道党委副书记、主任；1994年8月任清河区长东街道党委书记；1996年6月任清河区经委党委书记、主任兼区城镇集体联社主任、乡镇局局长；1999年1月任清河区人民政府副区长；2002年12月任清河区政协党组副书记、副主席；2007年1月任清河区政协党组副书记、副主席，兼区委统战部部长；2012年2月任现职。

【2013年调离或退休的其他县处级干部】

朱　涛 男，汉族，1953年3月出生，1975年9月参加工作，1976年6月加入中国共产党，本科学历，江苏淮安人。2013年6月退休。

1975年9月任煤炭部27处工人、办事员、组织科干事；1978年10月任基建工程兵42支队425大队组织股干

事；1984 年 3 月任淮阴市中医院干事；1984 年 5 月起先后任淮阴市卫生局人武部干事、副部长、部长，秘书科副科长、科长，纪委副书记，组织人事科科长(其间:1991 年 9 月至 1994 年 7 月参加南京海军指挥学院人武专业函授大专学习)；1997 年 1 月任金湖县委常委、组织部部长(其间:1997 年 8 月至 1999 年 12 月参加中央党校政治法律本科函授学习)；2000 年 3 月任淮阴（淮安）市建委党委副书记；2001 年 6 月淮安市建设局党委副书记；2004 年 1 月清河区政协主席、党组书记；2012 年 2 月任清河区政协调研员。

刘可壮 男，汉族，1964 年 9 月出生，1983 年 7 月参加工作，1987 年 1 月入党，党校研究生学历，江苏淮安人。2013 年 12 月调离清河区。

1980 年 9 月入淮阴师专数学专业学习；1983 年 7 月任涟水县南集中学教师；1985 年 10 月任涟水县唐集中学团委副书记、书记；1988 年 10 月任涟水团县委干事、组织部副部长、部长；1991 年 5 月任涟水县机关党委团委书记、工会副主席；1992 年 3 月任涟水县委组织员办组织员；1994 年 11 月任涟水县委组织部青干科副科长、科长(副科级)；(其间：1995.08-1997.12 参加中央党校党政管理专业本科函授学习)1998 年 3 月任涟水县委组织部青干科科长、干部培训科科长；1999 年 12 月任涟水县委组织部企业干部科科长、知工科长；1999 年 12 月任涟水县陈师乡(镇)党委副书记、乡(镇)长；2001 年 7 月任涟水县岔庙镇党委副书记、镇长；2001 年 9 月任涟水县梁岔镇党委书记；2002 年 2 月任涟水县陈师镇党委书记；2004 年 1 月任明确副县级；2004 年 12 月任涟水县建设局局长、党委副书记(副县级)；2006 年 5 月任涟水县委常委、涟水经济开发区负责人；2007 年 1 月任涟水县委常委、经济开发区工委书记、管委会主任；2007 年 11 月任涟水县委常委、政法委书记(2009 年 9 月毕业于省委党校区域经济学专业)；2010 年 6 月任清河区委常委、组织部长；2011 年 5 月任清河区委常委、常务副区长。

金长海 男，汉族，1953 年 2 月出生，1974 年 10 月参加工作，1977 年 12 月加入中国共产党，本科学历，江苏淮安人。2013 年 4 月退休。

1974 年 10 月任涟水县唐集小学、毛郁小学代课教师；1976 年 7 月抽调到涟水县唐集公社、县委工作队；1977 年 12 月任涟水县丰华小学、丰河小学代课教师；1979 年 10 月入淮阴师范专科学校中文系学习；1982 年 7 月任涟水县文

教局教研室教研员；1983 年 8 月任涟水县委组织部助理秘书、秘书；1985 年 4 月起先后任清河区委宣传部副科长、科长；1987 年 4 月任清河区委组织部科长；1990 年 3 月任清河区委组织部副部长；1991 年 10 月明确正科级；1993 年 3 月任清河区委组织部副部长兼区委组织员办主任、区人大内务委主任；1997 年 4 月任清河区委组织部副部长兼区人事局局长；2000 年 3 月任清河区人大助理调研员，区委组织部副部长兼人事局局长；2000 年 7 月任清河区人大助理调研员，区委组织部副部长；2001 年 1 月任清河区人大副主任；2004 年 2 月任清河区人大党组副书记、副主任；2010 年 12 月任清河区人大副主任、党组副书记、调研员；2012 年 2 月任清河区人大调研员。

孙亚昌 男，汉族，1956 年 8 月出生，1970 年 11 月参加工作，1975 年 5 月加入中国共产党，本科学历，江苏淮安人。2013 年 12 月退休。

1970 年 12 月起先后任兰州军区空军雷达兵第 26 团指挥连报务员、班长、排长、副连长、正连级参谋；1983 年 9 月任清河区城管办办事员、监察中队副队长；1988 年 6 月任清河区城北乡纪检委员、党委委员、副科级；1989 年 8 月任清河区城北乡纪委书记；1989 年 12 月任清河区城北乡副乡长、人武部部长；1992 年 11 月任清河区钵池乡党委副书记、乡长；1997 年 8 月任清河区物价局局长（其间：1995 年 8 月至 1997 年 12 月参加中央党校经济管理专业本科函授学习)；2000 年 6 月任清河区委长东街道党(工)委书记；2004 年 1 月任清河区人大副主任、党组成员，长东街道党工委书记、人大工委主任；2004 年 12 月任清河区人大党组成员、副主任；2012 年 2 月任清河区政协副主席、党组副书记；2012 年 4 月任清河区政协副主席、党组副书记、统战部长。

张　平 男，汉族，1969 年 10 月出生，1991 年 8 月参加工作，1998 年 7 月入党，党校研究生，江苏淮安人。2013 年 9 月调离清河区。

1989 年 9 月入淮阴财经学校农业财务与会计专业学习；1991 年 8 月任区财政局办事员；1997 年 11 月任区财政局预算股副股长；1999 年 12 月任区财政局局长助理兼预算股股长；2000 年 9 月任区财政局

副局长；2002年12月任区财政局局长；2003年9月任区财政局局长，兼区担保公司董事长；2004年10月任区财政局局长；2006年3月任区委办主任；2007年1月任新区管委会党工委副书记、主任，区委办主任，区政府党组成员；2008年8月任新区管委会党工委副书记、主任，区政府党组成员；2008年10月任新区管委会党工委副书记、主任，区政府党组成员，新区投资公司董事长；2009年9月任清河区副区长，区政府党组成员；2010年6月任清河区副区长，区政府党组成员，新区管委会党工委书记，清河城市资产公司董事长；2010年12月任清河区政府副区长，党组成员，新区管委会党工委书记，古淮河文化生态产业园区管委会主任；2012年11月任区政府副区长、党组成员，古淮河文化生态产业园区管委会主任。

统计资料

按当年价格计算的地区生产总值构成项目

表 9　　单位:亿元

行业	增加值	劳动者报酬	生产税净额	补贴	固定资产折旧	营业盈余
地区生产总值	122.98	44.49	21.73		16.56	40.20
工业	16.50	5.57	3.20		1.83	5.90
制造业	16.50	5.57	3.20		1.83	5.90
建筑业	7.08	2.60	0.69		0.40	3.39
房屋建筑业	3.16	1.01	0.32		0.20	1.63
土木工程建筑业	1.18	0.82	0.08		0.03	0.25
建筑安装业	1.33	0.71	0.11		0.07	0.44
建筑装饰和其他建筑业	1.41	0.06	0.18		0.10	1.07
批发和零售业	24.85	6.12	8.91		1.85	7.97
批发业	16.64	3.34	6.35		0.93	6.02
零售业	8.21	2.78	2.56		0.92	1.95
交通运输、仓储和邮政业	4.77	1.41	0.47		0.68	2.21
道路运输业	3.23	0.80	0.33		0.49	1.61
水上运输业	0.33	0.07			0.04	0.22
装卸搬运和运输代理业	1.16	0.54	0.09		0.15	0.38
邮政业	0.05	0.00	0.05			
住宿和餐饮业	8.03	4.67	0.43		1.37	1.56
住宿业	1.72	0.37	0.10		0.62	0.63
餐饮业	6.31	4.30	0.33		0.75	0.93
信息传输、软件和信息技术服务业	4.38	2.30	0.20		0.79	1.09
电信、广播电视和卫星传输服务	2.25	1.44	0.05		0.35	0.41
互联网和相关服务	1.55	0.53	0.10		0.39	0.53
软件和信息技术服务业	0.58	0.33	0.05		0.05	0.15
房地产业	27.69	5.28	6.13		4.72	11.56
房地产开发经营业	18.33	2.60	5.33		0.24	10.16
物业管理业	1.82	1.58	0.03		0.11	0.10
房地产中介服务业	2.97	0.65	0.77		0.25	1.30
自有房地产经营活动	4.42	0.30			4.12	
其他房地产业	0.15	0.15				
租赁和商务服务业	10.26	4.63	0.68		0.87	4.08
租赁业	0.21	0.07	0.05			0.09
商务服务业	10.05	4.56	0.63		0.87	3.99
科学研究和技术服务业	1.05	0.34	0.12		0.30	0.29
水利、环境和公共设施管理业	0.73	0.30			0.13	0.30
居民服务、修理和其他服务业	3.22	1.41	0.25		0.61	0.95
教育	5.16	3.63	0.03		1.28	0.22
卫生和社会工作	2.53	1.49	0.10		0.61	0.33
文化、体育和娱乐业	2.06	1.28	0.13		0.30	0.35
公共管理、社会保障和社会组织	4.67	3.46	0.39		0.82	
第二产业	23.58	8.17	3.89		2.23	9.29
第三产业	99.40	36.32	17.84	0.00	14.33	30.91

财政收入情况表

表 10　　单位:万元

项　　目	2013 年	2012 年
一、公共财政预算收入	308668	258923
税收收入小计	253900	188957
增值税	9221	8279
改征增值税	3889	491
营业税	90970	91990
企业所得税(40%)	18035	16998
个人所得税(40%)	4812	3420
城市维护建设税	9293	8640
房产税	7152	10204
印花税	2121	1561
城镇土地使用税	3114	2810
土地增值税	98449	38053
车船使用和牌照税	916	770
耕地占用税	989	598
契税	4939	5143
非税收入小计	54768	69966
专项收入	4092	3797
行政性收费收入	21107	28368
罚没收入	1379	2063
国有资本经营收入	481	11806
国有资源有偿使用收入	27709	23932
二、政府性基金收入	16874	28574
三、社会保险基金收入	29953	19807
四、上划中央四税	63111	56138
增值税	27663	24837
国内消费税	1177	674
企业所得税(60%)	27053	25497
个人所得税(60%)	7218	5130
财政总收入	418606	363442
五、土地出让金等收入	8834	25286
市认定财政总收入	409772	338156

财政支出情况表

表 11　　单位:万元

支 出 科 目	2013 年	2012 年
一、公共财政预算支出	195898	189582
一般公共服务支出	21537	21253
公共安全支出	14068	13550
教育支出	58471	49603
科学技术支出	5400	4633
文化体育与传媒支出	1773	1593
社会保障与就业支出	24839	23189
医疗卫生支出	9240	8188
环境保护支出	3075	3007
城乡社区事务支出	40443	40242
农林水事务支出	6560	6328
其他支出	10492	17996
二、基金支出合计	46765	45735
社保基金支出	31670	18567
政府性基金支出	15095	27168
财政支出	242663	235317

清河区工业、投资、消费、外经情况

表 12

	单位		±%
一、全部工业			
工业总产值	亿元	74.59	22.2
产品销售收入	亿元	68.83	16
利税合计	亿元	11.98	42.1
利润总额	亿元	8.36	46.2
实现税金	亿元	3.62	33.6
二、规模工业			
工业总产值	亿元	62.37	22.7
产品销售收入	亿元	56.89	16.4
利税合计	亿元	10.63	41.4
利润总额	亿元	7.64	41.2
实现税金	亿元	2.99	41.7
三、固定资产投资			
规模以上固定资产投资完成额	亿元	1060.02	22.2
其中:城镇固定资产投资	亿元	55.09	7.9
其中:工业投资	亿元	19.72	32.0
房地产投资	亿元	50.93	42.8
四、消费品零售总额	亿元	114.99	14
新批利用外资(合同)项目个数	个	8	-75.8
协议利用外资	万美元	39870	77.7
实际利用外资(商务部口径)	万美元	10817	-45.9
进出口总额(海关数)	万美元	23372	-14.3
出口总额	万美元	19077	-17.3
对外营业额	万美元	1521	-40.6
民营经济(清河分局部分)			
私营企业户数	户	3332	4.9
私营企业注册资本	亿元	29.48	15.5
个体工商户户数	户	17085	12.3
个体工商户注册资本	亿元	14.33	-17

教育系统情况(含市直)

表 13

指标名称	单位	数量
学校总数	个	16
普通中学	个	9
小学	个	7
毕业生总数	人	5046
普通中学	人	3135
小学	人	1911
招生总数	人	5315
普通中学	人	2945
职业高中	人	248
小学	人	2122
在校学生总数	人	21170
普通中学	人	9199
#女生	人	4529
#高中	人	2152
小学	人	11971
#女生	人	5462
专任教师总数	人	2328
普通中学	人	1505
小学	人	823
幼儿园数	个	23
在园幼儿数	人	10882
学龄儿童入学率	%	100.0
初中毕业生升学率	%	100.0

卫生系统情况(含市直)

表 14

指标名称	单位	数量
卫生机构数	个	207
#医院	个	15
卫生院	个	3
卫生机构床位数	张	2381
#医院	张	1960
卫生院	张	171
卫生技术人员	人	3151
#执业(助理)医师	人	1118
注册护士	人	1446
#卫生防疫人员	人	144
医院、卫生院技术人员	人	1840
#执业(助理)医师	人	535
注册护士	人	973

环境保护情况

表 15

指 标 名 称	单位	数量
工业废水排放量	万吨	112
工业废水排放达标量	万吨	112
工业废水排放达标率	%	100
化学需氧量排放量	吨	151
氮氧化物排放量	吨	151
一般工业固体废物综合利用率	%	100
环境污染治理本年投资总额	万元	1500

人才、科学技术、市政公用事业情况

表 16

指 标 名 称	单位	数量
乙	丙	4
各类专业技术人员数(含市直)	人	6314
#农业技术人员(含市直)	人	152
专利申请受理量	件	1351
#发明	件	317
专利申请授权量	件	353
#发明	件	27
体育场馆数	个	5
广播覆盖率	%	100.0
电视覆盖率	%	100.0
有线电视入户率	%	95.0
剧场、影剧院数	个	5
公共图书馆	个	2
公共图书馆图书总藏量	千册、件	193
绿化覆盖率	%	40.7
城镇基本养老保险参保人数	人	47736
#城镇职工	人	47736
城镇基本医疗保险参保人数	人	140830
#城镇职工	人	25544
失业保险参保人数	人	21550
工伤保险参保人数	人	20624
生育保险参保人数	人	20039
社会福利收养性单位数	个	5
社会福利收养性单位床位数	张	147
社区服务设施数	个	57
社区服务中心覆盖率	%	100
城镇居民最低生活保障人数	人	6982
新型农村养老保险参保人数	人	2583

居民家庭基本情况及收支情况

表 17

指　　　　　　　　标	单　位	2013 年
一、基本情况		
（一）调查户数	户	54
（二）人口就业情况		
家庭人口数	人/百户	306
1.有收入者人数	人/百户	194
（1）就业人口数	人/百户	156
①国有经济单位职工人数	人/百户	43
②城镇集体经济单位职工人数	人/百户	0
③其他经济类型单位职工人数	人/百户	0
④城镇个体或私营企业主人数	人/百户	46
⑤城镇个体或私营企业被雇人数	人/百户	0
⑥离退休再就业人数	人/百户	2
⑦其他就业人数	人/百户	65
（2）离退休人数	人/百户	39
（3）其他有收入者人数	人/百户	2
2.无收入者人数	人/百户	109
二、家庭总收入		31238
其中：可支配收入	元/人	29820
1.工资性收入	元/人	20281
2.经营性收入	元/人	4766
3.财产性收入	元/人	467
4.转移性收入	元/人	5724
其中：养老金或离退休金	元/人	402170
三、出售财物收入	元/人	1
四、借贷收入	元/人	2324
五、家庭总支出	元/人	23591
（一）消费性支出	元/人	18987
（二）财产性支出	元/人	30
（三）转移性支出	元/人	3286
（四）社会保障支出	元/人	1288
六、借贷支出	元/人	5576
其中：归还住房贷款	元/人	1215

2013年清河区新版小康指标监测统计表

表18

类别	指标名称		单位	目标值	2012	2013
经济发展	人均地区生产总值		元	90000	106358	122612
	二、三产业增加值占GDP比重		%	92	100.0	100.0
	城镇化率		%	65	100.0	100.0
	信息化发展水平		%	80	—	—
	现代农业发展水平		%	85	—	—
	研发经费支出占GDP比重		%	2.5	1.1	1.2
人民生活	居民收入水平	城镇居民人均可支配收入	元	46000	26600	29820
		农村居民人均纯收入	元	20000	—	—
		城乡居民收入达标人口比例	%	>50	—	17.6
	居民住房水平	城镇家庭住房成套比例	%	90	97.4	97.6
		农村家庭住房成套比例	%	80	15.3	34.4
	公共交通服务水平	城市万人公交车拥有量	标台	15	8.24	9
		行政村客运班线通达率	%	100	100	100
	城镇登记失业率		%	<4	2.25	2.2
	恩格尔系数		%	<40	33.4	33
社会发展	现代教育发展水平		%	85	—	—
	基本社会保障	城乡基本养老保险覆盖率	%	97	95.3	95.4
		城乡基本医疗保险覆盖率	%	97	95.4	95.5
		失业保险覆盖率	%	97	95.2	95.5
		城镇住房保障体系健全率	%	90	81.0	95.0
		每千名老人拥有养老床位数	张	32	25	12
	文化产业增加值占GDP比重		%	5	5.36	7.3
	人均拥有公共文化体育设施面积		平方米	2.3	2.705	2.12
	每千人拥有医生数		人	2	1.98	2
民主法治	党风廉政建设满意度		%	80	—	76.9
	法治和平安建设水平	法治建设满意度	%	80	87.0	—
		公众安全感	%	90	96.0	98.5
	城乡居民依法自治	城镇居委会依法自治达标率	%	92	—	—
		农村村委会依法自治达标率	%	97	—	—

续表 18

类别	指 标 名 称		单位	目标值	2012	2013
	单位 GDP 能耗		吨标煤/万元	<0.62	<0.5	0.048
	环境质量	空气质量达到二级标准的天数比例	%	60	89.6	74.8
		地表水好于 III 类水质的比例	%	60	100.0	100.0
		城镇污水达标处理率	%	90	78.6	87.4
		村庄环境整治达标率	%	95	0.0	—
	绿化水平	林木覆盖率	%	22	0.0	—
		城镇绿化覆盖率	%	38	40.0	40.7
评判指标	人民群众对全面建成小康社会成果满意度		%	70		
合计数（分）					89.65	

附　录

◇清河区统计局关于 2013 年国民经济和社会发展的统计公报
◇文件目录选录
◇法规文件选录
◇2013 年度清河区在省级以上刊物登载文章(选录)
◇荣誉栏

清河区统计局关于 2013 年国民经济与社会发展的统计公报

2013 年是全面贯彻落实党的十八大精神的开局之年，全区上下在区委、区政府的正确领导下，团结和依靠全区广大干群，积极应对各种挑战和考验，开拓进取，真抓实干，较好地完成了各项目标任务，经济社会发展总体呈现“稳中有进、稳中提质、稳中创优”的基本特征。

一、综合

*产业实力迈上新台阶。*2013 年全区实现地区生产总值 122.98 亿元，按可比价格计算，同比增长 12.4%。其中：第二产业实现增加值 23.58 亿元，同比增长 12.2%；第三产业实现增加值 99.40 亿元，同比增长 12.4%。三次产业结构比例进一步优化为 0:19.2:80.8。其中，第三产业增加值占地区生产总值比重比上年提高 0.6 个百分点。人均地区生产总值 122612 元，接近苏南水平。民营经济实现增加 99.00 亿元，占地区生产总值的 80.5%。在清河工商分局登记的年末全部内资企业 226 户，注册资本 4.88 亿元；私营企业 3332 户，注册资本 29.48 亿元；个体工商户 17085 户，注册资本 14.33 亿元。

二、工业和建筑业

*工业发展质效不断提升。*全区实现工业总产值 50.85 亿元、产品销售收入 48.86 亿元，利税总额 7.52 亿元（利润 5.41 亿元、税金 2.11 亿元），分别比上年增长 34.3%、40.9% 和 20.0%。实现增加值 8.31 亿元，比上年增长 8.5%，增加值率 25.1%。

2013 年，全区规模以上工业总产值实现 61.66 亿元，比上年增长 19%，其中：轻、重工业总产值分别为 42.87 亿元和 18.79 亿元，分别增长 17.7%和 21.9%；国有工业产值 0.23 亿元，增长 18.5%；股份制工业产值 8.66 亿元，增长 7.5%；外商及港澳台投资企业工业产值 26.51 亿元，增长 9.2%；在规模以上工业中，私营工业产值 9.96 亿元，增长 24.7%。实现产品销售产值 56.49 亿元，比上年增长 18.3%，其中出口交货值 0.61 亿元，增长 1166%，工业产品销售率为 91.6%。全年实现工业新产品产值 0.45 亿元，比上年下降 8.5%。全年规模以上工业实现主营业务收入 56.26 亿元，比上年增长 14.2%；完成利税总额 10.43 亿元，比上年增长 36.4%；完成利润总额 7.45 亿元，增长 35.2%。规模工业亩均产值、亩均税收分别达到 460 万元、30 万元。

全年新增工业列统企业 5 户，领军企业培育工程成效初显，旺旺食品入库税金进入全市前 10 强、开票销售进入全市前 20 强，清江药业销售突破 2.5 亿元，顺泰包装上市融资 1.6 亿元。澳洋顺昌、苏益电器等企业加速成长，金格润科技、半导体材料及光电应用等项目建成投产。

表 19　2013 年规模以上主要行业产值（亿元）

行　业	2013 年	比上年增减%
食品加工	19.84	16.2
纺织服装	7.76	53.5
医药化工	12.81	4.4
金属及设备制造	1.88	53.7
机电及机械制造	5.39	27.4
其他	13.98	16.8

2013 年，全区实现建筑业增加值 7.75 亿元，按照可比价计算，比上年增长 18.5%，房屋建筑施工面积 819.4 万平方米，下降 12%，其中本年新开工面积 269.5 万平方米，下降 43.8%。资质以上建筑业企业完成总产值 162.7 亿元，比上年增长 11.4%；竣工产值 116.8 亿元，比上年下降 3.9%。

三、固定资产投资

*固定资产投资增长较快。*旺旺 A3 牛奶及奶茶项目建成投产，淮安新天地、大河新城等项目顺利竣工。2013 年，全区累计完成全社会固定资产投资 106.02 亿元，比上年增长 22.2%，全年列入城镇固定资产投资的项目 32 个。其中 15 个工业项目、17 个服务业项目。全年完成房地产开发投资 50.93 亿元，比上年增长 42.8%；商品房施工面积 408.4 万平方米，比上年增长 59.73%；实现商品房销售面积 157.48 万平方米，比上年增长 87.17%；实现商品房销售额 93.93.亿元，比上年增长 77.63%。

四、国内贸易、对外经济

*商贸中心地位稳固提高。*社会消费品零售总额实现 114.98 亿元，比上年增长 14%，按行业类别划分：批发和零售业实现零售额 104.95 亿元，增长 15.8%；住宿餐饮业实现零售额 10.03 亿元，减少 1.5%；按规模划分：限额以上企业实现零售额 75.4 亿元，增长 18.0%，零售总额占全部零售总额的比重达 65.6%，比上年翻一番；限额以下单位实现零售额 39.58 亿元，增长 7.1%。

年末全区经营性星级住宿业的单位 7 家，全区限额以上住宿餐饮业单位共拥有客房数 2085 间、床位数 3437 张、餐位数 12810 个、从业人员 2818 人。

*外向型经济取得显著成绩。*新批利用外资项目 8 个，全年合同利用外资 39870 万美元，比上年增长 77.7%；实际注册利用外资 10817 万美元，下降 45.9%。全区完成进出口总额为 23372 万美元，比上年降低 14.3%，其中出口总额 19077 万美元，比上年下降 17.3%；对外劳务营业额 1521 万美元，下降 40.6%。

五、财政

财政保障能力得到增强。全年实现财政总收入41.86亿元,增长15.8%,其中公共财政预算收入30.87亿元,增长19.2%,社保基金收入3.0亿元,增长51%,政府性基金收入1.69亿元(含土地出让金收入8834万元),下降41.0%,上划中央四税6.31亿元,增长12.4%。

全年实现财政总支出24.27亿元,增长3.1%;其中公共财政预算支出19.59亿元,增长3.3%;基金支出4.68亿元(含土地出让金支出),增长2.3%。

六、人才、科学技术和教育

高新技术产业加速发展。全社会研发投入占GDP比重达1.3%,高新技术产业产值占规模工业产值比重达50.1%,列统企业研发机构建有率达90%,百亿元GDP发明专利申请量249件、专利授权量303件,均位居全市第一。新增省高新技术企业2家、省高新技术产品13项,金象传动工程技术研究中心获评省级优秀研发中心,"金象"获批全国驰名商标,"淮供集团农资"、"娇娇玉露"获批江苏省著名商标。全国县(市)科技进步考核、省级淮海路商业街"正版正货"示范街区创建顺利通过验收。全年完成专利申请1351件,比上年增长73.7%,其中发明专利申请353件,增长40.1%;授权专利317件,比上年增长123.2%,其中授权发明专利27件,较上年减少25件。

人才队伍不断扩大。全区拥有各类专业技术人员4254人,其中机关事业专技人员的1924人,中级以上职称(兑资人员)为1003人。

七、文化、卫生和体育

文化产业发展迅速。清河图书馆创成国家一级公共图书馆,社区文化艺术节、全民阅读节、法治文化艺术节等系列文化惠民活动成功举办。清河跳水队在省青少年跳水锦标赛上取得团体总分第一、金牌第二的佳绩。全区共有文化站7个,图书馆2个,文化馆、艺术馆各1个。广播电视覆盖率100%,有线电视接入率95%,万人拥有公共文化设施面积5685平方米。

卫生事业稳步发展。基本药物制度扩面稳步推进,H7N9禽流感疫情防控扎实开展。全区年末拥有区属卫生医疗机构99个,其中疾病预防控制中心1个,妇幼保健所1个。卫生机构床位数285个,卫生工作人员814人,卫生技术人员781人,其中:执业医师、执业助理医师348人,注册护理师、护士383人,卫生防疫人员63人。产妇住院分娩比例100%,5岁以下儿童死亡率1.93‰,婴儿死亡率1.93‰。

体育事业再取辉煌。清河跳水队在省青少年跳水锦标赛上取得团体总分第一、金牌第二的佳绩。

八、环境保护

实现全区工业源化学需氧量减排261.03吨,工业源氨氮减排31.12吨,分别削减5.4%,4.2%;全区二氧化硫、氨氮排放总量分别减排347吨、36吨,分别削减2.10%、2.08%。

九、人口、社会保障和人民生活

常住人口稳步增长。常住人口33.2万人,较上年增加0.4万人,年末全区户籍总人口为242728人,比上年增长2.05%,其中男性121895人,占总人数的50.22%,女性120833人,占总人数的49.78%,总人口性别比由2012年的102.04下降到2013年的100.88(以女性为100,男性对女性的比例)。全年出生人口2749人,出生率为11.44‰;死亡人口713人,死亡率为2.97‰;自然增长人口2036人,人口自然增长率为8.47‰。

全区参加城镇基本养老保险4.7万人,共发放养老保险金11554万元;参加失业保险2.155万人,发放失业金1058.62万元;参加城镇基本医疗保险14.3769人,其中职工医保28483人,居民医保59410人,学生医保55876人,发放保险金6506万元,其中职工2326万元,居民3565万元,学生615万元;年末登记失业人员1701人,登记失业率2.07%。

享受低保人数7303人,发放保障金1721.7万元,城市最低生活保障实行应保尽保。全区城乡低保统筹持续同标,人均标准增至每月410元。截至12月底,共有城乡低保3324户6982人,累计发放城乡低保金1911.2705万元。2013年,全区救助困难家庭272人次,累计发放救助金16.72万元;救助城乡无固定收入重残601人,累计发放救助金267.121万元;医疗救助3488人,救助金额约233.4万元;发放慈善救助1000余人,157.8万元。继续开展"关爱老人"活动,全面开展困难群众帮扶慰问活动,仅今年春节走访慰问工作一项,全区共慰问困难群体和优抚对象4513户,发放慰问款物443万元。完成"慈善一日捐"6.8万元,募集"冠名基金"42.5万元。加强养老基础设施建设,截至2013年底,全区共有民办养老机构4家,新增床位70张,总计机构养老床位336张,每千名老人拥有机构养老床位数达14.6张。积极发展居家养老,已建城市居家养老服务站18家,覆盖率达47.4%。累计发放尊老金466.27万元;累计开展各类老年人文体活动上千场次。

全年城镇居民家庭人均总收入为31238元,比上年增长8.5%,其中人均可支配收入为29820元,比上年增加3220元,增长12.1%;城镇居民人均消费支出18987元,比上年增加2247元,增长13.4%。

文件目录选录

中共淮安市清河区委

河委发〔2013〕

1号　中共清河区委清河区人民政府关于明确2013年度重点项目帮办任务的通知

5号　关于表彰2012年度先进集体和先进个人的决定

6号　关于成立中共淮安市清河区委盐河生态科技城工作

委员会的通知
9号　中共清河区委清河区人民政府关于成立清河区重大项目建设指挥部的通知
10号　关于表彰全区关心下一代工作先进集体、先进个人的决定
11号　关于调整清河区关心下一代工作委员会组成人员的通知
15号　关于成立全区党员干部冬训工作领导小组的通知
20号　关于表彰2012年度税源经济工作先进集体和先进个人的决定
22号　关于表彰2012年度综治平安、法治建设先进单位和先进个人的决定
23号　关于谢胜扬同志任职的通知
25号　关于表彰党的"十八大"期间信访稳定工作先进集体的决定
26号　关于表彰2012年度信访稳定工作先进个人的决定
29号　关于表彰2012年度妇女岗位建功先进集体和先进个人的决定
30号　关于调整区委学习中心组成员的通知
31号　关于调整淮安市清河区精神文明建设指导委员会组成人员的通知
32号　关于表彰2012年度机关作风建设、软环境建设、行风建设优秀单位的决定
33号　关于调整区国防动员委员会成员的通知
34号　关于表彰2012年度人口和计划生育工作先进集体和先进个人的决定
44号　关于表彰2012年度单项先进集体和先进个人的决定
45号　关于表彰2012年度政法先进集体和先进个人的决定
48号　关于表彰2008—2012年度红十字工作先进集体和先进个人的决定
49号　关于清河区副县级后备干部考察人选建议名单的报告
69号　关于清河区正县级后备干部考察人选建议名单的报告
70号　中共清河区委清河区人民政府关于表彰清河区优秀教师优秀教育工作者的决定
86号　关于调整淮安市清河区机构编制委员会组成人员的通知
90号　关于调整淮安市清河区精神文明建设指导委员会组成人员的通知
91号　关于清河区县处级后备干部考察人选建议名单的报告

河发〔2013〕

1号　中共清河区委关于明确新调整的区委常委工作分工的通知(马乃俊)
2号　中共清河区委清河区人民政府清河区2013年度科学发展目标考核意见
4号　中共清河区委清河区人民政府关于印发清河区2013年度招商引资考核奖惩办法的通知
5号　中共淮安市清河区委关于转发《清河区关工委2013年工作要点》的通知
6号　关于印发《中共淮安市清河区委关于改进工作作风、密切联系群众的十项规定》的通知
7号　中共淮安市清河区委关于批转《清河区政协常委会2013年工作要点》的通知
8号　中共清河区委清河区人民政府清河区2013年税源经济工作考核办法
9号　中共淮安市清河区委关于在全区领导干部中开展"五德"评议活动的意见
10号　中共淮安市清河区委批转淮安市清河区人大常委会2013年工作要点的通知
11号　中共清河区委清河区人民政府清河区2013年科技招商考核办法
12号　中共淮安市清河区委关于建立区委领导同志与党外人士联系交友制度的意见
13号　中共清河区委清河区人民政府清河区关于进一步推进重点项目建设的意见
14号　中共清河区委清河区人民政府关于进一步明确总部经济工作任务的通知
15号　中共清河区委清河区人民政府关于2013年房屋征收项目考核奖惩和"房屋征收标兵"评选意见
16号　中共清河区委清河区人民政府关于在全区开展"争当主力军,添彩清河梦"建功立业竞赛活动的意见
17号　中共清河区委清河区人民政府2013年度作风建设和软件环境建设工作意见
18号　中共清河区委清河区人民政府2013年度作风建设和软件环境建设考评办法
19号　中共清河区委清河区人民政府关于印发《新时期淮安精神大讨论活动清河区总体实施方案》的通知
20号　中共淮安市清河区委关于建立"廉洁清河"评估体系推进反腐倡廉建设的意见
21号　关于深入学习贯彻习近平总书记一系列重要讲话精神的通知
22号　关于进一步深入学习贯彻习近平总书记系列重要讲话精神的通知
23号　关于印发《进一步加强全区司法所建设的意见》的通知
24号　关于转发《中共淮安市委关于贯彻〈中国共产党和国家基层组织工作条例〉的实施意见》的通知
25号　关于加强新形势下党外代表人士队伍建设的实施意见
26号　中共淮安市清河区委批转区政协党组关于筹备和召开政协淮安市清河区八届三次会议的报告的通知

27 号 关于批转区人大常委会党组关于筹备和召开清河区第八届人民代表大会第三次会议的报告的通知

河办发〔2013〕

6 号 关于 2013 年清河区党政领导信访接待日安排的通知
7 号 关于开展 2012 年度科级领导班子和领导干部考核工作的通知
8 号 关于对基层网格化社会管理服务工作先进个人表彰的通知
9 号 关于认真学习贯彻习近平总书记重要批示精神切实厉行节约坚决反对铺张浪费的通知
10 号 关于印发《认真开展 2012–2013 年度全区党员干部冬训工作的意见》的通知
11 号 关于印发《清河区网格化社会管理服务综合考核办法》的通知
12 号 关于印发《“星级”网格组长考核评比办法（试行）》的通知
13 号 关于开展春节期间走访慰问困难家庭活动的通知
14 号 关于进一步做好《淮安市清河年鉴》编纂工作的通知
15 号 关于下达 2013 年重点项目补充计划的通知
16 号 关于印发《2013 年全区 50 项重点工作目标任务分解表》的通知
17 号 关于开展反腐倡廉十项重点工作的意见
18 号 关于调整清河区生态区建设工作领导小组的通知
19 号 清河区 2013 年工业经济目标考核办法
20 号 关于转发《全区 2013 年宣传思想文化工作要点》的通知
21 号 2013 年度信息调研工作考核激励办法
22 号 关于全区统一战线“同心助推清河科学跨越发展行动”的实施意见的通知
23 号 关于调整淮安市清河区创业型城区建设工作领导小组的通知
24 号 关于加强街道和新区统计工作的办法
25 号 关于调整清河区防汛防旱指挥部组成人员的通知
26 号 关于调整区法制宣传教育领导小组的通知
27 号 关于印发《清河区“六五”普法中期考核验收评分办法》的通知
28 号 关于调整区诗词教育工作领导小组的通知
29 号 关于印发《2013 年度主要工作日目标任务》的通知
30 号 关于调整清河区目标考核领导小组的通知
31 号 关于调整清河区服务业发展领导小组的通知
32 号 关于印发《清河区食品安全放心行动实施方案》的通知
33 号 关于调整区委密码工作领导小组成员的通知
34 号 关于调整清河区保密委员会组成人员的通知
35 号 关于印发 2013 年度利用外资考核奖惩办法的通知
36 号 关于印发清河区 2013 年度服务业工作考核奖惩办法的通知
37 号 关于印发 2013 年帮办服务重点项目考核办法的通知
38 号 关于进一步明确亿元加分项目建设任务的通知
39 号 关于印发清河区信访工作绩效考核评分标准的通知
40 号 关于印发开展计划生育特殊困难家庭“亲情关爱工程”实施方案的通知
41 号 关于开展 2013 年房屋征收工作竞赛活动的通知
42 号 关于进一步明确 2013 年度市跨越发展考核指标区内责任单位的通知
43 号 关于转发《市委办公室、市政府办公室关于严格执行中央八项规定、省委十项规定、市委十二项规定切实改进工作作风的通知》
44 号 关于印发清河区普及大众广播体操和 “淮安节拍”健身操实施方案的通知
45 号 关于印发《2013 年法治清河建设工作要点》的通知
46 号 关于在全区开展向吴仁宝同志学习活动的通知
47 号 关于分解下达 2013 年全区社会稳定风险评估工作目标任务的通知
48 号 关于加强区级机关部门（单位）与区政协各专门委员会对口联系和协商的意见
49 号 关于进一步明确 2013 年度市跨越发展考核指标区责任领导和责任单位的通知
50 号 关于印发《2013 年度竣工项目质量考核目标责任分解表》的通知
51 号 关于印发《2013 年度开竣工项目考核目标任务分解表》的通知
52 号 关于成立新时期淮安精神大讨论活动领导小组的通知》
53 号 关于印发《改进作风助推发展专项行动实施方案》的通知
54 号 关于印发清河区公务用车“四统一”实施办法的通知
55 号 关于印发 2013 年清河区特困家庭帮扶工作实施细则的通知
56 号 关于印发清河区加强“三公”管理实施办法（试行）的通知
57 号 关于兑现 2012 年度激励基层干部创业争先奖励的决定
58 号 关于进一步明确新签约亿元项目进度安排的通知
59 号 关于印发 2013 年度落实党风廉政建设责任制考核办法的通知
60 号 关于区委、区政府领导参加新时期淮安精神大讨论活动安排的通知
61 号 关于做好全区社区（村）党组织换届工作的意见
62 号 关于印发《全区 2013 年下半年重点工作任务分解表》的通知

63号 区委办公室、区政府办公室转发关于进一步做好高温期间防暑降温工作的通知

64号 区委办公室、区政府办公室转发区文明委《全区道德领域突出问题专项教育和治理活动实施方案》的通知

65号 关于成立区公开招聘中小学教师工作领导小组的通知

66号 区委办公室、区政府办公室关于印发《市委六届三次全会重点工作任务分解表》需清河区实施内容的通知

67号 关于成立清河区第五届社区居委会、第十届村民委员会换届选举工作指导小组的通知

68号 关于做好清河区第十届村民委员会换届选举工作的意见

69号 区委办公室、区政府办公室转发《市委办公室市政府办公室关于党政机关停止新建楼堂馆所和清理办公用房的通知》的通知

70号 关于在全区党员干部中开展会员卡专项清退活动的通知

71号 关于成立清河区市场准入与监管制度改革工作领导小组的通知

72号 关于落实中央八项规定精神坚决刹住中秋国庆期间公款送礼等不正之风的通知

73号 关于成立清河区加快全民创业,淮商崛起工作领导小组的通知

74号 关于印发清河区加快全民创业淮商崛起行动方案的通知

75号 关于举办全区职工广播体操大赛的通知

76号 关于做好中秋节国庆节期间特困家庭帮扶工作的通知

77号 关于成立清河区创建达标评比表彰工作协调小组的通知

78号 关于清理规范创建达标活动的通知

79号 关于印发《2013年下半年旧城改造及房屋征收重点地块攻坚责任状任务表》的通知

80号 关于调整《淮安市清河年鉴(2013)》编纂委员会组成人员的通知

81号 关于调整清河区招商引资协调工作领导小组的通知

82号 关于成立党内制度性和规范性文件清理工作领导小组的通知

83号 关于调整淮安市清河区信访稳定工作领导小组组成人员的通知

84号 关于调整区处理信访突出问题及群体性事件联席会议组成人员的通知

85号 关于调整区网络与信息安全协调小组成员的通知

86号 关于举办全区信访工作培训班的通知

87号 中共清河区委办公室印发《关于开展党内制度性和规范性文件清理工作的实施方案》的通知

88号 中共清河区委办公室印发《关于开展党内制度性和规范性文件备案的实施办法》的通知

89号 关于做好2014年度重点党报党刊征订发行工作的通知

90号 关于开展全区机关事业单位干部职工健康档案建立和健康体检工作的通知

91号 关于印发2013年拟纳入市开竣工考核亿元以上重点项目目标任务分解的通知

92号 关于成立区分类推进事业单位改革工作领导小组的通知

93号 关于调整区文化市场管理工作领导小组(区"扫黄打非"工作领导小组)成员的通知

94号 关于开展调查研究月活动的通知

95号 关于开展2013年度"送温暖,献爱心"社会捐助活动的通知

96号 关于成立"喜迎十八运、文明交通行"活动领导小组的通知

97号 关于印发《全区"喜迎十八运、文明交通行"活动实施方案》的通知

98号 区委办公室、区政府办公室转发《关于加强对党员干部作风建设情况监督检查的办法》的通知

99号 关于务实节俭做好2014年元旦春节期间有关工作的通知

淮安市清河区人民政府文件

河政发〔2013〕

2号 关于赴台考察招商的请示

3号 关于授权区安监局负责组织事故调查组对全区一般生产安全事故进行调查的决定

4号 关于恳请同意拨付新增道路管理保洁工作经费的请示

5号 关于印发清河区区街财政管理体制调整方案(试行)的通知

6号 关于做好2013年度民兵组织整顿工作的通知

7号 关于印发清河区2013年审计工作意见的通知

8号 关于印发淮安市清河区安全生产责任制暂行办法的通知

9号 区政府关于调整依法行政工作领导小组的通知

10号 区政府关于调整应急工作领导小组的通知

11号 关于恳请协调会办新亚北侧地块旧城改造有关问题的请示

12号 关于淮安市清河中学更名为江苏省清河中学的请示

13号 关于印发清河区机关事业单位工作人员带薪年休假规定(试行)的通知

14号 关于表彰2012年度人力资源和社会保障暨创业型

城区创建工作先进集体和先进个人的决定

15号 关于请求同意清河区继续开展创建省级“土地执法模范区”的请示

16号 区政府关于申请加快白鹭湖110KV变电所建设的请示

17号 关于表彰2012年度全区国土资源管理工作先进单位和先进工作者的通报

18号 关于进一步强化节约集约用地的意见

19号 关于调整清河区爱国卫生运动委员会成员的通知

23号 区政府关于招商赴台的请示

24号 关于申请拨付承德山庄物管及活动用房和迁建变压器配电系统建设资金的请示

25号 关于表彰2012年依法行政工作先进集体的决定

26号 区政府关于淮安神旺大酒店二期项目用地性质变更的请示

27号 关于赴台考察招商的请示

28号 关于申请淮安市区域现代服务业集聚区扶持资金的请示

30号 关于对南极路西侧、水渡口大道南侧土地相关规划技术指标予以确认的请示

31号 关于恳请同意对汽车站、检察院东侧地块实施旧城改造的请示

32号 关于恳请免收大同路沿线地块电子及纸质地形图费用的请示

33号 关于清河区基督教中心堂人防经费缓缴的请示

34号 关于做好全区第一次全国可移动文物普查工作的通知

35号 关于恳请帮助协调雨润中央新天地项目免于行政处罚的请示

37号 关于恳请调减水渡口公交枢纽站建设任务的请示

38号 关于恳请市政府出具同意淮安清河新区投资发展有限公司发行小微企业扶持债券的意见的请示

39号 关于恳请市政府出具同意2013年淮安清河新区投资发展有限公司发行小微企业扶持债券偿债保障措施落实的意见的请示

40号 关于恳请市政府出具支持淮安清河新区投资发展有限公司发行小微企业扶持债券的函的请示

41号 关于调整清河区征兵工作领导小组成员的通知

42号 关于表彰2012年度征兵工作先进单位、先进个人的决定

43号 关于认真做好第三次全国经济普查工作的通知

44号 关于赴台招商的请示

45号 关于古淮河旅游度假区申报市级旅游度假区的请示

47号 关于恳请对清河区省级“土地执法模范区”创建工作进行验收的请示

48号 关于进一步加强审计发现问题整改工作的通知

49号 关于调整清河区深化医药卫生体制改革领导小组的通知

50号 关于调整清河区社区卫生服务综合服务配套改革工作领导小组的通知

51号 关于减免中国爱情小镇项目土地出让金市级统筹款的请示

52号 协调清河新区部分政府投资项目证照办理有关问题的请示

54号 关于提请会办雨润中央新天地项目拆迁资金缺口问题的请示

55号 关于表彰参加2013年江苏省青少年跳水锦标赛优秀运动员和先进个人的决定

56号 关于恳请专题会办五月花地块土地出让金抵缴问题的请示

58号 关于恳请协调七星水岸两个地块容积率的请示

59号 关于提请市政府专题会办柳树湾消防站建设有关问题的请示

60号 关于恳请市政府出具发行2013年淮安清河新区投资发展有限公司小微企业扶持债券的请示

61号 关于授权区民政局负责处理马澄章遗留财产问题相关事宜的决定

62号 关于同意建立江苏古淮河国家湿地公园的决定

63号 关于成立江苏古淮河国家湿地公园管理委员会通知

65号 关于恳请调减师专路景观提升建设任务的请示

66号 关于恳请协调解决和平东路拆迁项目安置房剩余房款的请示

67号 关于成立区发展电子商务产业领导小组的通知

70号 关于印发清河区财政投资评审管理暂行办法的通知

71号 关于提请市人大研究解决柳树湾消防站地块用地性质变更问题的请示

72号 关于申报江苏省创新型试点区的请示

73号 关于请求调整古淮河生态景区部分地块城市规划的请示

74号 关于区长副区长工作分工的通知

75号 关于恳请协调解决淮安茂业时代广场项目建设有关问题的请示

76号 关于落实土地执法监管共同责任机制的意见

77号 关于恳请对清河区省级“土地执法模范区”创建工作进行验收的请示

78号 关于水渡口公交枢纽站选址建设的请示

79号 关于赴台招商的请示

80号 清河区人民政府关于2013年度推进依法行政工作情况的报告

82号 关于在清河区黄河驾校地块配套建设小学和幼儿园的请示

83号 关于请求就近迁建清河小学及幼儿园的请示

84号 关于赴台考察招商的请示

85号 关于请求授权清河区政府对辖区范围内新天地花苑等三个项目作出房屋征收补偿决定的请示

86号　关于印发2013年地税机构经费保障意见的通知
87号　关于给予旧城改造资金支持的请示
88号　关于请求同意翻建长西社区居家养老中心临时活动综合用房的请示
90号　清河区2013年垃圾处理费征收及有偿服务工作考核办法
91号　关于公布淮安市清河区义务教育阶段学校施教区调整方案的通知

河政办发〔2013〕

1号　关于印发2012年度淮安市清河区人民政府法律顾问团工作大事记的通知
2号　关于调整清河区创建全国慢性非传染性疾病综合防控示范区领导小组的通知
3号　关于调整清河区地方病防治工作领导小组的通知
4号　关于转发区财政局2013年公共财政预算收入任务的通知
5号　关于印发清河区安全生产工作考核办法(试行)的通知
6号　关于印发清河区2013年公益性应急救护培训项目实施方案的通知
7号　区政府办公室关于下达清河区2013年春季绿化工作任务的通知
8号　关于成立创建科技服务业示范区工作领导小组的通知
9号　区政府办公室关于成立创建国土资源节约集约模范活动领导小组的通知
10号　区政府办公室关于印发清河区国土资源节约集约模范区创建活动实施方案的通知
11号　区政府办公室关于印发清河区国土资源节约集约模范区创建活动宣传方案的通知
12号　区政府办公室关于印发清河区开展创建省级土地执法模范区活动实施方案的通知
13号　区政府办公室关于调整区创建省级土地执法模范区工作领导小组的通知
14号　区政府办公室关于建立土地联合执法查处土地违法案件的通知
15号　区政府办公室关于进一步加强征地管理依法供地的通知
16号　区政府办公室关于印发2013年创建土地执法模范街办考核办法的通知
17号　关于实行国土资源管理工作"零违法、零问责、零上访"保证金制度的通知
18号　区政府办公室关于成立清河区省骨干河道管理"河长治"办公室的通知
19号　区政府办公室关于成立清河区省骨干河道管理考核组的通知
20号　区政府办公室关于成立清河区电(机)动三轮车整治工作领导小组的通知
21号　区政府办公室关于印发清河区迎接省社区卫生服务先进区复评工作实施方案的通知
22号　关于印发清河区一站式(一条龙)免费婚前医学检查实施方案(试行)的通知
23号　区政府办公室关于印发清河区人感染H7N9禽流感疫情防控应急预案的通知
24号　区政府办公室关于成立区农贸市场和农产品安全保障体系建设工作领导小组的通知
25号　区政府办公室关于调整清河区中小学校舍安全工程领导小组的通知
26号　区政府办公室关于印发清河区2013-2015年中小学校舍加固改造工程实施方案的通知
27号　区政府办公室关于表彰2012年度食品安全工作先进集体和先进个人的通报
28号　区政府办公室关于调整区食品安全委员会组成人员的通知
29号　区政府办公室关于调整淮安市清河区统计工作领导小组的通知
30号　区政府办关于印发2013年全区依法行政工作要点的通知
31号　区政府办关于印发淮安市清河区依法行政考核实施细则的通知
32号　区政府办公室关于做好支援四川雅安地震灾区有关工作的通知
33号　区政府办公室关于成立清河区创建药品安全示范区工作领导小组的通知
34号　区政府办公室关于印发清河区创建药品安全示范区工作实施方案的通知
35号　关于印发清河区政协重点提案领办、督办和评议暂行办法的通知
36号　关于印发清河区2013年行政执法服务月活动方案的通知
37号　关于表彰2012年度节水先进单位和先进个人的通报
38号　关于调整清河区创建去全国慢性非传染性疾病综合防控示范区领导小组的通知
39号　关于印发清河区2013年度生态建设目标任务书的通知
40号　关于转发进一步加强人力资源和社会保障基层公共服务平台建设实施意见的通知
41号　关于调整清河区机关食堂管理领导小组的通知
42号　关于调整清河区招生委员会组成人员的通知
43号　关于印发清河区2013年中考工作方案的通知
44号　关于淮安市人民代表大会第171号代表建议、批评和意见的答复
45号　区政府办关于印发《清河区2012年度土地卫片执法检察工作方案的通知》
46号　区政府办关于成立清河区2012年度土地执法检查

整改工作领导小组的通知
47号 区政府办关于印发清河区2013年土地执法百日行动方案的通知
48号 区政府办关于成立区2013年土地执法百日行动工作领导小组的通知
49号 关于饮用水源地任务交办的通知
50号 关于建立区食品药品安全联席会议制度的通知
51号 关于建立区食品药品安全四方联席会议制度的通知
52号 关于调整清河区社区卫生服务工作领导小组的通知
53号 对区八届人大二次会议145号建议的答复
54号 对区八届人大二次会议192号建议的答复
55号 对区八届人大二次会议191号建议的答复
56号 对区八届人大二次会议144号建议的答复
57号 对区八届人大二次会议193号建议的答复
58号 关于成立清河区医患纠纷预防及处置工作领导小组的通知
59号 关于印发清河区医患纠纷预防及处置应急预案(试行)的通知
60号 关于印发清河区特殊重度精神病人医疗救助实施办法的通知
61号 关于开展2013年无偿献血的通知
62号 关于印发淮安市清河区征兵工作考核实施办法(试行)的通知
63号 关于成立茂业时代广场地下工程抢险工作领导小组的通知
64号 关于对四家重大火灾隐患单位进行挂牌督办整改的通知
65号 区政府办公室关于成立区创建省级广告产业园工作领导小组的通知
66号 区政府办公室关于成立清河区城市环境综合整治工作领导小组的通知
67号 关于成立里运河文化长廊建设分指挥部的通知
68号 关于印发清河区"三大社会保险"覆盖面推进工作突击月实施方案的通知
69号 关于印发清河区2013年度纠风工作要点的通知
70号 关于做好全区第五届社区居委会换届选举工作的实施意见
71号 关于印发清河区城市环境综合整治行动实施方案的通知
72号 关于成立清河区药品安全委员会的通知
73号 关于印发《清河区街道办事处住房保障服务窗口管理办法》的通知
74号 关于印发《清河区公共租赁住房管理办法》的通知
75号 关于印发清河区城市社区"10分钟体育健身圈"建设实施方案的通知
76号 关于成立"土地换社保"人员转入城镇职工基本养老保险工作领导小组的通知
77号 关于印发清河新区"土地换社保"人员纳入城镇职工基本养老保险体系实施细则(试行)的通知
78号 关于成立区早请救助家庭经济状况核对工作联席会议的通知
79号 关于进一步明确四季度招商引资目标任务的通知
80号 关于成立清河区2012年以来交通运输用地、农村建房用地清查整改专项行动工作领导小组的通知
81号 关于印发《清河区2012年以来交通运输用地、农村建房用地清查整改专项行动工作方案》的通知
82号 关于开展2013年度行政执法案卷评查活动的通知
83号 关于印发清河区推行行政指导工作意见的通知
84号 清河区2013年度行政执法(监督)人员法律知识更新培训考试工作方案
85号 关于建立清河区钢贸行业贷款风险处置协调联席会议制度的通知
86号 关于在全区开展职工特殊疾病医疗互助活动的通知
87号 关于印发2013年区级部门节能目标任务的通知
88号 关于成立区社会信用体系建设领导小组的通知
89号 关于调整职工特殊疾病互济会入会任务的通知
90号 关于开展2013年依法行政工作考核的通知
91号 关于调整清河区语言文字工作委员会组成人员的通知
92号 关于转发市政府办公室消防工作考核办法的通知
93号 关于印发清河区今冬明春火灾防控工作方案的通知
94号 关于2013年行政执法案卷评查结果的通报
95号 关于成立清河区土地执法监察工作领导小组的通知
96号 关于加强新农合基金安全管理的通知
97号 关于印发清河区大气污染预警与应急处置工作方案的通知
98号 关于印发清河区进一步整顿医疗秩序打击非法行医专项行动实施方案的通知
99号 关于印发清河区地震应急预案的通知
100号 关于印发清河区清扫冰雪保障道路畅通工作预案的通知
101号 关于成立清河区大气污染防治工作领导小组的通知
102号 关于成立清河区大气污染专项检查工作领导小组的通知
103号 关于开展"寒冬送温暖"专项救助活动的通知
104号 关于成立清河区打击和处置非法集资工作领导小组的通知

法规文件选录

区政府关于鼓励和促进科技创新创业的意见

河政规〔2013〕1号

各街道办事处，区各委、办、局，区各有关单位：

为实现在全市率先建成创新型城区的目标，进一步提升全区高新技术产业技术创新水平，根据国家有关政策规定，现结合清河区实际，提出如下意见，希认真贯彻执行。

一、支持对象及支持方式

（一）支持对象：

在清河区依法注册并纳税的各类科技型企业以及在清河区范围的各类专利申请人。

（二）支持方式：

1.对新获得认定的省高新技术企业，一次性奖励3万元。

2.企业及个人每申请一件外观设计、实用新型、发明专利分别奖励400元、500元、1000元；获得授权的分别奖励400元、500元、2000元。

3.积极推动企业与省属以上高等院校或科研机构进行技术合作，每年对企业与高校院所合作且技术转让费在20万元以上的项目，按转让费的10%给予奖励，单个企业最高奖励不超过5万元。

4.资助科技创新计划项目。鼓励企事业单位开展科技创新，每年选出10–20个科技含量比较高的科技创新项目纳入计划跟踪管理，分别资助项目资金2万元。

5.鼓励有条件的科技企业和高校院所合作建设技术研发机构，企业建立技术中心、工程中心、工程技术研究中心的，达到国家、省级的，分别一次性奖励5万、2万元。

6.获得省重点新产品认定的，每件奖励1万元；获得省高新技术产品认定的，每件奖励0.5万元。

二、支持项目的评选要求

1.对高新技术企业、高新技术产品和重点新产品的认定以国家、省、市科技部门认定出具的相关的文件为准。

2.对专利权人的认定，以专利受理通知书和授权证书为准。

3.对企业与高校院所产学研合作项目的资助，必须要有合作协议和转让费的支出，对单个项目转让费超过20万元的合作项目实行资助，资助金额直接奖励给区内合作企业。

4.科技计划项目资助。成立由区科技局牵头，区发改委、经信委、财政局参加的项目评审小组，负责项目的立项和验收。年初由企业将计划项目上报区科技局，经评审小组评选出质量较高的计划项目给予立项资助。立项时拨付资助资金的50%，结题验收合格后全部拨付。

5.企业研发平台的资助。以国家、省主管部门的立项批准的文件为准。

6.同一项目在区内不重复奖励资助，对资助的项目不能按期结题的，按照有关程序追回资助资金，且两年内不再给予项目资金支持。

7.鼓励企业加大研发经费投入，申请资助项目的企业必须要有一定量的研发投入，达到标准的优先考虑。企业年销售在5000万元以下的研发投入要占销售额的6%，5000万元到5亿元的研发投入要占销售额的4%，2亿元以上的研发投入要占销售额的3%。

三、科技创新奖励资金的拨付使用和监督管理

1. 科技创新资金由区财政局从科技三项经费中列支，由区科技局安排使用。2013年度安排100万元，今后每年按区财政收入的增幅逐年递增。

2.区科技局负责项目的实施管理和服务，区财政局负责对资金的拨付和使用状况进行监督和检查。

3.项目的申报和资金的奖励使用。做到公开、公正、公平，严格按照程序规范操作。

本意见自2013年1月1日起执行，由区科技局负责解释，区政府2008年3月31日发布的《关于大力推动科技创新创业的若干意见》（河政发〔2008〕31号）、《关于加强企业技术机构建设提高企业创新能力的意见》（河政发〔2008〕32号）同时废止。

淮安市清河区人民政府

2013年4月9日

2013年度清河区在省级以上刊物登载文章(选录)

《人民日报》 1月30日6版

江苏淮安清河区多举措保障被征地农民利益

为贯彻落实十八大关于保障和改善民生的精神，江苏省淮安市清河区自2013年1月起调增被征地农民基本生活保障待遇，至此被征地农民基本生活保障待遇自2006年清河区开展土地换社保工作以来已实现八连增。

本次调增对象为参加"土地换社保"第二、三、四年龄段的被征地农民，涉及人员共1112人、资金80余万元。现行标准是在去年基础上每人每月提高60元，第二、三、四年龄段从2006年的起初标准120元/月、100元/月、180元/月调增至现在的380元/月、360元/月、460元/月。

清河区参加土地换社保的被征地农民还可以享受两个优惠政策：一是在清河新区企业就业满一年以上，并缴纳养老金的，可享受3年每年500元的就业奖励金；二是在城乡居民社会养老保险制度实施时已满60周岁的可以叠加享受城乡居保70元/月的基础养老金。

（钱春敏　余　芳）

《人民日报》 2013年08月27日17版

转作风，须下"真"功夫("一线思考"专栏)

王海平

走好群众路线，转作风、正学风、改文风，关键要在真转变、真端正、真改进上下功夫，以思想作风建设的成效和能力素质的提升推动工作。

转作风，工作上就得真抓实干。就像在墙上钉钉子一样，干事业、做工作，来不得半点虚假，必须真抓实干。改革开放越深化，遇到的矛盾、问题越多。我们必须用新视角研究问题、用新思路分析问题、用新办法解决问题，切实找准应对挑战和破解难题的路径。有的地方经济发展得慢，群众对党委政府不满意，很大程度上是因为少数干部慢腾腾、迈老步子。这就要求干部说了就干、定了就办，加快工作节奏，提高工作效率，三步并作两步走，促进各项工作迅速落实，推动发展不断提速。此外，干部做到实干，还得把全部的精力和心思放到抓落实、解决实际问题上，勇于干事创业、敢于迎难而上、善于攻坚克难，真正用自己的辛苦指数换取经济的发展指数和群众的幸福指数。

正学风，学习上必须求知求真。古人云，"学者非必为仕，而仕者必为学"。党员干部特别是领导干部只有重视学习、善于学习，才能不断提升工作能力和水平，才能跟上时代进步的潮流，才能担当起领导重任。鲁迅说，"哪里有什么天才，我是把别人喝咖啡的时间用来工作和学习的。"身在基层，更要坚持把学习作为一种精神追求、一种生活习惯、一种人生态度，在繁忙工作之余挤时间来学习，多读书、读好书，在日积月累的学习过程中不断提升能力水平、提高政治素养，为干好工作奠定坚实的基础。应该看到，现在知识浩如烟海，要把学习时间用在学习最需要的知识上面，"干什么学什么、缺什么补什么"，有针对性地学习掌握做好领导工作、履行岗位职责所必备的各种知识，使自己真正成为行家里手、内行领导。正学风，还得坚持学思结合，带着问题学，结合实践学，善于在学习中受到一些启发和启迪，在学习中吸收到新的思想、新的观点、新的办法。

改文风，说话上应当言真意切。文风的好坏，不单纯是说话的风格问题，不良的文风会助长形式主义、影响工作效率，降低党委政府在群众中的威信。特别是对直接面对群众的基层干部而言，更需要改进话风，倡"短实新"、忌"假长空"。好的文章不在长。只有用质朴无华、通俗易懂的群众性语言，不讲官话、不用套话，挤干水分"捞干货"，才能使讲话通俗易懂、干脆利落、掷地有声。一些领导干部整天泡在文山会海、迎来送往里，对实际情况了解不够，对群众意见征求不够，讲起话来难免空洞无物。把写文章、作讲话的视角和出发点放在促发展、惠民生上，多讲管用的话，多讲实招子，多讲老百姓关心关注的问题，这样怎么会不产生共鸣？再者，干部说话要言行一致。"政府说到就要做到，不能放'空炮'。"对会上讲的、向群众承诺的事项，必须坚决落实、说到做到，做到干的比说的更实在、做的比写的更漂亮，切实解决"雷声大，雨点小"和"只听楼梯响，不见人下来"等问题。

（作者为江苏省淮安市清河区委书记）

《人民日报》 2013年08月30日7版理论版

以"四化"提升宣传思想工作水平

漆　宾

宣传思想文化工作是我们党的传统和优势。面对日新月异的科技进步，面对思想文化领域的交流、交融、交锋，基层宣传思想文化工作只有创新方式方法，才能履行好围绕中心、服务大局的基本职责。对此，江苏省淮安市清河区在互动化、项目化、社会化、特色化四个方面进行了一些探索。

互动化。一是与群众互动。主动深入基层，与群众面对面，倾听群众意见；用通俗易懂的语言和群众易于接受的方式，有针对性地进行思想引导和宣传教育。二是与媒体互动。借助媒体平台，开展主题化、经常性的宣传思想工作。通过媒体全面反映社情民意，实现与群众的间接互动。清河区精心打造"筑梦清河"微博、"青轩薇语"微信等微平台，广受欢迎。三是与市场互动。坚持把社会效益放在首位、社会效益和经济效益相统一，在国家许可范围内，引导社会资本以多种形式投资文化产业，实现政府、企业、群众三赢的局面。

项目化。清河区引入项目化管理机制，按照市委宣传部和区委提出的任务要求，将全年全区宣传思想文化工作进行梳理分类，整合成主题教育、公共文化服务等重点项目，实行团队化运作、动态化管理，明确责任人员、主要目标、时序进度等，提高基层宣传工作科学化水平。在项目设置上，主要是努力做好三方面工作。一是围绕中心，服务大局。设计"双十调研"活动，围绕宣传文化、经济发展、改善民生等10个方面，面向全区开展决策建议征集活动，征集一批有价值的调研报告。二是传播要情，解疑释惑。利用市民学校、社区文化活动中心等阵地开设社区大讲堂，内容涵盖党建理论、民生热点、社会道德、法律常识、健康知识、劳动技能等方面，深受群众欢迎。三是鼓劲提气，凝聚力量。开展"清河百姓日"活动，组织辖区居民实地考察体验卫生、教育、就业、养老等政府公共服务工作。

社会化。宣传思想文化工作面广、量大、线长，不能仅靠宣传部门唱"独角戏"，还应积极动员各方面力量，整合各类文化资源，借助各种教育平台，实现激励相容、优势互补、资源共享，形成"大宣传"的工作体制机制。清河区努力搭建三级服务格局，一是注重社会组织参与。成立民间文艺协会，加强对民间文化队伍的整合管理，探索建立群众为群众服务、群众为群众表演的平台。二是进行横向整合。统筹工青妇等各部门资源，建立主题式文化产品供给平台。三是争取社会支持。利用主城区优势，建立百场演出进社区、百场电影进社区等"送文化"的平台，成为群众夏日纳凉的大舞台。

特色化。宣传思想文化工作面对受众数量多，需求差异大，要提升效率、优化效果，只能在深入调研的基础上立足实际、因地制宜有针对性地开展。去年以来，清河区委与区内67支民间文化团队进行座谈，摸清了辖区内33块适合演出的场地状况，并对街道社区宣传文化工作者进行了走访调研。根据调研情况，制定《关于进一步加强群众文化工作的意见》，每年拿出50万元专项资金用于培训、奖励民间文艺团队，政府购买这些文艺团队的公共文化服务，极大调动了他们的积极性。另外，针对主城区的特点，开展楼道文化建设，在全区各规模小区的每个楼幢单元设置宣传牌，促进小楼道大和谐，取得了良好效果。

（作者单位：江苏省淮安市清河区委宣传部）

《新华日报》 2月10日A2版头条

大冬天，我们少不了这把澡

腊月二十五，淮安市的气温降到零下4度。清河区沈阳路社区的社区浴室里，却是一片热气蒸腾，很多老人在这个"家门口的浴室"里惬意地泡着，在休息区舒坦地躺着，喝茶聊天。

下午两点，73岁的潘玉成出了家门，要不了两分钟就来到社区服务中心浴室门口，跟售票员打着招呼掏出3元钱买了澡票。一个小时后，老潘额头上、鼻尖上开始冒出细密的汗珠，脸色白里透红，看上去年轻了好几岁。"现在养老金吃喝是够了。"老人说，钱不是问题，生活不方便倒真成了问题。

"原来这附近的浴室，前几年都被拆掉了，泡个澡得跑三四里路去和平路那里。"潘玉成旁边躺椅上的66岁老人孙德华接过话茬，"冬天我们少不了这把澡。社区2009年修了这个澡堂子，给我们老人办了件大好事、大实事！"这几年，城市越建越大，马路越修越宽，但澡堂子越来越少了，年纪大的人，不怎么敢走远路。孙德华家住沈阳路社区8号楼，现在家门口有了浴室，洗澡方便不说，儿女也放心多了。

"不是有了养老金，养老就没问题了。不把老人的洗澡、吃饭、看病这些最基本、最平常的事情弄好，'老年幸福'就是一句空话。"沈阳路社区党总支书记孙翠花介绍，社区1863户总共5000多居民，60岁以上的老人有600多人，平时的吃饭、洗澡、娱乐都是实实在在摆在眼前的问题。这四五年来，沈阳路社区尝试搞居家养老服务，努力把老人生活的具体问题解决在家门口。2008年，社区将一个126平方米的棚子作为居家养老服务站，后来在上级关心下，建起了639平方米的两层小楼。"原来只有一个食堂，现在还办起了棋牌室、浴室、健身房、医疗保健室，社区老人享受到的服务产品越来越多、越来越好。"孙翠花说，在家门口满足老年人的生活需求，有些小细节尤其需要注意。在和记者去浴室的路上，她指着地上的台阶说，"一般台阶高度是18到20厘米，这个台阶只有9到10厘米，是为老人特意设计的半层台阶。"

80岁以上老人澡票2元，70岁以上3元，60岁以上4元，社区浴室的低廉澡资让社区老人感到舒心。据介绍，浴室每天需要的热水价格平均是920元，而澡票收入只有890元。靠着组织部门对基层党组织的"以奖代补"，以及辖区单位和个人的捐助、老党员的志愿服务，这个"窟窿"才得以补上。72岁的韩成功是社区居家养老服务最知名的志愿者之一，他告诉记者，社区有一批老党员在默默奉献着，常年免费为老人服务。

（本报记者　彭广余　陈炳山）

《新华日报》 3月13日

开两会仍在惦记"扫马路"

3月11日，身在北京开人大会议的孙国庆，利用午休时间又给淮安"家里人"打来电话。

"作为一名环卫战线的职工，我再次当选为全国人大代表，体现了党委、政府对环卫工作的重视。虽然我在北京，但单位的工作不能松懈，我们姐妹清扫出来的马路照样要干干净净，否则就辜负了人民群众对我们的信任。"全国人大代表、淮安市清河区环卫处党支部书记孙国庆说。

“这就是孙国庆，外出仍不忘工作。”淮安市城管局市容处处长齐合根告诉记者。

下午两点半，当记者来到清河环卫处时，这里空无一人。与过去一样，孙国庆那些姐妹们忙碌的身影全撒在大街小巷了。在清村居委会的第99号公厕，刘玲正在清扫地面。“别看孙书记现在当了支部书记，还到北京开会，平日里跟我们一样，天天上街扫马路。”刘玲边扫边说，“这几天，我们环卫处的人都很兴奋，白天一个个像上了发条，工作特卖力；晚上回到家，第一件事都是打开电视，看看孙书记有没有出来。”

清河区环卫处是一个光荣的集体，已先后有20多位同志荣膺“全国五一劳动奖章”等各类荣誉，可谓群星闪耀。

清河区环卫处主任杨连军说，过去他们的工具是一把扫帚、一把铲子、一辆小手推车，现在有了扫路车、冲洗车、压缩式垃圾站，逐步向机械化作业迈进。工资待遇也提高了，每年大年初一和初五，各级领导都上路看望他们，还从财政拨钱给每位环卫工人发专项补贴。

（本报记者　蔡志明　吴剑飞）

《新华日报》　8月5日A6版

淮安上海路社区便民服务何以大多免费——

这里，退休党员争上奉献岗

这里是淮安最难管的地方，0.75平方公里密布人口7266人，是典型的“三多两密集”地区，工商户多、经营网点多、流动人口多、居民密集、市场密集，人称淮安“上海滩”。这里又是淮安管得最好的地方之一，平均每月就有一支外地参观、考察队来此取经。

“把一个诉求多样、情况复杂的社区变成干群关系密切、社区居民和谐的社区，你们是怎么做到的?”面对各地取经者不约而同抛出的同一个问题，淮安市清河区上海路社区党委书记梅小林告诉记者，社区地处市中心，老生活大院多，退下来的老干部、老党员也多。社区党委借力出力，前几年面向社区招募党员志愿者参与社区管理，定名为“党员奉献岗”。开始担心没人报名，结果不但本社区的党员来了，连周围社区的一些老党员也赶来了。如今的80多个党员奉献岗上，既有淮阴师范学院的大学生，也有教师、商户和社区内的老党员。这些人个个都有特长：社区老党员刘秉璐是从学校退休的，他挑起了社区关心下一代工作的担子；陈金灿是一位商户，认识的老板多，社区帮穷扶弱的事基本都是他出面；田忠富，曾经在媒体工作，为社区活动录制影视资料、刻录光盘一分钱不收。“别的社区因为找不到人、凑不拢钱，一年难得搞两次活动；我们社区一年十几个节点，一个节点聚一次、乐一下，全靠这些无薪也来‘坐班’的党员！”在社区里，党员唱主角、挑大梁、树形象，以点带面，拉近了党员与社区群众的距离，社区各项工作有声有色。

69岁的国家特级理发师毛峰老师傅，紧挨着社区服务中心开了间“爱心理发室”，为行动不便的老人提供免费上门理发服务，家庭困难的居民也一律免单。用他的话说，“来社区办完事，顺便剪个发、刮个脸再回去，清清爽爽，多好！”

“毛师傅是社区出现的第一个便民服务岗，他的爱心理发室一成立，这两年社区争先恐后地成立了二三十个便民服务岗，全是自发成立的。”梅小林介绍说，如果说党员奉献岗是党员带着干，那么便民服务岗就是居民比着干了。

比如，利苑小区的程泽君老人，义务为社区出板报，成了“街道报纸”的总编辑。来到他的板报前，老人正在做版面，一盒彩色粉笔、一块抹布、一把直尺，是他的全部家当，坚持每周把最精彩、最重要的国内外大事和实用的便民信息传递给每户居民。

除了党员奉献岗、便民服务岗，上海路社区还有许多独特之处：小巷讲坛、阳光心灵工作室、青少年拓展训练营、居民梦想舞台等。每季度一期的居民梦想舞台和一年一度的“欢欢喜喜过大年新春汇演”，因为坚持多年而形成了品牌，成为社区居民每季、每年的一盼。一到节点，家家户户、老老少少忙着排节目，都盼着自家节目能上去露露脸，比看春晚还来劲。　通过搭建这些平台，社区居民遇事有人帮，生活中碰到坎坎坷坷心里有了底；社区党委服务了民生，凝聚了民心，扎下了坚实的群众之根。如今的上海路社区虽处喧闹的“上海滩”却人心思进，成为全省和谐社区、平安家庭建设示范社区。

（本报记者　蔡志明）

《新华日报》　8月16日头版头条

头版导读

31.4平方公里创造百亿地区生产总值

“三高”发展推动清河主城突围

清河发展面临空间狭小等制约因素。清河区委书记王海平说，要在有限的空间内实现“主城突围”，必须转型升级，走高端高效高质发展之路。

新华报业网-新华日报　2013-08-16

清河区走高端高效高质发展之路

让土地发挥最大作用

新华报业网讯旺旺集团淮安总厂今年上半年税收达9400多万元，总投资30亿元的LED外延片生产线澳洋顺昌第一批产品已亮相淮安，江北第一高楼——雨润中央新天地稳步建设……作为淮安市的主城区，清河面临着空间狭小等制约发展的诸多因素。“城区发展也需要转型升级”，清河区委书记王海平说，要在有限的空间内实现“主城突围”，必须走一条高端高效高质发展之路。

“名店”助力城区发展提档

万达广场、金鹰国际、中央新亚百货……走在清河街头，可以看到一系列大型连锁经营商铺的身影。每到周末，这些集吃喝玩乐购于一体的大型商业综合体就会成为清河市民的休闲好去处，店内人头攒动。

“以前逛这些名店都要去南京、上海这些城市，现在自己家门口也有了。”市民刘宇说，如今觉得整个城区的档次都不一样了。

现代服务业是清河的主导产业，也是优势产业，在“名店”的点缀下，清河的形象迅速提升。目前，清河正着力打造淮海中心商业区、水渡口中央商务区“两大核心商圈”，加快传统商贸业升级，同时进一步提升商贸业的集聚和辐射能力。

与此同时，多幢高楼正在清河的土地上“茁壮成长”。主楼317米的雨润中央新天地、185米的茂业时代广场、168米的苏宁电器广场等一批重大商业商务楼宇项目都在加快建设，将来清河的天际线将愈加美丽。

高效发展使寸寸土地“发光”

“清河地方小，可以说是寸土寸金，工业发展必须要注重高效。”采访中，王海平不止一次说起这句话，而清河确实也是这么做的。清河加快产业结构调整，注重企业的土地投入产出率、税收贡献率，要使每一寸土地作用都发挥到最大。

今年，旺旺集团淮安总厂第三期项目即将上马，在100亩的新厂房里将生产旺旺的全新产品。100亩地对于厂房建设来说并不算大，但对清河来说着实不是块小地方，之所以选择给了旺旺，还是看中其高效益。

旺旺集团淮安总厂1-6月税收已经达9400多万元，全年税收有望突破2亿元，一个占地两三百亩的企业却能给当地贡献这么高的税收实在能称得上高效二字。“清河政府给我们企业很大帮助，我们肯定也要努力发展好回报当地。”总厂厂长林东荣说，相关部门的工作人员定期主动上门，询问需要哪些方面的帮助，让他感到很暖心。

离旺旺厂区不远的江苏顺泰包装印刷科技公司同样也是高效益的典范企业，目前亩均纳税突破100万元。

高度自动化是高效的基础，在顺泰的厂房里，记者看到全自动的生产线高速运转着，工人只需在最后一道工序检验成品质量即可。2012年7月，顺泰控股集团在香港股市主板成功上市，成为淮安首家香港上市企业。

科学规划提升城区品质

围绕产业转型和消费升级需要，清河的产业发展不断向微笑曲线两端延伸。清河的工业设计园、创意产业园、总部经济园、动漫科技园、金融集聚区正在加快建设。品质发展，需要提升项目规划设计水平、建设水平，不断提升城市品位、彰显城市魅力。“四园一区”的规划建设正是清河高质发展的缩影。

目前，淮安工业设计园、创意产业园入驻率均已超60%，动漫科技产业园一期完成招商，总投资超100亿元的淮安金融中心项目房屋征收工作已基本结束，很快将开工建设。

清河的文化旅游业也同步快速发展，淮安运动乐园、小马奔腾电影城等一批项目建成运营，中国爱情小镇、百姓大舞台等文化旅游项目正抓紧推进。

高端高效高质发展之路正不断带给清河喜人成果。2012年，清河区地区生产总值突破100亿元，人均GDP突破10万元，分别比2010年增长62.1%、50.1%，达到苏南发展水平。

（本报通讯员　漆宾　史以娟　本报记者　彭广余　季铖）

《新华日报》 9月27日A4版整版

跨越追梦三十载　南船北马新辉煌

——淮安市清河区建区三十年发展纪实

淮海中心商业区一角

水渡口中央商务区

市民服务中心

AAAA 级古淮河文化生态景区

盐河、古黄河、里运河、大运河，由北至南，这四条东西走向的河流并列穿过淮安主城区，而古黄河和里运河之间，便是清河区。1983 年，原淮阴地区施行市管县行政体制改革，所辖清江市里运河北调整设立清河区。

年轻的清河区，承载着厚重的历史。运河经济时代，这里曾经是"南船北马、九省通衢"，盛极一时。从成立之日起，清河人就把重现繁华胜景、再登历史高峰作为一个美丽的梦去追。一追，就是三十年；梦想，渐渐变成真。

三十年，在历史的长河中只是电光火石的一瞬，但对新生的清河区而言，无愧为一部厚重的发展史——励精图治、赶超跨越的创业史，锐意进取、开拓创新的探索史，凝心聚力、造福百姓的富民史，众志成城、团结拼搏的奋斗史。

且看一组数据：建区之初，清河城区面积不到 6 平方公里，近郊农村区域占辖区面积 80%以上，2012 年，清河建成区面积 32.28 平方公里，城市化率达到 100%；全区地区生产总值达 102.2 亿元，是建区时的 342 倍；人均 GDP 达 10.4 万元，是建区时的 190 倍，且人均主要经济指标接近苏南发展水平；财政收入达 33.8 亿元，是建区时的 918 倍。2010 年，清河在全市率先建成了全面小康社会，实现了由"小区"向"强区"的嬗变、由贫困到小康的巨变。

商贸强区挺脊梁

清河所在地，自古就是商贸繁华之地，明清鼎盛时期"侨民宿贾、巨室鳞次"。建区以来，清河依托主城区区位优势，培育专业市场，发展商品经济，活跃民营经济，搞活商贸流通，大力发展现代服务业，人气、商气、财气日益旺盛，全力打造"江北第一商圈"。

一方面，清河以"两大核心商圈"建设为重点，加快传统商贸业提档升级，着力提升商贸业的集聚和辐射能力。淮海中心商业区、水渡口中央商务区"两大核心商圈"内，中央新亚、万达广场、淮海第一城三大城市综合体全面建成，金鹰国际、华润苏果、乐天玛特、曙光国际大酒店等一批重大商贸项目建成营业，国内外知名品牌集聚度位居苏北中心城区第一。扎实推进"百幢百米高档商务楼宇建设计划"，加快建设主楼 317 米的雨润中央新天地、185 米的茂业时代广场、168 米的苏宁电器广场等标志性楼宇项目；进一步优化淮海东路沿街店面品质、公共配套设施和景观环境，确保到 2015 年创成国家级示范商业街区，成为"江北第一街"。

另一方面，以"四园一区"建设为载体，围绕产业转型和消费升级需要，清河加快发展金融服务业、文化创意、旅游业等新型服务业态和总部经济、楼宇经济等服务业经济形态。工业设计园、创意产业园、总部经济园、动漫科技园、金融集聚区"四园一区"正在加快建设，淮安工业设计园、世界之窗创意产业园入驻率已超过 60%，动漫科技产业园一期已建成使用，总投资 100 亿元的淮安金融中心正在加快建设；文化旅游业加快发展，淮安运动乐园、小马奔腾电影城等一批项目建成运营，西游记主题公园、中国爱情小镇、百姓大舞台等文化旅游项目正抓紧推进。

在工业发展中，清河把占用土地少、科技含量高、税收贡献大的都市型工业作为主攻方向，旺旺食品工业园、LED 光电产业园、医药健康产业园等"三大新兴产业园区"加速发展；顺泰包装成为淮安首个在香港上市企业，旺旺食品、正大清江制药、金象传动等骨干企业在全市行业中的龙头地位更加凸显，先后创成省级科技创业园、省级动漫科技产业园、省级高新技术服务中心。

文化铸魂提精神

文化是一座城市的灵魂，是激发城市活力的源泉。作为中国历史文化名城淮安的主城区，清河历史悠久，文化底蕴深厚。建区以来，清河始终把文化建设作为打造中心城市功能核心的重要内容，作为推动区域又好又快发展的重要支撑，深入挖掘浩瀚的历史文脉和地域性文化的底蕴，大力发展文化事业和文化产业，城市软实力显著提升。仅"十一五"以来，清河区就累计投入近 20 亿元用于文化事业发展，建成中国淮扬菜文化博物馆、中国西游记博览馆、中国城市化史馆、郎静山摄影艺术馆、长荣大剧院等"八馆一院一中心"，逐步完善三级公共文化服务网络，每个街道均有面积超过 500 平方米的文化活动中心，85%的社区已建成面积达 100 平方米的社区文化活动室，11 个行政村实现了社区书屋全覆盖，藏书均达到 2000 册以上，70%的街道、社区建成了文化信息共享工程基层服务点（公共电子阅览室）。

清河区还成功承办淮安·中国淮扬菜美食文化国际旅游节、"美食之都·淮安清河"全国摄影大展、白鹭湖国际婚庆旅游文化节等系列活动，海内外宾朋齐聚清河，城市知名度、美誉度更加彰显。同时，广泛开展了社区文化艺术节、"百场演出进社区"、"百场电影进社区"、主题展览、健身活动等一大批群众性文体活动精彩纷呈，极大地丰富和活跃了群众精神文化生活。

在文化沃土的滋养下，清河的文化产业加速崛起，创意、婚庆、美食等文化产业，设计、广告、咨询、会展等创意产业集聚发展。古淮河文化生态产业园获批淮安市首家省级文化产业园，动漫科技产业基地成为全省首批省级科技产业园，淮安工业设计园不仅是省级大学科技园，还是省级科技产业园，文化事业、文化产业呈现互动并进的良好态势。

文化汇聚了一座城市的历史记忆，而人的精神更集中体现了一座城市跨越发展的时代面貌。30 年来，清河历届领导班子团结带领全区干群同心同德、合力攻坚，始终把干事创业作为最大的追求，把造福百姓作为最大的责任，把真抓实干作为最大的品牌，把廉洁从政作为最大的品德，坚持"不干则已，干则一流"的工作标准，历练形成了清河人"有第一必争、有红旗必扛、有排头必站"的"三有"精神和"勤政、德政、廉政"的"三政"文化，成为了清河人干事创业、争先创优的鲜明文化特质和强大精神动力。

生态为王塑品位

生态是一个城市不可复制的资源。30 年来，清河在推进城市化进程中，坚持走绿色、低碳、生态、环保、集约发展之路，围绕打造更高水平的生态城区，不断优化城市人居环境，着力打造生态城区。在产业发展上，大力引进和实施占地空间小、科技含量高、税收贡献大、污染少的项目；在环境提升上，坚持见缝插绿、破硬还绿、拆墙透绿，打造淮安最干净城区，城市更加靓丽、更加宜人宜居。统计表明，清河区城区绿化覆盖率达到 41%，创成省级绿色社区 11 个、市级绿色社区 24 个、区级绿色社区 38 个。其中，上海路社区荣膺“月季花基金环保社区示范奖”。

如今，生态、宜居已成为清河一大特色名片，清河新区成为市民生态游、休闲游的首选之地。漫步清河新区，就如同走进了一座满目青翠的生态公园，水景相依，绿树成荫，四季常绿、空气清新，人与自然、人与城市和谐共生。该区充分利用古淮河滩涂资源，在保护原有树木、植被、沟塘的基础上，整合青龙湖健身公园、古淮河生态公园、白鹭湖休闲公园、清涟湖公园，建成了占地 5000 亩的国家 4A 级旅游景区——古淮河生态文化景区，成为都市人向往的原生态休闲度假区，目前正在创建国家 5A 级旅游景区。

在老城区建设中，清河充分发挥“两河绕城”的生态优势，加强城市生态修复和景观提升，里运河、古黄河风光产业带成为令人流连忘返的绿色生态长廊；扎实推进节能减排和环境保护，加强环境污染综合整治，努力让清河的天更蓝、水更清、地更绿、空气更清新。

首善高地聚民心

万事悠悠，民生为大。清河始终秉持“改善民生是最大政绩，深得民心是最大荣誉”的理念，致力于为辖区百姓提供最好的教育服务、最好的就业服务、最好的社区医疗卫生服务、最好的养老服务、最好的公共服务等“五个最好服务”。30 年来，辖区广大群众生活水平大幅提高，幸福指数不断攀升，呈现出一派社会安定和谐、人民安居乐业的美好景象。

清河区始终坚持富民优先，积极实施以富民、育民、便民、助民、安民、乐民为重点的“六民”工程，城镇居民可支配收入增长了 43 倍。保障体系不断健全，社会保险覆盖率达 97.7%；连续八次调增“土地换社保”人员基本生活保障标准，“580”慈善救助计划深入实施，在全市率先实现城乡居民社会保障一体化。加快构建“以居家养老为基础、社区服务为依托、机构养老为支撑”的养老服务体系，提供基本生活照料、护理康复、精神关爱、紧急救援和社会参与等全方位服务，为孤老购买养老服务实现全覆盖，居家养老服务水平全市领先。

社会事业协调发展。完成了白鹭湖、清江浦等 4 所学校的改扩建，清河中学创成省四星级高中，全国义务教育发展基本均衡区顺利通过省级复核；国家基本药物制度全面实施，创成省慢性病综合防控示范区、餐饮服务食品安全示范区，3 个社区卫生服务中心荣获全国示范中心称号，淮西社区卫生服务中心被命名为中国社区卫生协会培训基地。

社会管理扎实有效。“一委一居一中心”社区管理体制改革有序实施，区社会管理中心投入使用，深入推进“阳光清河”、“平安清河”和“法治清河”建设，社会更加和谐稳定，2009 年创成了全国首批、苏北唯一的“全国和谐社区建设示范城区”，网格化社会管理服务模式荣获“2012 中国十大社会管理创新奖”，2013 年被评为全国平安建设先进区。

回顾过去，激情满怀；展望未来，信心百倍。建区三十周年，是清河发展的里程碑，是续写辉煌的新起点。清河区以党的十八大精神为指引，紧紧围绕市委、市政府推动淮安跨越发展的战略部署，牢牢把握“坚持率先领先发展、建设繁荣幸福清河”的定位，瞄准“到 2015 年建设更高水平的小康社会，到 2020 年在江北率先基本实现现代化”的“两大奋斗目标”，深入实施商贸强区、总部引领、旅游带动、项目支撑、创新驱动“五大战略”，奋力实现综合经济实力、经济发展质效、城市功能、城市形象、民生发展“五个新跨越”，加快把清河打造成长三角北部地区乃至全国有影响的商贸名区、文化名区、生态名区、首善城区，建设成为淮安中心城市功能核心区、形象展示区和率先基本实现现代化先行区，全力谱写好“中国梦”的清河新篇章。

（青　轩）

清河三十年·大事记

1983 年　清河区人民政府成立

1984 年　汇通市场开业

1994 年　“江苏一流，淮阴之最”——新亚商城开业

2000 年　西安路工业园和水渡口民营工业园区相继建成

2006 年　清河新区启动建设

2009 年　创成全国和谐社区建设示范城区

2010 年　“江北第一高楼”雨润中央新天地奠基

2010 年　建成全面小康社会

2011 年　盐河生态科技城启动建设

2012 年　顺泰控股在香港上市，为全市首个在港上市企业

《新华日报》 10月30日A6版

这里，办营业执照最多只要3天

10月17日上午，在淮安市清河区北京路上的金贝帝婴儿用品店门口，老板魏政香和员工忙着搬货。魏政香今年32岁，2007年在北京首次创业失败后回到家乡清河，找了份工作，由于资金不足，创业梦只能藏在心里。

而一项政策，让魏政香的创业梦启航。9月初听说清河降低了创业门槛，魏政香专门跑到工商局打听，得知注册资金100万元及以下的公司可以“零首付”，注册资金可在三个月内缴足20%，余额两年内缴清。魏政香估算手里的资金能够承担公司运营，便决定注册公司，继而发现办理营业执照流程也大大简化，只要准备租房合同、身份证、企业名称预先核准申请表、公司地址等材料，9月29日办理，次日就拿到了营业执照，“我在北京创业时办照跑了很多部门，过程繁琐，花了两个多星期。”

“从9月起，我们开始实行先照后证登记制度，除涉及危化物品、金融安全、外商投资等，61项经营许可不再作为工商登记的前置条件”，淮安工商行政管理局清河分局局长徐永怀说，“我们在工商登记注册窗口与前置部门间建立QQ群，使登记注册信息及时向前置许可部门推送，创业者最多3天就能办下营业执照，材料齐全可以当场办证拿证。”

在徐永怀看来，发照流程的改变，不仅方便了创业者，更从制度层面捋清了相关部门的职责，“以前办营业执照需要先办经营许可证，创业者要跑很多部门、走很多程序进行前期审核，费时费力；而现在先照后证，意味着宽进严管，相关审查部门由等着创业者上门，变成事后主动上门进行检查审核，更有利于加强市场监管。”

包括9月初推出的《清河区加快全民创业淮商崛起行动方案》在内，今年以来清河区出台了一系列政策，围绕减轻微小企业负担、降低涉企收费、搭建创业基地等，对个人创业可能遇到的制约进行全方位“松绑”。这带来清河区全民创业的“井喷”：1–9月份，该区涌现出1985个新老板。

创业，最怕遇到资金瓶颈，清河区专门出台财政、金融支持政策为创业者雪中送炭：区财政每年安排300万元以上资金，为创业者提供创业补贴、贷款贴息等；安排200万元作为创业小额担保贷款保证金，从银行小额担保贷款1000万元，帮助创业者解决资金难题。

今年34岁的张谷一是淮安书妙翰缘科技发展有限公司和淮安智明职业培训学校两家公司的董事长，十多年前白手起家创办了电脑培训学校。两年前，张谷一在与古诗词爱好者交流过程中发现，国内外大约有200多万名古诗词爱好者，却缺少一个进行诗词投稿、管理和交流的地方，便萌生了创办诗词云平台的念头。

张谷一为此组建了研发团队，投入数百万元之后资金仍受限。就在这时，政府的文化创意产业引导资金帮她渡过了难关，诗词云平台得以提前上线试运行，提供格律检测、协会管理、诗词创作辅助、诗词课堂等多种服务功能，首页上已汇聚165名来自全国各地的诗词名家，吸引了七八个诗词协会入驻。

（本报通讯员　金炜宇　史以娟　姜红兵
本报记者　苏文龙）

《新华日报》 12月12日A2版头条

政府买文化，民间团队唱主角

60多岁的阿姨们身着各色时装，踏着音乐节奏，优雅地走着台步。举手投足、一颦一笑间，尽显成熟女性的端庄和俏丽。这样的时装表演，淮安市清河区柳树湾街道城西社区居民如今看多了。

场上，俏夕阳时装队表演如痴如醉；场边，俏夕阳艺术团团长陈玉琴不时上前指导。“时装队16个队员，年龄最大的64岁，最小的60岁。”她趁着空闲向记者介绍，“穿的晚装、旗袍和时装的款式，全是我们自己设计、请人裁剪制作的，表演动作也由大家自己编排。”

俏夕阳时装队成立于2007年，按陈玉琴的说法，就是几个退休“老伙伴”聚在一起玩玩，压根没想到能上台表演。“今年我们时装队表演20多场次。”陈玉琴向记者展示以前演出照片，“有舞台，大家劲头更足！10月12日，我们还参加了省首届老年文化艺术节，拿到了‘炫舞青春奖’！”

一个民间文艺团队能频繁走上表演舞台并有精彩表现，背后，是清河公共文化服务理念的巨大转变。

“以前办活动，从淮钢艺术团、淮安艺校请演出团队，一个团队演一个节目就要3000多元。”清河区委宣传部文艺科干事苗艳告诉记者，2011年，区里启动百场演出进社区，大多请的是专业团队，也不一定对得上群众口味，“我们当时就想，与其花大成本请人演出，为啥不花钱培养自己的队伍？”

培养本土演出队伍！区里于是决定，通过政府购买公共文化服务，激发民间文艺团队活力。而最先购买的，就是舞台表演机会。

“去年，我们让民间演艺团队通过文化站或自行报名，推荐好节目。”苗艳回忆说，开始时心里直打鼓，但效果却出乎意料，“这就像吸铁石一样，把民间文艺团队都吸过来了！来登记的民间队伍有70多支。近两年，百场演出进社区，七成以上节目来自民间文艺团队。”

“《江苏省委贯彻落实〈中共中央关于全面深化改革若干重大问题的决定〉的意见》中提出，要按照政企分开、政事分开原则，推动政府部门由办文化向管文化转变。政府购买公共文化服务，正是政府职能从办文化向管文化转变的有效尝试。”区委常委、宣传部长漆宾介绍说，清河打造文化名区，购买公共文化服务是“五位一体”，除了舞台演出，从文化阵地、人才队伍、优秀节目到公共文化服务机制，都要购买。“在这个过程中，政府全程做引导、做服务，把主动权与选择权交给了群众。”

清河区是淮安主城区，空间资源稀缺，民间文艺团队普遍缺场地。区里费尽力气，从物业、开发商和其他单位购买场地，目前已建起14个社区文体中心，面积均逾500平方米，免费向民间艺术团队开放。

在新改建的长西街道上海路社区文体中心，记者看到墙上贴着民间艺术团队排练表：周一癌友协会；周二老年健身队；周三舞蹈队；周四戏曲队；周五红歌演艺队；周六时装队。

老年健身队队长、75岁的夏士芳正带着8个队员练太极柔力球，随着网拍舞动，柔力球就像粘在上面。一个网拍一个球，被几个老人玩出不少花样。

“玩这个球有太极功夫在里面，锻炼身体，也很好看。”练完一套动作，夏士芳擦着汗说，“以前常为场地烦恼，暖和时在河边、广场上练，天气一冷就不行。有了活动室，每周我们都来练一天。”

去年，民间文艺团队每参加一场演出，区里补贴200元。“这就像撒胡椒面，这点钱聚餐庆祝舍不得，更换服装又不够，很难起到扶持作用。”漆宾说，扶持民间文艺团队，不能搞大锅饭。今年区里就改了，实行以奖代补，搞积分管理，建立优质文艺节目库，以鼓励优秀民间文艺团队成长。

清河区委书记王海平告诉记者，如今群众对公共文化服务的要求越来越高，把公共文化建设推向民间，也是政府职能转变的题中之意。

（史以娟　苏　薇　苏文龙）

荣　誉　栏

2013年度清河区（街道、部门）获市委、市政府及以上机构表彰情况

中央综治委表彰清河区为“全国平安建设先进区”

国家科技部表彰清河区为“全国县市科技进步先进区”

全国普及法律常识办公室表彰清河区为“全国法治创建工作先进单位”

国家卫计委授予柳树湾街道人口和计划生育依法行政示范街道

全国总工会授予“淮海广场清扫班”“全国五一巾帼标兵岗”

国家林业局认定古淮河湿地公园为“国家级湿地公园”

住建部通过古淮河环境治理工程“中国人居范例奖”公示

清河图书馆被国家文化部评为“国家一级图书馆”

清河区被省新闻出版局表彰为“创建书香之县（市、区）先进单位”

省国土厅表彰清河区为“江苏省土地执法模范区”，奖励土地指标300亩

被省残工委表彰为“省人人享有康复服务先进区”

“清河新区文化创意产业集聚区”创成省级现代服务业集聚区、省级广告园区

淮安市大学科技园创成“江苏省创业示范基地大学生创业园”

区法院、审计局、计生委、环保局分别被省文明委评为“2010-2012年度江苏省文明单位标兵”

区纪委被省文明委表彰为“2010-2012年度江苏省级文明单位”；

水渡口街道被市委、市政府评为“2012年度城市长效综合管理工作目标先进单位”

水渡口2、3号地块拆迁工作被市委市政府评为“2012年度城乡建设与管理工作先进单位”

水渡口街道被省妇联、省城镇妇女“巾帼建功”活动领导小组评为“全省巾帼文明岗”

淮海街道劳保所被省人社厅评为省级农民工综合服务中心

淮海街道被省综治委预防青少年违法犯罪领导小组、省社管办、省关工委评为“全省未成年人零犯罪社区（村）”创建先进集体

淮海街道被省妇联表彰为“三八红旗手”集体

长东街道被市委表彰为“2012年度宣传思想文化工作先进集体”

长东街道团工委被团省委评为“省五四红旗团工委”

长西街道被市政府表彰为“2012年度征兵工作先进集体”

区纪委被省纪委、省监察厅表彰为“全省纪检监察信访

举报工作先进集体”;被市委、市政府表彰为“淮安市人民满意的公务员集体”;“廉洁清河评估系统”工作被市委、市政府表彰为全市创新项目;“阳光清河”工作被人民论坛网人民时政专栏报道

区委办(机要局)被省委办公厅评为“全省机要系统先进集体”

政府办(金融办)10亿元小微企业扶持债券顺利获得国家发改委批文;全省首家外资小额贷款公司“淮安市清河区创汇农村小额贷款有限公司”获省金融办批文

区法制办被市政府表彰为“2012年度依法行政优秀单位”

区人武部被省政府办公厅、省军区评为“2012年度征兵工作无退兵单位”;被省文明委评为“2010-2012年度江苏省文明单位标兵”;被省爱卫办评为“省爱国卫生先进单位”

区民盟被省民盟表彰为“活力基层组织建设年”先进基层组织

区法院工会被省总工会表彰为“模范职工之家”

财政局被市政府表彰为“2012年度社会事业工作先进集体”;被市政府、淮安军分区表彰为“国防动员工作先进集体”

人社局被省机关事业单位社保基金管理中心评为“2012年度全省机关事业单位社保经办先进集体”;被省医疗保险积极管理中心评为“2012年度医疗工伤生育保险经办工作先进单位”

卫生局被市政府评为“淮安市妇女儿童工作先进集体”

民政局被省民政厅表彰为“2013年度全省民政先进集体”;婚姻登记处被省民政厅表彰为“全省婚姻登记工作先进单位”

法律援助中心被省司法厅评为“法律援助示范窗口”

审计局规范跟踪审计资料管理工作在全省投资审计工作会议上作经验推广

统计局被省统计局评为“县级统计规范化建设认证合格单位”

总工会“工资集体协商工作”被省总工会评为创新项目,在省系统大会上作经验介绍;职工维权中心被省总工会表彰为“江苏省工人先锋号”;被省总工会表彰为“模范职工小家”

团区委“爱心接力QQ群、奉献青春正能量”被省青少年发展基金会、省希望工程办公室表彰为“优秀公益项目奖”

区少工委被团省委、省少工委表彰为“2012年度新疆少年儿童手拉手互助贡献奖”

清河区“老干部定位救助系统”被评为全省老干部工作创新创优奖

红十字会被市政府表彰为“2012年度社会事业工作先进集体”

物价局被省物价局评为“2013年度价格工作先进单位”;被市政府授予“淮安市五一劳动奖”

区中小企业服务中心被省经信委评为省三星级中小企业服务中心

科协“三微”科普宣传工作被江苏省科协评为“三服务一加强”工作创新奖,并在全省进行推广

国税一分局、地税三分局分别被省总工会评为“工人先锋号”

清河中学被省机关事务管理局、省经信委评为“省公共机构节能示范单位”

索引

说 明

本索引采用分析索引方法,按汉字拼音字母(同音字按声调)顺序排列。部分首字符为特殊字符或符号的,未按音序排列,而是单独置于前面。

A

B

C

D

E

F

G

H

J

K

L

M

N

P

Q

R

S

T

W

X

Y

Z

清河区行政
长途汽车北站
珠江路
淮阴区政府
淮阴区新港作业区
江苏省清河中学
南北分界彩虹桥
金马广场
金鹰国际
柳树湾 欢迎您
柳树湾
沈渡三组
小吴渡
杨桥口
区社保局
淮阴卫校
淮海中学
淮阴宾馆
区妇幼保健院
区检察院
淮宁中学
黄河花园
区供电局
市长征小学
淮安外国语实验小学
桃花坞
宋安公司
紫晶国际
富强村
国缘饭店
市农科院
中天虹桥花园
天山华庭
机关北大院
金佳园
市政路局
机关东大院
西大院
名流花苑
益兴
中天花园
东壹区
八二新村
八二医院
市政府
清
市教育局
建业小区
楚天宾馆
文苑小区
市劳动局
市交通局
五金市场
淮海街道
市检察院
温州花苑
健康新村
柳树湾街道
工业设计园
府前街道
北京路中学
江苏省淮安技师学院
市科技局
怡景美墅
古黄河生态民俗园
柳树湾风景区
淮安动物园
清河区法院
清河区城管局
阳光花苑
清河区社会事业大楼
淮阴工学院
淮安福仕达广场
市中医院
市中医务中心
中瑞大厦
电机厂
清江中学
创业大厦
淮阴师范学院
金融集聚区
市国税局
东郊村
弘辉雅馨豪园
交警一大队
革命村
永和家园
清河区政府
市城管局
府锦公寓
淮海中心商业区
十五分部
新清江商场
加州城
同济医院
长东街道
和平新村
市六中
人寿保险
嘉和国际广场
清江浦中学
市卫生局
万达广场
水渡口中央商务区
钵池山公园
市人防
中天大酒店
市中级法院
会展中心
中天悦诗美地
清江浦楼
上海花园
金河国际
永泰家园
清河区社会管理中心
市路灯管理处
锦绣京淮
第十中学
凤凰新村
清河实验学校
清河区人武部
兴华家园
清河嘉园
利苑新村
市青少年宫
宝华园小区
周恩来童年读书旧址
长西街道
淮阴中学
仁慈医院
凤凰美食城
人和大酒店
动物园
市实验小学
淮阴市中医院
清河区政府服务中心
西安路工业园区
东方花园
清浦中学
淮阴中学
市招投标办公室
深圳小区
亿力未来城
嘉城·国际
金英中学
省农垦医院
社管大厦
社会事业大厦
淮安新港（1000吨级）
淮安市清河区市民服务中心
淮海中心商业区
石塔湖
古清江闸
日月星城
书香华庭
延安路小学
南船北马舍舟登陆
市二院分院
杨胡庄
梁庄
顾庄
戈庄
城南五组
城南中心小学
启英中学
尚老庄
朱庄
天津路小学
淮安市高教园区
高教园区管委会
月季花园小区
怡景园
余庄
京杭
大运河文化广场